国家社会科学基金项目成果（13CYY085）

英汉情感强化副词的认知研究

A Cognitive Study of
Emotive Intensifiers in English and Chinese

刘芬 著

图书在版编目(CIP)数据

英汉情感强化副词的认知研究 / 刘芬著. — 北京：商务印书馆，2020
ISBN 978-7-100-19281-1

Ⅰ. ①英… Ⅱ. ①刘… Ⅲ. ①英语－副词－研究②汉语－副词－研究 Ⅳ. ①H314.2②H146.2

中国版本图书馆CIP数据核字(2020)第259695号

权利保留，侵权必究。

英汉情感强化副词的认知研究
刘芬 著

商 务 印 书 馆 出 版
（北京王府井大街36号 邮政编码100710）
商 务 印 书 馆 发 行
艺堂印刷（天津）有限公司印刷
ISBN 978-7-100-19281-1

2020年12月第1版　　开本 710×1000　1/16
2020年12月第1次印刷　印张 23¼
定价：98.00元

序　言

　　刘芬是一位好学、好问、勤于思考的年轻学者。她思维敏捷、勤奋刻苦、勇于坚持。在学术的道路上，她不相信有捷径可走，总是踏踏实实，一步一个脚印地坚持着。从捕捉有价值的研究话题到探究课题的内涵，再到顺利完成课题，日复一日，年复一年，安于学术生活的艰辛与清贫。自2011年以来，她从未间断过对英汉情感表达这一主题的思考和研究，不但完成了与该主题相关的博士学位论文，还先后获批两个相关的国家社科基金项目的立项。对于一位地方性本科院校的教师来说，能在学术研究上这样执着地追求，并取得较好的成绩，实属不易！

　　记得在2011年，刘芬随我去上海外国语大学参加一个认知语言学会议，在聆听荷兰学者佛伦（A. Foolen）的大会发言和后来与他的交流中，她敏锐地注意到了情感强化副词这个有趣又十分有价值的研究课题。基于英汉情感表达这个主题，2012年她的博士学位论文获准开题，并发表了部分研究论文，同年晋升为教授。2013年她获批第一个国家社科基金项目的立项，题为"英汉情感强化副词的认知研究"。2014年获得国家留学基金委的资助，到英国访学，开展课题研究，2018年完成课题结项。2019年获批第二个国家社科基金项目的立项，题为"英汉情感语法研究"。

　　本书是她第一个国家社科基金项目的结项成果，是她博士学位论文的进一步拓展和深入研究的成果，对英汉情感强化副词进行了较为系统、全面的专题研究。

　　情感强化副词是程度副词范畴异质性很强的次范畴，学者们在不同语言中都有发现。这类表达情感的词语用于表达程度，在英汉语研究中虽有所提及，但是对于它们跟very和"很"类似的一般程度副词有什么区别，不同种类的情感词语为什么都能表达高程度语义等问题探讨不足。

《英汉情感强化副词的认知研究》一书为国内第一部情感强化副词专题性研究的学术著作，选题新颖，内容充实，描写充分，组织严谨而不乏新意，分析和阐释颇具说服力，具有较高的理论意义和应用价值。

该书为情感强化副词的认识提供了较为理想的全景图。由表及里，由浅入深，从现象到本质，从语料的统计和分析到动因的阐释和提炼，由单个的词层面，到词语组合，再拓展到句法构式层面，研究全面而系统，具有很强的可读性，也可为此类学术研究提供有价值的借鉴。

做学问从来就不是轻松活，对于女性学者来说尤其如此。本书见证了刘芬教授近十年的辛勤付出，其中有迷惘、有挫折、有惊喜、有成绩。我有缘成为她读博期间的导师，我把她当作自己的女儿。这些年来，我们在学术上相互支持和鼓励，当然也少不了有时我对她的一些近乎苛刻的挑剔和批评，可她总是那样的冷静、多思、不离不弃，总想给我一个满意的答复，绝大部分时候她成功了，我由衷高兴。在生活上我们互相嘘寒问暖，大部分时间是她主动关心我、体贴我，必要的时候还专门陪我上医院，我非常感谢她为我的付出。在众多老师眼里，她就是这样一个既有事业追求又善良纯朴的优秀学子。现在她已经博士毕业了，并有了自己的事业，教学、科研和行政管理任务繁重，我希望她继续努力耕耘并有更多收获，在学术上有更高的建树。

白解红

于长沙岳麓山下

2020 年 12 月 8 日

目　录

前　言 ·· 1

第一章　英汉情感强化副词的概念域分布及相关术语 ············ 1
　一、英汉情感强化副词的概念域分布 ························ 1
　二、相关术语 ··· 10

第二章　英汉情感强化副词研究现状与思考 ·················· 21
　一、引言 ·· 21
　二、英汉副词研究 ···································· 21
　三、英汉强化副词研究 ································ 23
　四、英汉情感强化副词研究 ···························· 28
　五、结论与思考 ······································ 40

第三章　理论基础 ······································ 43
　一、引言 ·· 43
　二、概念转喻 ·· 43
　三、词汇语义的概念识解 ······························ 51
　四、构式语法理论 ···································· 60
　五、语义韵理论 ······································ 66
　六、诸理论在本研究中的运用 ·························· 70

第四章　意义的本体识解视角与情感强化副词的语义生成 ·············· 77
　　一、引言 ·· 77
　　二、关于语言意义的思考 ·· 78
　　三、本体识解和语义的生成 ··· 82
　　四、情感强化副词语义生成的侧显识解 ································· 85
　　五、结语 ·· 90

第五章　英汉情感强化副词的概念结构及语义表征 ····················· 91
　　一、引言 ·· 91
　　二、英汉情感强化副词的概念结构构成 ································· 91
　　三、英汉情感强化副词的语义表现 ······································ 109
　　四、英汉情感强化副词语用中的语义取向 ··························· 115
　　五、结语 ·· 122

第六章　英汉情感强化副词的程度语义衍变及认知运作 ············ 124
　　一、引言 ·· 124
　　二、英语情感强化副词语义衍变的过程 ······························ 124
　　三、英汉情感强化副词语义衍变的认知理据 ······················· 140
　　四、英汉情感强化副词语义衍变的机制 ······························ 150
　　五、结语 ·· 175

第七章　英语情感强化副词的语义韵 ··· 177
　　一、引言 ·· 177
　　二、快乐域英语情感强化副词的语义韵 ······························ 177
　　三、愤怒域英语情感强化副词的语义韵 ······························ 188
　　四、悲痛域英语情感强化副词的语义韵 ······························ 197
　　五、害怕域英语情感强化副词的语义韵 ······························ 212
　　六、惊奇域英语情感强化副词的语义韵 ······························ 232
　　七、结语 ·· 246

第八章 汉语情感强化副词的语义韵 247
- 一、引言 247
- 二、快乐域汉语情感强化副词的语义韵 248
- 三、愤怒域汉语情感强化副词的语义韵 257
- 四、悲痛域汉语情感强化副词的语义韵 263
- 五、害怕域汉语情感强化副词的语义韵 268
- 六、惊奇域汉语情感强化副词的语义韵 279
- 七、结语 286

第九章 英汉"情感强化副词+X"构式及构式义 287
- 一、引言 287
- 二、"情感强化副词+X"构式 287
- 三、"情感强化副词+X"对"程度副词+X"构式的多重承继 299
- 四、"情感强化副词+X"构式的两种形式及意义 307
- 五、结语 314

第十章 英汉情感强化副词的异同与动因 316
- 一、引言 316
- 二、英汉情感强化副词的共性与动因 316
- 三、英汉情感强化副词与其他词语组合的异同 326
- 四、英汉情感强化副词的数量差异与动因 328
- 五、结语 331

参考文献 332
参考词典和网站使用说明 357
后 记 358

前 言

情感强化副词是强化副词范畴中重要的次范畴，异质性尤为突出，在语言使用中十分活跃。几乎所有强化副词研究都会论及一个或几个情感强化副词。然而，情感强化副词多与一般强化副词，如英语中的 very、extremely、highly，汉语中的"很""十分""非常"等一并被等同处理。研究者们关注的只是它们的强化副词范畴属性，而忽视了其有别于一般强化副词的特点。已有研究涉及情感强化副词的内容还只是冰山一角，把情感强化副词单独列出来，进行专题性研究仍然留余很大的空间。

情感强化副词是人们基于情感体验，通过心理度量，完成对程度量的个性化编码，是人们利用自身的情感、感受和态度间接表达事物性状程度或动作行为强度的词语。学者们在英语、德语、荷兰语、日语、韩语和汉语中都发现了情感强化副词，且它们普遍存在于快乐、愤怒、悲伤、害怕、惊奇等人类基本情感域之中。

通过对英汉情感强化副词相关文献的回顾和梳理，我们发现已有研究在范围和方法上具有一定的局限性。情感强化副词的概念隐喻和语法化方面的研究成果颇丰，且集中在对单个或一类情感强化副词的探讨。将情感强化副词单列出来的专题研究十分欠缺。表达情感概念的词语为何都能衍生出程度语义？源自不同情感域的强化副词在概念结构和句法语义特点上有什么共同特点？情感强化副词的程度语义解读有着什么样的体验基础、认知发生过程与机制？情感强化副词在实际使用中可以与什么样的词语共现，表现出什么样的语义取向和语义韵？诸如此类的问题亟待解决。本课题拟在已有研究的基础上，通过对英汉情感强化副词多层次的认知研究，试图解决以上提出的这些问题，把握英汉语言的共性和差异性，发掘语言和人类认知的规律与特点。

本书运用概念转喻理论、构式语法理论、语义韵理论和词汇语义的概念识解原理挖掘不同情感的共通之处，解释为什么消极和积极的情感都能衍生程度语义，考察语言使用中它们与其他概念的组合及其表现出来的或褒扬、或贬抑、或中性的语义取向和语义韵，同时探究其句法语义表现的认知发生。

第一章首先考察了英汉情感强化副词的概念域分布。英汉情感强化副词普遍存在于人类五大基本情感快乐、悲伤、愤怒、害怕和惊奇域中。英语情感强化副词的数量比汉语情感强化副词多，但二者的分布都具有明显的消极情感域和情感下位范畴偏向的特点。然后阐述与本研究相关的重要术语，包括副词、强化副词、情感强化副词和情感等概念。

第二、三、四章的内容主要是文献梳理和理论工具：对英汉副词、强化副词和情感强化副词的研究现状进行层层递进的描写、分析和评述，引出本书主要解决的研究问题；对相关理论框架的内涵及其在本研究中的运用进行说明和阐释；对语言意义的本体识解视角和情感强化副词意义生成进行初步探究与分析。

第五章和第六章分别在共时和历时的层面探讨英汉情感强化副词的语义特征、衍变及认知发生，关涉英汉情感强化副词的概念结构和语义表征，以及程度语义衍生的认知理据。英汉情感强化副词概念结构的内容结构细分为情感状态和度量现象，构架结构细分为关系、程度和无界性，情感强化副词呈现出情感与程度语义共存等特征。在历时发展中，情感强化副词经历了情感语义、情感触发语义、生理或心理反应语义、应对措施语义和其他相关范畴语义到程度语义的衍生过程。情感的生理和心理反应、情感的概念化和情感的隐喻表达都佐证了情感的常态偏离的本质特征。英汉情感强化副词语义衍变过程中，转喻和隐喻机制主要应用于语义扩展，侧显机制主要应用于语义理解。

第七章和第八章基于语料库对英汉情感强化副词的语义韵进行考察，发现英汉情感强化副词多表现为与其原词情感色彩一致的语义韵，也有些副词情感语义流失，解读为混合型语义韵。英语情感强化副词主要与形容词组合；也有与动词组合占优势的，它们居于形容词之前和动词的前后，用作状语，组合词主要为评价、情感、感受和事物的客观属性类语义。汉语情感强化副词主要与形容词和动词组合，也有与数量词组合的，它们置于被修饰词语之前或之后，用作状语或补语，其组合词主要为肤觉、味觉、感觉、身体和心理感受、具体动作行为、评价类语义。情感强化副词编码的是人类生活中最重要、最基础的体验，与其组合的概念有具体的也有抽象的，它们共同的特征除了可分等级性以外，还有认知的普遍性。

第九章着重讨论"情感强化副词+X"构式及其意义解读的问题。"情感强化副词+X"是人们从大量的、普遍存在的情感强化副词使用中剥离、抽象出来的图式性的句法构式。当事物性状的程度和行为的强度达到一定的高度时，人们会对之产生情感上的反应，这是情感强化副词使用的重要生理和认知依据。"情感强化副词+X"构式的原型构式义为"X达到让人产生某种情感的高程度"，整个构式除了表达X性状的高程度以外，还生动地传递了言者褒扬或贬抑的情感态度和评价。情感强化副词基于其概念的常态偏离本质而具有"高程度"语义潜势，在"Very/很+X"构成的压制之下，高程度语义得到侧显。"情感强化副词+X"与"Very/很+X"构式构成子部分联接和隐喻扩展联接。

最后一章既是本课题主要研究发现的概括和总结，也是对英汉情感强化副词共性与差异性的讨论和动因分析。英汉情感强化副词的共性处于主流地位，包括它们共同的概念域来源、消极情感强化副词的数量优势、下位情感范畴的分布偏向等。它们的个性特点可以从各自所在的不同的语言系统和民族文化心理方面得到解释。汉语情感强化副词数量相对较少，与汉语的双音节化特征密不可分，同时反映了汉民族内敛含蓄的情感表达习惯。

本研究从认知的视角探讨了英汉情感强化副词的概念结构、意义演变、意义表征、使用中的语义韵表现等问题，对情感强化副词的研究来说是一种深化和拓展，对强化副词或程度副词的研究来说是一种有益的补充。在共时研究的基础上，从词源上追溯英汉情感强化副词语义基础，同时，依托大量的语料分析，探究英汉情感强化副词语义演变发生的体验基础、认知机制和运作，为揭示语言与认知的关系提供依据，对词典编纂具有一定的参考价值，研究成果可以直接应用于英汉语的课堂教学。

第一章 英汉情感强化副词的概念域分布及相关术语

一、英汉情感强化副词的概念域分布

基于对《新牛津英汉双解大词典》(*The New Oxford English-Chinese Dictionary*)和《现代汉语词典》的穷尽式搜索,结合《牛津英语大辞典》(*Oxford English Dictionary*),"当代美国英语语料库"(Corpus of Contemporary American English)[①]和《柯林斯COBUILD高阶英汉双解学习词典》[②],通过人工标记,本书收录了共137个具有程度表达的英语情感强化副词,包括在《新牛津》中有"very, extremely, exceedingly"释义的18个语法化程度较高的情感强化副词,以及23个汉语常用情感强化副词,将它们一一归于快乐、愤怒、悲伤、害怕、惊奇的情感概念域,发现英汉情感强化副词普遍存在于人类五种基本情感域中。归类的主要依据为它们在词典中的释义及其实际使用中唤起的情感上的体验。由于模糊性是范畴的本质特征之一,各类情感之间也有交集,情感强化副词的分类未免会留下研究者主观判断的印记。例如,英语中的bitterly既有"愤愤不平"也有"痛苦"之意,根据使用中常见的语义解读,本研究将之归于愤怒情感域;awesomely有"敬畏"和"可怕"之意,根据其源概念语义,我们将之归于害怕情感域。

[①]《新牛津英汉双解大词典》,上海外语教育出版社,2007年(简称《新牛津》);*Oxford English Dictionary*, 2000, http://www.oed.com(简称*OED*);Corpus of Contemporary American English, https://www.english-corpora.org/coca(简称COCA)。

[②]《柯林斯COBUILD高阶英汉双解学习词典》,外语教学与研究出版社,2011年(以下简称《柯林斯》)。

（一）英语情感强化副词的概念域分布

英语情感强化副词在快乐、愤怒、悲伤、害怕和惊奇情感概念域中均有分布：快乐域中28个，愤怒域中23个，悲伤域中19个，害怕域中40个，惊奇域中27个。

1. 快乐情感域

快乐是达到所盼望的目的后紧张解除时个体产生的心理上的愉快和舒适（叶奕乾等，2004：248）。在帕罗特（Parrott，2001）的分类中，love（爱）与joy（愉悦）的情感包括affection（喜爱）、lust（欲望）、longing（渴望）、cheerfulness（高兴）、zest（热爱）、contentment（满足）、pride（自豪）、optimism（乐观）、enthrallment（沉迷）、relief（欣慰）等。爱与愉悦是典型的积极类情感，人们通常会因为这些情感体验获得幸福而美好的感受。幸福快乐是人类的终极追求之一，也是人类愿意表达和分享的情感。该情感领域分布着数量可观的情感强化副词。

英语中直接源于快乐情感域的强化副词主要分布在喜悦和爱恋概念域中，也有满足域的，共12个，包括：

jolly、dearly、blissfully、pleasingly、pleasantly、ecstatically、cheerfully、deliriously、exuberantly、fanatically、gloriously、gratifyingly。

本研究尚未发现乐观和欣慰情感概念域的强化副词。英语中还有很多常见的强化副词，如pretty、dramatically、gorgeously等，它们虽然不直接表达快乐的情感，却很容易让人将之与快乐情感关联起来，通过主观的认知加工，获得愉悦的体验。我们称之为间接源于快乐域的情感强化副词，共16个。它们分布在以下概念域：

（1）美好、俊美，如well、pretty、fairly、gorgeously、beautifully、handsomely、perfectly；

（2）卓越，如remarkably、superbly、outstandingly、splendidly、keenly；

（3）壮美华丽，如magnificently、ravishingly；

（4）其他，如wildly、dramatically。

2. 愤怒情感域

愤怒是愿望得不到满足，实现愿望的行为一再受到阻挠引起紧张的积累而产生的情绪（叶奕乾等，2004：249）。当一个人的愿望受到挫折，尤其是在个体看来极不公平，或者由他人的恶意所造成时，怒气就产生了

(张积家，2004：476)。中西文化中，大是大非前，仗义执言，处事公道，敢怒敢言又是一种值得推崇的品质。愤怒因此可能是积极的情感。英国维多利亚时代，愤怒情感的积极涵义较为突出；中国文化也有相似的表现。"相如因持璧却立倚柱，怒发上冲冠"(《史记·廉颇蔺相如列传》)和"千人之诺诺，不如一士之谔谔"(《史记·商君列传第八》)展现的愤怒均具有积极涵义。

然而，一般认为愤怒是一种消极情感，其爆发是一种疯狂的、危险的行为，对发怒者自己和周边的人都如此。对愤怒的概念隐喻研究表明，愤怒是对手，是敌人(Kövecses, 1986)。irritation(激怒)、exasperation(恼怒)、rage(暴怒)、disgust(厌恶)、envy(嫉妒)和torment(苦恼或折磨)也归属于愤怒的情感(Parrott, 2001)。根据这种分类，蔑视、敌对和怨恨等也是愤怒情感的表现形式。

直接源于愤怒情感的强化副词17个，包括：

(1)愤怒类，如 bitterly、outrageously、fiercely、exasperatingly、furiously、Ferociously、unbearably、intolerably、monotonously、suspiciously、diabolically；

(2)恶心、厌恶类，如 disgustingly、sickeningly、repulsively、revoltingly；

(3)嫉妒类，如 enviably、jealously。

间接源于愤怒情感的强化副词6个，为：

(1)愤怒宣泄类，如 damn(ed)、darn(ed)、goddamn(ed)；

(2)肮脏类，如 indecently、revoltingly、diabolically。

3. 悲伤情感域

悲伤也是典型的消极情感。悲伤是个体失去某种他所重视和追求的事物时产生的情绪体验。失败、分离会引起悲哀(叶奕乾等，2004：249)。与害怕域相比，悲伤域中虽然也分布着情感强化副词，其中有些语法化程度较高，在 OED 中有单列的"extremely"或"exceedingly"释义，譬如 desperately、painfully、sorely 等，但是，它们所受到的关注远不如 terribly 等害怕类词语。

根据Parrott(2001)的分类，悲伤又可细分为 suffering(痛苦)、sadness(悲伤)、disappointment(失望)、shame(羞愧)、neglect(怠慢)、sympathy(同情)。

直接源自悲伤情感的强化副词13个，为：

(1)痛苦类，如 painfully、sorely、excruciatingly、agonizingly、oppressively、 insufferably；

（2）悲伤类，如 miserably、grievously、woefully；

（3）失望类，如 desperately、hopelessly；

（4）羞愧类，如 shamelessly；

（5）同情类，如 pitifully。

怠慢类情感副词，如 neglectfully，词汇内容饱满，并未出现语义抽象为高程度的现象。

间接源自悲伤域的情感强化副词数量较少，共 6 个：wretchedly、abjectly、cruelly、irremediably、excruciatingly、distressingly 等，意为让人痛苦和同情的原因。

4. 害怕情感域

害怕由缺乏处理可怕情境的能力引起的（叶奕乾等，2004：249），表现为人们试图要摆脱或逃避某种情境。害怕域中的情感强化副词是相关研究的焦点。从数量、使用频率和语法化程度来看，它们确实具有吸引研究者目光的优势。

在帕罗特（Parrott, 2001）的分类中，害怕又分为程度较低的 nervousness（紧张不安）和程度较高的 horror（恐惧/害怕）。直接源于害怕情感的强化副词数量多，共 17 个，它们的使用频率大，且语法化程度高，在 OED 中有"very、extremely、exceedingly"义项的词语 10 个，包括：

terribly、awfully、horribly、dreadfully、frightfully、appallingly、awesomely、terrifically、tremendously、shockingly。

此外，fearfully、frighteningly、formidably、horrifically、horrifyingly、hideously、distressingly 等在词典中虽然没有单列的用作强化副词的释义项，在 COCA 语料库中均有程度标记的功能，作用强化副词。

间接源于害怕域的情感强化副词数量也很多，共 23 个。badly 是其中意义最为抽象的词语，内涵丰富，对应于汉语中的"坏""糟糕"。其他多为诱发害怕情感产生的因素和对害怕情感的回应，包括：

（1）死亡、疾病和邪恶等，如 deadly、mortally、fatally、gravely、bloody、madly、insanely、frantically、pathologically、blindingly、sinfully、fiendishly、hellishly、hysterically、devilishly、monstrously、devastatingly、perilously、dangerously、ruthlessly；

（2）对害怕情感的回应，如 alarmingly、repulsively。

5.惊奇情感域

叶奕乾等（2004：249）认为，惊奇是与接近外界事物的愿望有关的情绪和情感体验，是与厌恶相反的情绪体验。他们指出，面对陌生而奇特但并未发现对自己构成威胁的事物时，个体会产生惊奇感，进而产生探究该事物的兴趣。根据帕罗特（Parrott，2001）的研究，惊奇是小类最少的一种基本情感，只包括amazement（惊异）、surprise（惊讶）、astonishment（震惊）。实际上惊奇却是很复杂的情感。因为，惊讶情感中具有可能让人产生兴奋和可能让人产生恐惧的区分，例如amazingly、marvelously、wonderfully等具有较为明显的积极情感色彩，ridiculously、absurdly等具有较为明显的消极情感色彩。然而，大多数惊奇域中的强化副词其情感色彩受到组合概念的影响，譬如unbelievably high price和unbelievably lucky传递的情感色彩就不一样。无论积极或消极，惊奇域情感共有的特征就是"出乎人们的预期"。

尽管直接源自惊奇域的情感强化副词较少，但同样有语法化为程度标记的词语，其"very, extremely"语义为*OED*所收录，如incredibly、amazingly。此外，源自惊讶情感域的unbelievably、surprisingly、astonishingly、wonderfully也有强化副词的用法。

间接源自惊奇域的情感强化副词数量可观，共21个，为：

（1）荒谬和奇异等情感触发的因素，如ridiculously、singularly、wondrously、peculiarly、unreasonably、absurdly、unusually、marvelously、strikingly、strangely、remarkably、oddly、ludicrously等；

（2）情感的身体表征和心理反应，如stupendously、stupefyingly、breathtakingly等；

（3）其他概念，如fabulously、fantastically、inconceivably、passionately、spectacularly等。

（二）汉语情感强化副词的概念域分布

汉语情感强化副词的数量并不多，汉语情感强化副词的收集和认定以《现代汉语词典》第5版为依据，我们对其进行穷尽式搜索，通过人工标记，共收录了具有程度表达的汉语情感强化副词23个，它们在《现代汉语词典》中有"很""十分""程度深"等类似释义。尽管汉语情感强化副词的数量远远低于英语情感强化副词，但我们仍能发现它们同样普遍存在于快乐、愤怒、悲伤、害怕、惊奇五种基本情感域中。与英语情感强化副词一样，本研究以词典中的释义及实际使用中唤起的情感体验为依据进行归类。

1. 快乐情感域

根据帕罗特（Parrott，2001）的情感分类，汉语中爱、愉悦、快乐等表征情感的语言形式，包括情感名词、情感动词或情感形容词，并未衍生出程度语义，而演变为情感强化副词。譬如，"快乐"可用作名词、动词、形容词，也可用作方式副词，分别如下例：

（1）天主教的虚伪道德说教就是宣扬禁欲主义，宣扬逃避和蔑视现实幸福，说什么"现世的快乐和尊严，当我想到天上时，是显得多么丑恶而可鄙！"

（2）更愿他们懂得，使别人快乐的人自己也快乐。

（3）希腊悲剧家索福克勒斯早就用过这一手法了，在他的悲剧里，在悲惨的结局发生前，要有点快乐的气氛，以加强戏剧效果。

（4）支书侧过脸来，快乐地舒展了脸上的皱纹，轻声细语道，"提起树仔队的活儿，有些社员总是不带劲的。"

间接源自快乐情感域，即能让人与快乐情感关联起来，获得愉悦情感体验的情感强化副词有"好""生""活"和"熟"等。"好"是汉语中语法化程度较高的情感强化副词之一，与英语情感强化副词 well 和 pretty 具有相似的概念语义。汉语中与"死"相对的"生"也具有情感强化副词的用法，只不过受到相当严格的语义选择限制，一般为"生怕""生恐""生疼"，表达高强度的"害怕"和"疼痛"的情感和感觉。"活"用作情感强化副词时，在组合词语义选择上也具有严格的限制，一般为"活似""活像"等。同样，"熟"表"程度深"时与其他词语组合的能力也很低，一般为"熟悉""熟睡""深思熟虑"等。

2. 愤怒情感域

通常情况下，愤怒被看作是一种伴随伤害和危险产生的消极情感。汉语中常用的情感强化副词是"暴"，另外"怒"在特定的语境中也用于标量高等级程度，二者都是"愤怒"情感的语言编码，因此说是直接源于愤怒域的情感强化副词。汉语中未曾发现通过转喻或隐喻的方式出现在愤怒域的情感强化副词。

"暴"的程度语义源自"急剧""猛烈""凶残"之类的语义,英语情感强化副词 fiercely、furiously、ferociously 也属于这种情况。汉语中的"暴涨"和"暴跌"表达了"涨"和"跌"的势头凶猛,幅度很大,"暴热"和"暴冷"则表示"热"和"冷"的程度很深。近年来"暴"的情感强化副词用例剧增,表现出强大的与其他词语组合能力,尤其在年轻人群体以及网络交流中,例如:

（1）昨天晚上没有发烧！坚强的乖女还笑嘻嘻的！麻麻向你学习！她一直是我的偶像,我也暴喜欢她！

（2）出乎意料,还蛮搞笑的,你拖后腿了。我也知道这个,暴恶心上次说的谜一般的竖起一撮头发。

（3）希望新人也给力！竟然盗用大师的片子。估计拍出来后差距暴大。难道以后 Logo 要学习马格南？

（4）宝贝们收图拉。暴好听的歌你就是我的翅膀！带着我飞翔！没事啦,下次改就好哈,我还是未成年人啦。

根据帕罗特（Parrott, 2001）的研究,愤怒有程度高低,包括暴怒、激怒、恼怒,另外厌恶、嫉妒、苦恼或折磨也归属于愤怒情感域。汉语中愤怒情感范畴的原型成员"怒"也有情感强化副词用法,组成词组"怒号"和"怒放"。"怒号"主要用于形容大风大浪或十分生气的人大声号叫,"怒放"用于描述花朵盛开的样子或比喻一个人非常开心的时候,如,"心花怒放"。但是"怒"表高程度的用法十分受限,使用频率也低。与英语的愤怒宣泄语 damn 等相对应的"他妈的",在汉语中为情感宣泄手段,有时也用于高程度标量。

3. 悲伤情感域

英语有不少直接和间接源自各类悲伤情感域的强化副词,而汉语常用的悲痛情感强化副词有"痛"和"苦"。"痛"是指"身体或精神上难受引起的感觉或情感体验",常见的词组有"痛苦""痛恨"等。有意思的是,与"痛苦"恰恰相反,"痛"还可以与表"称心如意"的"快"组成"痛快",表示"舒畅""爽快"。此处,"痛"失去了原意"难受的感受和情感",突出表现了彻底而酣畅的"快乐"。

现代汉语的"苦战""苦守""苦等"等词中,"苦"蕴含了对"战""守""等"等的动词强度的强化。但是"苦"作为情感强化副词,标量强度和程度的用法及其组合能力还不显著,使用也局限在小范围中。

4. 害怕情感域

正如相关研究表明的那样,人类对消极事物关注得更多一些,消极事物的语言表征因此更加丰富。在已有文献中,"害怕类"情感强化副词的研究成果最多。同样,汉语中为数不多的情感强化副词多集中在害怕情感域,包括"老""死""慌""坏""酷""穷""狂",方言中还有"煞""血""恶""贼"等,它们自身并没有"害怕"语义,是间接源自害怕域的情感强化副词。

"吓人""恐惧""害怕"作为情感名词、情感形容词或情感动词,都没有像英语一样直接演化为情感强化副词,但是这并不说明它们不可以用于标记程度,它们蕴涵的高程度语义是通过用在动词后面作补语表现出来,通常出现在"X 得令人/让人/叫人害怕"句法形式中,例如:

(1)温绍原忽然抬头向上一望,只见半空中的火光,依然红得吓人。原来那时还止四更天气,火光反映空中,所以有此景象。温绍原到了此时,也曾汗毛凛凛的将手向着鼓楼一指。

(2)她认不得自己的声音、自己的反应,可他对她的了解透彻得令人恐惧。他知道她的每一寸肌肤、每一份感触,当百祯将她抱起,正面盘坐在他身前时,她吓得快魂飞魄散。

(3)"怎么了?不问我为何结束工作,提前回来?"方腾眼睛半眯,平静得让人害怕。

英语中也有类似的表达,但仅用于"X to death"。在 COCA 中搜索,可得到"X to death"共 11182 例,通过细查标记,发现其用于夸张表程度极性的只占 4%,约 450 例。用例如下:

(1) I mean, who are you? You hate bloggers. You make fun of Twitter. You don't even have a Facebook page. You're the one who doesn't exist. You're doing this because *you're scared to death*, like the rest of us, that you don't matter.

(2) One teacher said, "I think the students are '*benchmarked*' *to death*. That makes the results not accurate at all." Different teachers commented, "We don't want the benchmarks," at different times during the focus group.

英语情感名词、情感动词和情感形容词通常通过词根派生的方式，在词尾加 –ly 构成情感强化副词。"X to death"的程度补足语结构在情感范畴中并不具有能产性，譬如，以"to surprise"结构为检索单位，获得的 859 例"surprise"均用作动词；以"to excitement"结构为检索单位，35 例中没有一例是用于表达程度的。与"X to death"类似的英语中还有"X to the bone"表示"到极点""彻底地"，例如：

（1）The wind picked up, blasting her with frigid air. Cold seeped through her thin jacket, *chilling her to the bone*. She knew Micah was no better off. They weren't prepared for Maine's brutal winter.

（2）His fingers indent the soft flesh of her bare upper arm, lightly, but she's not finished. "How could you?" Her voice is low. "I told him you were coming, but you weren't, were you? You're *selfish to the bone*, Cameron. It's a terrible sin."

与"X to death"相对应的汉语有"X 得要死"和"X 得要命"，用于夸张的极性表达，对 X（形容词和动词）进行高量级程度的说明。具体见汉语情感强化副词的语义韵章节的相关研究。

与英语情感强化副词 badly 对应的汉语情感强化副词"坏"的源概念语义为"身体或精神受到某种影响而达到极不舒服的程度"，与"好"相反，语义内涵宽泛而抽象。"坏""老""死""慌""酷""穷""狂"表征的概念主要是害怕的原因。"老"和"死"都是人类不愿意，甚至是害怕面临的生命历程；"慌"由"恍惚""心神不定"演变为"慌乱""恐惧"，表程度时出现在"X 得慌"的句法格式中作补足语，如"饿得慌""想得慌""憋得慌"；"酷"由"残酷"之意联想到害怕，然后演变衍生出高程度语义，如"酷似""酷爱"；"穷"源概念的"阻塞不通""困厄、困境"同样是人类不愿或害怕遭遇的情境，衍生出程度语义，如"穷凶极恶""穷奢极欲"；"狂"的源概念语义为"癫狂""急躁""狂暴"，与英语情感强化副词 madly、insanely、frantically 和 pathologically 等相对应。

汉语中的"煞"通"杀"，意味着失去生命，亦为令人恐惧之事；"血"和英语情感强化副词 bloody 一样，意为禁忌且令人心惊胆战；"恶"的程度语义由"罪恶""凶险"之意演化而来，"罪恶"是人们避之不及之物；

"贼"由"暗杀""强盗"之意演变衍生出程度语义,与"煞"和"死"一样,是致使害怕情感发生十分重要的原因之一。

5. 惊奇情感域

帕罗特(Parrott,2001)认为惊奇情感包括惊异、惊讶、震惊。英语惊奇类情感强化副词共27个,汉语中广泛使用的惊奇类强化副词是"怪"和"奇"。"怪"由"奇异,罕见之物"引申为"觉得奇怪"的情感,然后衍生出程度语义,表达事物超越一般的属性,如"怪香的""怪不好意思的""怪累人的"等。"怪"的同义词"奇"也由最初的"特异、罕见"之意演变为"奇怪""意外"的情感语义,而后衍生出程度语义。"怪"于明清时期有了强化副词的用例,而"奇"更早,大约在魏晋时期,而现代汉语中,"怪"标记高程度语义的现象比"奇"要普遍得多。惊奇域还有另一个成员"稀",语义与"奇""怪"相近,意为"稀疏""罕见",于魏晋时期始用于形容词"少"前,表示"很少"的意思。

二、相关术语

本课题的研究对象英汉情感强化副词,属于强化副词或称程度副词范畴(这两个术语在本书中相互替换使用),是语言发展和创新的产物。作为重要的认知手段和概念表征方式,语言既是现实世界的映射,也是认知处理的结果。鉴于此,对情感强化副词的研究势必建立在对人类情感本质认识的基础上,同时还要参考副词以及强化副词的相关研究成果。以下主要通过厘清心理学对情感的界定与分类,实现对情感概念内涵的认识,同时考察英汉语对副词和强化副词的定义阐释,以此作为我们研究的出发点。

(一)情感

中国传统研究中,我们熟知的情感[①]包括喜、怒、忧、思、悲、恐、惊七种。"直觉上我们都知道情感是什么,但是到了要给它下个定义时,却都不禁哑然"(Fehr & Russell,1984:464)。情感关涉感觉、心理、行为、

---

① 普通心理学还区分了情绪与情感:"情绪和情感都是人对客观事物所持的态度体验,只是情绪更倾向于个体基本需求欲望上的态度体验,而情感则更倾向于社会需求欲望上的态度体验。"本文不考虑个体需求与社会需求体验的异同,将人们对行为成功的可能性乃至必然性,在生/心理反应上的评价和体验通称为情感或情绪。

认知和评价等因素，无论从哪个方面进行界定，都会有所偏颇。

心理学把情感界定为人对客观事物是否满足自己的需要而产生的态度体验。"情感是对外界刺激肯定或否定的心理反应，如喜欢、愤怒、悲伤、恐惧、爱慕、厌恶等"[①]。这种对人、事物、事件积极或消极的赋值反应，其特殊的本质是由运作于诱发情感产生的情境的识解方式决定的（Ortony et al, 1988：13）。莱考夫和约翰逊（Lakoff & Johnson, 1980）还关注到了身体体验对情感的激活。

每一种情感都有自己独有的特征，例如信号、心理和前奏事件等；所有的情感也有一些共享的特征，例如情感产生快，持续时间短，情感反应连贯等（Ekman, 1992a：169）。这些特征很直观，是人们区分不同情感的依据，同时成就了情感范畴的不同成员。费尔和拉塞尔（Fehr & Russell, 1991）主张原型范畴比经典范畴范式更适用于情感的界定及其范畴结构的探讨，他们通过对爱的类型及其下位范畴的考察，指出爱是人类最典型的情感之一。再比如，与喜欢、忧伤、担心相比较，愤怒和恐惧也更为典型。

但是，也有不同的声音。考弗塞斯（Kövecses，2010：143）甚至认为，除了 happiness-sadness（快乐—悲伤）和 pride-shame（自豪—羞耻）具有鲜明的积极和消极的对立的关系外，其他情感如 anger, fear, love, lust, surprise, 在概念化时，并不表达固有的好或坏。他认为情感不能简单地被二分为积极和消极，因此用家族相似性来分析情感的身体表征和心理唤醒。但是，他肯定基本情感范畴之间有明确的界限，譬如，愤怒家族所有成员共有的特征应该包括眉毛紧锁下垂、上眼睑抬升、嘴唇肌肉紧张（同上书：172）。

研究者对情感的界定和分类仍然缺少一个统一的认识。自笛卡尔以来，心理学界对基本情感的认定从三种到十一种不等（哲学界也做过类似的探讨）。其中，fear、anger 和 sadness 情感普遍存在于不同文化的各种分类中，除此之外，大多数分类还包含了 joy、love 和 surprise。埃克曼（Ekman, 1972）通过对不同文化中情感表现的考察，得出人类六种基本的情感：anger、disgust、fear、happiness、sadness、surprise。同时，他指出，

[①] 中国社会科学院语言研究所词典编辑室：《现代汉语词典》，第 5 版，商务印书馆，2005 年，第 1116 页。

这些情感在任何文化环境中都能被识别，甚至包括没有文字而无法通过媒介获得面部表情联想的文化中。拉塞尔（Russell，1991）遵循原型范畴的范式，将情感分为 anger、fear、sadness、happiness、disgust 五种类型。帕罗特（Parrott，2001）对情感进行了三个层次比较细致的分类。其中，最上位层次的有 love、joy、surprise、anger、sadness 和 fear，中位层次（相当于基本范畴层次）情感 26 种，下位层次情感细分为 100 多种。具体见表 1-1：

表 1-1 心理学中的情感分类表（Parrott，2001：362）

Primary emotion	Secondary emotion	Tertiary emotions
love	affection	adoration, affection, love, fondness, liking, attraction, caring, tenderness, compassion, sentimentality
	lust	arousal, desire, lust, passion, infatuation
	longing	longing
joy	cheerfulness	amusement, bliss, cheerfulness, gaiety, glee, jolliness, joviality, joy, delight, enjoyment, gladness, happiness, jubilation, elation, satisfaction, ecstasy, euphoria
	zest	enthusiasm, zeal, zest, excitement, thrill, exhilaration
	contentment	contentment, pleasure
	pride	pride, triumph
	optimism	eagerness, hope, optimism
	enthrallment	enthrallment, rapture
	relief	relief
surprise	surprise	amazement, surprise, astonishment
anger	irritation	aggravation, irritation, agitation, annoyance, grouchiness
	exasperation	exasperation, frustration
	rage	anger, rage, outrage, fury, wrath, hostility, ferocity, bitterness, hate, loathing, scorn, spite, vengefulness, dislike, resentment
	disgust	disgust, revulsion, contempt
	envy	envy, jealousy
	torment	torment

续表

Primary emotion	Secondary emotion	Tertiary emotions
sadness	suffering	agony, suffering, hurt, anguish
	sadness	depression, despair, hopelessness, gloom, glumness, sadness, unhappiness, grief, sorrow, woe, misery, melancholy
	disappointment	dismay, disappointment, displeasure
	shame	guilt, shame, regret, remorse
	neglect	alienation, isolation, neglect, loneliness, rejection, homesickness, defeat, dejection, insecurity, embarrassment, humiliation, insult
	sympathy	pity, sympathy
fear	horror	alarm, shock, fear, fright, horror, terror, panic, hysteria, mortification
	nervousness	anxiety, nervousness, tenseness, uneasiness, apprehension, worry, distress, dread

显然，以上情感类别中消极情感概念更具多样性，反映了人们认识世界的过程中对消极信息和积极信息的关注的不对称，这种不对称在语言表征上也有所体现[①]。

综合考虑心理学上各家对情感的分类，本研究认为，埃克曼（Ekman，1972）分类中的 disgust 可以归为 anger。而帕罗特（Parrott, 2001）的 love 和 joy 并为 happiness。昂格雷尔和施密德（Ungerer & Schmid, 1996）将情感分为积极和消极情感时，忽略了惊奇类情感。在出乎意料或新奇的情境中，人们会表现出与其他情感相异的面部表情和情感体验。据此，惊奇被看作是人类最基本的情感之一（Ekman & Friesen, 1971）。拉塞尔（Russell, 1980）也认为惊奇是一种高度激活的中性情感，不能单一地用愉快或不愉快来描述。惊奇类情感兼有积极和消极两方面，如 surprise 可以分为 positive surprise 和 negative surprise（Vrticka, 2014）。astonish 也既可

---

① 心理学界也热衷于探讨这个问题。譬如，Vaish & Grossmann 以婴儿和儿童为实验对象，发现人类的消极信息偏向从成长时期就有所表现。就情感方面来说，新生儿一直到 5—6 个月之前，可能更容易受到积极面部表情的吸引，6 个月以后的孩子则对消极信息有更为强烈的反应，即更多地注意或表现出更为强烈的感情波动（2008：391-394）。研究者们（Fernald, 1993；Farroni et al., 2007；Vaish & Grossmann, 2008 等）将快乐、害怕、愤怒等典型情感的面部表情（如微笑、皱眉）和传递各种情感的声音呈现在受试面前，通过观察他们注意力持续的时间，进而推测积极和消极情感对他们的影响。

以表正面的极度惊喜,又可表负面的震惊。

此外,普拉切克(Plutchik,2001)还考虑了强度的维度(intensity dimension),将情感分类为四组八对,为 joy/sorrow、anger/fear、acceptance/disgust、surprise/expectancy,它们对应的高强度情感分别是 ecstasy/grief/rage/terror/ admiration/loathing/amazement/vigilance。这些基本情感之间又有交集,譬如 love 位于 ecstasy 和 admiration 之间,awe 位于 terror 和 amazement 之间。《心理学词典》[①]还列举了几种情感的组合:"快乐+接受=爱""快乐+怒=骄傲""惊奇+接受=好奇""惧怕+接受=谦让""惊奇+怒=恨""快乐+怕=罪疚""接受+悲哀=多愁善感""恐惧+期待=焦虑"。由此可见,不同的情感交织在一起,使得情感变得越加复杂,而情感也可以相互转化。从这个角度看,情感范畴成员的界限并不那么清晰。

参照已有研究,本文在分类上暂不考虑基本情感之间的交集,也忽视同一情感的不同强度,认为人类的情感只有积极和消极之分,其基本情感范畴包括:happiness、anger、sorrow、fear、surprise。积极情感包括快乐和正面的惊喜类,消极情感包括愤怒、悲伤、恐惧和负面的震惊。如表 1-2 所示:

表 1-2 基本情感范畴分类表

Positive emotions	Negative emotions
happiness	anger
surprise (positive)	sorrow
	fear
	surprise (negative)

很多研究者认为情感要么源自人的身体,要么是特定文化的产物。针对情感的这一身体和文化分野观,通过考察情感隐喻表现出来的有关情感概念化的普遍性和文化差异性,考弗塞斯(Kövecses,2000)认为,情感是由人的身体与某一特定的社会和文化环境共同激活而产生的,或说情感在很大程度上是不同文化情境中个体具身体验的结果。事实上,他更倾向

---

① 详见林传鼎:《心理学词典》,江西科技出版社,1987年,第339页。

于赞同情感的文化差异性[①]。

在情感与认知的关系上，奥托尼等（Ortony et al.，1988）认为，认知担任了举足轻重的角色。但是有些情感，如 disgust，比另一些情感，如 shame，涉及较少的认知处理和认知结构。"认知系统既能影响情感，还能被情感影响。"（同上书：4-5）因此，对情感概念的研究有助于我们对人类认知系统的认识。

（二）副词与强化副词

副词是尤为特殊的一类词，当哪个词难于归类时，就把它丢进副词的"垃圾桶"（Palmer，1971：60）。我国学者吕叔湘和朱德熙先生（1979：42）也戏称"副词本来就是一个大杂烩"。在这个大杂烩中，其成员无论是在语义特征，还是句法成分和位置方面，都具有很大的差异性。

汉格威尔德（Hengeveld，1992：58）采用功能语法方法给副词下定义，认为副词是"非名词中心语（non-nominal head）的修饰词（lexical modifier）"。这个定义应该从原型意义的角度来理解，因为聚焦副词和语篇连接副词不具此特征（Ricca，2010）。《新牛津》将副词定义为：对动词、形容词、短语或另一副词增加地点、时间、环境、方式、原因、程度等信息的词。《现代汉语词典》中，副词即为修饰或限制动词和形容词，表示范围、程度等，而不能修饰或限制名的词，如"都、只、再三、屡次、很、更、越、也、还、不、竟然、居然"等。现代汉语的副词有与名词组合共现的情况，譬如，"很绅士""非常贵族"等，一般认为，这些为"非常规"的语言现象。

根据兰盖克（Langacker，2008）关于语法范畴的界定，除了名词是自主性概念以外，其他词类都是依存性概念，后者必须附着于自主性概念，才能获得确切的语义解读；名词侧显的是"事体（thing）"，其他词类侧显的是"关系（relation）"，动词表征的是"一维的时间关系"，形容词和副词表征的是"非时间关系"。

夸克等（Quirk et al.，1985）基于语义的划分，将副词分为地点副词、时间副词、方式副词、程度副词、联系副词和句子副词。拉马特和里卡

[①] 人类学关于情感的研究十分关注情感的社会本质和文化对情感概念化的差异性影响（Lutz，1988；Shaver et al.，1992：207）。

（Ramat & Ricca，1994）的分类有所不同，包括谓语副词、程度副词、句子副词、时空场景副词、焦点副词和语篇副词等，其中程度副词，是对动作、性质、状态和数量进行程度修饰限定的一类。朱德熙（1982）、王力（1985）、吕叔湘（1999）和张谊生（2001）等学者对汉语副词分类有不同看法，但一致认为副词范畴中存在程度副词、范围副词、时间副词、否定副词等。

本研究采用副词的定义为：主要用于修饰动词、形容词或另一副词或一个句子，表示程度、时间、范围、评注等意义的一类词。所要研究的英汉情感强化副词就是程度副词中的一个次类。

英汉语言学界对强化副词的称谓不太一样。英语中有程度副词（adverbs of degree）、程度修饰语（degree modifiers）、强化副词（boosters/amplifiers/ intensifiers）之说，而汉语主要使用程度副词这一术语。

程度副词构成了词汇中有趣的一部分：数量大、形式多样、千变万化（Klein，1998：1）。尽管学者们对程度副词的数量和范围有较多异议，但对其语义和功能内涵的认识比较统一：程度副词是程度量表达的重要词汇手段。正如帕拉迪丝（Paradis，1997：14）所说，虽然程度副词出现的句法环境差别很大，但它们在概念上是相关的，因为它们都是对其所修饰成分的某些特征作程度上的说明。程度特征不仅表现在形容词和副词上，还存在于动词和名词之中。程度副词的存在就是为了给人们表达程度提供标记（赵军，2010：83）。阿勒顿（Allerton，1987：16）把英语强化副词看作是形容词修饰语所具有的一种特别的语义类型，对应于英语程度副词。我们要研究的英汉情感强化副词作为强化副词的一个次类，是英汉语言中标记程度的一种特殊的方式。

对英语强化副词所修饰实体的程度语义进行经典描述的是勃林格（Bolinger，1972：17）、夸克等（Quirk et al.，1985：589）和比伯等（Biber et al.，1999：55）。他们认为，程度副词范畴处于抽象构想中强度标量上的某一点（point）或某个范围（scope），这一点或范围可能相对较高也可能相对较低。这里所谓的"所修饰实体"在语言表征上可能是形容词、动词，也可能是副词、介词等，但是，原则上它们需要具备一个相同的特征，即层级性。对于语言的层级性，人们曾经认为，这是形容词和副词独有的特点，后来的研究表明，许多实体在程度上都是可以分级的，包括动词、副词、介词等（Bolinger，1972；Atllanasiadou，2007）。强化副词的原型功能，就是对所修饰的形容词进行分级标量（Atllanasiadou，2007：48）。有些程度副词只能修饰某些形容词，才能实现其层级的标量功能；然而，有些可以自由地使用，标量许多不同的形容词，它们是历经了语法化的程度副词，可以表明相关性状的程度（Klein，1998：5），例如：very good/high/happy, extremely intelligent/low/sad 等。

除了分级标量的功能，帕拉迪丝（Paradis，1997：10）还认为，程度修饰词与言者相关，增加语篇的情感和主观性维度。可见，强化副词不但从语义上对其他成分进行修饰说明，还具有特别的情感表达的语用效果。也就是说，即使是一般的强化副词也承载了语言主体一定的情感，而我们要探讨的英汉情感强化副词所传递的个体情感体验尤为强烈，其语言形式也十分特殊，为情感表达词汇的副词形式。

勃林格（Bolinger，1972）、夸克等（Quirk et al.，1985）和赫德尔斯顿和普勒姆（Huddleston & Pullum，2002：585）等认为 intensifier 是用于分级标量的修饰性副词。本文主要参考勃林格（Bolinger，1972：17ff.）、夸克等（Quirk et al.，1985：445–449，589–591）和佛伦（Foolen，2013）对 intensifier 的界定，即适用于任何表达程度的词语，不管是假定标准之上还是之下，修饰形容词、动词，还是修饰副词，包括英语的 very、extremely、completely、awfully、hardly、a little、somewhat 等，汉语的"十分""极为""相当""有点"等。

赫德尔斯顿和普勒姆（Huddleston & Pullum，2002：585）也持类似观点：强化副词是一个表达程度或精确值的词汇—语法范畴，如 awfully 和 completely。门德斯-纳亚（Méndez-Naya，2003：375）指出，实际上，所有的强化副词都由内容词汇演变而来。例如，古英语中的 swipe，意为 "severely, violently"；very 原义为 "true, truly"；另外，还有 terribly、awfully、really 等，只是它们所处的语法化阶段不同而已。

（三）情感强化副词

由于研究对象英汉语言中表达情感的词汇以副词的形式用于程度标量，而且是标量构想标准以上的程度范围，即它们大多标示高等级程度，本文并不刻意区分绝度、极度和高度强化副词，统一称之为情感强化副词（emotive intensifier），譬如，英语中的 jolly、terribly、desperately、bitterly、incredibly，汉语中的"好""坏""奇""怪"等。

从本质上来讲，强化就是情感表达的一种重要手段，人们可以用 very、greatly、strongly、firmly、highly、totally 等词语相对客观地说明事物性状的程度或强度。然而，情感强化副词主要是通过展现人们在某种情境之下生理和心理上的感受经验，来进行程度的间接描述和评价。从这个意义上来说，情感强化副词主要具有以下特点：

（1）源自人类的情感表达概念，包括快乐、愤怒、悲伤、害怕、惊奇；

（2）语义由具体向抽象发展，其中情感词汇意义弱化，程度语法意义加强，程度意义通常不能由字面意义推导出来；

（3）在情感取向上具有很强烈的主观性评价，主要起到表明态度和增加表达强度的作用；

（4）相对于一般的强化副词，其强化意义为表达新奇，夸张或讽刺，在交际中可激发听者的兴趣，获得更多的注意，加深印象。

需要特别说明的是，有些情感强化副词直接由情感词汇派生而来，譬如 jolly、bitterly、painfully、terribly、surprisingly，"怒""痛""奇""怪"等。有些情感强化副词并不源自情感词汇，却是人类情感表达的重要手段，换句话说，它们相对容易地就能让人们在语言使用中获得各种情感体验。例如，pretty 和"好"让人享有快乐体验；damned 和 revoltingly 激活人们对愤怒的体验；woefully 和 wretchedly 和引发了人们对悲痛的感同身受；badly 和"坏"触发人们对糟糕事件的抵触情感；ridiculously 和 marvelously 使得人们产生惊奇的情感。因此，本研究认为它们也是英汉情感强化副词范畴的重要成员。

从词语的形式上看，现代英语中，除了少数与形容词同形的，譬如 jolly、pretty、bloody，情感强化副词大多为由"情感形容词 +ly"衍生而来的标示高程度的副词单词。它们有些直接由表达情感概念的词汇演变而来，譬如 blissfully、ecstatically、outrageously、enviably、painfully、hopelessly、dreadfully、frightfully、incredibly、surprisingly 等。有些间接来自情感概念域，譬如 pretty、fairly、damn、revoltingly、irremediably、distressingly、deadly、insanely、absurdly、strikingly 等。英语情感强化副词置于被修饰语前面或者后面，用作状语。

汉语因没有形态变化，现代汉语与古代汉语中情感名词、情感形容词和情感强化副词的形式相同。汉语直接表达"快乐"情感的词语并没有演变衍生出程度语义，与"快乐"情感相关的，或说间接源自快乐域的情感强化副词的典型代表是"好";表达"愤怒""悲伤""愤怒"和"惊奇"的情感词汇衍生出程度语义,置于被修饰词语前后,用作状语或补语。它们用作状语时是单音节情感词;用作补语时有时为双音节,例如:

(1)他冷漠得让人*害怕*。
(2)今年的物价高得*出奇*。
(3)他讲的故事荒诞得*离谱*。

从历时层面看,情感强化副词一直处于演变当中。古英语中的情感强化副词 swipe 和 woundy 已在现代英语中消失,汉语界近年来在年轻人中时兴的"帅呆了""酷毙了""狂讨厌"等表达,其中"呆"为新增的情感强化副词,"毙"与"死"同义,"狂"与"讨厌"共现表明其组合范围逐渐扩大。情感强化副词存在的目的是追求程度标量手法的创新,求新求异的语言表达需求是情感强化副词不断更新的原动力。

本课题的研究对象是英汉语言中通过情感体验标量事物性状程度或行为强度的强化副词。主要考察英汉语中单个的词,相关短语或双音节表达不在考察范围之内。基于以上的讨论,对于什么不是情感强化副词,可以得出以下结论:

(1)very、extremely、totally、highly、deeply,"很""十分""极端"等表达客观世界大数量的词语,标示高程度,但是,它们并不源自人类情感域,并不是人们基于情感体验对程度进行主观性度量,它们就不是情感强化副词;

(2)happily、angrily、joyfully,"幸福""悲伤""怕""惊"等虽然源自情感域,但是它们并没有程度表达的用法,因此也不是情感强化副词。

"形容词加词缀成为副词是词类转化的常规变化之一。"(Nevalainen,1997:147)情感强化副词由情感形容词衍生而来,一方面表现为程度语义(强化),一方面又保留了其源词的情感语义。英语发展史中,有些情感强化副词以两种不同的形式出现,例如,outrageous=outrageously、fiendish=fiendishly、awful=awfully 等,表示"very, extremely, deeply"之意,如下(1)—(3)中的用法:

(1)To day hote, to morowe *outragyous* colde.(a1529 SKELTON)

（2）A prairie town called Follansbee that looks *awful* good to me.（1923 PAINE）

（3）As all the Continent is *fiendish* cold, we did wisely.（1891 HALE）

例句中的 outrageous、fiendish 和 awful 修饰形容词，也是情感词汇表达高程度语义，因此属于情感强化副词范畴。为了避免分析的重复，后文中对此类强化副词不做进一步讨论。它们可以看作是 outrageously、fiendishly 和 awfully 的变体形式。因此本研究主要分析由情感或相关词汇派生而来的英语情感强化副词 137 个，汉语情感强化副词 23 个。

第二章 英汉情感强化副词研究现状与思考

一、引言

情感强化副词是程度副词范畴中的重要次范畴之一，具有很强的异质性特征。以往关涉程度副词的研究均会论及情感强化副词，在数量上或多或少，在论述上或详或略。情感强化副词在语言使用中十分活跃，然而，其异质性没有得到应有的关注，它们多被当作程度副词范畴的普通成员，与其他程度副词一并等同处理，相关的专题研究屈指可数，总体上呈现出研究严重不足的态势。情感强化副词的相关考察主要散落在程度副词的研究之中，在理论指导和研究范式上亦有赖于程度副词研究的发展。本章主要从研究内容[①]上对相关文献进行梳理，旨在发现英汉语情感强化副词的研究现状与特点，探讨已有研究的不足，同时为今后更全面、系统的研究探寻方向。

二、英汉副词研究

以往对情感强化副词的考察大多出现在程度副词研究之中，因此，副词和程度副词的研究文献及其成果对英汉情感强化副词的考察具有重要的参考价值。

因成员之间表现出极大的异质性，副词是传统词类中最模糊的、最令

---

① 由于学者们使用的术语各不相同，本研究在综述过程中保留了文献中使用的术语；另外文献中有时会出现情感强化副词句法、语义、语用等研究内容的交织交错，为了论述方便，本研究对英汉情感强化副词研究内容无法做到精准的划分，只能是大致的分类。

人迷惑的一种（Quirk et al., 1985: 438; Ramat & Ricca, 1994）。2006年，布朗（Brown）主编的《语言和语言学百科全书》第二版的"副词"词条指出，在所有的词类中，副词是最易构成异质的类；那些不适合归入其他词类的词语往往将被分配到有"垃圾箱"之称的副词中。在汉语界，自《马氏文通》以来，副词也一直是词类研究引起争议和存在问题最多的一类。这种状况，即使是在性质、范围、分类等基本方面，还是难以取得共识（张谊生，2000）。因副词语义具有很强的语境依赖性，难以界定，我国学者王力（1943）、吕叔湘和朱德熙（1979）、朱德熙（1982）、黄伯荣和廖序东（1997）、袁毓林（1995）、杨荣祥（2005）等主要从句法功能的角度对副词给出定义。

安沃德（Anward, 2000: 3）从类型学的视角指出，大多数自然语言中的词汇项划分为不同的词类，其成员共享了该类词某些特别的句法、语义和形态特征。确实如此，语言学界对副词的定义也无外乎从形态、功能或语义方面着手。在副词范畴中，其成员无论是语义特征，还是充当的句法成分和所在位置，都具有很大的差异性。正因为如此，副词激发了国内外众多研究者的兴趣和热议。

桑克（Cinque, 1999）从跨语言的视角，对副词进行研究，认为附加语间具有严格的顺序限制，普遍语法中存在大量的功能投射；麦克纳利和肯尼迪（McNally & Kennedy, 2008）合编的 *Adjectives and Adverb: Syntax, Semantics, and Discourse* 收集的系列论文主要是关于形容词和副词的句法语义、句法形态、句法语用等方面的形式语言学研究；李等（Li et al., 2011）探讨了位移情况下不同类别副词之间的交互模式。

在国内，尤其是近几十年来，与汉语副词相关的语法研究，进入一个人才辈出、理论纷呈、局面繁荣、成果迭出的快速发展时期（张谊生，2010: 1）。关涉副词的重要研究有：张谊生（2000，2004，2010）探讨了副词的性质与类别等基本问题，同时对副词范畴中个别成员的句法语义特征以及成因进行了分析；史金生（2002）从语义功能语法理论的视角研究了情状和语气副词的顺序和选择性；张亚军（2003）描述了范围、程度、时间和描状副词的分类和功能等；杨荣祥（2005）对近代汉语副词的分类和来源等问题进行了考察；高育花（2001）对中古汉语副词做了比较全面的描写与分类，研究还涉及中古汉语部分副词的来源与历时演变。而各个历史时期、不同类别副词的个案或比较研究论文更是不胜枚举。

副词的研究可以说是百花齐放，百家争鸣。然而，与其他重要的词汇范畴相比较，副词高度复杂而研究却明显不够（McNally & Kennedy，2008：1）。从类型学的视角来看，副词性修饰领域研究不足，或许也是自然而然的事情，因为副词在诸多方面都是复杂而模糊的（Halling，2012）。前辈时贤从各个角度对这一领域进行开发性或深入的探讨，然而，从收集到的中外文献来看，即使是其定义和分类等基本问题，都是仁者见仁，智者见智。

夸克等（Quirk et al.，1985）对副词做了最为全面的语义分类：地点副词、时间副词、方式副词、程度副词、联系副词、句子副词。拉马特和里卡（Ramat & Ricca，1994）则将副词分为：谓语副词、程度副词、句子副词、时空场景副词、焦点副词和语篇副词等。

1898年，我国第一部以现代语言学理论研究中国语法的著作《马氏文通》，参照西洋语法范畴的分类，描述了"凡实字以貌动静之容者，曰'状字'（相当于副词）"，同时，将"状字"划分为六类：1）以指事成之处者；2）以记事成之时者；3）以言事之如何成者；4）以言事成之有如许者；5）以决事之然与不然者；6）以传疑难不定之状者。依次相当于现代的处所副词、时间副词、方式副词、频率和程度副词、肯定和否定副词、疑问和语气副词（马建忠，1983：233-245）。此后，学者们在这个基础上对副词的区分做进一步的思考（朱德熙，1982；王力 1985；吕叔湘，1999；黄伯荣、廖序东，2002；张斌、胡裕树，1995；邢福义，1991；张谊生，2001，2010），程度副词、范围副词、时间副词、否定副词等为众家所公认。本研究认为副词主要用于修饰动词、形容词、另一副词或一个句子，表示程度、时间、范围、评注。英汉情感强化副词就是程度副词中的一个次类。

三、英汉强化副词研究

副词中，对动作、性质、状态和数量进行程度修饰限定的这一类，国外学界有不同的称谓，如程度副词、程度修饰词、增强词、强化词等。尽管学者们对程度副词的数量和范围有较多异议，但对其语义和功能内涵的认识比较统一：程度副词是程度量表达的重要词汇手段。程度副词是程度量范畴的一种标记手段（李宇明，2000：230），程度副词的内涵可以表述为程度量的语法标记成分。这是程度副词最根本的属性，也是它最基本的功能所在。情感强化副词作为程度副词的一个小类，是人们标记程度的一种特殊的方式。

本研究关键词"强化副词"所采用的术语 intensifier，从广义上讲，适用于任何表达程度的词语，不管是假定标准之上还是之下，不管是修饰形容词、副词还是分句成分（参见 Bolinger，1972：17ff.；Quirk et al.，1985：445-9，589-91）。佛伦（Foolen，2013）也持相同的观点，当人们说 very high、suffer strongly、a pure mess 时，表达的是性质（形容词）、活动（动词）和物质（名词）的某个方面不是以一般的方式存在，而是在度量上处于高位，其中 high、strongly、pure 都是 intensifiers。根据门德斯－纳亚（Méndez-Naya，2003：373），以下例句斜体部分都可以归为广义类强化词：

（1）Small amounts of carbon monoxide over a long period of time can *greatly* harm an unborn baby.（动词修饰词）

（2）Your performance last night was a *terrible* success.（名词修饰词）

（3）The article was *extremely* interesting.（形容词修饰词）

（4）He was driving *very* quickly.（副词修饰词）

（5）He is *much* in favor of the US attack on Afghanistan.（介词短语修饰词）

然而，在他的研究中，intensifier 专指参照假定标准，向上标量的形容词和副词修饰语，（3）和（4）中的 extremely 和 very 就是这种情况，而（1）中的 greatly 就属于程度修饰词。

勃林格（Bolinger，1972：17-22）指出，虽然绝大多数的强化副词是词汇性的，但是还有些相对语法化或完全语法化了，譬如 very。强化副词是一个"词汇—语法范畴"，既包含了封闭词类，如 very，也包含了开放词类，如 terribly 和 absolutely（Lorenz，2002：143-144）。本研究借鉴勃林格（Bolinger，1972）和夸克等（Quirk et al.，1985）等对 intensifier 的界定：用于分级标量的修饰性副词。我们的研究对象是英汉语中表达情感的词汇以副词的形式用于程度标量，且它们大多标示高程度。尽管帕拉迪丝（Paradis，1997：63）和里维莱能和马蒂（Nevalainen & Matti，2002：

362）等认为 perfectly 为最大化强化副词（maximizer），如 perfectly true，然而，类似词语为极少数，因此本文并不刻意区分绝度、极度和高度强化副词。又考虑到本研究并未深入探讨 pretty、fairly 的中等程度用法，因为它们同时具有高程度语义，本研究统一称之为情感强化副词。已有研究表明，从古英语时期开始，强化副词一直处于竞争的变化之中，譬如 swipe 让位于 well，well 为 full 所替代，然后 right 代之（Peters，1994；Ito & Tagliamonte，2003；Méndez-Naya，2003；Tagliamonte，2008）。在形态上，现代英语中除了少数与形容词同形的，譬如 jolly、pretty、bloody，情感强化副词大多为由"情感形容词+ly"衍生而来的标示高程度的副词单词。

英汉语有影响的语法著作中都论及了强化副词。强化副词的称谓甚多，其范围与分类也因学者的标准与视角不同而未能统一。虽然各家对程度副词分类的界定和名称有所不同，但都体现了程度副词的可分级性（详见 Klein，1998：19）。大多学者主要根据强化副词的修饰功能，即对修饰成分意义在量或度上的增多或减少，结合自身的语义特点，对其进行区分。英语中的强化副词，以构想中的抽象标准量（norms）为基准，分为增强词和弱化词（Bolinger，1972；Quirk et al.，1985；Biber et al.，1999）。在副词范畴中，增强词是向上标量程度的词，而弱化词是向下标量的词。

（1）She is *very* beautiful.
（2）She is *fully* committed to the new project.
（3）He is a *terribly* good player.
（4）No one would think to have a woman to do this *extremely* important work.
（5）The forecast was only *partly* true.
（6）He angers with *little* provocation.
（7）I was *somewhat* surprised to see her.
（8）I *hardly* know what to do next.

以上例句（1）—（8）中 very、fully、terribly、extremely 是增强词；partly、little、somewhat、hardly 为弱化词。

克莱因（Klein，1998：21-22）根据英语强化副词所表程度意义强弱的不同，将其分为八个小类，分别为：绝度副词（absolutely），如 completely、absolutely、totally；极度副词（extremely high），如 extremely、terribly；高度副词（high），如 very；中度副词（moderate），如 rather、pretty；低度副词（minimal），如 somewhat、a bit；近约副词（approximative），如 almost、virtually；准否定副词（quasinegative），如 little、hardly、and 和否定副词（negative），如 not、not at all。

在国内学界，程度副词的分类比较统一。20 世纪 30 年代，王力的《中国现代语法》首次对程度副词进行再分类，将其分为"无所比较，但泛言程度"的"绝对程度副词"和"有所比较"的"相对程度副词"（王力，1985：131-132）：

（1）模样又极标致，言谈又极爽利，心机又极深细。
（2）听那口角就很剪断。
（3）看了半日，怪烦的。
（4）生得亦颇有姿色，又颇识得几个字。
（5）只是太富丽了些。
（6）他的儿子和我一般大。
（7）离了姨妈，他就是个最老到的。
（8）你比我更傻。

例句中的"极"、"很"和"怪"、"颇"、"太"是绝对程度副词，分别为最高的夸饰、普通的夸饰、不足的表示、过度的表示类；"一般""最""更"是相对的程度副词，分别细分为平等级、最高级、比较级。王力先生关于程度副词的"绝对"和"相对"的概念，对我国汉语界的相关研究产生了至深的影响。之后的学者似乎一致认可这种分类的合理性，大多不再碰触程度副词再分类的问题。赵元任（1979）、朱德熙（1982）、胡裕树（1987）、邢福义（1991）等的语法著作中都未见明确的再分类，而只是列举了一些具体的程度副词。后有论及该问题的研究者，如周小兵（1995）、张桂宾（1997）、周国光（1994）、储泽祥（1999）、张谊生（2000）也都认同王力先生的观点，并以此为基础展开相关研究。马庆株（1992）采用三分法，将程度副词分为：

"更"类：表示比较的程度副词，能出现于"比+名+[ ]+谓语"结构中，包括"更，还，越发，尤其"等。

"很"类：表示绝对程度的程度副词，能出现于"[ ]+谓语+的"的结构中，包括"很，挺，怪，非常，十分"等。

"极，太"类：不能出现上述两种格式中的程度副词，包括"最，太，忒，极"等。

陈群（2006）参照此标准，将近代汉语程度副词分为"太"类、"更加"类、"最"类、"很"类、"稍"类。

对以上提及的国内外部分学者的强化副词称谓及分类，总括为下表：

表 2-1　国内外部分学者的强化副词（程度副词）称谓及分类

研究者	术语	分类
勃林格 （Bolinger，1972）	degree adverbs / intensifiers	boosters compromisers diminishiers minimizers
夸克等 （Quirk et al., 1985）	intensifiers	amplifiers: maximizers boosters downtoners: aproximators compromisers diminishers minimizers
帕拉迪丝 （Paradis，1997）	degree modifiers	reinforcers: maximizers，boosters attenuators: moderators，approximators
克莱因 （Klein，1998）	degree adverbs	absolutely extremely high high; moderate minimal approximative quasinegative negative
比伯等 （Biber et al., 1999）	degree adverbs / degree adjuncts	amplifiers/intensifiers diminishers/downtoners

续表

研究者	术语	分类
辛克莱尔 (Sinclare, 2000)	grading adverbs adverbs that do not grade	more and less dangerously and tolerably fairly and extremely breathtakingly particularly surprisingly (adverbs that do not grade)
王力, 1943/1985	程度副词	绝对程度副词:最高的夸饰、普通的夸饰、不足的表示、过度的表示 相对程度副词:平等级、最高级、比较级
马庆株, 1992	程度副词	"更"类 "很"类 "极,太"类
陈群, 2006	程度副词	"太"类 "更加"类 "最"类 "很"类 "稍"类

本文研究对象情感强化副词绝大多数属于国外学者分类中的 intensifier/booster/amplifier 或 high 类和国内学者分类中"很"类的单音节程度副词成员。

除了规模（enormously）、深度（deeply）和强度（heartily）方面的极度语义词汇,门德斯-纳亚(Méndez-Naya, 2003:377)还提到,表达惊讶/可能性（surprisingly）、消极情感（terribly）和禁忌语（bloody）等领域的情感强化副词也传递极度语义。这些也在本研究的范围之内。

四、英汉情感强化副词研究

长久以来,英汉情感强化副词被当作程度副词大家族中的普通成员对待,受到的关注远远不够。其文献的收集主要来自程度副词研究中相关的零散考察。

(一)情感强化副词的界定与归属

开创情感强化副词专题研究的当属卓(Zhuo, 2007),她建构了语言消极偏向的认知—情感分析模型,认为该模型可以为情感强化副词的词汇语义特征提供最好的解释。她发现情感强化副词的语义是非描述性的,因此不能仅作字面意义的解读,其功能主要用于评价。然而,她并没有给情感强化副词一个明确的定义,只指出它们是具有以下功能的语言符号:

(1)加强言者的言外语力,尤其是最大化交际效果;
(2)在某种情况下,吸引交际中听者的注意力;
(3)建立会话者之间的融洽关系。(同上书:425)

以上列出的功能显然不一定是情感强化副词独具的特点,不能反映情感强化副词的本质,对情感强化副词的区别性语义特征也没有做出明确的说明。当然,她研究的主题为语言的消极偏向,对情感强化副词功能的描述主要服务于其特定的研究目的。笔者从认知的视角对情感强化副词的语义进行研究,认为情感强化副词是人们基于情感体验,通过心理度量,完成对程度量的个性化编码,是人们利用自身的情感感受间接表达和评价事物性状程度或行为强度的词语(刘芬,2016:I)。如果说 Zhuo 的界定基于语用的视角,那么笔者的定义更注重本体,是前一种界定的补充,更加直截了当地展现情感强化副词的本质属性。

从传统研究中程度副词的范畴结构来看情感强化副词的归属,可以发现,学者们对此问题存有争议。在夸克等(Quirk et al., 1985)关于程度副词内部结构的二分模型中[①],英语情感强化副词 absurdly(fussy)、amazingly(calm)、awfully(sorry)、irretrievably(lost)、perfectly(reasonable)、strikingly(handsome)、terribly(nervous)、unbelievably(smart) 和 very、totally、deeply 一起归于基于构想标准向上标量程度的词语 amplifiers 类。帕拉迪丝(Paradis, 1997:63)的英语程度副词内部结构的心理模型与之类似,她使用术语 reinforcers,在该类别中列出了情感强化副词 perfectly、

[①] Quirk et al. 将情感强化副词二分为 amplifiers 和 downtoners,前者包括 maximizers 和 boosters,后者包括 approximators, compromisers, diminishers, minimizers(Quirk et al., 1985:445)。

terribly、awfully、jolly、frightfully。比伯等（Biber et al., 1999）也注意到了terribly，认为它和very、totally、extremely一样用于程度标量，标量的程度高于构想中的标准量。帕拉迪丝（Paradis, 2001: 37）以intensifiers和downtoners对程度副词进行区分，指出前者可以增强形容词或副词的表达力，而后者刚好相反。

勃林格（Bolinger, 1972）和辛克莱尔（Sinclare, 2000）对强化副词进行了更为细致的分类。勃林格将程度副词细分为十类，情感强化副词主要归于其中的放弃类（abandonment），比如madly、wildly、furiously、deliriously；评价类（evaluation），比如badly、terribly、outrageously、awfully、frightfully等；无法补救类（irremediability），比如hopelessly、desperately、woefully和irremediably等；奇异类（singularity），比如singularly、unusually、extraordinarily、strangely等。尽管勃林格发现它们的程度语义无法从字面意义推出，却并未对之进行进一步的探讨。根据被修饰形容词的语义特征，辛克莱尔将程度副词划分为"分级性副词"（grading adverbs）和"非分级性副词"（adverbs that do not grade）两个大的类别，前者标示形容词表征的属性可分出的级别，后者标示形容词表征的真实性程度。他在分级性副词类中特别提出了"特别""惊讶""震惊""危险"和"容忍"等次类（2000: 353-354）。这些类别包括jolly、incredibly、surprisingly、unnaturally、extraordinary、dangerously、breathtakingly、disappointingly、devastatingly等情感强化副词。辛克莱尔以"某人或某物具有一种性质，以达到不同寻常/让人惊讶/让人以一种特殊的方式回应/被断定为好或坏等的程度"为标准，对分级性形容词进行分类。虽然注意到了有些分级性副词源自情感概念，可是对这些情感强化副词，他的归类显得很混乱，譬如，他将extraordinary同时归于"特别"类和"惊讶"类。赫德尔斯顿和普勒姆（Huddleston & Pullum, 2002: 583）发现，英语中位于被修饰形容词前的副词一般表达程度，包括amazingly、awfully、dreadfully、fairly、fantastically、hardly、incredibly、perfectly、positively、noticeably、profoundly、purely、reasonably、remarkably、strikingly、suspiciously、terribly、unbelievably、wonderfully，他们认为这些词语主要与方式语义相关，也表达程度意义。可惜，其中大量表达情感意义的词语并没有引起他们足够的重视。帕拉迪丝（Paradis, 2001: 51; 2008: 321）根据概念上的"有界"和"无界"，区分了"整体性修饰语"（totally modifiers）和"等级性修饰语"（scalar modifiers）。

她认为情感强化副词 terribly 和 fairly 标记所修饰形容词层级性特征量度上的某一范围,具有无界性,因此属于等级性修饰语。

汉语界对情感强化副词的考察相对更为具体深入。虽然没有相应的界定,但是,近几十年来出现了数量较多的个案研究具体见表 2-2,主要考察其句法语义特征,这一点在下一节中详细论述。有影响力的语法或副词研究都论及了一个或多个情感强化副词,均把它们归于"很"和"非常"这一高程度标记类。

表 2-2 汉语情感强化副词列表

情感强化副词	吕叔湘,1982	赵元任,1979	朱德熙,1982	杨荣祥,1999	张谊生,2000	张亚军,2002	刘伟乾,2009	季薇,2011	张斌,2013
好	+	+	+	+	+	+	+	+	+
怪	+	+	+	+	+	+	+	+	+
老	+	−	−	+	+	+	+	+	+
死	−	−	−	−	+	+	+	+	+
慌	+	−	−	−	+	−	−	−	−
坏	−	−	−	−	+	+	−	−	−
真	−	+	−	−	−	−	−	−	−
暴狂奇怒	−	−	−	−	−	−	+	−	−

张斌(2013)在《现代汉语虚词词典》中还收录了程度副词"活"[①]、

---

① "活"用于高程度表达,主要与"像""似"组合。

"酷"①、"穷"②、"生"③、"煞"④、"稀"⑤、"贼"⑥等。它们原本具有丰富的词汇语义,并不表示大量的程度,在历时的演化之中,衍生了高程度语义。如下例:

(1)他的脾气活像个孩子。
(2)他自幼酷爱艺术。
(3)公元前二一九年,穷奢极欲的秦始皇巡游天下。
(4)小小的日记本,他们不放心藏在枕头下、被套里、镜框后、大衣柜中的羽绒服兜里、锁进抽屉里,生怕被好奇心强的家长窥视自己青春期的秘密或者根本没有什么可值得保密的流水账。
(5)苞米粥馏得汤汤水水的,一点儿香味也没有,喝到嘴里皮皮渣渣的,咸菜蒸来蒸去蒸得稀烂,饭汤里一泡就再也夹不成个儿。
(6)跟他打交道要小心点,那个家伙贼精明。

---

① "酷"本义为"酒味浓,香气浓",后引申为"程度深的,过分,甚,很",如下例:
(1)故久而不弊,熟而不烂,甘而不哝,酸而不酷,咸而不减,辛而不烈,澹而不薄。(《吕氏春秋》)
(2)始条侯以禹贼深,及禹为少府九卿,酷急。(《汉书》)
此外,古汉语中"酷"很早就有"残忍,暴虐"之意:
(1)武帝即位,吏治尚修谨,然由居二千石中最为暴酷骄恣。(《汉书》)
(2)或苛猛惨酷,或纯威无恩,刑过乎重,不恕不建。(《抱朴子》)
现代汉语中除了这两种意思以外,受外来词英语 cool 的影响,"酷"发展出了"形容人外表英俊潇洒,表情冷峻坚毅,有个性"的意思。
② "穷"为"极为"之意时,主要见于"穷凶极恶""穷奢极侈"中。另外"穷尽""穷竭"亦蕴含了"极高程度"的语义。另外,有些方言中"穷"也用于高程度表达,如吴方言中"穷大""穷嗲"等。
③ "生"用于高程度表达,主要与少数表情感、感觉的词语组合,如,"生怕""生恐""生疼"等。有学者认为,"生"是唐代新产生的一个程度副词,不是由形容词虚化而来,而是与程度副词"死"的对举呼应中,受到"死"的诱发而产生的。宋代达到鼎盛,元代以后开始衰落,在现代汉语中作为一个语素残留在少数几个双音节词里。
④ 古汉语中"煞"同"杀",为"弄死""杀伤"之意,如下例:
(1)比干、子胥好忠谏,而不知其主之煞之也。(《鹖冠子备和》)
(2)叔文闻之,怒,欲下诏斩之,执谊不可;则令杖煞之,执谊又以为不可;遂贬焉。(《资治通鉴唐顺宗永贞元年》)
现代汉语中为"极""很"义时,主要为书面用语,如"煞费苦心""煞有介事"等。
⑤ "稀"表示程度非常高,主要与单音节形容词组合。如"稀松""稀烂""稀碎""稀糟"等。
⑥ "贼"是北方方言常用的程度副词,如"贼冷""贼精明""贼好看""贼亮贼亮"等。

由于其用法受到很大的语义限制或者主要用于方言，本研究只在需要时将它们用于语言事实的佐证，并不进行详细探讨。

综上所述，虽然学者们用不同的术语称谓英汉情感强化副词，但是就程度量级而言，它们标记的都是高程度等级。这意味着，与"很"和very一样，它们标量的程度是基于构想标准以上的某一范围而不是某一特定的点，是具有无界性的等级性程度修饰语。虽然都标量高等级程度，但是从表现的情感强度和新奇的效果来看，英语情感强化副词标量的程度比very更高。试比较：

  a. Beckham is really a *terribly good* player.
  b. Beckham is really a *very good* player.

a very good player 表达很普通，评判相对客观，意为"很棒的球员"，而 a terribly good player 表达新颖，言者分享了自身的情感体验。后者意味着，一个优秀的运动员同时也是竞技场上一个强劲的敌手，让人望而生畏，terribly 对 good 的程度评判更具主观性，强度更大。与"很"相比，汉语中情感强化副词程度不一定更高。通过对"很可爱/好可爱/怪可爱的"比较，可以发现，它们标量的"可爱的"程度相当，只是情感强化副词的使用更多地传递了言者的"喜爱或怜爱之情"。

（二）英汉情感强化副词的句法语义

英汉情感强化副词特殊的句法语义和语用并没有得到应有的重视，已有研究多将其并入程度范畴，与其他范畴成员等同探讨。只有少数学者关注了情感强化副词的范畴性属性，相对来说，个案研究更为丰富。

1. 句法语义的整体性研究

句法语义的探讨是语言研究永恒的热点话题。由于情感强化副词独立门户的时间不长，对其句法语义范畴属性的整体性研究尚处在起步阶段。前面提到卓（Zhuo，2007）利用英语、汉语和德语中情感强化副词的词汇语义特征论证语言的消极偏向。佛伦（Foolen，2011）以英语、汉语、荷兰语和德语中的情感强化副词为依托考察语义的具体性和抽象性变化。在两位的研究中，情感强化副词的句法或语义不是分析的焦点，因此说它们是整体性研究还是有欠妥当的。笔者在认知语言学理论框架中考察了英语情感强化副词的程度语义内涵、侧显及其与认知的关系，涉及共时和历时层面的探讨（刘芬，2016）。该研究虽然有描写有解释，但是解释的深度还很欠缺。比方说，分析英语情感强化副词语用中的语义取向时，运用构式语法理论解释了与语义冲突的形容词组合现象，关于构式义如何对词汇语义进行压制，词汇进入构式有何制约条件等问题依然没有得到解决。在考察英语情感强化副词的句法语义特征时，笔者指出除了蕴含高程度语义，情感语义没有完全流失，同时它还传递语言主体对事物性状的态度和评价。显然，情感强化副词，不管是英语还是汉语，是德语还是荷兰语，只要用的是同一界定标准，它们都将同时携带情感和程度语义，其中情感语义是程度语义推理和理解的依据。

除此之外，绝大多数学者偏重单个情感强化副词的句法语义研究，在对程度副词进行考察时，发现它们具有一般程度副词所不具备的句法语义特点，且在使用中具有特殊的语用效果。

2. 句法语义的差异性研究

门德斯-纳亚（Méndez-Naya，2003：377）注意到，除了规模、深度和强度方面的极度语义词汇，如 enormously、deeply、heartily，表达惊讶/可能性（surprisingly）、消极情感（terribly）和禁忌语（bloody）等领域的情感副词也传递极度语义。然而，情感副词为什么会传递程度语义，它们有什么与众不同的特征等问题在该研究中并未得到进一步的讨论。根据刘芬（2016）的分类，terribly 和 bloody，以及 awfully、horribly、badly 等是"害怕"类情感强化副词；pretty、fairly、well、jolly 等是"快乐"类情感强化副词；surprisingly、incredibly、unbelievably、absurdly 等是"惊讶"类情感强化副词。已有文献显示，备受关注的是源自"害怕""快乐"和"惊讶"情感概念的强化副词，尤其是"害怕"类的情感强化副词。

这些词语原本表达情感或与情感密切相关的概念，具有丰富的词汇语义，在语言使用中用于标量事物性状的程度或强度，同时传递语言主体主观性评价和态度（刘芬，2016：3）。鉴于此，其语义的历时发展和演变也引起了研究者极大的兴趣。基于语料库，詹全旺（2009）从历时的角度，对 terribly 的主观化进行研究，认为 terribly 由表达动词结果或方式的情感副词演变为表达程度的强化副词是一个主观化过程，而主观化的基本机制是重复。门德斯-纳亚（Méndez-Naya，2003）通过对古英语 swipe（英语中意为 very 和 terribly）强化修饰形容词、副词和分词，标记动作行为的强度以及动作行为的方式等用法的考察，分析了语义演变及其语法化为强化副词并被取代和消失的过程。纳米（Nami，2009）进一步指出，情感强化副词 awfully、terribly 和 horribly 等并不像强调词那样表达完整性意义，而是对程度的度量和强化，它们表达强化的理据是在神经层面表现的潜在的、可能导致死亡的威胁性事件。

"快乐"类情感强化副词 fairly 和 pretty 要特殊一些，它们既可用作程度的中等强度词（Quirk et al.，1985；Paradis，1997），也可用作高等级强化词，相当于 completely，例如：

  a. The general was *fairly* vanquished.
  b. He *fairly* rocketed past us on his motorbike.（Bäcklund，1973：144）

早期现代英语中 pretty 也可以与 very 交换使用，表示高程度（Nevalainen & Rissanen，2002：370）。fairly 作为程度弱化词是最近才出现的用法，而 pretty 的副词化是从中世纪和早期现代英语开始的，作为程度副词用以表现所修饰形容词的数量特征（同上书：376）。形容词的数量具有等级性，黄瑞红（2008）对英语程度副词的等级数量含义进行探讨时，认为 unbelievably 表现的是绝度数量，awfully 是极度数量，而 pretty 与 fairly 则为中度数量。情感强化副词一般标示高等级的数量特征，只有 pretty 与 fairly 还可以标示中等级数量，它们强化力度减弱，与使用的高频率密切相关。另外，正如门德斯-纳亚（Méndez-Naya，2003：191）指出的那样，一旦特别的情感强化功能得以确立，情感强化副词的表达力逐渐弱化，为了保证语言的新奇新颖，它们会被其他词语代替。对于"惊奇"类的情感强化副词 wonder，卡列·马丁（Calle-Martín，2014）指出，与 well 和 wonderfully 等相比，wonder 的使用频率低，其方式语义先于程度语义出现。

学者们也注意到，情感强化副词的语法化程度不如典型的程度副词 very。根据勃林格（Bolinger，1972：22-23），相对于 very，英语情感强化副词，如 awfully、terribly、unbelievably、absurdly，属于语法化程度较低的程度副词。它们处于语法化进程的某个阶段，部分词汇语义流失，程度语义凸显，使用范围逐渐扩大，在同一时期，既可以用作表性状的实义副词，又可以用作表程度的功能副词。奥瑟娜西尔杜（Athanasiadou，2010）

持类似的观点，在对源自害怕域的强化词进行研究后，指出强化词经历了去词汇化过程后，使用在更大范围的语境中。

程度副词通常主要与形容词共现，修饰限定形容词是其原型的句法表现（Bäcklund, 1973; Lorenz, 2002）。对于情感强化副词的句法表现以及语境适宜性，刘芬（2016: 163）指出，英语情感强化副词主要与语义相近的形容词组合，情感强化副词前置；与心理等静态动词的组合，可前置也可后置，譬如，*dearly* love/hate、*desperately* need/want，此外还有"害怕"域中的 thanks *awfully*、miss you *awfully*、*terribly* suffer/ hurt/ miss 等。格林鲍姆（Greenbaum, 1974）曾对程度副词做了一系列诱导实验，以考察英美母语使用者使用程度副词和动词的搭配关系，发现 badly 主要与表达"需要"的词组合。肯尼迪（Kennedy, 2003: 476-477）考察了包括 incredibly、terribly、badly 在内的英语强化副词，发现它们的修饰成分在语义色彩与形式方面都有所不同。洛伦兹（Lorenz, 2002）分析了 20 个 terribly 的高频率共现词，发现它们多为消极语义的词语，也有积极和中性语义词，比如 nice、brave、proud、excited，其中有的传递语言主体积极的态度和评价。组合的形容词语义特点表明，情感强化副词源词的消极或积极语义限制其组合词语的选择（Calle-Martín, 2014）。

门德斯-纳亚（Méndez-Naya, 2003: 375）指出，实际上所有的强化副词都由内容词汇演变而来。例如，古英语中的 swipe，意为"severely, violently"; very 原义为"true, truly"; 另外，还有 terribly、awfully、really 等，只是它们所处的语法化阶段不同而已。刘芬（2016: 98-114）对英语情感强化副词不同于 very、greatly、strongly、totally 等相对客观程度描述词的语义表现及语用中的语义取向进行解析。笔者还发现，与一般的程度副词一样，情感强化副词主要修饰形容词、副词和动词。

汉语界对程度副词的范畴属性研究为数不多，专著数量少，就目前来看，主要有麻彩霞于 2013 年出版的《现代汉语"相对程度副词+动词+宾语"发展演变研究》、季薇于 2011 年出版的《现代汉语程度副词研究》、陈群于 2006 年出版的《近代汉语程度副词研究》。这些专著收录了几个情感强化副词，但是对它们的异质性特征没有给予足够的关注。汉语情感强化副词的研究多集中在个案研究上，主要考察它们的历时演化及句法语义表现。与英语的有所不同，汉语中情感强化副词数量少，一般认为，它们既可以作状语也可以作补语（朱德熙，1982；张谊生，2000）。除了"情感强化副词+形容词/动词"构式以外，情感强化副词还大量出现在补语构式中。朱德熙先生（1982）谈到了情感强化副词"死"和"慌"作程度补语的情况。张谊生（2000）对此做进一步区分："死"属于可补副词，"慌""坏"则是唯补副词；"死"表达程度特别高的顶级义，"慌"既可表顶级义，也表高级义，譬如，"忙死了""闷得慌""乐坏了"。黄伯荣和廖序东（1997）提到"怪"是表程度的副词，是否作补语，却没有论及。刘宏丽（2008）发现"怪"修饰形容词、心理动词和述宾结构等，"怪"还存在单独作补语的用法[①]。

邢福义（1995）考察了"好"句法结构和功能，指出"好"字句多见于南方人的口语中，多与形容词或形容性结构成分连用，包括功能与形容词相同的心理动词结构、"不+形容词"和"不得+名词"的否定结构。温振兴（2009）认为，南味"好"字句出现的动因是语言明晰原则，类推与重新分析是其语义虚化的根本机制。也有研究者用主观性理论分析"好"的程度用法的动因，认为主观化是导致其成为标记词的主要动因（张谊生，2006；李晋霞，2005；余芳，2008）。

情感强化副词的历时语义正是经历了由情感语义到方式语义和情感语义并存，其中情感语义占主导地位，方式语义次之，再发展到程度语义和情感语义共存的演变过程。在认知结构中，程度语义居于前景中，为认知所关注，而情感语义居于背景中，不再是注意的焦点（刘芬，2016：157）。这样的历时演变过程中，情感词汇的情感语义不断虚化，程度语义凸显，实现强化功能。在句法方面，英汉情感强化副词主要用作状语，与形容词组合时前置，与动词组合时，可以前置也可以后置。汉语情感强化副词可以作补语和定语，其否定结构只能是"情感强化副词+不+形容词"，而不能是"不+情感强化副词+形容词"。

（三）英汉情感强化副词的语用功能与效果

强化副词的原型功能就是对所修饰的形容词进行分级标量（Athanasiadou，2007：48）。情感强化副词是强化副词的一个次类，是一种特殊的分级标量的手段，其出现和使用的根本目的就是传递语言主体的

[①] 刘宏丽（2008）给出的例句有："真是！这个人怎么这么仔细得怪？"（杨沫《青春之歌》）；"老王，你不知道我肚子里闷的怪呢！"（茅盾《蚀》）作者认为程度副词"怪"和"很"一样，作补语时前面要加"得/的"，程度和语气也更强。

某种态度，并达成一定的交际效果。本辛格（Benzinger，1971：8）发现英语中最常用的强化成分是单个的词，它们大多历经了源词汇语义流失；当一个词语用作强化修饰词，听者的注意力会被吸引到强化的部分而不是该词的字面意义。比如，当一个人说"I am awfully tired"时，他想要传递的是疲倦的程度，而不是 awfully 表达的"可怕地"词汇语义。奥瑟娜西尔杜（Athanasiadou，2010）也做了类似的研究，发现英语中"I terribly love you"和"She's fearfully clever"之类的表达中，terribly 和 fearfully 显然出现在不含"害怕"情感意味的语境中。由此，她展开对 awfully、terribly、fearfully 等"害怕"类情感强化词语义延伸途径的探究，发现不同于那些已失去词汇内容并经历了语义流失的其他强化副词，它们还保留了"害怕"的情感语义成分，只不过发生了由事实的、具体的害怕到潜在的、一般的害怕的转变，用于迟疑、威胁和可怕的情境中。特劳戈特（Traugott，1995：44）对 awfully 的演变过程进行了研究，认为它在语义上蕴含了言者对所选词汇项参考标准的主观评价。考虑到强化副词的来源及其程度语义的强弱，洛伦兹（Lorenz，2002：147-152）将其分为五种不同的语义范畴，认为评价类强化副词表明言者的评判，且最富于创新与情感力的表达，比如 ridiculously low。罗塞特（Rossette，2014）把 insanely 看作是典型的程度修饰词，insanely great 组合表达的是语言主体的态度意义。与一般的强化副词相比，情感强化副词的强化意义表达新奇、夸张或讽刺，在交际中可以激发听者的兴趣，获得更多的注意，加深印象（刘芬，2016：3）。

邢福义（1995）发现与"很"相比，情感强化副词"好"和其他词语组合，具有不一样的语用价值，"好"结构与已然事实相连，一般不出现在假设或推理的语境中，且带有明显的主观情绪。同样是基于情感强化副词的组合情况，马真（1991）对"怪"和"老"等进行考察，认为二者都表示程度深，口语色彩浓厚，都不能用于比较，但是表现感情色彩方面很不一样，前者带有"亲昵、爱抚、调皮"的感情，后者往往具有不喜爱之意。对于"怪"的句法行为，也有研究者提出不同看法，刘宏丽（2008）通过大量的语料分析，指出马真所列的受"怪"修饰的形容词都是褒义色彩，但语料显示大量表贬义色彩的形容词也可以受"怪"修饰。

张谊生（2000）指出，"死""慌""坏"表达强烈的主观情态和倾向。

叶南（2007）考查了"死""坏""慌"作状语和补语的不对称性，指出作状语是无标记项，作补语是有标记项，前者可表任何量级义，传递的是对性状的客观评价，往往用于一切文体，而后者却只有极量义，对极量程度作情感倾向强烈的主观评价，主要用于表现情感的文艺语体。

胡丽珍（2008）发现，"巨""奇"和"狂"是报刊、网络用语及年轻人口语中三个使用频率极高的程度副词，这几个词的程度用法自古有之，共同历经了由表示名物的性质到动作的状态，最后扩展到表示事物性质的程度的演变过程。与典型的程度副词相比，"狂"的语法化程度相对较低（蔡冰，2010）。

（四）英汉情感强化副词的其他研究

英汉情感强化副词的其他研究主要来自二语习得和社会语言学领域。罗梅若（Romero，2012）通过对语料的分析，探讨英式英语和美式英语情感强化副词的使用在性别和年龄上的异同。比伯等（Biber et al.，1999：565）对美国英语和英国英语的口语及书面语中强化副词的使用频率进行统计，发现最常使用的强化副词还是 very、so、really 等语法化程度高的几个，情感强化副词 terribly、damn、bloody 等出现会带来夸张或讽刺的语用效果。他们还发现，在"强化副词+形容词"的情况中，terribly 的使用频率很高，尤其是在书面语与学术文体当中。格林鲍姆（Greenbaum，1974）对英美英语母语者将程度副词和动词一起使用的情况进行考察，发现程度副词与动词的组合在英国和美国英语中基本倾向一致，其中，badly 主要与需求类动词共现[①]。齐晓健（2006）以国际学习者语料库与中国英语学习者语料库为基础，发现中国英语学习者整体上过度使用强化副词，包括情感强化副词 terribly 和 badly 等。然而，二语习得者口语使用情况又不一样，丁容容和何福胜（2006）发现 very、so、very much 是中国学习者口语中最常用的程度副词，他们很少使用情感强化副词 terribly 和 awfully 等。黄瑞红（2007：57）根据 CLEC 和 BNC 两大语料库进行了对比分析，发现中国学生很少使用情感强化副词 terribly 的积极语义韵。

汉语中情感强化副词的二语习得研究并不是大家感兴趣的话题，成果

---

① 据本研究发现，badly 不是唯一的特例，英语情感强化副词中的 desperately 与需求类动词 need 和愿望类动词 wish、hope 等词的共现频率远远超过与形容词的组合，dearly 主要与动词 love 共现。

极少；汉语界一个很有特色的方面就是方言中情感强化副词的研究，可是研究的理论性和科学性明显不足，对相关文献本文不进行具体综述。此外，刘剑辉、刘芬（2017）对英汉情感强化副词的研究进行了梳理和思考，并对未来的相关研究做出展望。

五、结论与思考

本研究在对文献进行梳理的过程中，已适时地进行了一些评论。总的来看，情感强化副词受到的关注还远远不够。主要表现在以下几个方面：

（1）在Zhuo（2007）和刘芬（2016）的研究中，源自"害怕"域的英语情感强化副词包括害怕的情感（terribly、awfully、dreadfully）、致使害怕情感产生的原因（bloody、deadly、sinfully）、应对害怕情感的身体表征（alarmingly、repulsively）。情感概念语言表征的复杂性由此可见一斑，要给情感强化副词一个比较精准的定义并不是一件容易的事。从其归属来看，除了语言主体特有的情感体验和评价外，情感强化副词标量的是构想标准以上某一范围的高程度，英语情感强化副词大致相当于very，汉语中的大致相当于"很"，因此，它们属于等级性程度副词范畴的非原型成员。这一点基本达成共识。

（2）英汉情感强化副词句法、语义、语用等方面的考察比较零散，多为一个或几个词语个案研究，且视角单一、研究深度明显不够。研究者们注意到它们的情感语义弱化流失，程度语义凸显，多用于口语语境中，具有传递语言主体的态度和评价功能，达到夸张、讽刺语用效果。但是，它们与语法化程度高的一般程度副词very和"很"之间有什么样的异同，相同或不同情感域的情感强化副词在语义和语用上有什么区别等，类似的考察还十分缺乏。除了共时研究以外，学者们主要采用主观化理论对情感强化副词进行语法化演变的考察，然而，对于情感强化副词出现和使用的理据、动因和规律等问题还有很大的进一步探讨的空间。

（3）相关文献多为单一语言情感强化副词的考察，英汉或英、汉及其他多种语言的比较和对比研究十分鲜见，因此，研究成果在洞见人类普遍认知规律方面很欠缺。

（4）英汉情感强化副词的社会语言学和二语习得方面的研究成果相对较少，主要集中在"害怕"域中少数几个英语情感强化副词，显然未能很好地与相关的本体研究形成互补；汉语方言中的情感强化副词得到了研究者们的关注，可是这些研究比较零散，探讨的深度也很欠缺。

基于英汉情感强化副词研究的现状及存在的不足，我们对今后研究的走向做如下思考和展望：

（1）重视情感强化副词范畴属性的研究。总的来看，情感强化副词的研究主要散落在程度副词研究中，绝大多数聚焦于单个或几个情感强化副词的考察，只有屈指可数的几篇论文探讨了情感强化副词的范畴属性。虽然，情感强化副词不同于一般程度副词的句法语义特征及语用效果已经引起了研究者的注意，但是，仅就其界定和范畴的确立来看，不能不说颇为令人遗憾。要对情感强化副词句法、语义、语用进行研究，当务之急是要给出一个科学的定义，确立强化副词范畴及其所属成员，这样才有可能达成对其范畴属性全面而系统的探讨。

（2）深入推进情感强化副词句法语义及语用的认知研究。语言研究越来越推崇描述与解释相结合，语言现象背后的认知理据与规律的探索工作意义重大。英汉情感强化副词的认知研究主要集中于主观性方面的考察，也有从认知体验基础和认知识解的角度进行剖析的（刘芬，2013，2016）。显然，有些分析只是点到为止，所花笔墨不多，仍然留有很大的进一步论证的空间。比如，除了情感的常态偏离属性以外，是否还可以挖掘情感强化副词程度蕴涵理据？比如，情感强化副词内部成员的数量等级含义一样吗？从认知上怎么解释？比如，为什么情感强化副词可以与语义冲突的词语组合，反映了人类什么样的认知规律？诸如此类问题亟须解决。

（3）拓展情感强化副词的跨语言研究。不难看出，除了卓（Zhuo，2007）和佛伦（Foolen，2011）的考察跨越了几种语言，其他大多专注于一种语言的探讨。情感强化副词的存在和范畴属性到底具有什么样的类型学特征和意义？可以反观到什么样的人类普遍的认知规律？毫无疑问，从梳理到的文献来看，要解决这些问题任重而道远。

（4）注重情感强化副词的习得研究。语言研究另一个重要的目的在于服务于语言的习得。情感强化副词的习得研究有助于我们了解学习者习得的误区、难点和学习规律，为语言教学提供有益的参考。此外，汉语方言是一个巨大的语言研究素材宝藏，目前，方言中的情感强化副词探讨得不多，而且缺少高水平的研究成果。作为本族语者，我们更有义务，也更有优势去探寻汉语方言中情感强化副词的语言和认知规律，揭开其中蕴含的文化和文明。

综上所述，情感强化副词的研究仍留余很大空间，非一个课题、一本书可以完成。本研究以英汉情感强化副词为考察对象，主要从认知的视角对其句法语义等问题进行较为全面的探讨。

第三章 理论基础

一、引言

本研究侧重英汉情感强化副词的句法语义考察,研究内容十分丰富,包括以概念结构为核心的词汇概念语义、具体构式中的语义解读、与其他词语组合时的语义韵表现。具体考察英汉情感强化副词的概念域分布、概念结构、语义韵特征、"情感强化副词+X"构式以及二者的共性与差异性特征等问题,拟在充分的语言事实观察和描写的基础上,对认知动因和认知运作进行阐释。基于研究视角的多维性和认知性,研究主要借鉴和参考认知语言学和语义韵等相关理论及研究成果。本章重点介绍概念转喻理论、词汇语义的概念识解理论、构式语法理论和语义韵理论,并对它们在本研究中的运用做简要说明。

二、概念转喻

认知语言学旗帜鲜明地宣称以体验哲学为基础,遵循"现实—认知—语言"的原则,探讨语言现象的认知理据。体验哲学的核心思想之一便是思维的隐喻性。隐喻因此由传统中的修辞手法提升为人类思维和认知的方式,对语言及其意义的产生和理解至关重要。这里的隐喻是一个广义的概念,既包括基于相似性的隐喻,也包含了基于邻近性和相关性的转喻。与概念整合一道,概念隐喻和概念转喻是人类基本的思维方式,也是认知语言学用于语义生成和演变研究的重要理论。

回顾转喻的研究历史,它似乎一直都在隐喻的阴影之下。虽然跟隐喻一起被认为是人类认识世界的方式,继而成为当今最红最火的认知语义分析的重要理论和工具,但是转喻的地位真正得以确立还是近十几年的事情。

泰勒（Taylor，1995：124）指出，"在人类的认知机制中，转喻不但和隐喻一样起着重要的作用，而且可能是更基本的认知方式，是更基本的意义扩展方式"。形态、句法、词汇和短语作为规约性的表征，只负责语言的基本意义，语义的灵活与微妙则在于转喻性思维（Denroche，2015：1）。可是，人们对转喻在概念化和交流中的基本作用认识仍然很欠缺。

当然，大多数时候，转喻和隐喻相互交织，难以划清界限。许多学者（Radden，2000；Barcelona，2000；Littlemore，2015；刘正光，2002；束定芳，2004）进一步指出，隐喻和转喻组成一个连续体，转喻和隐喻分居连续体的两极，中间是基于转喻的隐喻。古森斯（Goossens，1990）针对习语理解涉及的转喻与隐喻情况，提出了"隐转喻"（metaphtonymy）的概念，并将其分为"来自转喻的隐喻"和"包含转喻的隐喻"。转喻和隐喻原则上并不相互排斥（Barcelona，2000：31）。对潜在隐喻的源域和目标域必须通过转喻性的理解，隐喻才能得以实现（Traugott & Dasher，2002：29）。

无疑，转喻获得了学者们密切的关注。其中，拉登和考弗塞斯的探讨对相关研究产生了深远的影响。他们从语义三角的关系论证了转喻的本原性，提出语言在本质上是转喻。转喻的认知观建立在三个假设之上：转喻的概念现象；转喻的认知过程；转喻运作的理想化认知模型（Radden & Kövecses，1999：17）。

（一）转喻的概念现象

概念转喻理论和概念隐喻理论一起发轫于1980年莱考夫和约翰逊的巨著 *Metaphors We Live by*。这一理论又在同样重要的两本专著 *Women, Fire, and Dangerous Things*（Lakoff，1987）和 *Philosophy in the Flesh*（Lakoff & Johnson，1999）中得到深入系统的论述。

转喻和隐喻一样，不只是文学语言的特权，它们普遍存在于自然语言之中，存在于人类的概念系统之中。转喻是人们用以思维和交流的工具，是我们概念和语言系统的特征（Gibbs，1999）。与隐喻一样，转喻也应该被理解为一种概念现象（Hopper & Traugott，1993：80-81）。转喻是这样的认知过程，即在同一框架（frame）、域（domain）或理想认知模型（ICM）中，一种概念元素或实体（事体、事件、性质）作为喻体，为另一个概念实体（事体、事件、性质），目标域，提供心理可及（Kövecses，

2006：99）。因此，认知语言学将转/隐喻理论冠以"概念转/隐喻理论"（Conceptual Metonymy/ Metaphor Theory）（CMT）之名。

概念不是人类心智中独立的原子单位，其理解需借助预设的背景知识结构。针对理解概念的背景知识，费尔莫（Fillmore，1982，1985，1992）提出 Semantic Frames，兰盖克（Langacker，1987）和莱考夫（Lakoff，1987）使用 domain 这一术语。克罗夫特（Croft，1993）借用兰盖克"域矩阵"（domain matrix）的概念代替"域"的说法。莱考夫（Lakoff，1987：78）将概念域修正为理想化认知模型（Idealized Cognitive Model）（ICM）。ICM 是人类知识的结构组织，包括意象图式、命题、隐喻和转喻模型（同上书：68），也用于描写背景知识对概念的作用。

概念转喻具有系统性，表现为用于表述概念的语言的系统性。例如，脸是识别人的重要依据，THE FACE FOR THE PERSON 因此成为人类概念系统中常见的转喻，具体表达有 She is just a pretty face（Lakoff & Johnson，1980：38）。我们想到 Obama 时，我们也会想到白宫，想到总统，想到美国政府，当然也能想到黑人领袖等；当外国人论及毛泽东时，会想到中国，想到新中国的成立，想到抗日战争等。正是因为这些概念，在人类的心智中具有十分紧密的关系，用语言表达时，往往都能相互替代，具有相关知识的人也十分容易理解，这种转喻的表达和理解往往是一种无意识的行为，是存在于我们思维和概念系统之中的。

以上关于概念可相互转喻表达，其动因就是它们之间"邻近性"或"相关性"特点。莱考夫和约翰逊（Lakoff & Johnson，同上书：39）认为，转喻概念的基础涉及物理的或因果的联系。这种联系包括语言、现实和概念三者内部的、三者之间的邻近关系。换言之，邻近性和相关性可以是时间、空间上的，也可以是心理上的，心理上的邻近性和相关性因人而异，譬如不同的诗人会有不同的意象联想，创造出别具一格的转喻表达。

（二）转喻的认知过程

传统研究认为，转喻只是词语的名称换用，代表了一种替代关系，其定义就是"用相联的一种事物的名称代指另一事物"，即 X STANDS FOR Y。在莱考夫等的概念转喻理论中，指称仍然是转喻的重要功能，但是指称不是唯一功能，转喻还能提供理解的通道，例如，在 THE PART FOR THE WHOLE 中，整体有许多的组成部分，用哪一部分来指代整体，决定整体中的哪一部分为认知所关注（同上书：37）。语义的认知观主张，语言表达的意义等同于其表达的概念（Clausner & Croft, 1999：2）。转喻不是纯粹的替代，而是将二者相互关联形成新的、复杂的意义（Radden & Kövecses, 1999：19）。在 The hamburger asks for the bill 中，食物 the hamburger 并不是等同于"那个人"，而是此时此景，在餐馆中点单 the hamburger 的人；I like Mozart 中 Mozart 并不是指任何的音乐形式，而是特指 Mozart 作曲的音乐。

概念转喻理论中，转喻是以"同一概念域中映射"区别于概念隐喻"不同概念域之间的映射"。概念隐喻的映射具有单向性（unidirectional），概念转喻的映射原则上具有可逆性（reservible）（Radden & Kövecses, 1999：19）。

转喻是用突显的、易感知的、易记忆的和易辨认的部分替代整体或其他部分，或者是用具有完型感知的整体代替部分的认知过程（Lakoff & Johnson, 1980：37）。兰盖克（Langacker, 1993：30）将转喻看成是一个概念实体为另一个概念实体提供心理可及性的认知过程，转喻性实体是"认知参照点（reference point）"。转喻参照点在本质上是认知的，遵循的相对凸显原则为：human>nonhuman, whole>part, concrete> abstract, visible>non-visible 等（Langacker, 1993：30）。

转喻概念的基础与物理或因果联系相关（Lakoff & Johnson, 1980：39）。这就是人们常说的转喻的邻近性，包括语言、现实和概念三者内部的，或三者之间的邻近关系。转喻中，事物易于理解或感知的（认知凸显）属性被用来代替事物的整体或事物的其他方面或部分（Lakoff, 1987：77）。兰盖克（Langacker, 1999：199）认为，认知凸显一般遵循以下原则：

人类＞非人类，整体＞部分，具体＞抽象，可见的＞不可见

这种凸显等级具有普遍性意义。除了这些客观意义上的凸显以外，语言使用中还存在大量的心理凸显。譬如：

（1）化妆哪去了？这个演员需要补妆。
（2）There are many good heads/ new hands/ new faces in this company.

李文浩和齐沪扬（2012）认为"化妆哪去了？这个演员需要补妆"违

背了"人＞非人"的凸显原则。其实，除了物理上的凸显能吸引注意力以外，心理或认知的凸显也会影响语言的转喻表达。当演员需要补妆时，化妆的工作或功能比化妆师本人更为重要，更值得关注。尽管 good heads/ new hands/ new faces 都转指"人"，但是不同的喻体传递着不同的隐含的意义，因为言者所关注的内容不一样，其心理上的凸显也是不同的。good heads 传递着公司"人才济济"的信息，new hands 重在"干活的人手"，new faces 则说明引进了"新成员"。情感强化副词语义的转喻演变也基于同样的原理，那就是心理上的凸显。

在此基础上，拉登和考弗塞斯（Radden & Kövecses，1999：45）从人的经验、感知选择和文化偏向等方面探讨了认知原则与概念组织的关系。我们无法一次性激活概念相关的所有知识，因此只重点注意概念中凸显的部分，作为激活整个概念的认知入口（a point of access），这就是转喻思维（Littlemore，2015：4—5）。认知参照点和认知入口，实际上都是语言主体选择所关注的，用以通达整个概念的某一个部分或一种特征。例如，She is just a pretty face 中的始源域 face 作为认知参照，使目标域 the person 的理解得以实现。

（三）转喻运作的理想化认知模式

邻近性是概念转喻中的核心概念，认知语言学家认为邻近性是客观的，是语言的，也是概念的。潘瑟和桑伯格（Panther & Thornburg，1999）用框架（frame）和脚本（scenario）解释概念的邻近性。莱考夫（Lakoff，1987）以邻近性为依据，指出转喻和隐喻一样，是一种概念工具，运作于 ICM 之中。ICM 既涵盖了特定认知域相关的百科知识，又包括了相关的文化模型，既是静态的也是动态的。ICM 是抽象的、图式的，是人们对特定概念的主观看法，不一定完全与现实世界对应（Littlemore，2015：10）。但是，人类通过理想化认知模型结构可以对知识和信息进行有效的组织（Lakoff，1987：68）。基于转喻邻近性特征，昂格雷尔和施密德（Ungerer & Schmid，1996：116）将其分为九种类型：

部分转喻整体：all hands at desk；
整体转喻部分：fill up the car；
容器转喻内容：I'll have a glass；
材料转喻物体：a glass，an iron；

生产者转喻产品：buy a Ford；

地点转喻机构：talk between Beijing and Washington；

地点转喻事件：Watergate changed our politics；

受控人/物转喻控制人/物：The subways are on strikes；

原因转喻结果：He speaks English well, while his native tongue is French。

拉登和考弗塞斯（Radden & Kövecses，1999）认为，相比而言，ICM 更适合于转喻分析，认知模式包含概念、形式及现实世界的事物/事件三个本体内容，本体要素之间的匹配关系成就了三种不同形式的概念转喻①：

（1）符号 ICMs 和符号转喻（Sign ICMs and Sign Metonymies）。这种转喻是 FORM FOR CONCEPT。如语言符号 dog 转喻概念 DOG，符号 water 转喻概念 WATER。

我们没有其他更简捷的方式来表征、交流概念，因此形式转喻概念是语言的本质属性之一，从这个意义上来讲，我们赖以生存的是转喻而不是隐喻（同上书：20）。正因为转喻是一种基本的思维方式，人类创造语言表征概念时处于无意识的状态。

（2）指称 ICMs 和指称转喻（Reference ICMs and Reference Metonymies）。这类转喻包含三种形式：

FORM-CONCEPT FOR THING/EVENT（词语 dog 转喻动物 dog，词语 water 这个词转喻现实中的 water）；

CONCEPT FOR THING/EVENT（概念 DOG 转指动物 dog，概念 WATER 转指现实中的 water）；

FORM FOR THING/EVENT（语言符号 dog 转指动物 dog，语言符号 water 转指现实中的 water）。

（3）概念 ICMs 和概念转喻（Concept ICMs and Concept Metonymies）。PICASSO 转喻 PICASSO'S PAITINGS，WOMAN 转喻 MOTHER，BEIJIGN 转喻 CHINA，UK 转喻 UNITED KINGDOM。

概念转喻的内容十分丰富，对转喻而言，最为重要的事莫过于整体和

---

① Radden & Kövecses（1999）的转喻分类被认为是最为全面，引用频率最高，也是最有影响的（Littlemore, 2015: 20）。Bierwiaczonek（2013）指出，已有转喻分类有些混淆模糊和遗漏的情况。例如 COSTUME-WEARER 没有归为 POSSESSOR-POSSESSION 或 PART-WHOLE 类，TIME-EVENT 没有归类。Lakoff & Hohnson（1999）也同样认为，目前转喻的分类均不能算是穷尽式的。

部分之间的区分。转喻也因此可以划分为两大主要类型：一种是整体 ICM 与部分之间的替代；另一种是整体 ICM 中部分和部分之间的替代。

整体 ICM 与部分关系可细分为：

事物整体－部分 ICM（Ting-and-part ICM）；等级 ICM（Scale ICM）；构造 ICM（Constitution ICM）；事件 ICM（Event ICM）；范畴和成员 ICM（Category- and-member ICM）；范畴和范畴属性 ICM（Category-and-property ICM）。

如图 3-1 所示：

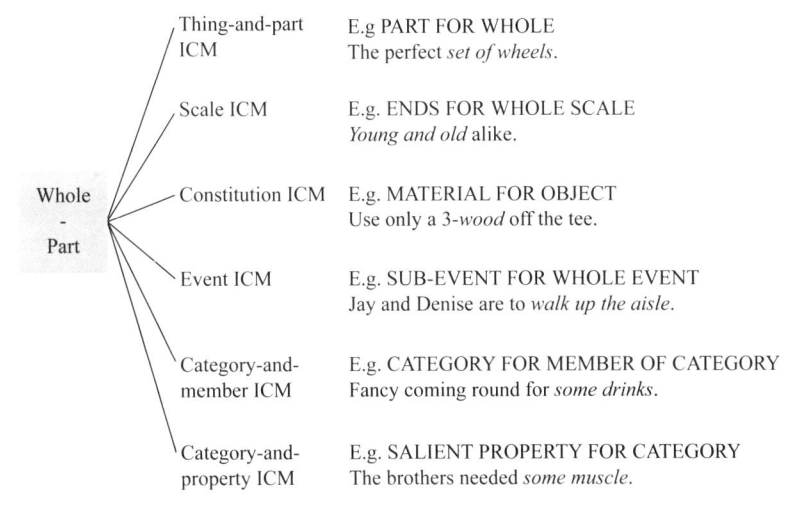

```
              Thing-and-part    E.g PART FOR WHOLE
              ICM               The perfect set of wheels.

              Scale ICM         E.g. ENDS FOR WHOLE SCALE
                                Young and old alike.

Whole         Constitution ICM  E.g. MATERIAL FOR OBJECT
  -                             Use only a 3-wood off the tee.
Part
              Event ICM         E.g. SUB-EVENT FOR WHOLE EVENT
                                Jay and Denise are to walk up the aisle.

              Category-and-     E.g. CATEGORY FOR MEMBER OF CATEGORY
              member ICM        Fancy coming round for some drinks.

              Category-and-     E.g. SALIENT PROPERTY FOR CATEGORY
              property ICM      The brothers needed some muscle.
```

图 3-1　Whole-Part ICM（整体－部分 ICM）转喻类型（Radden and Kövecses, 1999）

整体 ICM 中部分和部分的关系可分为：

行为 ICM（Action ICM）；控制 ICM（Control ICM）；领属 ICM（Possession ICM）；容器 ICM（Containment ICM）；处所 ICM（Location ICM）；符号和指称 ICM（Sign and reference ICM）；等等。

PART FOR PART 多应用于事件中的实体。当事体被识解为关系或关系被识解为事体时，也会发生转喻（同上书：36）。

具体见图 3-2：

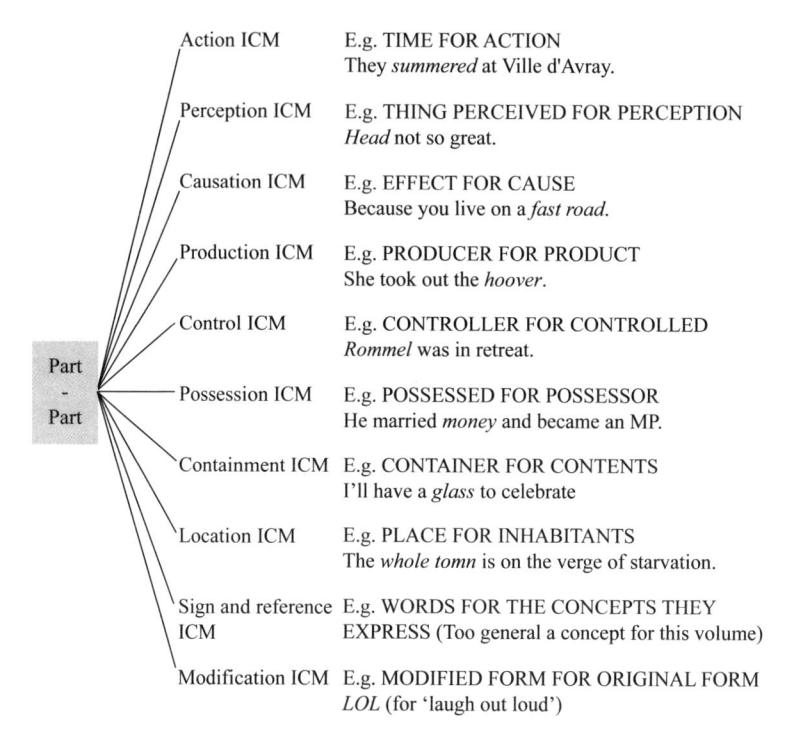

```
                    Action ICM         E.g. TIME FOR ACTION
                                       They summered at Ville d'Avray.

                    Perception ICM     E.g. THING PERCEIVED FOR PERCEPTION
                                       Head not so great.

                    Causation ICM      E.g. EFFECT FOR CAUSE
                                       Because you live on a fast road.

                    Production ICM     E.g. PRODUCER FOR PRODUCT
                                       She took out the hoover.

                    Control ICM        E.g. CONTROLLER FOR CONTROLLED
     Part                              Rommel was in retreat.
      -
     Part            Possession ICM    E.g. POSSESSED FOR POSSESSOR
                                       He married money and became an MP.

                    Containment ICM    E.g. CONTAINER FOR CONTENTS
                                       I'll have a glass to celebrate

                    Location ICM       E.g. PLACE FOR INHABITANTS
                                       The whole tomn is on the verge of starvation.

                    Sign and reference E.g. WORDS FOR THE CONCEPTS THEY
                    ICM                EXPRESS (Too general a concept for this volume)

                    Modification ICM   E.g. MODIFIED FORM FOR ORIGINAL FORM
                                       LOL (for 'laugh out loud')
```

图 3-2　Part-Part（ICM 中部分 – 部分）转喻类型（Radden and Kövecses，1999）

　　转喻作为人类基础性的思维方式同样也参与了情感强化副词的语义衍变，其运作的方式比较复杂，既包括整体 ICM 与部分之间的转喻，也包括整体 ICM 中部分和部分之间的转喻。莱考夫（Lakoff，1987：380）指出，情感具有复杂的概念结构，可以据此进行各种不同的推理。在对愤怒情感概念的理解进行分析时，他发现，情感隐喻的一个普遍的原则就是"生理反应转喻情感（PHYSIOLOGICAL EFFECTS FOR EMOTION）"。例如，He lost his cool/I almost burst a blood vessel/You make my blood boil 是愤怒时体温上升的生理反应转指愤怒情感的表达（同上书：382）。除此之外，情感强化副词的语义衍变到底还关涉哪些转喻类型，该问题将在第七章详细讨论。

　　英语情感强化副词语义衍变发生在事物整体 – 部分 ICM（Ting-and-part ICM）中，即范畴和范畴属性 ICM（Category-and-property ICM），也还发生在 Causation ICM 中，具体为 CAUSE/EFFECT FOR EMOTION 和

EMOTION FOR HIGH DEGREE 转喻。

三、词汇语义的概念识解

词汇语义概念识解的核心内容来自帕拉迪丝（Paradis，2005，2008，2013）的词汇语义的本体识解理论（Lexical Meaning as Ontologies and Construals）。近二十年来，程度表达和程度修饰词一直是帕拉迪丝研究的焦点，她提出的词汇语义研究理论主要受到了广义认知语义学（Langacker，1987；Croft & Cruse，2004）的影响和启发（Méndez-Naya，2008a）。尽管她的研究有基于语料库的心理语言学讨论的倾向，但其根本的假设和观点与认知语义学一脉相承。

本体最初是哲学中的概念[①]。和我们感知世界的方式一样，本体源于人类对现象进行概念化的方式（Gadamer，2004：443）。本体知识的本质是概念意义上的，它既包含百科知识，又包含语言知识。用波里（Poli，2002）的话来说，本体关涉各类知识，包括具体和抽象的，存在和不存在的，真实和理想中的。语言学研究领域，对于词汇而言，一般认为，语言本体主要指词汇的概念结构。这是本研究借鉴帕拉迪丝的词汇语义的本体识解理论，又使用本概念的动机所在。这样的理解正好将帕拉迪丝和认知语言学家兰盖克（Langacker，1987，2008），泰尔米（Talmy，2000），克罗夫特和克鲁斯（Croft & Cruse，2004）等人的研究贯通起来。他们一致认为语义不仅与概念内容有关，还与对这一内容的识解方式有关。从概念结构与识解的关系来看，概念结构的一切方面都由识解支配（Croft & Cruse，2004：3）。

（一）概念结构与语义

语言本体形成于人类认知对现实世界的加工处理。它基于语言事实，蕴含着语言的本质。一方面，它包括现实世界中事物的特征和关系及事件

---

① 在哲学界，关于本体的问题仍在争论之中。应用于语言研究时，Paradis（2008：328）指出，她所谓的语言本体（ontology）不是固有的词语意义，而是意义结构，对应于"purport"（Croft & Cruse，2004），张建理（2007）译为"原义"，即"识解是贡献语义的词汇原材料"。本研究无意一一厘清，文中的语言本体就是词汇的概念结构，细分为概念内容结构和概念构架结构两种形式。

结构等；另一方面，它也是人类概念化的结果，是认知加工的产物。人类对所感知到的事物、情景和事件的特征、关系和结构等进行认知加工，形成相应的概念结构和内容，编码为语言，从而获得了意义和形式的统一（刘芬，2013）。

然而，概念系统或概念结构和人类的心智不像外部世界中存在的事物那样具有可观察性，语言作为思维、表达和交流最为基本的方式，理所当然成为人们了解概念结构的重要途径（Lakoff & Johnson，1980）。概念结构是认知语言学研究的着力点。无论是语言结构形式还是语言意义的研究，都无法脱离对概念结构的考察。因此，探讨英汉情感强化副词语义生成的首要环节就是对概念结构内涵的全面认识，其中的关键是概念结构与语言意义的关系，概念结构的构成，及其构成成分对语义的贡献。

不管是在认知语义还是认知语法中，语义始终是研究的核心话题。真值条件语义观认为意义是词语与世界之间的关系，人类的认知组织因此排除在语言系统之外（Sweetser，1990：4）。认知语言学遵循"世界—认知—语言"的研究原则，其理论假设表明了意义研究的中心地位。而概念结构是语义研究的重要内容。

意义不是在词库中已经细化好了的，而是使用中经即时识解产生的，是动态识解的结果（Croft & Cruse，2004：92）。意义是过程而非由语言打包起来的离散的物体（Evans & Green，2006：162）。决定意义的变量有两个：一是概念内容；二是概念内容被人所识解的方式（Langacker，2008：35）。

语义研究中，词语是概念的符号表征。结构主义语义学认为，概念作为意义单位，可分解为许多语义特征或成分，而所有语义成分的组合就是每个词句的意义。例如，概念 STALLION 可分解为语义特征 [EQUINE, MALE]，而 MARE 可分解为 [EQUINE, FEMALE]（Croft & Cruse，2004：4）。然而，语言中存在许多用语义成分分析无法解决的问题。如概念 BACHELOR 可分解为 [HUMAN, ADULT, MALE, NEVER MARRIED]，在不同的文化和语境中，就会出现一些语义异常的情形：不结婚的宗教人士和同性恋男性是否可以称为单身汉？He is a married bachelor 是否是一个自相矛盾的句子？显然，语义不是一成不变、独立于人和社会的因素，它不能脱离语境，也无法被精确定义。

此外，语言的意义还取决于人类认知识解的方式。即使是同一概念内容，当人们以不同的方式对之进行构想和描述，如采用不同的视角、提取不同的完型、关注不同的概念成分等，该概念内容也会被编码为形式各异的表达，其意义也会有所区别。兰盖克（Langacker，1997）探讨了现实场景中"一个玻璃杯，盛了半杯水"的概念化。他认为，在概念层面，人们看待该内容可能是一种相当不偏不倚的态度。但是一旦对之进行语言编码时，必须运用某种识解。对于这一相同的概念内容，不同的识解就会生成不同的语言表达：杯子里有水（指向容器）；水在杯子里（指向容器里的液体）；有半杯水（表明一种关系，其中液体是可能容量的一半）；杯子空了一半（也表明关系，其中，空着的部分是杯子容量的一半）。人们从不同的视点来概念化该场景，形成不同的心理意象，产生不同的表达方式，句子的意义也有差异。

场景的概念化是一个复杂的认知过程。然而，即使是相对简单的事物，其概念化也一定会有识解参与其中。使用过程中，词汇（或表达）概念结构中的某些方面会得到具体侧显（profile）（Paradis，2011：35）。兰盖克（Langacker，1997：49-75）指出，词项的语法范畴不是由其总体的概念内容决定，而是由其侧显或前景化的本质决定的。兰盖克（Langacker，1999）以 yellow 为例，说明识解在语法范畴的区分中也起着重要作用。帕拉迪丝（Paradis，2005：35）进一步指出，在颜色域中，不管识解为哪种词性，黄色的概念内容始终没变。作为名词，黄色侧显颜色空间中一类特殊的事物；作为形容词，侧显的是对事物颜色感知的非时间关系；作为动词，侧显事物颜色逐渐变化的过程。动词和分词也激活同样的内容：动词侧显过程，分词侧显状态，使之具有非时间性和非动词性（Langacker，1997：11）。

词语通达大规模百科知识结构的入口或可及点（Langacker，1987；Croft & Cruse，2004），可以激活不同类型的语义潜势（semantic potential）（Evans，2006：493）。意义不是语言自身的功能，而是因语言使用出现的，即其语义贡献有赖于所在的语境（Croft，2000；Evans，2006；Langacker，2008）。语义潜势的激活基于一定的语境，是使用中语言主体的协商得来的。话虽如此，语言主体对意欲使用的词语通常是什么意思必须心里有数，否则协商的意义就会有任意性（Langacker，2008：30），否则，苹果与人和玩具也难以区分。因此，不管语义潜势是关乎语言或非语言的信息，意义的协商是使用中的协商，毫无疑问，语言语义与其概念结构密切相关，是基于词语概念的语义潜势,也是具体语境中转隐喻认知的结果。

(二)概念结构的内容与构架次结构

泰尔米(Talmy,2000)、埃文斯和格林(Evans & Green,2006)等指出,语言中用于编码我们的认知表征(cognitive representation)或概念系统(conceptual system)的有两大次类:开放型语义系统和封闭型语义系统。前者主要是内容词汇,与某一情境中的细节相关,决定情境的实质性内容。后者如黏着词素、语法词汇或结构,与情境的构造相关,决定认知表征的结构。二者地位相当,可详细描述情境的不同部分,是建构情境的两个维度。根据认知语言学的观点,语义结构反映了概念结构,因此,两大语义系统分别与认知表征中的概念内容系统和概念构架系统相对应。如图3-3所示:

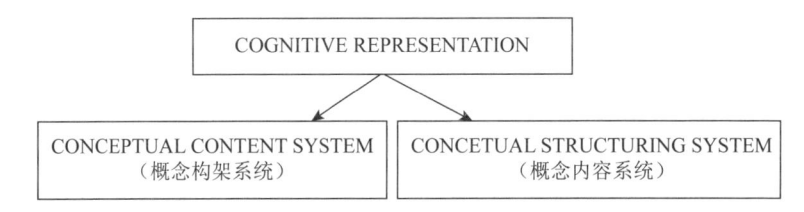

```
                COGNITIVE REPRESENTATION
                    ↙            ↘
  CONCEPTUAL CONTENT SYSTEM    CONCETUAL STRUCTURING SYSTEM
       (概念构架系统)                (概念内容系统)
```

图3-3 认知表征/概念结构分支图(基于Evans & Green,2006:192)

概念构架系统用于勾画某一情境中结构性特征,是概念系统中的骨架,而概念内容系统提供该情境的丰富的、具体的内容细节。如下例:

A rustler lassoed the steers.(Talmy,2000:33)

a、-er、the、-ed、-s、lasso 的动词语法范畴属性,rustler/steer 之间的主谓语关系,句子的主动语态等提供语法信息的元素都属于概念构架系统。这些元素组合在一起,搭建了描述这一情境的结构,蕴含了句子所激发的认知框架。rustle、lasso、steer 提供了与该情境相关的详细内容,属于概念内容系统。这些元素表明了情境中参与者以及其行为动作。它们的特征十分复杂,在此情此景所激活的分别包括 rustle(非法;偷盗)、lasso(套索;抛套索捕获)、steer(公牛;阉割)。

泰尔米等将这两种语义系统与语法和词汇系统对应起来,一方面可以更清晰地展现语言系统组成成分的功能与作用,另一方面还可以通过语言结构反观概念或认知结构的特点。概念构架系统和概念内容系统的区分适用于更大范围的语言系统。在研究过程中,学者们还发现,语言次系统中概念结构组成元素的性质及其对意义生成的影响和贡献也不一样。它们有些具体,有些抽象,有些是结构性元素,有些内容性很强。克鲁斯和托基亚(Cruse & Togia, 1996)、波里(Poli, 2002)和帕拉迪丝(Paradis, 2005, 2008)将这些相互关联的概念元素称为概念结构/本体和概念构架结构/本体[①]。

帕拉迪丝(Paradis, 2005; 2008)认为,语言交际场合,内容结构和构架结构并非截然分开,而是相互作用,相互交织。内容结构,即事物是什么样的;构架结构,即事物是如何构造的。内容结构关涉意义适切(meaning proper),构架结构提供不同的框架模板(configurational templates)(Paradis, 2001: 48; 2005: 542)。换言之,内容结构就是我们所觉察到现实中的万事万物,有灵和无灵的事物、活动、过程、抽象的现象。而构架结构是搭建内容结构的概念成分,如事体(THING)/关系(RELATION)、部分(PART)/整体(WHOLE)、界限性(BOUNDNESS)、等级(SCALE)、程度(DEGREE)[②]、频率(FREQUENCY)、焦点(FOCUE)、次序(ORDER)、情态(MODALITY)等(Poli, 2002; Paradis, 2005, 2008)。二者在本质上是概念性的,都反映了人类对世界的感知(Paradis, 2001: 48)。

基于内容结构的具体、抽象、客观、主观性的特点,莱昂斯(Lyons, 1977: 442—445)、施密德(Schmid, 2000: 14—20)和帕拉迪丝(Paradis, 2004: 248; 2005: 549—553)等认为,它可以分为三个层级:一阶实体(first-order entity);二阶实体(second-order entity);三阶实体(third-order entity)。一阶实体为有形的实体,如人类、动植物、产品等客观存在于三维空间的、具有相对稳定性的、看得见摸得着的实体,其概念的语言表征为man、woman、dog、cat、paper、costume。二阶实体为事件、过程和状

[①] 关于概念结构的两种形式,Paradis使用的术语也在调整:内容域(content domain)和图式域(schematic domain)(Paradis, 1997);内容本体/结构/实体(content ontology/structure/entity)和图式本体/结构/实体(schematic ontology/structure/entity)(Paradis, 2005);内容本体和构架本体(configurational ontology)(Paradis, 2008)。为了与概念结构保持一致,本章主要采用内容结构和构架结构的说法。在语言意义的本体识解探讨时,使用内容本体和构架本体。

[②] DEGREE此处的程度不局限于任何一种词类,而是一种语义构架(semantic configuration)(Paradis, 2011: 72; Calle Martín, 2014: 399)。程度是词汇项与其意义映射之间存在可利用的一种构架(Paradis, 2008:317)。适用于各种语义类型,如形容词、副词、动词和名词等。

态,如结婚、讨论、幸福等,与其说它们存在于时空之中,不如说是发生在某时某地,这些概念的语言表征为wedding、discussion、happiness。三阶实体是时空之外的抽象现象,如概念、梦想、思想等,其语言表征为concept、dream、thought。

构架结构是概念结构的另一组成部分。与内容结构相比,构架结构更为抽象。构架结构包括如事体/关系、部分/整体、界限性、等级性等特征,具有为内容结构提供构造模板的作用。构架结构是图式性的。图式是基于人们与外部世界互动的体验,是人类对事物之间关系的一种认知。图式是人脑中用于表达一般概念的构架(束定芳、庄智象,1996),具有很强的抽象性和概括性,通常没有命题意义。构架结构的重要特征在于它是自由的语言本体,可以适用于各种不同的内容结构。

概念结构中的构架部分为其内容部分提供构架模板的抽象元素。例如一阶实体中的人类,无论男女老少,具有区别于动物的直立行走、自主思维等人的本质性特征,这些特征构成了HUMAN概念结构中的内容部分。同时,每一个人都是离散的、独立的整体,因此具有有界性和完型性,这些就是HUMAN概念结构中的构架部分。

帕拉迪丝(Paradis,2005,2008)认为,所有语法范畴中的词汇项,都由内容结构和构架结构构成。由于认知主体不同程度的关注和凸显,语言在使用中就会表现出不同的功能与特征。本体范畴如动植物、事实、事件和时间等都是内容结构;名词、动词、形容词和副词等语法范畴则是构架结构。动植物和事件等前景化的是内容结构,而词类前景化的是构架结构,即事体或关系受到凸显。正是对概念结构的识解运作产生了词汇表达的不同解读(Paradis,2005:242)。对它们进行划分,有助于概念结构研究的细化和深入。

(三)内容结构和构架结构的关系

在实际的交际场合,内容结构和构架结构相互交织,难分彼此。这两种结构都是基于原型的(Croft,2001:63-107)。原型效应不仅表现在内容结构中各级实体和构架结构中的各种特性之间,还表现为内容结构和构架结构构成一个连续统的特点上。例如有些名词在一种情况下表现为一阶实体,在另一种情况下表现为二阶或三阶实体。以writing为例:

a. It's from a notebook, the sheriff said, "And there's *writing* on it".
b. She had begun to be a little bored with novel *writing*.
c. Althusser's *writings* are focused mainly on France.

a 句中，writing 解读为书写的文字，是一阶实体；b 句中为写作行为，是二阶实体；c 句中为书写的文本，是三阶实体。

构架结构也一样，如有界和无界，等级和程度有重叠或交叉性的特点。此外，内容结构和构架结构也不是泾渭分明，两不相犯的。相反，这两个范畴互相渗透。内容结构中的非原型成员因具有构架结构的某些特征，识别度较低。施密德（Schmid，2000）称内容结构中的三阶实体为 conceptual SHELL（概念外壳）。由于 focus、context、frequency 等缺乏一系列的稳定的特征，莱昂斯（Lyons，1997）认为它们既不属于一阶实体，也不能归于二阶实体。概念外壳所应有的抽象性和框架性意味着它们与构架结构相互交织，互相渗透。在施密德（Schmid，2000：4）三阶实体名词分类的基础上，帕拉迪丝（Paradis，2004：61）进一步细化、拓展，具体如表 3-1：

表 3-1 概念外壳（SHELLs）的分类及举例（Classes and examples of SHELLs）

Classes	Examples
Factuality	fact, thing, point, problem, system, focus
Linguistics	news, message, text, question, sentence
Thought/modality	idea, notion, belief, assumption, aim, plan, possibility
Knowledge	science, history, technology, psychology
Circumstance	situation, context, area
Measure	frequency, degree, amount
Time	year, day, autumn

处于内容结构连续统最为抽象的一端，三阶实体与构架结构有诸多重合之处。根据帕拉迪丝的举例，focus、frequency、degree 等既具有内容结构的抽象现象特征，又具有构架结构的图式性特征。

内容结构和构架结构二者之间不是一对一，而是多对一或一对多的关系（Paradis，2005：545）。也就是说一种内容结构可能由多种构架结构搭建，一种构架结构也可能搭建多种内容结构。一阶内容实体中的"动物"，其构架结构包括事体和有界性（BOUNDEDNESS）；一阶实体中的有形物体如"水"和"蒸汽"具有连续性和无界性特征（UNBOUNDEDNESS）。二阶实体中的状态"红色"，其构架结构表现为关系、无界性和程度等；二阶实体中的"死亡"是有界的，因为死亡是瞬间发生的动作，有一定的时间限制。死亡是瞬间的，而成长、快乐和幸福是延续的（Radden & Dirven，2007：550），它们何时发生何时结束没有明晰的界点。

一种构架结构可以应用于多种类型的本体。有界性构架结构特征可以表现在一阶实体中离散性的具体现象中，如 girl、jacket、cat，可以用于二阶本体中非延续性的过程，如 death、growth，也可以在三阶本体中 conception、dream 之类的抽象现象中体现。层级性可应用于 kindness、surprise 等，还可以应用于 Chinese，如 "Antony is very/terribly Chinese"。汉语中这类现象也很多，如"很女人""十分绅士"等。

（四）识解运作

前面提到过，在词汇语义的概念识解理论中，其基本假设和重要观点与认知语义学是一致的：相同的概念结构，识解不同，其语法范畴和语义的解读因此不同；识解系统地作用于概念结构，以可能预测的方式解释意义加工的灵活性；概念内容结构、构架结构和识解方式以可能的形式为词汇贡献语义。"所有语言使用场合，认知过程，或称识解，都会作用于概念结构，并影响意义的生成。"（Paradis，2005）

识解是人们以不同方式构想和描述同一情景的能力（Langacker，2008：43）。它们本身不是概念，而是构建概念域的方式，反映一些广泛意义上的基本的认知能力。例如：格式塔的选择；注意的聚焦，即凸显；判断的能力，即比较；言者视角的选择（Croft and Wood，2000）。克罗夫特和伍德（Croft & Wood，2000：57）、克罗夫特和克鲁斯（Croft & Cruse，2004：45-69）等是以心理学和现象学的认知过程的完型、凸显、比较、视角为参照，对识解进行了分类。兰盖克（Langacker，1987，1999）认为识解包括详略度（specificity）、调焦（focusing）、视角（perspective）、突显（prominence）。对本研究很有启示作用的是，他以"黄色"为例，说明识解在语法范畴区分中的重要作用。在颜色域中，不管识解为哪种词性，黄色的概念内容始终没变。

一言蔽之，兰盖克的论述一方面说明了语义的差别在于侧显，在于不同的识解方式；同时也说明了侧显的内容是识解运作于概念结构中不同的成分。概念结构蕴含了形式各异的多种元素，有具体和抽象之分，如人和动物、各类运动和状态等可摸可触可感，梦想和外星人的特征较为模糊，而概念和思想更为抽象。此外，概念结构有如一篇文章，有框架有内容，框架和内容相辅相成，缺一不可。ship、green、jolly、bloody等多样语法范畴和意义的解读，就是识解侧显不同概念内容成分的结果。

帕拉迪丝（Paradis，2005）将认知过程和语言识解联系起来，认为完型主要表现为语言中事体/关系和结构性图式化；凸显包括转喻化、概括/细化、结果和顺序扫描；侧显、隐喻和范畴化是比较的结果；视角则包括观点、指示和主/客观性。后来她对此做出修正，认为概念内容和构架结构均具有前意义性（pre-meanings），语言使用中，识解以完型、凸显和比较等方式作用于这些前意义，获得语言的确切解读，如表3-2所示：

表3-2 意义建构中的语言本体和认知过程（Paradise，2013：62）

Ontologies	(Conceptual Structure)	Cognitive Processes
Contentful Structure	Configurational Structure	Contruals
Pre-meanings relating to concrete spatial matters, to temporal events, processes and states	Pre-meanings of an image schematic type which combine with the contentful structure, e.g. SCALE, PART-WHOLE	Operations acting on the pre-meanings at the time of use, e.g. Gestalt, Salience, Comparison

识解是语言表达的具体方式，强调人的主观因素与特定的表达、表征、呈现或解释方法密切相关（魏在江，2011）。语义存在于人类对世界的识解中，在本质上具有主体性（文旭、叶狂，2007）。在识解的作用下，概念的构架结构和内容结构一样，有时候也可以支配并决定语言的意义（Paradis，2001）。她考察了形容词的有界性特征，认为形容词的有界性构架结构与层级性特征密切相关，并提出，形容词界限构架有可能主宰形容词的意义解读。她发现，无论是在整体性还是等级性形容词中，均有构架决定意义的情况。

整体性形容词（有界）：*absolute* bliss、a *complete* bitch、a *perfect* idiot、*total* crap、*utter* nonsense。

等级性形容词（无界）：an *awful* mess、a *dreadful* coward、a *horrible* muddle、a *terrible* bore、*extreme* pleasure。

以上形容词的内容成分消损，程度构架成分限定其后名词的意义，主要起到强化的作用。同理，deadly、terribly、surprisingly、jolly，"好""坏""怒"等用作情感强化副词时，人们不会关注它们各类情感表达的内容结构，而只将其看作是程度标记。显然，在这种情况下，决定意义的主要是程度构架结构。

四、构式语法理论

构式是语言的基本单位。语言的结构或构式和其他语言形式一样，具有相应的意义，而且大于其成分的语义之和。情感强化副词与形容词或动词组合的解读，需要考虑"Very/很+形容词/动词"构式的作用与影响，而构式语法的相关原理和运作方式可以解决"情感强化副词+X"构式语义以及情感强化副词在具体语境中的语义取向等问题。

（一）构式语法理论的渊源

构式语法（Construction Grammar）秉承费尔莫（Fillmore，1982）的框架语义学（Frame Semantics）提出语法研究的基本原则，即传统的构式——形式—意义配对体——是语言的基本单位，同时采用基于体验的语言研究方法（Lakoff，1987）。因此，虽然构式语法重在语言本体，它也是基于用法的（usage-based）研究路径。目前，构式语法形成了戈德伯格（Goldberg，1995）和莱考夫（Lakoff，1987，2003）的构式语法，兰盖克（Langacker，1987，2008）的认知语法以及克罗夫特（Croft，2001）的激进构式语法等不同的流派。

构式语法是在认知语言学背景下对生成语言学进行批判性思考的结果。生成语言学将语言及其各组成部分看作是独立于其他认知能力的自主模块，其数理逻辑建构的句法和语义规则无法解释的语言现象统统被视为特殊现象，丢进词库中。构式语法最大的优势正是在于解决这些"不规则的"语言现象。有两点对我们理解构式语法很重要：

第一，意义是相对于情景而言的（Fillmore，1977）。也就是说意义通常要在一定的背景框架（frame）或情境（scene）中得以确定。这里的框架或情境就是 Fillmore 所谓的理想化的"一致的个体化的感知、记忆、经验、行为或客体"（同上书：84）。

第二，简单句构式与反映人类经验的基本情境的语义结构直接相联（Goldberg，1995：5）。

正如世间万物一样，每一个概念都不是孤立的，它总是以这种或那种方式，或疏松或紧密地与其他概念相关联。对某一概念的理解离不开其他概念的参照。

费尔莫（Fillmore，1976a）对 land（陆地）和 ground（地面）进行了概念上的区分，指出前者是相对于 sea（海洋）而言，正如《新牛津》给出的解释"the surface of the earth that is not sea"，而后者是相对于 air（天空）而言，《新牛津》给出的解释为"the solid surface of the earth"。戈德伯格（Goldberg，1995：25）继而指出 ceiling（天花板）和 roof（屋顶）的区别也在于它们的背景框架不同，前者是从房间内部看顶部，后者是从房间外部看房屋的顶部。兰盖克（Langacker，1987a）指出 hypotenuse（弦）和 right triangle（直角三角形）的界定和理解必须以对方为参照。他以此解释侧显识解（profile），相当于语义框架中子结构的凸显。

事实上，很多的同义词它们概念化方式不一样，因此语义有细微的差别，而语用上可能大不一样。譬如说英语中我们熟知的关于"借"和"拿"的概念，它们的方向性已融入概念化过程中，即 borrow 和 lend 的概念化就蕴含了"从别处借进来"和"从自身往外借出"的意义，如果了解了这两个词的背景框架，就能准确地把握其意义，在使用中也可以避免它们与 from 和 to 组合的误选。与英语一样，汉语中"借"的概念以"借"的事件为背景框架，主要元素包括借出者、借入者、物体，还可能包括借条、押金等，只是其指称的动作具有双向性，面对"我借他 5000 元，你借他 3000 元"的表达时，会有不知到底是"借进来"还是"借出去"的迷惑。英语中的 take 和 fetch 因不相同的背景框架也被赋予不一样的语义解读。当然，所谓的背景框架不仅限于此，它还意味着更宽广的领域，包括历史的、社会的、文化的，等等，例如，mother 和 bachelor 的理解就要参照遗传的和文化的背景框架。

再来探讨简单句构式与反映人类经验的基本情境的语义结构直接相联的问题。在与世界的互动中，人们从反复经历的事件，归纳出结构，概括提炼出结构的语义，最终以抽象的、图式化的构式储存起来，根据现实中的情境，提取并具化图式结构，编码为具体的语言表达，即该构式的示例（instantiation）。譬如，人们反复经历某人将某物传递给他人，从这样的经验中剥离、抽象出来的就是双及物构式，具体示例如 Mary baked John a cake；譬如，根据体验完型，人们抽象出致使移动构，具体示例如 The naughty boy sneezed the tissue off the table；譬如，抽象出 way 构式，具体示例如 Tom belched his way out of the restaurant。汉语中的"把"构式、"被"构式、"情感强化副词+X"构式等构式的形成都建立在人们对现实世界中具体事件和情境的体验之上。当人们反复经历处置事件时，"把"构式应运而生，如，"他把那块宝玉藏起来了"；当人们反复蒙受损失时，"被"构式成为表达的需要，如，"他被领导狠狠地批评了一顿"；当人们不断地用个体主观的情感体验标记事物性状的高程度时，就创新地使用了"情感强化副词+X"构式，如，"他十分痛恨这些为虎作伥的人"。以上列举的构式都是比较精细的语言表达式，它们并不是在语言形成之时就可以出现的，而是语言以及对语言的认知的逐步演变进化的产物，历经了漫长的发展过程。

（二）构式的界定

语言学中，"构式"（construction）的概念早已存在。传统语法学家们发现，特定构式特征在语言研究中具有重要作用。在乔姆斯基（Chomsky, 1957）的转换语法研究中，构式占有中心地位。费尔莫和凯伊（Fillmore & Kay, 1988）对一些习语性的固定或半规定结构进行探讨，解释 let alone 和 the X-er … the Y-er 等具有的特殊的结构语义。凯伊和费尔莫（Kay & Fillmore, 1997）还注意到一些句型结构也有组构成分无法推导的意义，例如，Never will I leave you，Am I tired 等。他们对 What's X doing Y?[①] 构式进行了深入考察，指出该构式表达的意义无法从组构成分推测出来，也无法依据常规推理从字面意思衍生。以下这个古老的笑话可以帮我们理解该构式及其意义：

  Diner: Waiter, what's this fly doing in my soup?
  Waiter: Madam, I believe that's the backstroke.

---

① Pullum (1973) 最先探讨了句型 What's X doing Y?，发现它具有一些不同寻常的句法特征，这就意味着其语义是非组合性的（non-compositional semantics）[详见 Kay & Fillmore (1997)]。

就餐的人发现汤里面有一只苍蝇，提出 what's this fly doing in my soup? 的质疑。从字面上看，他是在问"这只苍蝇在我的汤里干什么啊？"但是事实他并不是单纯地提问，而是有言外之意"汤里本不应该有苍蝇的"或"苍蝇出现在汤里是很不合时宜的"，意在谴责餐馆的服务没有到位。但是侍者并不领会这个言外之意（有意或无意），而是顺着字面意思给出回答"这就是所谓的仰泳"。因此 What's X doing Y? 的构式义就是"在 Y 的情境下，X 的行为不协调或不合时宜"，这样的语义是该构式本身具有的，并非组构成分组合而成，或从中推导出来的。What's X doing Y? 的构式身份据此成立。具体句型特有的特征是语义和语用中不可回避的研究问题（Levin，1993）。哈里斯和泰勒（Harris &Taylor，1997）指出，自古以来很多学者就将构式视为有意义的形式，当作语言研究的主要对象。

早先的汉语研究中也有学者关注到语言中构式自身具有特殊的意义。王力（1943）将汉语中的"把"字句称为"处置式"，认为该句式表示"处置"（详见陆俭明，2005）；朱德熙（1981）认为"NP_L+V+ 着 +NP"是个歧义句式，可以分为 C_1 和 C_2 两种情况：C_1 表静态的存在，例如，"河面上停泊着一艘船"；C_2 表示动态的存在，例如，"平原上行驶着一列火车"。

构式到底是什么？简而言之，构式是有意义的语言单位（Goldberg，1995；2006）。戈德伯格（1995：4）将构式界定为："当且仅当一个结构式为形式—意义配对体，且无论形式还是意义的某些特征，都不能完全从这个构式的组构成分或另外的先前已有的构式推知"（"C is a CONSTRUCTION iff$_{def}$ C is a form–meaning pair <F_i, S_i> such that some aspect of F_i or some aspect of S_i is not strictly predictable from C's component parts or from other previously established constructions."）。后来戈德伯格（Goldberg，2006：5）对该定义进行了修正，认为"即使能从语言形式完全可以推知，只要出现的频率足够高，它们也可以以构式的方式存储"。克罗夫特（Croft，2001）认为构式是一个句法表征的基本单位或原素单位，具有独特性、层级性，具有形式特征。词汇构式是具体的，而语法构式是人们长期使用语言而形成的"格式"（pattern），相对独立地储存于大脑之中（Langacker，1987，1991）。

对于构式的成员，戈德伯格（Goldberg，2003）明确提出构式是包括最小的音义结合体语素（anti-、pre-、-ing）在内的形式与功能的配对体，更大的语言单位还有词（apple、dog）、复合词（goddamned、snow-white）、惯用语（kick the bucket、Good morning）、语法结构（She laughed her way out of the room)。布洛姆菲尔德（Bloomfield，1933）对构式（construction）和成分（constituent）进行了区分，认为构式由一个以上的成分构成。兰盖克（Langacker，1987：409）、克罗夫特（Croft，2002）、邓云华和石毓智（2007）等也认为构式应该是有两个及以上成分的语言单位。还有人提出语篇构式（Ostman，2005；袁野，2011），认为作为交际中的语言单位，语篇与句法没有鲜明的界线，很多语篇具有规约性，符合构式的基本特征。

通过以上讨论可以发现，学者们对构式还存在不少的争议。我们认为对于构式，至少有几点是可以达成共识的：1）构式是语言中形式和意义的配对体，不同的语言形式对应于不同的意义，可能表现为语义或语用上的不同；2）构式有其自身的非组合性的意义，该意义具有不可预测性，无法从组构成分推导是基于"整体大于部分之和"的"完型"认知；3）新构式产生的另一重要途径是高频率使用，基于与具体情境相联的语言结构反复使用后，抽象为一种规约化的语法格式而固定下来，具有自身特殊的表达意义，以构式的方式储存在大脑中。

（三）构式与动词及其他构式的关系

就构式与动词的关系来看，虽然构式语法强调构式有其自身无法从组构成分推导的意义，而且构式对词汇有压制的优势，但是戈德伯格（Goldberg，1995：24）明确指出"语法的运作绝非完全自上而下，即构式简单地将其意义强加于意义确定的动词之上。事实上，我们有理由认为语法分析既是自上而下的也是自下而上的。"构式和动词意义以不同的方式相互影响。动词的意义要参照丰富的世俗和文化知识，参照更广泛的相关概念框架意义。如果动词参与者角色符合构式规约，主要从语义一致或角色对应上看[①]，则与构式的论元角色溶合（fusion），生成符合语法规范的句子；如果二者出现角色误配（mismatch），则需通过压制，构式为动词提供或删

---

① Goldberg（1995：50-51）提出动词参与者角色与论元角色溶合的两个原则为：语义一致原则（the semantic coherence principle）和对应原则（the correspondence principle）。两个角色语义一致，就是如果A可以理解为B的一个实例，或B理解为A的一个实例。例如Mary baked Tom a cake，动词bake进入双及物构式，是因为bake框架中的baker可以与双及物构式中的施事者角色融合，baker（Mary）是施事角色的实例。最典型的对应就是动词参与者角色与构式论元角色一一对应，这种情况下动词意义和构式意义重合，是构式的理想示例。

减动词参与角色。这意味着动词决定句子表达什么意义,句法规则决定动词如何表达意义(Michaelis,2004)。关于压制本研究将有另外章节详细讨论,此处不做深究。

戈德伯格(Goldberg,1995:67)指出,语言中的构式不是一个无序的集合,而是构成一个由承继关系(inheritance relations)联结的网络,这些承继关系为特定构式的许多特征提供理据。她将承继联结分为四大类型(同上书:76—82):

(1)多义联结(polysemy links)。多义联结反映了构式的某一特定意义与由此扩展而来的意义之间关系的本质。双及物构式以"X 致使 Y 收到 Z"为中心形成包括"X 致使 Y 能收到 Z"(He promised her a diamond ring.)、"X 有意致使 Y 收到 Z"(Linda bought her brother a bike.)等的多义联结网络。

(2)隐喻扩展联结(metaphorical extension links)。隐喻扩展联结是两个构式通过隐喻映射相连的情形。动结式与致使移动式构成隐喻扩展联结,换句话说,前者"X 致使 Y 成为 Z"是后者中心意义"X 致使 Y 移向 Z"的隐喻扩展。

(3)子部分联结(subpart links)。子部分联结被认为是当一个构式为另一个构式合符条件的子部分且它独立存在时构成的联结。非及物动结式与动结式之间(He ate himself sick 和 He hammered the metal flat 之间)、非及物移动式与致使移动式之间(He kicked the dog out of the room 和 He laughed the shy girl out of the room 之间)构成子部分联结。

(4)实例联结(instance links)。实例联结表现为一个构式是另一个构式更具体更完整的表述,或者说只出现在特定构式的特定的词汇项是该构式的实例。这种情况可以看作是某构式部分地由词汇填充的例子。譬如,"十分淑女"是"程度副词+名词"构式的示例构式,*amazingly* handsome 是"情感强化副词+形容词"的示例构式。

构式之间的承继性表现在句法、语义或语用上。即,若两个构式句法不同,那么其语义或语用一定不同;若两个构式句法不同而语义相同,那么其语用一定不同;若两个构式句法不同而语用相同,那么其语义一定不同。

五、语义韵理论

语义韵理论，也称语义韵律理论，是观察和描述词语句法语义行为的一种新兴理论，从语义韵律概念的提出到其理论构架的建立，短短二十几年时间，取得了长足的发展。语义韵律理论与语料库语言学齐头并进，相得益彰。语义韵研究拓宽了语义研究的范围，丰富了语义研究的内容，已为更多的学者所关注。

（一）语义韵理论渊源

音韵（prosody）首先是费斯（Firth，1957）用于语音学研究的术语，指的是跨音段的语音色彩（phonological coloring which spreads beyond segmental boundaries）。在美国结构主义学派重读、音调、语调研究的基础上，费斯提出音韵，更全面地概括了超音段单位，他认为音节不是几个音位的任意排列，而是受韵律特征有规律的限制。各音位在组合过程中相互感染，组合的单位有可能受到其他音位的影响而发生变化，从而达到与邻近音位的协调。韵律不仅包括重读、音调、语调的形式，还包括受组合音位影响的腭化、鼻化、圆唇化等现象。譬如 important 和 mum 中的 [m]，hour 和 an hour 中的 [auə(r)] 是有区别的，这在语音学研究领域已确定无疑了。

费斯的学生辛克莱尔继承了他的语言理论，并将韵律的范围推广到词汇层面。辛克莱尔（Sinclare，1987）对 set in 的词汇语法环境进行考察时，发现词汇意义与使用环境密切相关，认为韵律也能够用来观察语义的相互关系。然而，首先提出并使用"语义韵（semantic prosody）"概念的还是洛（Louw，1993），他正式借用费斯的术语，结合语义进行研究。该术语为众多研究者所接受，并因此成为语义研究的重要内容。从语音韵律类推至语义氛围，语义韵就是用来表达超越词界的联想色彩（Partington，1998：68）。后来，辛克莱尔（Sinclare，1996）表明对语义韵的理解是："语义是因为它与意义相关，韵律是因为它不只与一个词相关，而是涉及几个词的组合"。

辛克莱尔（Sinclare，1996：82）引入意义单位（units of meaning）的概念，并指出某些词语表现为强烈的共现模式，很难将意义对应于单个的词汇，意义单位因此更多的是短语性的。辛克莱尔继而提出扩展意义单位模型，包括节点词、搭配词、类联接、语义优选、语义韵，其中语义韵是意义单位关系的进一步抽象（同上书：87—88）。语义韵在语言几千年的发展中已经是隐藏在我们的概念之外了，而且我们的语感也无法感受到它们（Louw，1993）。语料库将似乎难以把握的语感和内省同客观的技术分析有机地结合起来，这是语言学研究方法在进入信息时代的一个重大进步（王泽鹏、张燕春，2005）。

（二）语义韵理论内涵

斯塔布斯（Stubbs，2001）提出四大参数，也是语义韵研究的四大内容，以探讨其本质：搭配（collocation）——节点词与组合词的关系；类联接（colligation）——节点词与语法范畴的关系；语义优选（semantic preference）——组合词的语义集合；语义韵（semantic prosody）——节点词与典型组合词的情感色彩。

1. 搭配

搭配指的是词汇共选，是和语义韵紧密联系的一组概念。语义韵在组合的基础上考察词语间的语义关系、影响和氛围，比组合的范围相对要窄。

费斯（Firth，1957：194）首次将搭配用作专门的术语。搭配是词项习惯性或常规性位置的表现（Firth，1968：181）。在传统词汇研究只注重词语的功能和应用的基础上，他进一步拓宽研究的范围，分析词语的所指意义，包括词语的组合意义，提出词语的一部分意义取决于搭配。格林鲍姆（Greenbaum，1974：82）将搭配定义为"语言中两个词汇项的频繁共现"。该定义表明，所谓的词语搭配不是偶然的语言现象，而是具有统计意义的显著性共现，其使用频率要达到一定的高度。语料库中多次重复出现的现象都是值得分析的。语料库中两个词的搭配出现两次就可以成为考察对象的开始点（Sinclair，1996）。

搭配的统计处理是语料库语言学者们（Sinclair，1991；Heoy，1991；Stubbs，1995；Partington，1998；Hunston，2002）的重要工作之一，他们将搭配看作是"词汇模式共现的特征"。语言中所有的词语都有一定的组合限制，即，词语总是和其他某些特定的词语组合，处于一定的结构模式中。

搭配根植于语义，且具有鲜明的个体性。可能每个词语的搭配都不一样，即使是近义词，其组合也是不能交换的（Tognini-Bonelli，2001：34）

搭配旨在研究词汇或短语与其左邻右舍的关系。词汇和短语及其组合词共建的一种小型的语境，是语言系统范围内的语境。特殊的组合关系能够传递被人忽视的语义信息。因此，可以说搭配既是词汇、句法、语义层面的，也是语用层面的语言分析方法。

搭配的研究促使语言学家们改变了对语言词汇单位固有的某些认识（沈家煊，2001）。词汇意义不是一成不变的，而是依赖于语境而存在的，是语境的有机组成部分，这一观点已被广为接受。

2. 类联接

类联接也是费斯首创的术语。类联接是词语组合研究中的一个重要概念，指的是语法范畴间的结合，它并不是与词语组合平行的抽象，而是更高一级的抽象（Firth，1957）。对于类联接，米契尔（Mitchell，1975：120-122）描述更加清晰，他认为类联接是关于词语组合类别的抽象表述，组合则是类联接的具体实现。

类联接包含以下三个方面的内容（Hoey，1991）：

（1）词语的语法伙伴，来自词群内部或更高层次；

（2）词群优选或规避的语法功能；

（3）词群优选或规避的序列位置。

类联接描述的是词语语法性选择所表现的共现情况。例如，动词 love 的类联接有"love + N"和"love + to + V"，情感强化副词 dearly 的类联接有"V + dearly"、"dearly + V"和"dearly + ADJ"等形式。这些类联接也就是节点词的语法组合类型。类联接比组合更为抽象，或说类联接是结构式，是组合行为发生的语法构架，而组合是类联接的示例。

3. 语义优选

语义优选是词汇或短语显著性组合词的语义抽象，是一种语义集合（Sinclair，1996：86），它产生于组合轴上词汇与词汇、词汇与语法的共选行为（李晓红、卫乃兴，2012）。在对 the naked eye 的语义韵研究中，他发现与该词项共现的动词显示出对"视觉"的语义优选。斯塔布斯（Stubbs，2001：650）指出语义优选更是一种关系。它不是单个词汇之间的关系，而是词汇形式和一组语义相关的组合词之间的关系（Sinclair，1996：86）。

研究者们对语义优选的概念界定基本达成共识：语义优选是节点词与某类语义特征的词语频繁共现的习惯性组合行为（李晓红、卫乃兴，2012：21-22）。

语义优选是语义韵研究的重要内容，也是语义韵形成的基础。帕廷顿（Partington，2004：151）试图对语义优选和语义韵的运作的范围做出区分，具体如下：

（1）语义优选是组合词的特征，存在于节点词与其他词项之间，语义韵是节点词的特征，可能浸染或影响更大的语境；

（2）语义优选为语义韵的形成做出巨大贡献，语义韵支配或限制节点词的语义优选选择。

4. 语义韵

语义韵律沉淀在语言之中，即使是本族语者也很难根据语感做出判断。母语使用者对于自己语言中的组合所产生的语感往往是非常不精确的，难以彻底地证明组合所包含的多种语义内容（Stubbs，1996：172）。语义韵的确定需要足够的语料的支撑，语料库的建立辅之以计算机的运用为词语语义韵的提取创造了条件。通过语料库研究语境中的片断—组合则是切实可行的方法，是语言学研究方法在信息时代的一个重大进步。

对于语义韵律，帕廷顿（Partington，2004：250）认为语义韵是单个词语的特性，用以区别其他意义相近的词；消极或积极语义韵具有层级性，非"是或不是"的问题，而是"或多或少的问题"。更多的学者如斯塔布斯（Stubbs，2001）、辛克莱尔（Sinclare，2002，2004）、赫斯顿（Hunston，2002，2007）和斯图尔德（Steward，2010）等倾向于把语义韵看作是共现序列中意义单位的特征。该观点在他们对语义韵的定义中表露无遗。

斯塔布斯（Stubbs，2002：225）发现在节点词（node）与组合词或组合词与组合词之间普遍存在一种特殊的语义关系。他将源自节点词与典型组合词互动的意义称为语义韵。辛克莱尔（Sinclair，1991：112）认为，词和短语，后称意义单位的许多用法表现为倾向于在某种语义环境中出现，这种现象就是语义韵。斯塔布斯（Stubbs，2001：66）提出"语篇韵律"（discourse prosodies），因为它们主要表现言者和听者之间的关系，具有语篇连贯的功能。语篇韵律是一种延伸至多于一个单位的线性词串特征，表达言者的态度。

赫斯顿（Hunston，2007：251—256）重新考察了cause、persistent的组合和所在的语境，指出，除非通过对上下文或措辞的更为精准的观察，否则语义韵的判定难免会有争议。同时他还发现，消极和积极的二分过于简单化，语义韵实际情况更为复杂，例如persistent用于小偷和用于科学家就会体现截然相反的态度和评价（同上书：257）。词与词的序列会触发"语用联想"，以保持语篇的连贯性（Hoey，2005：8）。

斯图尔德（Steward，2010）认为语义韵不同于内涵意义，指出：语义韵具有强烈的组合性特征及态度意义，它依附于语境，并能通过语料库从词语的习惯性共现中总结出来；而内涵意义具有图示性特征，是人们本能的语义联想，与词汇共现没有联系；内涵意义通常用来描述单词的属性，而语义韵则是用来表明整个意义单位的特征。

在回顾了已有的语义韵有关的研究后，斯图尔德（Steward，2010：19）认为语义韵并非意义类型，而是词项获得某种意义的方式或过程。从其功能来看，语义韵的本质是功能的、态度的（Louw，2000：50），是表达态度意义和交际意图的重要手段之一（李晓红、卫乃兴，2012）。

语义韵律是某些词语由于经常同具有某种语义特征的语言单位共现而产生的一种语义色彩。一般认为语义色彩可能是积极的、正面的、称心如意的、令人愉悦的，可能是消极的、负面的、令人不悦的，也可能只是客观的、不偏不倚的中性色彩。斯塔布斯（Stubbs，1996：176）提出还有一种混合语义韵（mixed）。

对语义韵的考察，有文学文本分析的视野（Louw，1993；Stubbs，2005等）；有语域的角度（Hunston，2007：263—265）；有跨语言的比较研究（Xiao & McEnerg，2006）；也有词典编纂的视角（Yu & Cai，2009）。本研究认为语义韵是共现词语的语义属性，并以文本为依据，探讨情感强化副词所呈现出来的语义韵特点。

六、诸理论在本研究中的运用

体验哲学是认知语言学理论的哲学框架，也为认知语言学提供核心的方法论基础。莱考夫和约翰逊（Lakoff & Johnson，1980，2003）反复指出，从最深层的意义上来说，心智是体验的，意义是体验的，思维是体验的，这是体验哲学的灵魂。根据体验哲学，语言是认知对现实世界的加工处理。语言源自现实世界，但绝不是现实世界的镜像反映；语言是一种认知机制，但绝非基因那般与生俱来。语言是认知主体对客观世界的认识。语言结构对应于现实结构，并与现实结构存在某种象似性，这种象似性存在于语言的各个层面，从语音、语形、语序到语言篇章的构架。语言的创造、使用和理解均以人类在现实生活的体验为出发点。因此，体验性是语言的基本属性。情感是人类最基本的体验之一，这种体验因为有显著的生理或心理反应而更加与众不同。人类的情感有正面和负面之分，然而各类情感范畴中均有向情感强化词汇衍变的成员，其衍变的物质基础恐怕只有在体验中才能找到答案。

思维的隐喻性是体验哲学的另一个核心观点。隐喻不再只是文学或智慧语言的专属特征，而是心智的重要组成部分，是人们认识世界的思维方式。它普遍存在于人类的无意识之中，存在于日常生活之中，存在于语言之中。隐喻从本质上来说是系统的、概念的，认知语言学因此称之为"概念隐喻"。概念隐喻既包含了传统概念中基于相似性发生的隐喻，也包含了基于相关性的转喻和提喻。隐喻无疑也是体验的。莱考夫和约翰逊（Lakoff & Johnson，1980）及格雷迪（Grady，1999）等从人类的体验和经验来解释隐喻 MORE IS UP 的形成。他们认为，这一隐喻的产生以人类体验中高度与数量增加之间的相关性为基础。例如，下大雨，河水高涨，船只也随之上浮，从视觉上可以感受到高度的增加。人类反复经历类似数量和高度成正比的事例，通过对具体事例的抽象，在大脑中建立了数量与高度之间的映射，MORE IS UP 的隐喻便由此产生，并为人们所理解。

概念转喻和概念隐喻一样，是一种认知的方式和过程。如要将隐喻和转喻区分开来，许多学者如潘瑟和拉登（Panther & Radden，1999）和科赫（Koch，1999）等认为，转喻是比隐喻更为基本的认知机制。杨波和张辉（2008）的研究发现，在人类认知模式中，转喻比隐喻更为基础，转喻比隐喻更加普遍。在许多情况下，转喻还是隐喻映射的基础（Barcelona，2003：31—58）。而经验是转喻产生的重要来源（李克、李淑康，2011）。实际上，与隐喻相比，转喻更具有本源性，更能体现人类的认知规律，更能映现人类的经验。认知语言学尤其将之看作是语义延伸和拓展的重要引申机制。而就意义的扩展而言，学者们（Taylor，1995：124；Langacker，1999：123；等等）认为转喻是意义扩展的最基本的过程，甚至比隐喻更为根本和重要。

隐喻涉及源域和目标域两个不同的概念域，其生成和理解是跨概念域发生的。转喻有所不同，通常是基于邻近性或突显性原则，源域为目标域的理解提供心理可及，而源域和目标域属于同一个概念域。转喻的重要功能是用一个实体来指称一个与其相关联的实体。例如：

a. Washington is considering new imports.
b. My father used to take to the bottle.
c. The ham sandwich is waiting for his check.（Lakoff，1980：35）

a 中 Washington 不是指华盛顿州或市，而是指美国政府；在 b 中，the bottle 不是指代（酒）瓶本身，而是指酒瓶中装的酒；在 c 中，the ham sandwich 不是火腿三明治本身，而是指点单该食物的顾客。

情感是人类丰富多彩的基本体验之一。情感强化副词语义衍变发生在同一个概念域中，即快乐、愤怒、悲痛、惧怕或惊奇域里某一个具体的情感概念中，例如，jolly 和 terribly 衍生程度语义，这种变化就发生在 JOLLY 和 TERRIBLY 概念之中，"痛"和"怒"衍生程度语义，这种变化就发生在 SORROW 和 ANGER 概念之中。因此，概念转喻理论作为基础理论之一是情感强化副词语义衍变的主要解释工具。

词语意义的扩展延伸不仅是语言问题，也是认知问题（Radden & Dirven，2007：12）。已有文献大多是对情感词汇语义网络或语义延伸过程的概念转喻和概念隐喻考察（Ungerer & Schmid，1996：132—144；Kövecses，1990；Lakoff，1980；Langacker，1987）。本研究以体验为基础，从概念结构着手，将转喻理论应用于英汉语情感词汇向强化词汇演变的过程。换句话讲，就是结合情感体验的特性探讨情感词汇衍生程度语义的过程、方式与认知理据。

基于对语料库（BofE）中转喻表达的分析，利托莫尔（Littlemore，2015：23）指出，在"整体－部分 ICM"中，WHOLE FOR PART 的情况远不如 PART FOR WHOLE 常见。英语中，可以说"The police turned up at about 5.30"，the police 指的是警察局中的部分警察。在希腊语中，这样的表达会显得有点怪异，希腊人更倾向于这样说"Some members of the police force turned up"（Littlemore et al.，2011）。英汉情感表达词汇演变发展为强化副词，从转喻的类型来看，是情感转指情感的程度属性，对应范畴与特征 ICM 中的 CATEGORY FOR PROPERTY，属于 WHOLE FOR PART 类型。

弄清楚转喻为情感强化副词程度语义凸显的主要认知机制后，还面临另一个至关重要的问题，那就是，程度语义何以能最终获得认知的最大关注？根据语义的认知研究，语义依附于一定的语言形式，而概念结构是知识在认知主体大脑中的存储，是知识的心理表征。概念结构不能被分解为简单地与现实世界对应的真值条件（Croft & Cruse，2004：2）。人类心智积极地参与了语义结构的建构，对世界进行概念化或识解（Clausner & Croft，1999：3）。不同的识解作用于同一词汇概念结构，该词汇因此会有不同语法范畴和语义特征的区分。词汇意义的概念识解理论可以为英汉语情感强化副词程度语义的解读提供合情合理的阐释。

程度首先是一种与事体、事件和状态相关的知识结构进行组合的框架性意义结构（Paradis，2008：317）。它既不是某些语法范畴的特质，也不是某些词汇的特质，程度可能与词汇和表达的大多数意义相关（Paradis，1997）。程度也与情感概念相关，情感的常态偏离性投射到心理度量域中表征为高等级的程度。如果说，表达程度的语言项和具有程度构架潜势的语言项构成一个程度的连续统（Paradis，2008：318），那么情感词汇就属于后者，具有程度构架的潜势。

构架结构和内容结构一样，有时候也可以支配并决定语言的意义。兰盖克探讨过的 green 和 yellow 不同语法范畴的表现能很好地说明这一规律。同理，英语中的 deadly、terribly、surprisingly、jolly 和汉语中"死""暴""怪""好"等用作情感强化副词，是概念主体在识解事体或事件时，基于恐惧、惊讶和快乐的情感体验，通过心理度量完成对事体或事件性状程度的个性化编码。它们既传递了言者的评价和态度，也表达事体或事物性状的程度或强度。交际中，人们一般也不太关注它们表达的情感，更多的是将其看作程度标记。显然，在这种情况下，最后决定意义的是程度构架结构而不是情感的内容构架结构。程度构架之所以能支配情感强化副词的语义解读，是因为认知识解的侧显转移使之处于前景当中。

作为交流工具的语言，其意义最终在使用中得以确定。认知语言学主张词汇与语法具有一体性，构成一个连续统，同时，语言使用不仅受语法规则制约，而且受词汇或语义选择的制约。辛克莱尔（inclair，1998：3）指出：大多数的意义是通过一个以上词汇实现的；比以往描述更具说服力的词与词之间的共选模式与意义有直接联系。某一词项经常性地与具有一定意义的词语共现，并获得了这些词语的部分意义，这种获得的意义就是语义韵（Steward，2010：1）。所有的词汇项都有一定的语义潜势（同上书：59），然而，即使是本族语者的直觉都是不可靠的（Stubbs，1995：24）。明特（Mindt，1991）指出，在语义学中，词项和语言结构的意义往往是根据语言学家自己的直觉描写的，事实上语义区别是与句法、词法和韵律等上下文相关的，通过语料库来调查这些相关成分，可以找到特定语义区别的客观依据。

赫斯顿（Hunston，2002：142）指出，语义韵只能通过大量的用例才能得以观察。语料库的出现为语义韵的研究提供了更为便捷的手段，语义韵基于语料的量性研究特点十分显见，然而，语义韵的定量研究还远远不够。另外，斯图尔德（Steward，2010：19）指出，语义韵研究中采用内省的方法也是很有必要的。辛克莱尔（Sinclair，1996）和斯塔布斯（Stubbs，2001）等指出，语义韵的研究应包括搭配、类联接、语义优选和语义韵四个方面。就语义韵律的内容、性质而言，语义韵律存在消极的、积极的、混合型的这三大类。斯图尔德（Steward，2010）指出了利用语料库进行语义韵研究的缺陷，建议应该还原语料的真实面目，尽可能客观地处理语料。

因此，本研究通过定位索引（concordance），以 KWIC（key word in the context）的检索方法，在 COCA 和 CCL 中以英汉情感强化副词[①]为关键词进行词汇索引，追查语料的原始出处，通过观察所有与之共现的词语，以及它们所在的句法篇章环境，最终确定其搭配词和语义氛围。鉴于英语情感强化副词数量大，本研究只对每类情感域中高语法化的前 2 位进行具体的语义韵考察，包括 jolly、dearly、bitterly、disgustingly、desperately、painfully、terribly、awfully、incredibly、unbelievably；汉语情感强化副词数量少，本研究一一考察它们的语义韵，以便更全面更客观地对相关数据进行分析。

语义韵理论告诉我们，每一个词项都可以存在某种意义氛围，这种氛围影响到相邻词语的语义色彩，可以达成句子或语篇的语义和谐。语义韵虽然是客观存在，但往往不为使用者的直觉所感知，只有通过大量的语料的分析，才能展现其真正面貌。因此，直到语料库的出现，它才引起研究者们足够的重视。语料库为语义韵的研究搭建了重要的平台，提供了充足的真实的语言用例。语义韵的研究进一步佐证了特殊的上下文关系能够传递被人忽视的语义信息。语义韵的理论也因此处在不断的修正和完善之中。研究初期大多只是短跨距地考察关键词的组合情况，后来研究者们

[①] 本书 COCA 中英语情感强化副词相关语料的采集时间为 2014 年 10 月 25 日到 2015 年 5 月 20 日，CCL 中汉语情感强化副词相关语料的采集时间为 2017 年 5 月 16 日到 2017 年 10 月 22 日。CCL 为 Center for Chinese Linguistic PKU 的缩写，语料库中的语料以现代白话文经典著作为主，网址为 http://ccl.pku.edu.cn:8080/ccl_corpus/。

（Hunston，2007；Steward，2010等）发现，要准确判断词语的语义韵，需要分析更多的上下文信息。比如，斯塔布斯（Stubbs，1995）对cause进行研究时，得出结论，cause表现为消极语义韵。赫斯顿（Hunston，2007：263—265）从语域的角度重新考察了cause的组合情况，发现在科技语域中它并不具有负面意义的评价。

已有的语义韵研究大多源于结构主义的分析方法，强调对语言事实作客观的描写，其研究往往限于纯粹的语言层面，不过是语言形式与语言内容的问题，而不做认知上的探究。有鉴于此，对于语义韵理论，我们更多的是借用其语言研究的描写方法，而并未改变语言的认知研究范式，从概念结构着手，尊重语言的体验性和认知性。

从认知语言学的角度来看，任何的语言组合并不是任意为之，而是以语义为基础的。语义即概念结构，因此，我们可以说，词语的组合就是概念结构的组合。对英汉情感强化副词的语义韵特点进行认知考察，我们不但要从语料库中提取大量的情感强化副词与其他词语组合的用例，还要对共现词语以及语言组合的语义特征进行分析，并探究语言现象发生的认知因素。按照这种思路，本研究在对情感强化副词进行考察时，尽量还原它们所在的真实语境。尤其是当它们与语义相冲突的词语组合时，例如英语中的disgustingly、terribly、painfully、awfully和汉语中的"死""痛"等词修饰褒扬涵义词时，jolly、dearly和"好"修饰负面意义词语时，我们都会反复分析其所在的语篇语境，以获得最为准确的信息。在对语言现象进行充分的描写之外，我们还试图从人类体验和认知识解的角度对情感强化副词与其他词语组合现象进行解释说明。

英汉情感强化副词主要与形容词和动词组合，组合的重要原则之一就是语义共选。语义共选可能基于二者显映的相融的语义特征，譬如"默读"，与"朗读"相对，"默"是动作行为"读"所蕴含的方式之一，即"不出声地阅读"。我们还可以"快读""慢读""精读""泛读"等，但是不会说"大读""小读""圆读""方读"，因为一般认为"大""小""圆""方"与"读"在概念结构上不具相容性，或说前者不能彰显后者的某种特征和性质。词语之间的组合也可能基于隐性的语义潜势，英汉情感强化副词与形容词和副词的组合就是如此。英汉情感强化副词具有"高程度"的语义潜势，与形容词和动词组合共现时，可以对后者表达的性状和行为的量级特征进行量度。

情感强化副词与语义相似或相近的词语组合，标量事物属性的程度或动作行为的强度，"情感强化副词+X"与"Very/很+X"构式语义基本融合，情感强化副词识解为"very"或"很"。情感强化副词与语义相悖的词语组合时，语义冲突解读无法在词汇之间得到调解，我们就要诉诸更大的语言单位，包括"情感强化副词+X"构式，甚至它们出现的整个语境。情感强化副词与形容词和动词有着不同类型的组合，其中的语义取向、语义解读等问题将在构式语法理论框架中得以解决。

第四章　意义的本体识解视角与情感强化副词的语义生成

一、引言

人类对于语言的认识最早始于几乎同时代的西方古希腊时期和中国的春秋列国时期（黄振定，2007：8）。希腊三贤[①]和先秦诸子[②]的著作里面都有一些关于语言形式及意义问题的探讨。对于意义的深刻洞察，特别值得一提的是诠释学大师伽达默尔。他提出了语言理解理论"意义即视域融合"的精辟论述（Gadamer，1999，2004），把语言推崇为主客统一的经验世界本体，认为理解者与其对象各有特征，称之为视域（horizon），理解即两个视域的相遇，理解的达成便是两个视域的融合（fusion of horizons）。认知语言学家兰盖克（Langacker，1987，2008）、泰尔米（Talmy，2000）、克罗夫特和克鲁斯（Croft & Cruse，2004）认为语义不仅与概念内容有关，还与对这一内容的识解方式有关。沿着认知语义学的思路，帕拉迪丝（Paradis，2005，2008）提出了词义的本体识解模型。本章从语义的本体识解观出发，探讨基于语言本体的、因认知识解差异而引起的语义变化，同

[①] 希腊三贤即苏格拉底、柏拉图和亚里士多德。苏格拉底使用语言分析的方法探讨了道德语词的含义；柏拉图认为，正确的名称是说明事物本性的；亚里士多德对意谓（signification）和意义（meaning）做了粗略的区分及讨论了名称的正确性或真实性问题。他们一致认为名称是因为约定俗成而具有某种意义的。

[②] 孔子在《论语·子路》篇中提出"正名"，从语言层面讲就是合适的称谓，从典章制度上讲就是名分的重要性。原文为："名不正，则言不顺；言不顺，则事不成。"老子在《道德经》的开篇之论便提出修炼的方法或万物运行之规律是可以通过命名定义出来的，却又是动态变化的。原文为："道可道，非常道，名可名，非常名。"荀子则说明了名称与它们所表示事物之间的关系，提出命名的约定俗成性。《易经》中也表述了语言意义及语言运用的复杂性，即"书不尽言，言不尽意"。

时将其应用于情感强化副词的语义生成分析,以期对语言意义做出比较深入的解读。

二、关于语言意义的思考

语言意义是一个语言学问题,也是一个哲学问题。从某种程度上讲,哲学是基于一些关乎世界本质的概念的思辨与推理,语言是概念的重要表征方式,也是人类基本的思维和认知方式,是哲学思辨和推理的重要手段。哲学发展的语言转向是历史的必然[①],它通过语言探讨世界的本质,寻求思维与存在、意识与物质的关系,在哲学与语言之间建立起了从未有过的亲密关系,而意义是它们二者共同的核心话题。

(一)哲学范畴的意义研究

无论旗帜鲜明的英美语言哲学还是具有欧洲大陆哲学传统的本体论语言批判,莫不以语言意义为研究核心(李洪儒,2005)。从柏拉图和亚里士多德时代的唯名论和唯实论的论争,到洛克(John Locke,1632—1704)的意义观念论,从分析哲学意义的内涵指称之辨,到现象学对语言意向性的探究,从解释学意义的视域融合,到解构主义语言意义的彻底相对论,无一不显示了意义问题的深奥和复杂。语言意义具有诸多特征,片面地强调任何一个方面都是不完整的。在洛克眼中,意义是"主观的构想",他偏重于语言的任意性和私人性。分析哲学涉及了意义的内涵和外延、确定性和不确定性的问题,由静态走向动态。现象学的语言意向性理论引发了深刻的意义之争,明确提出了语言的人文性和科学性。现象学的诞生以胡塞尔(Edmund Husserl,1859—1938)的《逻辑研究》为标志,认为人的意识世界决定了命题的意义,离开意识我们无法获得对知识的探究。海德格尔(Martin Heidegger,1889—1976)的研究始终和语言密不可分,其前期的思想是从"存在"出发追问语言,而后期则反过来追问语言"在"与"是"的依据(谢萌,2015:18)。

---

① 维特根斯坦在第一次世界大战战场上完成的《逻辑哲学论》(*Tractatus Logico-Philosophicus*)标志着哲学的语言学转向。他提出由于语言是人类思想表达的主要方式,是所有文明的基础,因此,语言就是哲学的本质,哲学的本质只能在语言中寻找,而日常语言因其本身的完善性,完全可以满足哲学研究的需要。

意义与真理一直都是哲学界热烈探讨的主题，关于意义和真理主要有以下几种代表性的理论模式。秉承苏格拉底、柏拉图和亚里士多德意义观的对应理论（Correspondence Theory）强调思维或语言表达与客观世界的对应关系，因此有真命题和假命题的区分。阿奎那（Thomas Aquinas，1225—1274）提出："真理等同于事实和思维"，认为真理和意义是用思维、语词和其他符号表征的客观世界的精准复制。融贯理论（Coherence Theory）核心观点认为真理从根本上来说是命题整体系统的属性，个体命题只因与整体系统的融贯而具有真理的性质，其代表人物有斯宾诺莎、莱布尼茨和黑格尔等哲学家。意大利的政治哲学家维柯（Giambattista Vico，1668—1744）等人指出，意义和历史、文化一样都是人为的，黑格尔和马克思也认为所有的知识都是"建构"起来的，是一个社会过程，具有特殊的历史和文化性，这就是建构主义理论（Constructivist Theory）的要义。共识理论（Consensus Theory）认为意义和真理是某一群体达成或将要达成的共识，其代表人物哈贝马斯（Jürgen Habermas，1929—）主张真理是理想言语情境中达成的共识。20世纪之交，美国的哲学家皮尔斯（Charles Sanders Peirce，1839—1914）、詹姆斯（William James，1842—1910）和杜威（John Dewey，1859—1952）分别提出三种不同形式的语用理论（Pragmatic Theory），尽管存在很大差异，他们都共同主张意义和真理是通过将观念应用于实践而得以证实和确认的。

伽达默尔的诠释学巨著《真理与方法》深入探讨了意义的本质及其理解，结合了语言意义的静态规约和动态开放特征，提出意义是文本和主体视域的融合。他认为，理解一方面基于客体对象的客观内容，另一方面也不可避免地融入主观的因素。在语言理解过程中，同样也没有人能超越或摆脱语言认知的主观性。维特根斯坦（Ludwig Wittgenstein，1889—1951）认为语言意义源于其日常使用，继而形成了语言意义的用法论，指出有些语言形式不具有真值却仍有其使用目的，可见动态性和社会性是语言意义不可分割的部分。解构主义则把意义的动态性推向极致。德里达（Jacques Derrida，1930—2004）指出，读者在阅读过程中不断破除原作品结构，进行重新组合，新的意义因此产生。

前人们对语言及意义问题的探究主要是围绕语言、思维与现实三者之间的关系而展开的，虽然言人人殊，但是毫无疑问，正是他们的激烈论争推进了人类对该问题的认识，从而使人们更好地把握了语言主客一体的本质。

（二）语言学范畴的意义研究

在语言学界，意义问题更是研究的核心。语言学范畴内的语义学自始至终都与哲学有颇深的渊源。洪堡（Humboldt，1997）辩证地探究了语言的本质，认为语言承载着特定民族的文化和历史，包含着一种独特的世界观，语言是具有主观意识特征的创造性活动。虽然，他指出了语言意义的主客互动性，但是，他没能追根溯源到主客本源统一的人的感性实践活动，表现出来的是不彻底的辩证观，也因此引起后来语言学家们的质疑和争议。索绪尔（Saussure，1980：128）通过"象棋"的比喻，形象地展示了语言的意义，指出"棋子各自的价值是由它们在棋盘上的位置决定的，而在语言里，每项要素都由于它同其他各要素对立才能有它的价值"。在他看来，语言的意义在于它与别的语项的区分，各语言项只有在上下文中其意义才能得以显现。他重语言（langue）轻言语（parole），相对于语言的历时演变，更侧重抽象的、静止的符号系统的共时研究，对于语言使用者及非语言语境对意义的赋值关注不够。结构主义语言学强调语言的系统性，侧重语言内部结构的分析，就语义而言，主要探讨各种语义结构和语义关系，包括语义场理论以及语言组合聚合观照下的语义关系等。乔姆斯基（Chomsky，1957）认为句法研究可以独立于语义概念，句子的意义是建立在其基本成分的意义以及它们的结合方式的基础上的，抽象的深层结构所表达的语法关系在许多情况下决定句子的意义。兰盖克（Langacker，1987）、克罗夫特和克鲁斯（Croft & Cruse，2004）则提出语义是一个认知和现实内容的问题，语法是词语内容的结构化，要对任何语法结构做出合理的说明，必须依赖语义特征的分析。综上所述，对于语言意义的本质和特征，学者们观点各异，该问题至今仍值得我们进行深入探讨。

历代学者对意义问题的探究形成了不同的语义流派。鉴于本研究的需要，在这里我们只分析当前最有影响的形式语义学和认知语义学的重要观点。形式语义学研究代表了当今国际语言学界一种主要的研究方法和研究领域（沈园，2011：419）。与结构主义语言学一脉相承的是，形式语言学也十分重视语言内部结构的描写与分析。其客观主义语义学主张意义基于指称和真实的真值条件，认为意义的生成在于语言与世界的映射，与人的体验和心智没有关系，因此，词的指称、句子的真值条件，以及由词到句的组合过程成为形式语义学考察的重点内容。

虽然形式语言学以心智哲学为理论基础，提出"天赋假说"，将意义当作一种心理现象，但是它同时认为语言独立于其他认知能力，具有自治性。事实告诉我们，在语言的理解和使用过程中，意义恰恰与主体的概念化和识解密切相关，因为语言本身就是认知的方式，也是认知的结果。形式语义学为基于规则的符号演算提供了便于操作的智能研究，对计算机语言和机器翻译的发展功不可没。近年来，杰肯道夫（Jackendoff，2002）、霍瑟和乔姆斯基（Hauser & Chomsky，2002）的研究有明显将句法研究与语义及语用结合起来的倾向。同时真值条件语义学也取得了重要进展，提出了句子结构和词汇加工的结果具有未充分确定性，需用推理或某些方法中的缺省形式来完成语义表征（Carston，2002）。可见，对于意义的生成，真值条件语义学也参照和借鉴了其他学科的认知研究成果，开始关注语言本体结构以外的因素。

认知语言学与形式语言学有着千丝万缕的关系，也可以说是基于对形式语言学的反思和反叛破茧而出，譬如，费尔莫框架语义学（Frame Semantics）就是对语言表层结构与深层结构思考的进一步发展。因此，莱考夫（Lakoff，1987：37）明确指出，认知语义学是形式语义学的自然延续。针对形式语义学的客观主义语义观，莱考夫和约翰逊（Lakoff & Johnson，1980，1999）提出一种非客观主义理论，强调人在现实世界中的经验及人的心智和思维在建构语言意义中所起的作用，并把它作为认知语言学的哲学基础。认知语言学从概念结构着手分析语言现象及其认知理据，提出语义不仅仅是客观的真值条件，也是主观和客观互动的结果，语义研究离不开对语言使用者的主观因素的探讨。语义问题本质上是一个认知问题，语义在很大程度上决定语法，语法和语义密不可分（Langacker，1987）。对于语言意义的来源，兰盖克（Langacker，2008）指出，它一方面基于语言的概念结构，另一方面，它还由认知主体的识解决定。这一论断显然与哲学领域中伽达默尔的"视域融合"相互观照。除了语义的来源，认知语义学还聚焦于语义生成机制与理据的考察，揭示语言产生与理解的秘密，反观人类认知的特点与规律。当然，任何事物都是在不断的扬弃中曲折发展，对于语言意义的认识也不例外。显学认知语义学也同样受到了挑战（李福印、张炜炜，2007）。

毫无疑问，语言的意义受到现实、语言本体和认知因素的影响。从最广义上来讲，意义同时包括概念内容和对该内容的特定的识解方式

(Langancker，2008：43）。从哲学的视角看待语言的概念内容，将其细化为内容本体和构架本体，为具有相同结构的概念表现为不同的语法范畴，或呈现出不同语义等问题，提供一个统一的、便于操作的解释机制。语言意义的本体识解观则是对语言静态性和动态性、主观性和客观性进行综合考量的结果。

三、本体识解和语义的生成

语言是主客互动的产物，语义的生成则是语言本体与认知识解融合的结果。语言意义的生成是一个动态的过程，其动态性不仅表现在语言作为交流的工具，在意义传递和理解过程中发生的变化，还在于认知主体与语言本体之间互动与融合，包括认知主体的"前理解"以及当下的视角和注意力焦点等对具体情境语言表征的影响。

（一）语言本体和识解的内涵

和我们感知世界的方式一样，本体源于人类对现象进行概念化的方式（Gadamer，2004：443）。语言本体形成于人类认知对现实世界的加工处理。人类对所感知到的事物、情景和事件的特征、关系和结构等进行认知加工，形成相应的概念结构和内容，编码为语言，从而获得了意义和形式的统一。语言本体基于语言事实，蕴涵着语言的本质。一方面，它蕴含了现实世界中事物的特征和关系及事件结构等，另一方面，它也是人类概念化的结果，是认知加工的产物，在一定的语言社区，具有普遍性和规约性。本体知识的本质是概念意义上的，它既包含百科知识，又包含了语言知识[①]。在语言使用中，内容本体和构架本体相互渗透，相互交织。内容本

---

① 本体（Ontology）一词是由17世纪的德国经院学者郭克兰纽（Goclenius，1547—1628）首先使用的，是一个相当复杂的概念。从词源上看，ont 源自希腊文，是 on（όv）的变式，相当于英文的 being，即巴门尼德（Parmenides，约公元前515—前5世纪中叶以后）所谓的"存在"，后缀 -ology 为"学说""学问"之意。希腊早期哲学家就致力于探索组成万物的最基本元素——"本原"（希腊文 arche）。亚里士多德认为哲学研究的主要对象就是本体，而本体是有关本质、共相和个体事物的问题。在中国古代哲学中，本体论叫作"本根论"，指探究天地万物产生、存在、发展变化的根本原因和根本依据的学说。在哲学界，关于本体的问题仍在争论之中。本研究无意一一厘清，根据 Cruse & Togia（1996）和 Paradis（2005）的研究，文中将语言本体分解为内容的和图式的两种形式。

体，蕴含事物本质的属性和特征；构架本体，为内容提供构架的模板。二者在本质上都是概念性的，是人类对世界体验和认知的结果。

内容本体就是我们所觉察到现实中的万事万物，有灵和无灵的事物、活动、过程、抽象的现象。而构架本体具有为内容本体构造模板的作用，如有界/无界、部分/整体和等级程度（Poli，2002；Paradis，2008）。在具体—抽象、客观—主观的连续统中，房屋、树木、天空、河流等一阶本体居于具体和客观一端，居中的是事件、过程和状态，可能、命题，甚至包括时空自身的概念等时空之外的抽象的实体居于连续统的抽象和主观一端。

识解是语言表达的具体方式，强调人的主观因素与特定的表达、表征、呈现或解释方法密切相关（魏在江，2011）。在所有的语言使用场合中，认知过程，即识解，都会作用于概念结构，影响意义的生成（Paradis，2005）。语义存在于人类对世界的识解中，在本质上具有主体性（文旭，2007）。兰盖克（Langacker，1997；1999）把识解分为注意和调焦，其中调焦可以分为：对特定场景某一方面的选择，对场景进行考量的视角，以及抽象或细化的水平。克罗夫特和伍德（Croft & Wood，2000：57）、克罗夫特和克鲁斯（Croft & Cruse，2004：45—69）等以心理学和现象学的认知过程的完型、凸显、比较、视角为参照，对识解进行分类。帕拉迪丝（Paradis，2005）认为语言的识解认知主要包括完型，即语言中事体、关系或结构性图式；凸显，譬如转喻和侧显；比较，譬如隐喻和范畴化；视角，譬如观点和语言的主观或客观性。限于篇幅，本文主要探讨凸显识解中的侧显和转喻。

（二）本体和识解——两个视域的融合

语言不是孤立存在的，只有用于交流，才能称之为语言，社会功能是其首要的属性。交流可能体现在一个人和另一个人之间的对话或书面的沟通；也可能是个人与自己的交流，譬如写日记、有声思维；交流可以发生在同一时代，也可能发生在不同的时代，譬如我们读莎士比亚的戏剧、艾略特的诗歌，读春秋时期的《诗经》，读两千年前司马迁所做的《史记》。人们说"一千个读者就有一千个哈姆雷特"，语义一定是语言和语言主体互动产生的。一千个读者读到的是哈姆雷特的不同侧面，是他们基于自身的生活经历和感受对哈姆雷特的理解，不过，无论如何，读哈姆雷特时，人们肯定不会读出麦克白(《麦克白》)或夏洛克(《威尼斯商人》)的形象来。这就是语言本体(戏剧文本)和读者的认知识解两个视域融合的结果。语言的意义不是一成不变的,在不同的语境下,拥有不同的认知方式和认知能力的人理解也不一样,他们无疑会带上自己的经验体验、知识储备和认知差异的烙印,意义因此是动态的,也具有鲜明的主观性。

帕拉迪丝(Paradis,2005:541)认为"本体识解"观,即"根据概念空间中语言本体的特征来解释意义的各个方面",可以有力地论证名词和形容词的语法范畴属性及语义生成。在生成和理解语言表达时,我们都忙于精细的高度复杂的概念建构,利用许多不同的资源,包括传统认可的词汇意义、组合方式,还有一种资源便是我们非常丰富的想象力,它以隐喻、整合、虚构和心理空间等机制为特征(Langacker,2008:41)。其中,词汇意义和组合方式,即语言表达的组成部分和语法结构,从语言本体的角度贡献语义,而丰富的想象力,包括隐喻、转喻、类比等认知机制,则从识解的角度贡献语义,因此,语义具有主客观统一性,是语言本体和认知识解这两个视域的融合。

理解从来就不是一种对某个施为对象的主观行为,而是属于被理解的东西的存在(Gamader,1999:487)。这个"被理解的东西",可以是作为一般认识对象的整个外部世界,是客观世界中的任何存在,可以是文字的和非文字的作品,也可以是词汇及其他形式的语言本体。这就是说,在语言理解过程中,认知主体和语言本体各有其特征——视域,两个视域交汇的过程与现象就是所谓的视域融合。使用中的词汇或语言意义是词汇或语言本体和语言使用主体视域融合的结果。语言意义的生成在于,人运用历史和时代赋予他的全部知识,对世界以及人本身做出解释(谢萌,2015:1)。

语言本体是认知加工的原材料,由概念内容结构和构架结构构成,是形式和意义的配对。认知主体的视域受到其知识结构、文化背景和语境等诸多因素的影响,其主观性在语言中也必然得到体现。这种对语言现实的、动态的、辩证式反思是不难接受的,其研究语言及其意义的视角确实是前所未有的,因而所达到的独特深刻的洞识,自然大大有益于语言、意义理论的发展(黄振定,2009)。可以说,语义的动态性和主观性是兰盖克的概念语义、帕拉迪丝的本体识解以及伽达默尔的视域融合理解观的会通之处。

四、情感强化副词语义生成的侧显识解

情感强化副词的语法化程度普遍不高,一般人总是带着相应的情感态度去理解其语义,terribly 和 awfully 自然让人联想到害怕的情感,jolly 和 dearly 则会唤醒人们快乐和爱的情感感受,由此可见,情感强化副词表达高程度语义的理解过程中本体与识解融合这一特征相对突出。情感强化副词语义生成主要是人类对其概念结构侧显和转喻识解的产物。

(一)侧显识解的动态性

识解是人的认知参与意义建构的过程,也是意义动态性的重要表现,语义就是语言本体和认知识解两个视域融合的结果。克罗夫特和克鲁斯(Croft & Cruse,2004:92)认为意义不是在词库中已经细化好了的,而是在实际使用中,于在线即时识解时产生的,即它是动态识解的结果。帕拉迪丝(Paradis,2005)提出,正是对概念本体结构的识解运作产生了词汇表达的不同解读,语言本体与识解通过意义协商达成融合。例如,所有语法范畴中的词汇项,都具有相同的本体结构,即,由内容本体和构架本体构成。例如,面包、花朵、吃饭、跳舞等前景化(foreground)的是内容结构,而词类前景化的是图式结构,即事体和关系受到凸显。

词项的语法范畴是由其侧显或前景化的本质决定的(Langacker,1997)。对于同一本体,如果侧显的是事体,则是名词,如果侧显的是过程,则是动词,侧显的是关系,则是形容词或副词等。例如:

(1)男人靠征服世界而征服女人,女人靠征服男人而征服世界
(2)(她)头发被整齐的盘在脑后,穿了服帖的白色长裙,本来应该是很女人的,却因为沉醉脸上没完全清醒过来的惺忪平白多了几分孩子气。
(3)She was dressed in *yellow*.
(4)He usually wears a bright *yellow* waterproof jacket.
(5)To *yellow* the ceiling is really a hard task.

(1)和(2)中"女人"其内容本体(一阶本体)首先包含了存在于三维空间中人的所有元素,物质的或精神的,其次就是区别于男人的特

质,譬如善良、温柔、优雅、多情等元素。其构架本体是与内容本体密切相关的事体性和有界性等特征。内容本体和构架本体共同形成语言本体的视域,主体的视域表现为不同的识解。(1)中"女人"相对于"男人"而言,凸显的是具有一定特征的整体性的人(HUMAN),从名词词性的角度来看,侧显的是其事体性的构架结构。(2)中"女人"用作形容词,解读为"品性温柔善良,行为举止优雅"的性状(符合社会对女人的期待,是"女人"这一概念结构的核心内容)。同理,上例中 yellow 是颜色域中由红色和绿色混合而成的一种颜色,黄色以柠檬和奶油为参照,其概念内容或本体结构是约定俗成的,因识解不同,侧显不同,词性和意义也有所区别。(3)中侧显的是其作为颜色概念空间中的一类事体,是名词。(4)描绘的是 jacket 颜色的属性特征,侧显的是语言主体在色彩方面感知到的非时间性的关系。(5)侧显的是使天花板逐渐变黄的动作和过程,从其作为二阶本体的特性来看是"发生的"而不是"存在的",具有时间性。动词和分词激活的也是同样的本体结构。动词侧显的是过程,分词侧显的是最后的状态(Langacker 1997:11)。因此,动词和分词具有相同的概念内容和不同的侧显,其区别源自不同的识解。

从前面的讨论来看,侧显作为重要的识解方式,影响着语义的生成。除此之外,作用于概念本体,影响语义生成的隐喻也是重要的凸显识解方式之一:

（1）那个大鼻子脾气很火爆。
（2）索雅让那群不可救药的孩子们也开始读起了厚厚的莎士比亚。
（3）*China* won a gold medal in the shooting event of Pistol.
（4）There will be a lot of *new faces*, but, obviously, there will be people I know and it will be fun.

在一阶本体人(HUMAN)的概念中,"脾气火爆"的那一位具有稳定的人类的特征,但是可能是男人或女人、是中年或青年、是高或是矮、是胖或是瘦、是未婚或已婚等,作为存在于三维空间中可视可触的事体,其概念表征中包含了部分/整体的构架内容,其内容本体可能除了国字脸、肌肉发达、雷厉风行,以及容易着急上火以外,还包括其他如重情重义、慷慨大方等特点。"那个人(国字脸、肌肉发达、重情重义、慷慨大方)火爆脾气"这么一个概念内容，有先于理解的特征，即视域。对于这一内容，认知主体以其外表为视角，更多地关注了"大鼻子"的典型外貌特征，以部分代整体，从而生成转喻表达式（1），凸显了其局部特征。（2）中的莎士比亚不是全英国人民倍加崇敬的戏剧大师和诗人，而是他写下的皇皇巨著。基于相关性，作者用于转喻指代其作品，这是十分普遍的语言现象之一。（3）中奥运会这样的世界性的盛会上，奖牌的获得通常是以运动员所代表的国家为单位进行统计，获得气手枪射击金牌的可能是中国的射击队员许海峰、王义夫、陶璐娜等。这里，所属国家转喻指代运动员，因为运动员的国籍是奥运会上凸显的属性，其语义解读也是语言本体视域和认知主体视域的融合。（4）中的 new faces 即"新面孔"，指的是新加入的人员。对所有人来说，面孔具有相当的凸显度，除了双胞胎，每个人都有一张与众不同的脸，可以被快速识别。用身体某一凸显的部分转喻指称一个人，在语言中十分普遍。我们经常用 the hands on the deck 指称水手，用大鼻子、光头、眼镜、翘嘴巴指称一个人。这些都是转喻识解或转喻思维的结果。

主体对名词、动词和形容词本体的识解运作过程同样也适用于其他词类本体及其组合。副词的概念内容本体可能是时间、地点或状态等，如，早日、绝对、early、there、extremely，其构架本体主要表现为程度、范围、方式或评注等。副词与动词和形容词的概念本体相互作用，在具体的语境下侧显本体的某个方面。除了词汇层面，还可以从不同词类的组合结构中阐述识解在语义生成中的重要作用。在"形容词+名组"组合的研究中，帕拉迪丝（Paradis，2005）认为形容词的属性概念可以独立界定，但只有在与不同的概念组合中才能得到准确的应用：它依赖于其他组合词来调整其属性概念，进而获得新的不同意义，形容词所修饰的名词的凸显意义是构建其自身意义的重要方面。整体上说，名词和形容词的概念本体是相互观照的，形成一种名形互含态势（张建理，2007）。

（二）情感强化副词语义生成的本体识解融合

副词的构架结构包括程度、频度、评注等，情感强化副词如英语中的 deliriously、agonizingly、fearfully、furiously、absurdly，其内容结构"状态"成为背景，而构架结构"程度"得到侧显，即前景化，标记形容词的性状。例如：

（1）"Actually, yes. Back before." "What was it like?" I remember running through snow, and skies so big they seemed to go on forever. I remember being *deliriously* happy, and utterly carefree.

（2）They had no energy. They tired easily. Their walking speed was *agonizingly* slow.

（3）And then they gathered again in the early eighties after they had all sheepishly agreed to pose for ads for a *fearfully* expensive wristwatch manufactured by an old, elegant German company with an unsavory Nazi history.

（4）I strongly resisted their violence. The soldiers were *furiously* angry because they could not get what they wanted.

（5）I asked her if she would consider working five days per week instead of the original three and offered a rate of pay that was *absurdly* high. She said yes and tears of gratitude again came to her eyes.

（1）—（5）中的 deliriously happy、agonizingly slow、fearfully expensive、furiously angry、absurdly high 中的情感强化副词侧显的是其概念结构中的构架部分"程度"，用以增强其后形容词所表征的事物的不同性状，其情感内容结构消退隐匿至背景中。（1）中 deliriously happy 描绘的是"空旷天空下在雪地中行走特别的快乐，彻底的放松"；（2）中 agonizingly slow 描绘的是"慢得令人烦躁，令人恼怒的"行走速度；（3）中 fearfully expensive 描绘的是一家德国公司制造的手表"贵得吓死人"；（4）中 furiously angry 描绘的是士兵们因得不到自己想要的东西而"十分愤怒"；（5）中 absurdly high 描绘的是，对她来说给出的是"高得不可思议的报酬"。尽管情感强化副词的原情感语义，包括狂喜、痛苦、害怕、愤怒和惊讶为语义的理解做出了贡献，但是它们均不再是认知关注的焦点，更大程度上来说是强化所修饰形容词的手段，这样的表达传递给人们的事物性状所具有的高等级程度容易引起情感的共鸣，让人印象深刻。

汉语中的情感强化副词"好""坏""怪""慌""死"也一样，其概念结构中的内容部分成为背景，而构架结构"程度"得到侧显，即前景化，表达程度"深"和"很"之意。表现在语义上就是其具体而丰富的词汇语义被漂白，抽象的度量语义得到凸显。例如：

第四章　意义的本体识解视角与情感强化副词的语义生成　89

（1）他固不情愿对方为了他拥有很多而爱慕他，也不甘心对方因为他失去了很多而怜惜他，他忍不住问："阿梅，你是不是觉得我好可怜，是不是怕我成为第二个尤祖荫，所以跑来看我了？"

（2）我送给她几件中国的小礼品，可把她高兴坏了，像个小孩子似的，又叫又笑，并对我说：她一定要到中国去一次，不然是她终生的遗憾。这天我们聊得很晚，她知道我曾在中国干过绘图，决定通过她的一位朋友，介绍我去搞我的老本行。

（3）我揭开轿帘，纵眼向山中望去，一片红得怪可爱的枫林，把我的视线遮拦了。

（4）这些老人有儿有女，但儿女又顾不上照顾老人，老人在家闷得慌，有的人又做不了饭，吃饭都成问题，送到托老所问题全解决了。

（5）但洛伊心里总是感到缺什么，需要"精神治疗"。这时莫莉来探望他。可他一见到她便抑制不住冲动："想死你了。你真是魅力无穷！""别说了，送我回家吧。"途中，两人敞开心扉。面对洛伊纯真的感情，莫莉这回也心动起来。

句（1）—（5）中"好可怜""高兴坏了""怪可爱的""闷得慌""想死你了"中情感强化副词的词汇语义弱化，程度语义显现，对其组合形容词表征的性状进行主观上的程度评价和度量。"好可怜"比"很可怜"倾注了更多的言者的情感，前者在客观性上不如后者，但是二者都标量高等级的"可怜"程度。有意思的是，大家知道"可怜"一定不是件令人愉快或骄傲的好事。汉语中"好"是一个语法化程度很高的情感强化副词，使用中的语义限制比较宽松，可以与语义相近的词语组合，如"好喜欢""好漂亮""好善良"等，也可以与语义相反的词语组合，如"好可怜""好狡猾""好讨厌"等，使用中解读为"很，十分，非常"，用于标记高程度。"高兴坏了"就是"很高兴"的意思，情感强化副词"坏"用作补语，不是说因高兴而坏了身体或坏了事，而是说明高兴的程度之深，表达式呈现的是一幅幸福和谐的画面，而并不具有贬抑的情感意味；"怪可爱"中的情感强化副词"怪"也用于标记"可爱"的程度，也是高等级程度，略低于"很，十分，非常"，同时传递了爱怜的、亲近的情感。"闷得慌"表达"闷得让人心慌意乱"之意，描绘的无疑是闷的程度之高，情感强化副词"慌"仍保留了其词汇语义中的"心慌意乱"元素，可见其语法化程度不如"好"

等;"想死你了"是一种十分夸张的表达,这里的"死"不是一种与"生"相对的失去生命的状态,而是表达想念的程度到达极限的情况,"死"的词汇语义流失,程度语义得到凸显。

英汉情感强化副词和原形容词具有相同的概念本体,分别侧显图式结构和内容结构的某些方面,其语义和语用也因此不同。我们所分析的侧显是转喻识解的一种,通俗来讲,就是事物某一属性以其全部特征为背景突出显现出来,成为认知关注的焦点。语言理解过程中,语言本体和认知识解缺一不可,二者以一种相互协作的方式促成语言交流的实现。具体的侧显和转喻的运作过程我们将另成一章详细探讨。

五、结语

由于种种原因,意义概念不仅成为语言哲学,而且成为心智哲学、认识论和形而上学中最关键的、最难处理的概念(Strawson 1952:188)。基于对不同语义观的分析,本研究运用语言意义的本体识解观,立足于概念结构中内容本体和构架本体,以侧显识解机制为例,探讨了认知识解如何作用于语言本体,并影响情感强化副词的语义解读。语言本体与侧显识解的融合具有普遍的解释力,语法范畴的划分和语义的生成都可以由此找到依据。研究表明,语义是认知主体作用于语言本体的结果,是主体视域和本体视域的"融合"。语言本体和识解的"视域融合"蕴含了语义的动态性——语义是主客体交互作用,在线、即时建构的结果。

第五章 英汉情感强化副词的概念结构及语义表征

一、引言

根据认知语言学，语义结构就是概念结构。概念结构是语言语义表征的根本依据。我们的理解是，概念结构是人类对世间事物和现象的概念化，它和语言形式一起，构成了语言生成和理解的本体。当然，认知语言学强调语义的在线识解性，即语义的动态性，这一点本研究会在后面章节进行探讨。要深入细致考察英汉情感强化副词的概念结构和语义表征，才能厘清程度语义衍生的基础，进而挖掘其认知机制及运作。本章聚焦于英汉语情感强化副词的概念结构和语义表征。首先，以对情感强化副词概念结构组成的细分与解析为基础，通过对照比较，揭示其异于一般程度副词如 very 的语义特征。然后，通过对 COCA 和 CCL 中英汉情感强化副词与形容词组合情况进行考察，试图回答语言使用中它们具有什么样的语义取向这一问题。

二、英汉情感强化副词的概念结构构成

根据克鲁斯和托基亚（Cruse & Togia，1996）、波里（Poli，2002）和帕拉迪丝（Paradis，2005，2008）等对概念结构，又称概念内容或概念本体的研究，我们发现概念结构蕴含着一些相互关联的结构，即内容结构和构架结构。本研究将着重从内容结构和构架结构两个方面对英汉情感强化副词的概念结构进行细致分析。首先处理的是直接由情感名词、情感动词、情感形容词演化而来的英汉情感强化副词，然后讨论由致使情感发生的原

因、情感的身体和心理表征等间接发展为情感强化副词的那一部分。

英汉情感强化副词的内容结构由抽象的情感状态和度量现象组成。抽象的情感状态即人类所能体验和经历的害怕、愤怒、快乐、惊奇和悲伤等心理状态。构架情感状态和度量现象的不是自主性完型事体，而是具有依存性的关系。因为它们在认知过程中并不会被识解为格式塔，而是对事体、事件或状态的度量和说明，其意义对事体等具有依存性。同时，因为层级性是情感状态的重要属性，所以程度是情感状态的构架结构的重要组成部分。层级性意味着情感是一种延续的状态，没有明显的界限，即，无界性是情感状态的另一构架结构。英汉情感强化副词的概念结构可以用下图表示：

```
              情感强化副词概念结构
                /          \
          内容结构          构架结构
          /    \            /    \
      情感状态  度量现象   关系   程度/无界性
```

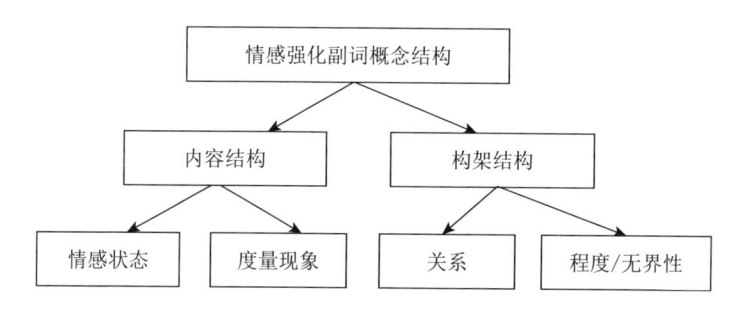

图 5-1　英汉情感强化副词的概念结构构成图

（一）英汉情感强化副词的内容结构

在认知语言学视野中，语言从本质上来说是象征性的（symbolic），任何一个表达式都是语义极/表征和语音极/表征一体。英汉情感强化副词大多由相应的情感形容词派生而来，在语音和语义极方面，二者具有很高的相似度和十分密切的关系。英语中除了少数词如 jolly、bloody、dead 等副词与形容词的语形和语音完全一样以外，其他情感强化副词多为"形容词+ly"，如 ecstatically、disgustingly、horribly、painfully、ridiculously 等。汉语中的情感强化副词与其对应的名词、动词或形容词形式相同，如"怒""痛""奇"等，这与汉语词汇无屈折变化有关。汉语的名词、动词和形容词形式一样，需要在语境中才能区分开来，这些都是汉语概念化不同于英语的结果。

就概念内容结构而言，无论是情感强化副词还是情感方式副词，它们与相应的情感形容词共享了情感的内容结构部分,即不同种类的情感状态(STATE),属于二阶本体。此外,情感具有不同的属性特征,如偏离常态的生理和心理反应,作为动作行为发生的方式等,当识解运作的方式不同时,认知关注的焦点不同,概念结构所表征的语义也会有所区别。在语言使用过程中,如识解侧显的是超越常态的程度特征时,情感强化副词内容结构中的度量(MEASURE)特征将得以凸显。度量属于三阶本体的抽象现象。

情感词汇存在于主要的开放型词类中:名词、动词、形容词和副词。英语中的 surprise 为情感名词或动词,surprising /surprised 为情感形容词,surprisingly 为情感副词。汉语中的"奇"既可以作名词、动词,也可以作形容词和副词,例如:

(1)过去数十年,世界宏观经济波动显著减小。至少直到2007年全球金融危机前还是如此,也即所谓"伟大的缓和"(Great Moderation),这被伯南克称为"过去20年经济景象中最令人称奇的特征之一"。

(2)我奇怪他这时候还不来,演出都要开始了。

(3)此后,一伙反动军警手执刺刀长枪包围了虎头山麓厦南女中内的住所,扬言抓共产党人,企图捉拿余佩皋。在亲朋的护送下,她从后山逃走,才免遭此难。她在明枪暗箭之下毫不畏惧,人们称她为"奇女子""女界之丈夫"。

(4)迅速恢复生产,安定群众生活。城市刚解放时,许多工厂停工减产,学校停课,大批工人失业,学生失学,交通不畅,物资奇缺,群众生活困难。恢复生产是管好城市、稳定局面的关键。

在各个语法范畴中,其形态或许发生变化,也可能不发生改变。它们共有基本的情感概念结构,然而,正如兰盖克(Langacker,1987,2008)指出,不同词类的词汇项在概念空间中本体结构相同,识解不同。侧显不同,其语法范畴归属便也不同。英语中的 terribly、enviably、desperately、suspiciously、ecstatically 等,汉语中的"怒""痛""苦""奇""怪"等作为表程度的强化副词,有着与相应的情感名词、动词、形容词和方式副词一样的概念内容。它们的内容结构表现为抽象的情感状态和度量现象,而构架结构则主要是情感状态超越常态的程度,以及对某种事体、事件或状态的度量功能。

1. 情感状态

从情感的性质来看,无论是喜、怒、哀,抑或乐,都是微妙的、模糊的、抽象的心理状态。因此情感的定义在心理学界莫衷一是。《心理学大辞典》[①]对情感/情绪的界定为"有机体反映客观事物与主体需要之间的态度体验"。情感因此至少具有以下两个方面的特点:

① 独特的主观体验。它不是认知主体对现实对象和现象的镜像反映,而是由客观现实与认知主体的需要之间互动所引起的喜、怒、哀、惧、惊等主观体验和感受。

② 明显的生理反应和心理唤醒。包括呼吸、血液循环、腺体分泌,包括脑电波、皮电活动,也包括面部表情、身体上的变化等;可以唤醒人们积极或消极的情感体验,比如愉悦、愤怒、伤痛、惊恐等。

情感是由许多成分构成的复杂心理现象,往往涉及情感的主观体验、生理/心理唤醒、面部表情以及情感行为等(Barrett & Wager, 2006)。主观体验是个体对不同情感状态的自我感受,个体的主观体验一般会表现为相应的肢体或言语表情,也会伴随着明显的机体变化和生理唤醒,如植物性神经活动以及脑电活动的变化等。

英语中的 jolly、hopelessly、furiously、surprisingly、terribly 等,汉语中的"怒""痛""苦""奇""怪"等,若作为单个的词项出现在人们的心理词库中,更容易让人联想到的一定是与各种情感相关的状态。这些情感状态虽然不属于具体的事体,但是一般都有生理或心理上可感知的反应,即"心理唤醒"和"生理反应"。例如:jolly 在心理上唤醒的是一种愉悦的情绪,其表现可能包括眉开眼笑、欢蹦乱跳、神采奕奕;hopelessly、"痛"和"苦"是一种绝望的、痛苦不堪的感情,其表现为面色青灰、目光呆滞、精神恍惚;furiously 和"怒"表现为血气冲顶、青筋暴涨、声如雷鸣;surprisingly、"奇"和"怪"的表现为双目圆睁、嘴巴大张;terribly 让人产生冷汗直冒、四肢无力、毛骨悚然的感觉。它们都是不同情感状态的语言表征,jolly 主要为形容词"快乐的",其他则分别为方式副词"绝望地""愤怒地""惊讶地",有明显的词汇意义。

---

① 林崇德等主编《心理学大辞典》,上海教育出版社,2003年。

在帕拉迪丝（Paradis，2004，2005，2011）对概念内容结构的分类中，副词的概念内容本体可能是时间、地点或状态等，如 early、totally、there、awfully、bloody。英语情感强化副词的概念内容结构属于二阶本体的状态和三阶本体的抽象现象。与具体的一阶本体相比，它们不是客观世界中存在的、可看得见摸得着的实体，而主要是抽象的情感状态。在这一方面，它们与相应的情感名词、动词和形容词是一致的。如英语用例：

（1）a. She had a very *jolly* time in Korea.

　　b. It was *jolly* hard work, but I loved it.

（2）a. And now, like a thunderclap, had come this *horrible* news.

　　b. A two-year-old boy was *horribly* murdered.

　　c. It means that something has gone *horribly* wrong, you know. Because the whole thing should be pretty slow and controlled.

（3）a. *Desperate* with anxiety, Bob and Hans searched the whole house.

　　b. They are *desperately* crying to leave their battered homes.

　　c. He was a boy who *desperately* needed affection.

（4）a. It is *ridiculous* to suggest we are having a romance.

　　b. Now, incongruously, *ridiculously*, she found herself longing for a cheese sandwich.

　　c. Dena bought rolls of silk that was *ridiculously* cheap.

（5）a. They look like the teeth of some *fierce* animal

　　b. "I don't know," she said *fiercely*.

　　c. He has always been ambitious and *fiercely* competitive.

（1）b 和（2）—（5）c 句中情感强化副词 jolly、horribly、desperately、ridiculously、fiercely 的概念结构与 a 中相应情感形容词的概念结构是一致的。虽然，jolly hard work、horribly wrong、desperately needed、ridiculously cheap、fiercely competitive 在语言意义层面上通常被理解为"非常艰辛""很糟糕""十分需要""非常便宜""十分具有竞争力"，但是在概念层面，它们同时还承继了 a 句中 jolly、horrible、desperate、ridiculous、fierce 概念结构中的内容部分，是人类关于"快乐""害怕""绝望""荒谬""愤怒"的

情绪体验和感受。

　　汉语中只发现愤怒、痛苦和惊奇域中存在直接由情感词汇演变而来的情感强化副词,它们衍生出程度语义,用于标量高等级事物性状程度或动词行为强度。与英语情感强化副词一样,程度语义是其源概念结构中不可分割的组成部分,表达人类各种情感的重要内涵。例如:

(1) a. 有黑斑的地方通常会很痛,在痛感特别强的地方加强按摩,不要怕痛,坚持下去淡斑效果不错。

　　b. 但是,假如你仍然不知道自己的优势和缺陷在哪里,仍然没有找到未来的方向,那么两三年之后,你很可能还是会痛苦地徘徊在十字街头。

　　c. 1933年9月,宋子文出访美欧回国后不到一个月,便被蒋介石撤销了行政院副院长和财政部长二职。于是在以往的鲜花和荣誉衬托下,宋子文仿佛一下跌进了万丈深渊,从而心态也极度失去了平衡。当时宋子文痛恨蒋介石,也恨孔祥熙,然而这二位恰恰又是自己的姐夫和妹夫。

(2) a. 这里面的意思无非两种:牛顿说的巨人如果指胡克的话,那是一次很明显的妥协:我没有抄袭你的观念,我只不过在你工作的基础上继续发展——这才比你看得高那么一点点。牛顿想通过这种方式委婉地平息胡克的怒火,大家就此罢手。

　　b. 不好,歹徒抢银行了!胡卫红的第一个念头便是:钱绝不能让歹徒抢走,她飞快地给对面工作台的阳靖递了一个眼色。阳靖会意,快速地站起身,怒斥歹徒:"干什么?!"同时在键盘上输入了电脑联网报警密码。

　　c. 在一些故事片中,为了渲染人物欢快的心情,常常使用这种拍摄方法,让百花顷刻之间怒放,让绿油油的小苗从土中伸出嫩芽,让竹笋一节节地拔高。

(3) a. 邹嘉说,嘉好决不是也永远不应是贵族学校,学校是传播科学和人类文明的圣地,一旦与"贵族"二字联袂,将是教育的奇耻大辱。

　　b. 售书厅摆放着《勿忘珍珠港》、《奇袭珍珠港》等许多和日本偷袭珍珠港有关的英日文书籍和小型纪念品。

c. 当时的罗马历史学家阿米阿努斯·马尔切利努斯把他们描写成"几乎粘在马上"的人,体态奇形怪状;相貌奇丑无比,不由使人认为他们是双足野兽。

(1)—(3)c句中的"痛恨""怒放"和"奇丑"呈现给读者的是"仇恨""开放"和"丑陋"的极高程度,情感强化副词"痛""怒"和"奇"的概念结构与 a 中相应的情感形容词,以及 b 中相应的情感副词的概念结构是一致的。不同的是,情感强化副词基于情感体验间接地、主观地表达事物性状的程度或动作行为的强度,凸显的是概念结构中超越常态的特性,是概念结构高程度内涵的语言表征。

间接源自情感域的英汉情感强化副词主要通过概念转喻的方式,将源概念与情感相关的属性投射到快乐、悲伤、愤怒、害怕和惊奇的情感域,获得情感语义的解读,在概念内容结构上表现为情感状态。具体的转喻识解过程后面有专门章节探讨。

2. 度量

无论是快乐、愤怒、悲伤、害怕或惊奇,很明显,这些感受来源于某些非同寻常的、让人愉快、让人愤怒、让人走投无路、让人害怕、让人不可思议的事情,它们不再是常态的心理状态,而是对常态的偏离,是人们对所体验到的情感特征的重要认知。这种超常态的特征,成为情感词汇概念结构中不可或缺的部分,也是它们衍生程度意义、作为度量手段的根本原因。换句话说,用情感词汇表达程度语义,是基于情感体验的、关于事物性状的主观性判断和衡量。因此,在内容结构方面,除了抽象的情感状态,它们同时表现为度量现象。

上节中的 jolly hard work,"快乐"与"艰辛的工作"共现,需要做出特别说明。该表达中,jolly 的内容结构更多地归属于三阶本体或称 SHELL 的一部分,即度量的抽象现象。该内容结构所应有的抽象性和框架性意味着它们与构架结构相互交织,难分彼此。jolly 作为情感强化副词的内容结构度量主要与程度类构架结构互为观照。虽然,jolly 的用例 It was jolly hard work, but I loved it(工作虽然很艰辛,但我乐在其中)的情况有点复杂,但是,它很可能和 She was jolly good at jigsaws(她拼图玩得很棒,自得其乐)一样,被认为是传递了一种愉悦的心情。当使用中情感强化副词的情感意味隐退,而程度语义凸显时,其内容结构度量的抽象性获得认知更多的关注，与程度类构架结构相互呼应，鲜明的"very, extremely"和"很，非常"的语义成为显性特征。如下例：

（1）Instead, there is an implicit assumption in this position that Mrs. Mann has the right to accept or reject assistance without moral consequence. For those who perceive ethical problems in this case, this perspective is *dearly flawed*. Moreover, it commands no action on the part of either actor with respect to even the most obvious moral concern–that of prejudice.

（2）The fact is, you can be a tour guide to your own life. Work up the list of highlights and show them to their best advantage. Nothing is as compelling as your own enthusiasm. Earn a Black Belt. Or buy one. "It's *disgustingly easy*," says karate film star Jeff Speakman, Black Belt magazine's 1993 Instructor of the Year.

（3）The *painfully honest* record endeared her to fans who could relate to the reflective tales of heartbreak. She mines her life once again on her recently released sophomore effort, Friends & Lovers, a soulful exploration of love and loss. Says Ambrosius, "I'm not just singing a sad song. I lived it; there's a difference."

（4）为父母者都痛爱儿女。女儿遭此劫难，怎能不令人悲痛欲绝？！吕菲菲的父亲一夜间被这空前的灾难摧倒。

（5）她想，这一篮子够妈妈吃一阵了，她妹妹一定开心死了，因为她妹妹最喜欢砸核桃。

（6）情绪变化时，还会引起身体外部的变化。如表现在面部上：喜时扬眉吐气，悲时双眉紧蹙，怒时双目圆睁，惑时张口结舌，愤时咬牙切齿等。表现在动作上：高兴时手舞足蹈，失望时垂头丧气，愤怒时摩拳擦掌，不耐烦时坐立不安，悔恨时顿足捶胸，狂喜时开怀大笑，虔敬或沉痛时肃立低头等。

句（1）中 dearly flawed 意为"大错特错""完全错误"，其中由于其凸显的高程度语义，使得 dearly 褒扬的积极情感语义未能获得认知的注意；句（2）中 Jeff Speakman 是 karate（柔道）①明星，对他来说，获得黑带自然是易于反掌的事情，他甚至戏称是只要交了培训费就可以拿到。因此 disgustingly easy 是"非常容易"的意思，disgustingly 源概念的"令人厌恶""让人作呕"及相关语义在此也没有得以体现；句（3）中 Ambrosius② 是英国很受欢迎的歌手和歌曲作词者，后文中的 endeared her to fans 和 a soulful exploration of love and loss 分别为"深受歌迷们的喜爱"和"对爱和失败有着灵魂的追问"，显然整个语境营造的是一个褒扬肯定的氛围，这一切都源于歌手 Ambrosius 的诚恳与坦率，因此 painfully 与 honest 组合，意在强化说明诚恳的程度，其源概念的"痛苦"之意也荡然无存。句（4）、（5）、（6）中的"痛""死"和"狂"和语义相悖的"爱""开心""喜"组合，突出的不是概念语义中消极的情感体验，而是说明了组合词表征的心理活动之强烈。句（1）—（6）中的这些情感强化副词共同的特征就是标量事物性状的程度或动作行为强度，其情感体验所蕴含的高程度语义处于概念结构的前景之中，得到侧显，而它们的情感语义隐退成为背景，因此概念结构的内容部分主要表现为度量的三阶本体。

　　高度语法化的程度副词，如 very、quite、rather 等，关系和程度等构架结构凸显，而概念结构中的内容部分只有度量的成分，其他成分在历时的发展演变中已经隐退，甚至消失。情感强化副词范畴成员的典型特征是程度意义凸显，情感意义隐约可见，二者共同构成了概念结构。这些是它们不同于一般强化副词的区别性特征。

　　SHELL，即概念外壳，缺乏稳定的特征，在特定的情况下或出于语用的需要，只要适合抽象的概念便能填充不同的特质（properties）（Paradis，2005：525）。Paradis（2004：61）对 SHELL 分类中的度量类包括频度、数量和程度。其中的程度可以通过大体积、大力量、大密度等类型的概念来表达，也可以通过可观可感、纯粹真实的概念来表达。Bolinger （1972：242）列举的相关词语有：vastly、greatly、strongly、overpowering、solidly、substantially、noticeably、visibly、thoroughly、utterly 等。当人们

---

① 黑带是柔道中的较高级别段位。柔道分十段五带，未入段的新手为白带，五段之前为黑带，六道八段为红白相间，九、十段为红带。能达到红段的人数很少。

② Marsha Ambrosius 是名来自英国的歌手和词作者，曾是英国灵魂乐和 R & B 双人组合 "Floetry"（Marsha and Natalie）的一员。专辑有 Late Nights & Early Mornings 和 Friends & Lovers 等。

为了用较为新颖的方式实现程度的表达，根据自身的体验和经验，选择了具有程度内涵的情感副词。情感副词获得程度标量的功能，也意味着，程度度量 SHELL 不再通过常规的大量和可观可感等概念来表达，而是因情感的常态偏离性得以表现，并成为认知关注的焦点。这是人类认知加工和语言创新能力的表现之一。为了获得更有效的交际效果，人们不断更新程度的表达方式，情感的常态偏离特征正好满足了这一需求。因为从本质上讲，常态偏离就是一个量的大小问题。所以，可以说度量是情感概念化过程中内涵的属性之一，是概念结构中的构架成分。无疑，这是 jolly、horribly、desperately、ridiculously、fiercely 等演变为情感强化副词的重要认知动因。

（二）英汉情感强化副词的构架结构

副词侧显的不是事体而是关系（RELATION）。情感强化副词也一样侧显关系，主要为程度（DEGREE）标记，具有无界性和层级性或等级性特征。此外，它们还蕴含言者个人强烈的主观性认知和评价，具有情态（MODALITY）意义。本节更关注情感强化副词的概念结构，对主要由语境语用催生的情态意义不做深入探讨。

1. 关系

事体/关系构架主要应用于词类的完型识解。事体是概念空间中自主性完型。譬如，名词就是具有整体扫描、完型识解、静态等名词性概念相关特征的自主体。关系不同于事体，它具有依存性，必须有自主性概念的共现激活才能在概念结构中得以定位，表达出确切的意义。用兰盖克（Langacker，1997）的话来说，名词侧显的是事体，副词、动词、形容词、介词等侧显的是关系。因此，副词和形容词一样，需要在与名词性概念共现时，才能确定意义。

副词以关系构架为基础，通常表达与某一概念或命题相关的信息或特点。例如：

（1）They meet *monthly* to discuss progress.

（2）I'm *extremely* sorry to have troubled you.

（3）Whether we will go there *tomorrow* depends on the weather.

（4）Not *surprisingly*, he enjoyed telling tales about his time at the military academy.

(5)少年期(11、12岁至14、15岁)的学生,抽象的思维已有很大的发展,但经常需要具体的感性经验作支持。

(6)现代的独生子女享受了太多的爱,只会被爱而不会施爱,情感淡漠,缺少同情心和利他精神。

(7)但从总体上来讲,国内双语教学才刚刚起步,研究者和双语教师目前还无法对双语教学中经常遇到的问题给出具体的答案或解决办法,比如,是否应该对学生入学时的外语水平加以界定?应如何界定?

(8)理岱听了,不以为然地说道:"那不一定吧!白天也不能麻痹啊!"说罢,又恶狠狠地警告他:"你不要在这里得意,丢了城,老子饶不了你!"一甩袖子,走了。

这些表达中的副词分别为行为或事件提供频度(monthly、经常)、程度(extremely、太)、时间(tomorrow、刚刚)和结果或方式(surprisingly、恶狠狠地)等信息,其意义因自主性概念的出现而存在。情感强化副词也侧显关系,但它们有自身的特点,主要为程度标记,表达与概念或命题相关的层级性特征。其凸显的程度构架结构又与界限(BOUNDEDNESS)构架和等级(SCALE)构架密切相关。

关系包括内容关系和构架关系。帕拉迪丝(Paradis, 2004: 65—69)对形容词的研究中指出,形容词性述义有内容偏向型和构架偏向型的区分,二者又可根据内质性和外附性再做分类。内质性形容词述义可以具化名词性意义中内在的、凸显的特征,外附性形容词述义具化名词性意义中非本质的、边缘性的特征。这一区分也适用于情感强化副词,例如:

(1) a. *Barking deliriously*, the dog bounded towards his mistress.
   b. Dora returned from her honeymoon *deliriously happy*...

(2) a. The divorce was *painfully public*, feeding her dislike of the press.
   b. Their first album was *painfully frank* to the point of being confessional.

(3) a. The beggar was *disgustingly filthy*.
   b. He looked *disgustingly healthy* when he got back from the

Bahamas.

(4) a. If you but smile, spring zephyrs blow through my spirits, *wondrously*.

b. Ever since they had set eyes on each other they had been *wondrously happy.*

(5) a. Jeff is an innocent sort of fellow, but he does *murder* the English *awfully.*

b. The caramel looks *awfully good.*

deliriously、painfully、disgustingly、wondrously、awfully 在例句（1）—（5）a 中用作方式副词时，具有明显的词汇意义，是内容偏向型副词，侧显的是内容关系，分别为"兴奋地吠叫""消息公开了，让人痛苦""脏得令人恶心""春风吹拂感觉很美妙"。用作方式副词时，离开了情感语义，方式语义便无法独存。在 b 中用作情感强化副词时，是构架偏向型副词，情感内容淡化，程度构架凸显，侧显的是构架关系，具有程度标记的功能。a 中的情感方式副词和 b 中的情感强化副词虽然有内容偏向和构架偏向的区分，但是二者都是认知主体对动作行为、属性特征的主观认识，是非本质的、外附性的构架关系。

同理，相同的汉语形式，用作方式副词时具有内容偏向性，用作情感强化副词时具有构架偏向性，例如：

（1）过去，瓷都人是不请不会到，贷款不敢要，宁愿苦撑苦熬。现在他们好像换了一个胆，贷款搞技改、搞引进，千万不言多，百万还嫌少，上亿元一个项目也不稀罕。他们懂得了，发展才是硬道理。

（2）TCL 的李东生正陷入苦战，他在 2005 年信誓旦旦地要在 18 个月内实现并购盈利，而事实却是，每一项重组计划都不幸搁浅。

（3）地上、黑板上、墙上、课桌、书本上都洒满了硫酸，吱吱冒泡。尔后，丧心病狂的彭端起罐头瓶里的硫酸，往俩人头顶、身上泼去。彭又举起铁锤，在王的头顶敲了一锤。受害者哭嚎怒骂，边躲边跑。

（4）全身静脉回流不畅或出现静脉瘀血情况，如颈部血管（静脉）明显充盈或怒张，下肢或全身出现压迹性浮肿，此症状常伴有食欲不振、腹胀、消化不良、腹泻等表征。

句(1)中"苦撑苦熬"意为"忍受痛苦地坚持支撑着熬着",此处,"苦"的源概念"痛苦"语义鲜明,为内容偏向型副词。与之相比,句(2)中,"苦战"表达的"激烈地战斗",既表达战斗的高强度,也传递了"战斗得很辛苦"的情感体验,是内容和构架同时凸显的副词,离开了情感语义,方式语义便无法独存。句(3)中的"怒骂"既表达了"骂"的激烈程度,又传递了骂者当时的愤怒,因此,"怒"为内容和构架并重的副词。句(4)中描写静脉"怒张",只是说明静脉充盈严重,因为静脉是不会"发怒"或"生气"的,所以这里的"怒"是典型的构架偏向型副词。

汉语中的虚词是典型的构架偏向型副词,例如:

(1)进得公司大半个月,我就明白为什么她的下属一个接一个跑路——她实在是有把人逼疯的本事!自己做事情毫无条理,还老拖着我们。常常是白天我们全都空着,不知道应该干吗,去问她,她一副疯狂忙碌的样子,根本没有好声气。等到傍晚你想下班了,好,事情全来了。

(2)教育学是以教育问题为研究对象的科学。教育学的历史也就是在对这些问题不断进行探索,并找出各种各样的答案的过程中展开的。

(3)一开始,他对自己的角色转换似乎并不习惯。在上任政务处长不久即写信给美国历史学者费正清(J. K. Fairbank)说:"就生活而论,我更加喜欢当教授。当我回想起与充当教师有关的悠闲的生活、书籍和著作之际,有时我不禁潸然泪下。"

句(1)—(3)中的"全""不断""更加"概念结构中的内容部分缺失,表征的语义抽象,凸显构架结构,依次为范围、频度、程度副词,是构架偏向型副词,必须有赖于自主性概念的共现激活才能在概念结构中得以定位,获得确切的解读。拿"全"来说,它是一个依存性概念,不像自主性概念"玫瑰花""太阳""梦想"特性稳定。依存性述义侧显自主体中的某个或几个相关联的概念区域,而不只是预设它们自己在概念基底中的存在(Langacker, 1987: 215;张建理,2007)。"全"表征的是一个"整体"之类的意象图式,具体意思要在一定的组合和语境中才得以明确。"全"表征的关系性述义,侧显的是自主体及相关概念之间的关系,在表达"等到傍晚你想下班了,好,事情全来了"中它侧显了由动词"来"表现的"过程关系","来"连接了居于前景中的自主体"事情"和居于背景中的自主体"我这里",呈现了"事情向我这里靠近"或说"事情来到我这里"的认知事件,"全来"说明"很多事情都来了"。

2. 程度

"程度是词汇与其意义之间映射的一种构架"(Paradis,2008:318),尤其是程度修饰词,它们必须在层级性语义结构中获得侧显才具有意义,而不能被分离出来单独进行处理。程度最主要的特点就是构架性意义结构,它通常与事件、事体、状态相关的知识组合(同上书:317),在等级、规模和范围上为这些知识内容搭建框架。例如:

(1) I get *a bit uptight* these days. Hormones, I suppose.(有点不安)

(2) He faced the press, initially, in a *somewhat subdued* mood.(稍许忧郁)

(3) She was a *fairly rigid* person who had strong religious views.(相当严肃)

(4) I gradually got *rather disillusioned* with the whole setup of the university.(颇为失望)

(5) Lumbar support is *very important* if you're driving a long way.(十分重要)

(6) To be a parent is a *terribly difficult* thing.(真为难)

(7) By 1973, this gap had narrowed *almost* to *vanishing point*.(几乎缩小到零)

(8) He knew *virtually nothing* about music but he could smell a hit.(简直一窍不通)

(9) There is *absolutely no* difference!(绝对没有)

(10) David said nothing, but simply nodded, as if *understanding perfectly*.(完全理解)

(1)—(10)中 a bit、somewhat(有点)为低等级的表达,是人类对事物状态少量变化体验的结果;fairly、rather(相当)表达的程度量稍大;very、terribly(十分)是高程度、大量度的表达;almost 和 virtually(极其)是近似量的表达;absolutely、perfectly(绝对)是极量的表达。无论是小量、大量还是极量,都是人类基于体验,并对事物性状进行比较客观的主观认识。

程度是人类通过客观比较和主观认定而获得的关于事物等级、规模和范围差别的体验,是人类对事物性状及发展变化的认知。事物性状的发展变化通常具有连续性,因此,相邻程度量的区分也是模糊的。夸克等(Quirk et al.,1985)和帕拉迪丝(Paradis,1997)对 quite 的研究中也指出,它既可表中等程度量,也可表高等程度量,其语义受到多种因素的影响,具体要依语境而定。英语情感强化副词中的 pretty 和 fairly 也要参考具体的语境,才能获得确切的意义。pretty 既可以标记中等程度,也可以标记高等程度(Stoffel,1901:147—153),大多数情况下,难以辨清到底它是语义增强词还是语义弱化词(Nevalainen & Rissanen,2002:369)。汉语情感强化副词"好"在说话者的语气和声调不一样时,表达的程度也会有所区别。"她好漂亮!"的感叹句辅以"好"的重音,其程度就比"她好漂亮。"的直陈句高。

程度可能前景化,并识解为意义结构中最为凸显的部分,它也可能识解为意义结构中背景化的部分(Paradis,2008:318)。换句话说,同样具有程度构架结构,英语程度修饰词 very、a bit、totally、much、little、not 和汉语中的"较""顶""最""略""没"等前景化了程度,相反,英语等级性形容词 good、excellent、alive、adore、need、hate、beauty、idiot 和汉语中的"好""优秀""活的""爱""漂亮"等前景化的是其内容结构"优点""存在""心理状态"和"外表",而程度处于背景之中。

传统的研究认为,程度副词主要修饰具有层级性特征的形容词和副词。萨丕尔(Sapir,1949)、勃林格(Bolinger,1972)、肯尼迪和麦克纳利(Kennedy & McNally,2005)指出,程度还与动词和名词有关。作为一种典型的构架结构,程度不能成为语法范畴的区别性特征,也不是某一类词或某一个词语所特有的属性,程度蕴含于各种事物、动作行为和性状之中(Paradis,2008)。对程度量这样的认识可以预见或解释它们与动词或名词组合的现象。那些即使是初看起来没有层级性的词语,如果具有程度构架潜势,也会出现在可以划分等级属性的场合。例如,一个瑞典的汽车广告,"How WE are you? The new V70. Very WE",其中人称代词 we 为"我们所具有的优秀品质",是可多可少的性质,即具有程度属性。再比如,man、乡村、绅士、女人用于"很+X"构式中——"quite a man""很乡村/绅士/

女人",这些通常认为不具有层级性的名词也因此有了等级上的划分。

情感强化副词的重要特征就是程度标记。程度是情感强化副词概念结构中最为凸显的内容。其程度标量功能与它们的源情感意义密切相关。害怕、愤怒、幸福、悲伤、惊奇都不是人类情绪的常态,而是对常态的偏离。如果认为常态是一种不偏不倚的中间状态,那么,以上各类情感要么比常态积极,要么比常态消极。也就是所谓的积极情感和消极情感的划分依据。

此外,同一种情感自身也有程度上的差异。情感强化副词范围的标量具有层级性特征,是对常态不同程度的偏离,例如:

(1) a. I'm *a little shocked* by his reaction. I press him for specifics.

b. When I saw the first rough assembly of the film, I was *rather shocked* that it was taken that turn for violence.

c. "… but for all the Iraqis," the ambassador said. "personally, I was *very shocked* and saddened." He said.

(2) a. 大雨,我们并不怕,倒是有点担心若是连绵下几天,会不会影响行程。此次访问,一共只有十天,时间短促,我们想要看的那么多,同行的大多数人又都是头一回来到久已魂牵梦绕的宝岛。绿蒂说不要紧,风雨再大,明天大约仍会是好天气。

b. 如果有些投资者较为担心目前市场上的风险,不妨以低风险低收益预期类基金产品为主要投资方向,在具体的品种选择方面,大致有以下建议供大家参考。

c. 部队在转移,刺骨的西北风咆哮着像是要把女儿一口吃掉,沿途没有避风的地方,我连看看孩子的机会也没有。我心痛如绞,但毫无办法。瑞卿也十分担心女儿的处境。

(1)(2)组例句中的情感词汇(shock:害怕)的层级性可视化为图 5-2 和图 5-3:

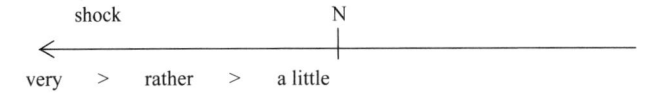

图 5-2 shock 的层级性图

```
            害怕                      N
    ←————————————————————|
         很   >   比较   >   有点
```

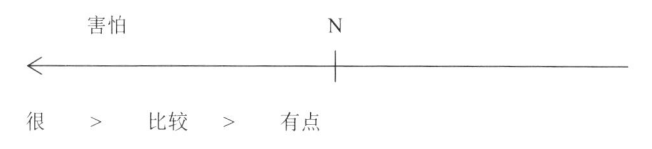

图 5-3　害怕的层级性图

情感词汇在演变为情感强化副词的过程中，通常凸显了其高于常态的标量特征，具有"十分""非常"的意义，如英语中的 wonderfully well、shockingly ugly、terribly delicious、outrageously expensive、painfully shy，汉语中的"好厉害""堵得慌""气坏了""痛饮""枪法奇准"等。它们作为高等级的度量手段，是对顺畅、丑陋、美味、昂贵、羞涩等内容结构的程度构架特征的生动描述。情感强化副词程度构架结构的凸显无法自主呈现，只有在这些复杂的意义结构中才能得以体现。

3. 界限

帕拉迪丝（Paradis，2008：318）认为，程度并不是专属于某一语法范畴或某些词汇的特征，而是概念空间普遍存在的界限构架（BOUNDEDNESS configuration）。界限（boundary）是人类对事物进行范畴化和概念化的重要依据，是一种构架性结构。许多学者对语言的有界性都有过深入的探讨（Langacker，1987；Jackendoff，1991；沈家煊，1995；Paradis，2001；石毓智，2006）。现实世界中，有些事物在空间中具有明显的边界，如 person/人、book/书、car/车，对应于语言结构中的可数名词。这种有界性的表达在汉语中通常是数词＋量词，如，一个人、一本书、一辆车，在英语用不定冠词 a/an 表达，如，a person、a book、a car。还有些事物似乎没有一定的边界，如水、爱、知识，被看作是不可数名词。动作的有界—无界的对立表现在时间维度上，对应于语言中的持续性动词和非持续性动词，如 like/喜欢，resemble/像，belong to/属于等行为在时间上难以划出界限，被认为是无界的；come/来、run/跑、eat/吃等行为具有时间上的起点和终点，被认为是有界的；形容词的有界—无界的对立则表现在性状的量或程度上，对应于非等级性形容词和等级性形容词，前者如 a financial issue（经济问题）、a wooden table（木制的桌子），后者如 a melancholy smile（忧郁的笑容）、a good player（优秀运动员）、a narrow street（狭窄的街道）、a big surprise（大大的惊喜）。

前面谈到，形容词、动词、副词、介词等都可能具有层级性特征。程度副词就是对层级性进行标量的手段。基于界限特征，帕拉迪丝（Paradis，2001：49）将程度修饰词（程度副词/强化副词）分为等级性修饰词和整体性修饰词两类。同时，她还指出，从界限特征来看，程度修饰词与其修饰的中心语保持和谐。换句话说，等级性修饰词与无界性词语组合，整体性修饰词语与有界性词语组合。如下表中的 good 是典型的等级形容词，具有无界性特征，identical 是性质形容词，具有无界性特征。

表 5-1　基于界限的两类程度修饰词（Paradis，2001：49）

The two types of degree modifiers on the basis of boundedness	
SCALAR MODIFIERS (unbounded)	TOTALITY MODIFIERS (bounded)
very good	*completely* identical
terribly good	*absolutely* identical
fairly good	*almost* identical

整体性修饰词与某一特质的精确值相关，是抽象构想中程度标量上的某一点。completely 和 absolutely 标量绝对点，而 almost 标量近似点。等级性修饰词标量的是范围，在时间或空间上有一定的跨度，没有明显的界限。

情感强化副词表达的是属性或状态的常态偏离。这种偏离的起点是常态，而终点却无法确定。例如 terribly good，表达的是一种很高的程度，至于有多好，人们不能够给予一个精准的回答。尽管人们可以说是"好得让人害怕"，但是"让人害怕"的概念也是模糊的。兰盖克（Langacker，1987）主要从具有同质性（homogeneous）还是异质性（heterogeneous）、是否具有伸缩性、是否可以复现三个方面的特征对事物和动作的有界与无界进行区分。情感强化副词的有界和无界性特征也大致可以从这三个方面进行判断。前面的研究表明，情感强化副词具有层级性特征，是等级性修饰词。terribly good，从字面意义"好得让人害怕"来看，terribly 具有同质性和伸缩性，因为害怕多一点少一点只是程度的不同，而未改变该情感的本质属性，一般不会因为过度害怕而生出快乐的情感。此外，情感和无界的水以及思念一样，都具有不可复制性。汉语研究认为，性状的有界和无界多表现为性质形容词和状态形容词之分，二者的区别在于后者总是跟一种量的观念发生联系（朱德熙，1982）。英语研究大多从层级性特征来判定词汇的界限性，对程度副词而言，有界总是与层级标量上的量点密切相关。在语言使用中，情感强化副词通常被解读为"very"，标示的是范围，是模糊的量段，而不是像整体性修饰词一样标示具体的量点。由此可见，无界是情感强化副词的重要的构架结构之一。

以上分析表明，在概念层面上，情感强化副词意义的建构是情感状态、度量的内容结构和关系、程度与无界性的构架结构相互作用和观照的结果，其程度结构所构架的度量手段，还具有等级性特征。

三、英汉情感强化副词的语义表现

语义即概念结构，该观点并不是主张，每一次使用时，概念结构的成分能得到同等程度的展现。正如一个人具有成熟稳重、克制隐忍、乐观豁达、幽默睿智、童心未泯等性格特征，而我们每次所见只能是其一其二，或是它们的不同组合。这种观点也适用于英汉情感强化副词的语义表现。

虽然英汉情感强化副词源自快乐、惊奇、悲伤、愤怒、害怕等或积极或消极的情感概念，出现的句法环境也大不相同，然而其语义呈现出来的共性特征显而易见：首先它们对所修饰成分的某些特征作程度上的说明；其次它们都蕴含了一定的情感语义。这也是将情感强化副词与一般强化副词区分开来的根本依据。作为强化副词的次范畴，其范畴语义的类别性特征主要表现为高级量的程度语义和情感语义的共存，同时它们也是语言主观性特征的重要例证。勃林格（Bolinger，1972）对修饰动词的强化副词分类中，绝大多数类型都包含情感强化副词成员。但是，他并未对情感强化副词与一般强化副词的异同进行考察。

英汉情感强化副词之所以能够独立成类，与 very 和 extremely 等区分开来，关键在于其情感语义与程度语义的共存。虽然二者的地位不同，程度语义前景化，情感语义处于背景之中，即，使用中情感强化副词的程度语义居于主导地位，支配着整个词汇语义的解读，但是，原有的情感语义一般一直都在，若隐若现，对词汇语义造成影响。

（一）情感语义与程度语义的共存

情感语义和程度语义共存是情感强化副词有别于其他强化副词的语义特点。虽然共存，二者对语义的贡献并不等同。具体有三种情况：

（1）情感语义与程度语义分量相当，同时为语义的形成做出贡献；

（2）情感语义淡化，成为语义理解的背景，程度语义凸显，获得语言主体更多的关注；

（3）情感语义消失，程度语义支配并决定了语义的解读。

从所掌握的语料来看，大多数英汉情感强化副词承载了明显的情感语义，属于前两种情况。第三种情况为数较少。因此，总体说来，英汉情感强化副词是相对语法化的一类。

上面提到的第一种情况情感语义与程度语义分量相当，主要表现在与语义相似或重叠的词语组合上，例如：

（1）And I'm *jolly* pleased to have got it, and had it.

（2）It is *awfully* bad to hear that.

（3）转天一早，当人们看到这张印制精美的彩色报纸时，不由自主地发出阵阵赞叹："好快！好漂亮！"

（4）8岁那年，萨达姆从继父家里悄悄逃回蒂克里特镇的叔叔家。图尔法赫叔叔很有才华，后曾在伊拉克首都巴格达做官。正是他为萨达姆提供了受教育的机会，使他最终能跨入政坛。图尔法赫性格倔强，一辈子痛恨英国人。

jolly 和 pleased 语义重叠，awfully 和 bad、"好"和"漂亮"、"痛"和"恨"语义相近，jolly pleased 表现的快乐情感溢于言表，awfully bad 传递了言者对事态发展"很糟糕"的判断，"好快"和"好漂亮"表现了彩色报纸超越预期的理想状态，"痛恨"鲜明地表达了图尔法赫对英国人恨之入骨的情感和态度。可以看出，以上表达中，情感语义和程度语义不分伯仲，共同发挥作用。

在某些语境中，情感强化副词的情感语义淡化，成为理解的背景。也就是说在语义理解过程中，可以还原为"到了（让人产生某种情感）的程度"，从而捕捉到情感语义的蛛丝马迹。这种情况下，情感语义成为语言理解的重要背景，例如：

（1）"It's *unbelievably expensive* to do deep-sea mining," says Andy Solow, director of the Marine.

（2）飞机的航线是经广州到达台北。飞机到湖南上空时，晴空万里，飞行甚稳，不一会儿却突然发现机下有白云一片，紧接着机前也出现了云朵，飞机微颠，座舱内忽感暴热，马鸿逵顿时惊慌起来。正在这时，从驾驶舱口递出一张纸条，上写："下边是解放军，因打高射炮，故爬高而放暖气。"于是大家才安定下来。

unbelievably expensive 中 unbelievably 表达了"贵得让人不敢相信"的程度，"让人难以相信"的惊讶情感是理解高程度语义的基础；"暴热"表达了热得超出忍受的范围，意为"奇热无比"，其理解离不开"让人暴躁"的情感体验。情感强化副词使得言者丰富的情绪和评价跃然纸上。

有时候情感强化副词与组合词语义冲突，语义冲突引发的压制，不一定能在组合词之间或它们形成的构式之间得以消融，必须要参考所在语境，例如：

（1）Yes, he'd discovered the Nriln had no single word for intelligence, didn't even have a single concept covering life. He had indeed found that the Nriln were *painfully polite* and offended easily.

（2）"哦，你好坏！好坏！好坏！"她低声的，热烈的嚷著："你就是会吓唬我，你好坏！你吓得我快晕倒了，你信吗？我真的快晕倒了！"

句（1）中，由于语义之间的冲突，painfully 和 polite 的语义相互影响，在这里，积极涵义词 polite 受 painfully 源词语义"痛苦"的影响，积极语义弱化，蕴含"礼貌得让人受不了"，也就是"过于客套"的意思，表达言者否定的态度。再如，我们说某人 disgustingly wealthy 也明显具有讽刺的意味。强化副词，尤其是在用于向上标量程度的时候，是夸张表达的重要语言元素（Peters, 1994: 271）。情感强化副词的使用一般伴随着强调和夸张，吸引听者的注意力，增强表达效果。句（2）中"好"与"坏"是一对意义完全相反的词，单独来看"好坏"组合，将会激活不同的语义联想，比如等同于"好丑"或"好歹"，预设的语境可能是"你这不知好坏的家伙"，意在批评别人不明是非或不懂感恩。句（2）的语境展现了情侣或爱人之间的"嗔怪"。男孩的"坏"可能是故意逗女孩的，或是为了保护女孩。女孩跟男孩撒娇，心里明明理解并感动于这样的爱，即使说"你坏死了",也还是一样的语用效果。这里的"好"虽然还是表"坏"的高程度,而"坏"的消极语义却被其爱意融融的氛围冲淡了。在口语中,人们在评价一个人时也会说:"以后要小心着这个人,他好坏的一个人!"

情感强化副词在标记程度的同时,或多或少地受其源词语义的制约和影响,这样饱满的情绪用一般强化副词 very 是无法表现的,即便情感语义若隐若现地存在,并影响了语义的解读。英汉情感强化副词的另一个重要的语义特征就是高程度语义支配词汇意义的解读。称之为情感强化副词的依据也在于此。与其他词语的语法化历程一样,演变之初,英汉情感强化副词与语义相似或相近的词语组合,通过语义的重合与重复实现对事物属性特征的强调和强化,其中的认知发生机制主要为重新分析和类推。初步获得强化副词的身份后,逐渐摆脱严格的语义限制,开始与语义不相同的甚至是相冲突的词语组合,例如英语中的 terribly good、awfully well、disgustingly easy、dearly hate,汉语中的"好讨厌""爱死了""高兴坏了"等。有些语境中,它们的情感语义甚至完全消失,只留下程度语义,但是,这样的语义冲突组合在英汉情感强化副词中占比都不大。正如彼得斯(Peters,1994)所分析的那样,肯定句中的 terribly good,认知主体不会太多地去关注 terribly 源词的"害怕"语义,而只会注意"好"的程度超于常态。从情感强化副词组合的语义来看,这种情况下,其情感语义消失,程度语义得到凸显,支配并决定着整个表达的语义解读。

(二)程度的高等级特征

英汉情感强化副词与一般强化副词一样,是事物属性特征程度量的标记,它们标记的通常为高等级的程度,多用于夸张、赞同、戏谑或讽刺。

根据勃林格(Bolinger,1972)、夸克等(Quirk et al.,1985)和比伯等(Biber et al.,1999)等对强化副词修饰词程度语义的经典描述,相对于抽象构想中的标准而言,英汉情感强化副词范畴处于强度标量上相对高的某一范围。尽管使用术语不一,在上述学者的研究中,英汉情感强化副词归为向上标量事物属性特征的增强词。也有不同的分类。克莱因(Klein,1998)将 awfully 与 extremely 一起归于极度强化副词,将 pretty 归于中度强化副词。

按照词语表达或触发的情感类别,辛克莱尔(Sinclare,2000)的"惊讶"类、"震惊"类、"危险"类和"容忍"类主要分布在"惊奇"和"害怕"情感域中。它们的共同之处在于非常高的量级（或者说"程度高"），并且可以大致对应于克莱因的"高度"类（刘晋，2014：74）。

有意思的是，格林鲍姆（Greenbaum，1996）按强度的大小或程度的确切与否，用强化副词序列来判别程度范围的属性值时，举例如下：

  somewhat long, *very* long, *quite* long, *incredibly* long（Greenbaum，1996：139）

按照 somewhat、very、quite、extremely（incredibly）由低到高的程度序列，源自惊奇域的情感强化副词 incredibly 表达的程度高于 very，为极度强化副词。

在 OED 中语法化程度较高的英语情感强化副词，如 jolly、bitterly、painfully、terribly、amazingly 等，均单列了"very""extremely"或"exceedingly"的释义，举出的例句如下：

  （1）My friend, you made a mistake, and you *jolly* well know it. (1898 *Morning Post*)
  （2）Exiles ... *bitterly* hostile to Athens. (1849 *Hist. Greece*)
  （3）She was irresponsive because she was shy ... *painfully* shy. (1881 *Washington Square*)
  （4）I made money into more money. That's what I did. I was *terribly* good at it. (2000 *Love Remains*)
  （5）He is an *amazingly* clever fellow. (1873 *Princess of Thule*)

OED 释义对程度的量级未进行细致区分，用 very、extremely 或 exceedingly 释义，均表示一种模糊的、高级量的程度。英语情感强化副词程度语义处于强度标量上相对高的某一范围。在实际运用中，主要用于夸张、赞同或讽刺，自然是 very 及以上的量级。

即使在 OED 中没有相应的释义，英语情感强化副词也多表高程度语义，因为词典总是滞后于活生生的使用中的语言，譬如 ecstatically happy、enviably thin、shamelessly confused，等等。

汉语情感强化副词一样都是标量程度刻度构想标准以上的范围。在

《现代汉语词典》中，它们大多数都有高程度的相关释义。"好"表程度深，数量多或时间久；"生"用在上述表示感情、感觉的词前面，表示"很"；"熟"表程度深；"活"表"真正，简直"；"暴"表示"突然而且猛烈"；"怒"形容"气势很盛"；"痛"表"彻底地，尽情地，深切地"；"苦"表"尽力地，有耐心地"；"奇"表"罕见，非常"；"怪"表"很，非常"；"老"表"很，极"；"死"表"到达极点"；"慌"表"表示难以忍受"①；"坏"表"程度深"；"酷"表"程度深，极"；"狂"表"猛烈""纵情"；"穷"表"极为"；"疯"表"长势很盛"。另外还有广为接受的方言"煞""血""恶""贼"等都表示"很，十分"。

除了标示高级量的程度以外，英语情感强化副词中还有标示其他级量程度的。譬如，已有研究对 perfectly、fairly、pretty 进行了明确的归类。帕拉迪丝（Paradis，1997：63）和里维莱能和里萨宁（Nevalainen & Rissannen，2002）等认为 perfectly 为最大化强化副词（maximizer），如 perfectly true，而在克莱因（Klein，1998）的研究中，perfectly 应归于绝度副词（absolutely）。另外，情感强化副词中的 pretty 和 fairly 还具有中等程度用法，学者们大致认同克莱因（Klein，1998）将它们归于中度程度副词中，然而其语义的明确化还有赖于具体的语境。本研究只考虑它们的高程度语义，对于其具有的区别性特征暂不做深究。一般认为，以上列举的汉语情感强化副词都表高量级的程度，但它们之间的量级也是有差别的。譬如，"好冷""怪冷（的）"和"冷得慌"不如"冷死了""狂冷""奇冷"等，在具体语境中来看：

（1）大二开始上游泳课的时候已经到了深秋，水好冷，我的心里也直发毛，但是体育老师不管那么多，总是把我赶下水去，然后托着我的肚子让我划水。我拼了命一样地在水里扑腾，却一下子呛了好几口水。

（2）甲：截着墙头扔草帽，草帽不戴老头儿，老头儿不戴草帽。
　　乙：好嘛！没把老头儿摔死，拿砖头也把老头儿开了。截着墙头扔草帽。

---

① "慌"主要与消极涵义词语组合共现，为"X得慌"，表示"X达到难以忍受的高程度或强度"。语料库中除了"想得慌""惦得慌"，也出现了"美得慌"和"圆满得慌"的用法，可见"慌"的高程度语义出现了泛化的趋势。

甲：穿皮袄戴草帽，像样子吗？这是什么月份啦，*怪冷的*，戴个皮帽子得了。

乙：他说不上来老有词儿。说皮帽子就不绕嘴了。

（3）老朴一蹦老远。他从来没见过这样大的鳖。他得意时是吃过鳖的，也懂鳖是马蹄大的最好。他走近，蹲下，两手缩在袖口里，头歪来歪去地看这只鳖精。卖鳖的叫他放心，它活得好着呢。它也怕冷，要是头伸出来脖子老长，*多冷得慌*。

（4）这时又有一个战士说："队长，老趴这*冷死了*，让抽袋烟吧！"孙屁股说："烟不能抽，别暴露目标，谁带着酒，喝口酒吧！"

（5）时上中学的章含之初到北京，只觉满眼砂尘土灰，冬日*奇冷*。人们各个穿着臃肿的棉衣棉裤，店铺大门棉帘高挂，街上行人稀疏，响着"叮叮当当"声的有轨电车懒懒滑过后更现出一派冷清。

（6）人生第一次接受保暖内衣来的第四五天用户体验，光加个羽绒外套就狂出汗，出完汗*狂冷*，不穿又后怕寒冷，我每天一身臭汗的冻人。

以上分析表明，英汉情感强化副词大多为高程度语义标记，大致等同于英语中的 very 和汉语中程度副词分类中的"很"类。它们多为高级量的程度标记，而且标记程度的形式和方式比较特殊。它们并不是事物属性特征的直接的、客观度量，而是通过语言主体的情感体验间接的主观度量。英汉情感强化副词表达高级量的程度，与 very 和"很"相比，它们的语法化程度相对较低，或多或少地受到源情感概念的影响，传递语言主体的态度和评价，在语义选择上有所限制。

四、英汉情感强化副词语用中的语义取向

very 和"很"与其他词语组合时几乎不受语义限制，其句法位置也比较固定，用于被修饰词之前。强化副词的原型功能是修饰形容词，very 和"很"都是该范畴的典型成员。大多数英汉情感强化副词的语法化程度都低于 very 和"很"，使用过程中，或多或少地受到了语义上的限制。英汉情感强化副词原有的词汇情感语义和色彩牵制着与其他词语的组合。一般情况下，它们会选择情感语义一致的概念进行组合，即消极情感强化副词主

要与消极涵义词语共现,积极情感强化副词主要与积极涵义词语共现。也有一些语境中,会出现消极情感强化副词与积极涵义词语共现、积极情感强化副词与消极涵义词语共现的情况,其中情感强化副词就会表现出不同的语义取向。

(一)语义的积极或消极取向

英汉情感强化副词有源自积极情感域,也有源自消极情感域的。根据对语言的直觉,一般认为积极情感强化副词理应用于愉悦、褒扬的语境中,而消极情感强化副词则应该刚好相反。然而,十分有意思的是,语料考察表明,事实并非如此。积极情感强化副词可以与负面色彩意义的词语组合,而源自愤怒、悲痛、害怕域消极情感强化副词经常与正面色彩意义的词语共现。例如,英语中有 jolly、dirty、dearly flawed、bitterly prized、disgustingly happy、desperately important、painfully honest、terribly good、awfully nice,汉语中有"好恶心""痛快""美死了""乐坏了""酷爱"等。

使用中不同英汉情感强化副词与其他词语(比如形容词)的组合情况具有很大的差异性,其语义取向不能一概而论。大致可以分为两种情况:

(1)语义的积极或消极取向;

(2)语义的中性取向。

英语情感强化副词与语义相似或相近的词语组合时,二者共同支配着语义取向,即无论是积极或消极情感强化副词均保留了其源词的褒扬或贬抑语义。例如:

(1)Raden jumped from a chair and strode to meet her. "Ah, *jolly good*," he said.

(2)I didn't hear him criticize his *dearly* beloved wife at Hofstra University.

(3)This has already been a *bitterly* cold winter in Washington, D. C. standards.

(4)… can get hold of, shouts and howls like a wild beast, and is *disgustingly* filthy both in language and habits.

(5)In 1820,85 percent of human beings were *desperately* poor, living on the equivalent of less than $1 a day.

（6）Carell, also a producer on the film, plays a sweet but *painfully* shy middle-aged man whose friends unite to help him finally.

（7）At first, every death was devastating and I felt that I must have done something *terribly* wrong. But as time went on, I became more accepting.

（8）I think it's an *awfully* hard argument to get around.

（9）Of course the kids come first in planning your life, but it's *incredibly* important to keep your relationship as a couple strong and make time for it.

（10）No matter how uncomfortable this visit might turn out to be, it felt *amazingly* good to be home.

从英语情感强化副词的优势组合来看，jolly good、dearly beloved、bitterly cold、disgustingly filthy、desperately poor、painfully shy、terribly wrong、awfully hard、incredibly important、amazingly good 中情感强化副词和组合词语义相近，互为加强，且它们与所在的语境语义相和谐，因此，消极或积极的源词情感色彩得以很好的保留与彰显。例如（1）中的 jolly good 表现的是 Raden 对目前状态的评价和满意的态度，与他"从椅子上起来，大步地走过去迎接她"的语境相融合；（2）dearly beloved "深爱的"，句子中"未听他批评过他的妻子"也说明了这一点；（5）desperately poor 为"十分贫穷"，"每天少于 1 美元的生活费用"足以体现贫困的程度。以上例句是英语中直接源自情感表达词汇的、语法化程度和使用频率高的 10 个情感强化副词典型的使用情况，它们与组合词一起，共同致力于或褒扬或贬抑的语义传递。这种情况表明，英语情感强化副词的主流语义取向与其源词的褒扬或贬抑的语义是相一致的。

汉语的情况也类似，例如：

（1）"是阿梅姨姨吗？我叫尤枫。"樊浩梅回望两个儿子一眼，才蓦然醒悟到为什么女客还未曾开口说上半句话，这对男孩子已经被迷住了。对方一张白净的脸上不但眉目如画，唇红齿白，最难得的是浑身罩着一重高贵气质，叫人无法形容，只能感受。好美丽的人儿，好潇洒的举止，好漂亮的名字。

（2）停板是因为出现了对整个股市有极大影响的事件时，交易所停止所有的买卖，防止股市暴涨或暴跌。交易所适当利用停板，可以使股市安然度过危机。

（3）人往往有一个弱点：当拥有某种珍贵的东西时，常常忽视它的存在而不知珍惜，一旦失去了方备觉宝贵，痛悔万分。

（4）最近法国总统脑子绝对被枪打过了，他总要和我们中国对着干，结果失策了吧，绝对失策。我们温总理用我们儒家的方式对付他，进行了环法游，就是不进去，气死你。

（5）刚刚参加完日本横滨国际赛事的刘翔将参加男子110米栏决赛，但他的教练孙海平透露，不要指望刘翔跑出太好成绩，因为，他奥运会后没有系统训练，已经累坏了。

句（1）中"好美丽""好潇洒""好漂亮"中"好"既标记了其后形容词的高程度属性，又传递了樊浩梅对阿梅长相和气质的欣赏和喜爱。句（2）中"暴涨或暴跌"指的是股市中不正常的大幅度的涨跌，从股民的角度来看，股市上涨是利好，可以从中获利。然而从股市运行的规律来看，无论是暴涨还是暴跌，都会扰乱股市秩序，是股市不健康的表现。句（3）中"痛悔"指的是"透彻心扉的悔恨"，形象地说明人们因平日里不珍惜失去了就追悔莫及的心理状态。句（4）中"气死"夸张而生动地说明了面对温总埋的对策，法国总统除了气急败坏别无他法的情形。句（5）中"累坏了"是一种夸张的写实，一方面说明刘翔参加横滨赛事已经全力拼搏，十分辛苦；"坏"的使用另一方面也夸张地表达了刘翔因为劳累而导致身体机能或精神受损，需要一段时间恢复的情况。情感强化副词与语义相似或相近的形容词或动词组合共现更加符合人们的认知习惯，尽管其中也会有些认知推理，其结果是强化副词和组合词互为加强，语义强烈而鲜明，语用效果好。

以上是情感强化副词与语义相近的组合词出现在相宜的语境中，还有一种情况是情感强化副词与语义冲突的词语组合，它们出现在与情感强化副词相宜，而与形容词相逆的语境中。这种情况关涉语境参与压制，需要另外行文探讨，此处不再赘述。英汉情感强化副词一方面通过对组合词的语义限制实现其语义取向；另一方面，还通过选择相宜或相逆的语境，保持其消极或积极的语义取向。

分析中，我们还注意到，不同的情感强化副词，源自同一情感域或不同情感域——消极或积极，可能会与同一个形容词或意义相近的形容词共现。该情况下它们是否可以相互替代？如果不可以，它们的差别又是什么？拿形容词 good 来说，上例中有 jolly good 和 amazingly good，事实上 COCA 中很多情感强化副词都可以与 good 组合：

（1）To ski the place, there's no choice but to hike. Sylvain and Carolyn were consummate mountaineers: in tune with the terrain, wise to the vagaries of nature, and in *disgustingly* good shape.

（2）Mr. Noel is routinely described as affable, assured, graceful and nonaggressive. "He's a *terribly* good person …"

（3）There are a lot of government sponsored enterprises that are *awfully* important and do an *awfully* good job.

（4）Kathie Hodge, it's my understanding that this has been an *incredibly* good year, a fruitful year, a large year for mushroom hunters, is that true? Dr–HODGE: Yes. Very bountiful this year.

尽管 jolly good、amazingly good、disgustingly good、terribly good、awfully good、incredibly good 中情感强化副词都标记 good 的高程度，但是它们之间是不可替换的。

句子"Raden jumped from a chair and strode to meet her,'Ah,jolly good,' he said"中的 jolly good 意为"很好"或"太好了"。jolly 传神地呈现了言者当时兴高采烈的情境；如果在该语境中，换成 amazingly good，表达的应该是另一番心境。根据语境推测，或许是她在一次重量级竞赛中有了超乎寻常的、出色的表现，他等着为她庆贺。如此一来，amazingly 的语义指向为她的表现，而 jolly 更多地传递了言者的开心的情绪。"No matter how uncomfortable this visit might turn out to be，it felt amazingly good to be at home"中 amazingly 呈现的是由失落到惊喜的情绪转换过程：出访不顺，心情不好，没想到的是，回家能消减郁闷的情绪，真是意外的收获。如果换成 jolly，多少会有点别扭。因为，jolly good 将会意味着回家后便不再受坏心情的影响，开心快乐起来了。这样的快速转换显然有悖常理。（1）中 disgustingly good shape 表达的是对两位登山运动员绝好体型一种戏谑的羡慕，传递了"体型好得让人眼红"的语义；（2）中描述的是 Mr. Noel "友善、自信、优雅，却没有咄咄逼人"。用 terribly，表达的是"能做到如此这般的，可不是一般人，这是一件变不可能为可能的事情，让人心生恐惧"；（3）中 awfully important 和 awfully good 中 awfully 说明这些"政府主管的企业做的都是国计民生的大事业，是让普通老百姓敬畏的事业"；（4）中 incredibly good 在语义上与 amazingly good 十分相近，但是囿于源词根语义，前者为"不可置信"，后者为"令人惊讶"，二者还是有区别的。此外，同义词的存在，有利于表达手段的多样化，更何况，情感强化副词就是语言求新求异的结果。

（二）语义的中性取向

前面谈到情感要么积极，要么消极，何来中性语义取向之说？情感的这种特质不是说变就能变的。因此，回答这个问题，必须要超越情感的概念。然而，考察语言使用中情感强化副词的中性语义取向，归根结底，还是离不开情感强化副词与其他词语的组合情况以及它们所处的语境。语言使用中英汉情感强化副词与其他概念组合，用于标量事物属性或动作行为的强度，实际上都是构式"情感强化副词 +X"的示例（instantiation）（详见 Goldberg，1995）。"情感强化副词 +X"高度概括化、高度抽象化，是语义"X 达到让人产生某种情感的程度"的构式表征。

奥斯特（Oster，2010：732）曾指出，"情感词汇强烈地倾向于与其他情感表达词汇共现，不论是相似或相矛盾的情感"。英汉情感强化副词也表现出相同的特点。当然，与英汉情感强化副词组合的词语不只是限于语义相近的情感形容词如 pleased、happy、angry、disappointed、anxious、开心、痛苦、焦虑等，还有抽象意义的形容词 good、important、difficult、hard、聪明、勇敢、爱等。除此之外，语言使用中，消极情感强化副词与积极涵义词语共现，积极情感强化副词与消极涵义词语共现的用例也不少。事实上，除形容词外，英汉情感强化副词还有大量的与动词和副词等组合的用例。它们的数量多，使用频率高，组合范围也越来越大，逐渐成为人们语言使用的重要体验。"情感强化副词 +X"的构式因此形成。该构式是基于人们对情感偏离常态的体验，从大量的、普遍存在的"情感强化副词 + 形容词"的语言现象中剥离、抽象出来的。该构式是"Very/ 很 +X"构式范畴的一个新成员。以"Very/ 很 +X"为原型，"情感强化副词 +X"是对原型的偏离，其构式语义为"X达到让人产生某种情感的高程度"。二者之间的关系，后面有专门的章节讨论。

英汉情感强化副词与语义冲突的词语组合，前面探讨过它们用于与情感强化副词相宜、与形容词相逆的语境时，受情感强化副词源语义的影响，表现为积极或消极的语义取向。接下来要探讨的是它们出现在与情感强化副词相逆、与形容词相宜的语境中表现出来的语义取向。英汉情感强化副词的这种用法较前一种复杂，有时候单凭一个短句难以确定它是否是讽刺或反语，即，需要在更大的语境中考察相关词汇、构式和语境的具体互动才能获得情感强化副词确切的语义解读，这一点也将有专门章节结合相关用例具体探讨。

情感强化副词秉承情感特质而来的消极或积极涵义在某些情境中淡化，朝着中性语义发展，与它们的使用频率和接受度相关，是其所在构式的构式义压制的结果。语义压制是构式语法理论核心的概念之一，可以为句式构式或短语构式中非常规的语言现象提供合理的、有力的解释（李勇忠，2005；邓云华，2011；刘芬，2012；刘玉梅，2013；宋作艳，2016；）。压制是调节语义冲突的机制，用于解决语言系统的组合限制（规则性）和语言系统的弹性（创新性）之间相互竞争的问题（宋作艳，2016）。例如，程度副词"很"的典型功能是修饰形容词，与名词组合如"很绅士""很乡村"被看作是有悖常规的。实质上，这样的超常搭配是通过陌生化，实现语言创新表达的重要方式。"很绅士"是说某人有着显著的绅士具有的温文尔雅、谦让礼貌等君子风度；"很乡村"是说某地方祥和宁静、民风古朴等。有研究认为"绅士""乡村"等名词与程度副词"很"共现时，出现了非范畴化的现象，即绅士和乡村性质成分凸显多于事体成分，向形容词范畴靠拢（刘正光、刘润清，2003）。也有研究认为这是构式压制所致。"Very/很+X"构式源自大量的very或"很"与其他词语共现的表达，构式义为"事物性状达到很高的程度"，名词出现在该构式中时，整个表达受到构式义的压制，名词贡献的便是它们所蕴含的事物的性状特征语义。后一种研究以构式语法的观点为依据，认为整体大于部分之和（Goldberg, 1995），构式具有其组构成分以外的意义。戈德伯格（Goldberg）探讨了几种常见的英语论元构式，包括"双及物构式""way构式"和"致使—移动"构式等等。比方说，Mary baked John a cake 和 John bought Mary a bike 的动词 bake 和 buy 本没有指向宾语的传递意味，用在双及物构式中时，受双及物构式传递语义的压制，成为可以接受的表达①。

当英汉"情感强化副词+X"形式的使用频率越来越高，逐渐成为常见的语言构式之一，其语义为"X处于高程度"（"X的程度或强度很高，让人产生愤怒/恐惧/惊讶等情绪感受"）。该构式是"Very/很+X"构式范畴的非典型成员。副词的原型功能是修饰形容词，而英汉情感强化副词的原型功能是与情感色彩相近的形容词组合，如 jolly good、bitterly cold、terribly wrong、"好干净""奇丑无比"等。它们与冲突语义的形容词组合，且出现在相逆的语境中，如以上分析过的 jolly anxious、dearly angry、painfully honest，情况较为特殊，是情感强化副词原型功能的偏离。从 COCA 统计到的数据来看，jolly 等词与语义冲突的概念在相逆的语境中共现，并不是普遍的语言现象。它还不能像 very 一样，广泛地适用于不同的概念。它与语义冲突的词语组合频率不高，而且具有很大的语境依赖性。jolly 与 good 共现的频次最高，但是人们一般不会说"I am jolly sorry"或"she is jolly ill"等。

"情感强化副词+X"是"Very/很+X"构式范畴的非典型成员，以上种种特殊的组合又是构式"情感强化副词+X"的非典型成员，受到原构式义的压制，在一定的语境中，失去消极或积极的情感语义，表现出趋中性语义的特点。基于反反复复的语言使用，结合对情感的体验，人们抽象出"情感强化副词+X"构式，这是情感强化副词趋中性语义取向的根本动因。构式义压制使得非常规搭配有一个新的解读，随着其使用频率的增加而形成一种新的构式（Bergs & Diewald，2008：10）。关于"情感强化副词+X"构式和识解等问题，本文专门另辟章节详细论述。

五、结　语

本章从概念结构着手，探讨英汉情感强化副词的语义特征和具体表现。英汉情感强化副词的概念结构和语义表征具有高度一致性。概念结构细分为内容结构和框架结构时，可以为语义考察提供便于操作的途径。其内容结构包括情感状态和度量现象，构架结构包括关系、程度和无界性。然而，

---

① 双及物构式的原型语义为"发生在一个自愿的施事和一个自愿的受事之间的转移"（Goldberg，1995）。

语言使用中，并不是每一次的语义解读都是其概念结构的全部展现。英汉情感强化副词的语义具体表现为情感语义与程度语义的共存以及程度的高等级特征。语言使用中，英汉情感强化副词会有不同的语义取向。一方面通过对组合词的语义限制实现其语义取向；另一方面，还通过选择相宜或相逆的语境，保持其消极或积极的语义取向。它们大多与语义相似或相近的词语组合，出现在相宜的语境中，保留源词语义的消极或积极取向。但是有些也会与语义冲突的词语组合，同一个情感强化副词可能会表现出消极或积极的语义取向，甚至是中性语义取向。

第六章　英汉情感强化副词的程度语义衍变及认知运作

一、引言

第五章在共时层面探讨了英汉情感强化副词的概念结构和语义表征，在历时层面上，汉语情感强化副词研究较多，因此本章将以英语情感强化副词为例[①]，解决以下问题：表达情感的词语用于强化事物性状的程度，到底经历了什么样的语义衍变？衍变的基础和理据是什么？在人类与现实世界的互动过程中，情感概念和程度语义有何关联？追根溯源，为什么情感词汇，无论是正向还是负向的，都能朝着表达程度的强化副词演变？不同类型的情感又有何相通之处？另一个问题是，由情感语义到程度语义的解读，人类认知运作发生了什么变化？本章首先较为充分地观察和描写了常用情感强化副词程度语义的历时发展，对不同途径的语义衍变分类分析，在此基础上从情感的体验基础出发，揭示不同情感的共通之处，挖掘语义衍变的认知理据。

二、英语情感强化副词语义衍变的过程

包括直接由情感语义衍生程度语义在内，英语情感强化副词的语义衍变主要表现为以下五种情况：

---

① 鉴于汉语情感强化副词的语法化研究成果较为丰富，它们演变为程度副词又是相关研究的重头戏，其程度语义的衍生将在后面的语义韵部分进行必要的补充。本章主要以英语情感强化副词为例，探讨情感义、情感触发义、情感的生/心理反应义、情感的应对措施义以及其他相关范畴语义衍生程度义的过程。

（1）情感义→程度义
（2）触发义→情感义→程度义
（3）情感的生/心理反应义→情感义→程度义
（4）相关范畴义→情感义→程度义
（5）情感应对措施义→情感义→程度义

（一）情感义衍生程度义

通过词源和语义发展的考察发现，英语中有很多情感强化副词的程度语义直接由情感语义衍生而来，约65例。这类词语普遍存在于快乐、愤怒、悲伤、害怕和惊奇各个情感域中，分布具有显著的消极情感域偏向。具体情况如下表：

表6-1 情感语义衍生程度语义情况表

快乐→程度义	愤怒→程度义	悲伤→程度义	害怕→程度义	惊奇→程度义
dearly	bitterly	desperately	terribly	incredibly
jolly	disgustingly	painfully	awfully	amazingly
blissfully	outrageously	sorely	horribly	unbelievably
cheerfully	fiercely	hopelessly	dreadfully	surprisingly
fanatically	suspiciously	excruciatingly	frightfully	astonishingly
ecstatically	sickeningly	miserably	terrifically	wonderfully
deliriously	enviably	pitifully	appallingly	
pleasingly	jealously	agonizingly	awesomely	
pleasantly	exasperatingly	grievously	tremendously	
gloriously	furiously	oppressively	shockingly	
exuberantly	ferociously	woefully	fearfully	
gratifyingly	unbearably	insufferably	frighteningly	
	intolerably	shamelessly	formidably	
	monotonously		horrifically	
	revoltingly		horrifyingly	
	diabolically		hideously	
	repulsively		distressingly	

1. 快乐情感义→程度义

直接由快乐情感义衍生程度语义的情感强化副词共12个，包括dearly、jolly、blissfully、fanatically、ecstatically等。其中使用频率和语法化程度高的有jolly和dearly，在词典释义为"very，very much"。

jolly 约于公元1300晚期开始使用，意为"节庆的""爱恋的""漂亮的""快乐的"。16世纪时开始用于程度语义的表达，限制修饰形容词和副词，表示"extremely, very"。譬如：

The ... 25 chapter ... maketh a *jolly* impertinent process. (*a*1575 *Treat. Divorce Henry VIII*)

impertinent 是一个具有明显消极语义的词语，jolly 与之组合，显然已失去了快乐的情感语义，而为程度强化的用法。当代英语中，jolly 的情感强化副词用法主要出现在口语体中，多修饰 good 和 well，如下例：

（1）She's a *jolly* good teacher.（她是个非常好的老师。）
（2）He can cook, and he does it *jolly* well.（他会做饭，而且做得很好。）

jolly 程度语义衍生的过程为：
快乐、爱恋、漂亮→程度

dearly 的词根 dear 在古英语中意为"珍贵的，钟爱的"；14世纪晚期，用作名词，为 *dear one* 的简称。dearly 的情感强化副词的用法也出现于16世纪，主要与 beloved 和 love 的相关形式组合，意为"deeply, keenly"：

Derly beloued, avenge not youre selues.（1526 *Bible*）

dearly 和 beloved 出现语义重复的情况，用于强化深爱的状态。当代英语中，dearly 作为情感强化副词主要与 love 和 like 等组合，如：

（1）He loves his mother *dearly*.（他极爱他的母亲。）
（2）She would *dearly* like to get that job.（她非常想得到那份工作。）

dearly 程度语义衍变的过程为：
钟爱、亲爱→程度

2. 愤怒情感义→程度义
直接由愤怒情感义演变为程度语义的情感强化副词共17个：bitterly、

disgustingly、outrageously、fiercely、sickeningly、enviably 等。其中属 bitterly 和 disgustingly 的语法化程度最高，在使用中常表示"extremely，exceedingly"之意。

bitterly 的词根 bitter 约于 1000 年以前出现，在古英语中，除了"尖锐，愤怒，残酷"之外，biter 还有"痛苦"之意。OED 中，bitter 有"extremely，very，exceedingly"的义项，相当于情感强化副词 bitterly，如 a bitter(ly) cold night。

bitter 用作强化副词要先于 bitterly，约 17 世纪开始用于程度语义的表达：

  Tis *bitter* cold, And I am sick at hart.（1604 *Hamlet*）

17 世纪时，情感强化副词 bitter 和 bitterly 主要修饰形容词，说明事物性状的程度和强度，19 世纪中后期才与心理动词组合，标记心理状态的程度和强度：

  Rochester well knew that the king, however inconstant himself, would *bitterly* resent an infringement upon what he considered his rights with Lady Castlemain.（1852 *The Merry Days of England*）

bitterly resent 意为"痛恨至极"，一方面，鲜活地表现了恨带来的主观感受和评价，另一方面，用愤怒的情感间接表达恨的强度。当代英语中 bitterly 主要与消极涵义词语组合，表达令人不悦的高程度：

  （1）*bitterly* disappointed/ashamed（极其失望/羞愧）
  （2）It was *bitterly* cold now and the ground was frozen hard.（现在天气冷极了，地面都冻硬了。）

（1）bitterly 与语义相近的 disappointed 和 ashamed 组合，起到强化程度描述的功效。而 bitter(ly) cold 以冷得让人难受的情感体验具象地说明气温之低。

bitterly 程度语义衍变的过程为：

愤怒、痛苦→程度

disgustingly 源自中古法语 *desgoust*（意为"强烈的厌恶，憎恶"），其源词 disgusting 始用于18世纪晚期；到19世纪 disgustingly 才开始用于程度语义的表达：

Calcutta is described as *disgustingly* filthy.（1804 *Ann. Rev.*）

作为情感强化副词，disgustingly 首先与语义相近的 filthy 组合。根据体验，肮脏是让人恶心的重要原因，我们也可以说，disgustingly filthy 也是通过语义的重复，达到强化的目的。差不多一个世纪以后，disgustingly 才与语义相反的形容词 healthy 和 wealthy 等组合，如下例：

（1）He looked *disgustingly* healthy when he got back from the Bahamas.（他从巴哈马群岛回来时看上去健康得令人眼红。）

（2）Mark Draveni, 19, *disgustingly* wealthy, is the charismatic leader of a teenager brotherhood, the Demons.（马克·椎文尼，19岁，钱多得可恶，是魔鬼兄弟会能服众的头子。）

healthy 和 wealthy 是褒扬色彩很浓的形容词，是人们最理想的追求之一，用 disgustingly 来修饰，表达一种让人嫉妒或讽刺的消极涵义的高程度性质。传递了言者戏谑和反感的主观评价和态度。

disgustingly 程度语义衍变的过程为：

厌恶、憎恶→程度

3. 悲伤情感义→程度义

直接由悲痛类情感义衍变为程度语义的情感强化副词共13个，包括：desperately、painfully、sorely、hopelessly、pitifully 等。其中 painfully 和 desperately 语法化程度较高。它们在《新牛津》或《柯林斯》中均收录了其"extremely, very much"之类的义项，是可与形容词、动词和副词共现的情感强化副词。

painfully 和 desperately 分别于14世纪中期和15世纪早期形成并表达"痛苦"和"绝望"之意。约15世纪中期，painfully 依然是典型的内容词汇。直到19世纪，其情感强化副词的用法才盛行起来，意为"to an uncomfortable or troubling degree, or exceedingly"。例如:

> She thought the rule absolute was *painfully* prevalent in the Harper family.（1853 *Agatha's Husband*）

例句意为在 Harper 家中极力奉行某一规矩，painfully 一词表明的是言者对该事件极其否定的态度。至今，painfully 仍然主要与消极情感语义词语共现，比如 painfully slowly 和 painfully shy，表达的一定是 slowly 或 shy 到了"让人没法承受"，或说"让人感到痛苦的程度"。如下例:

（1）Things are moving *painfully* slowly.（事情进展奇慢无比。）
（2）... a *painfully* shy young man ...（害羞过头的青年男子。）

17世纪开始，desperate 和 desperately 都可以用作强化副词，意为"to a desperate degree, excessively, extremely, awfully"，主要用于口语的消极语境中:

> I shewed them how *desperate(ly)* ill I was. (1655 *Hist. Philos.*)

desperate(ly) ill 夸张地表达病情之严重，到了"无可救药，让人绝望"的程度。19世纪时，它们与形容词组合的能力增强，使用时所受的语义限制减弱，"绝望"的概念意义淡化，高程度标记的功能凸显:

> 'I'm *despert* glad to see you.'（1860 *Dict. Americanisms*）

例句是见面时的寒暄语，desperate 已然失去消极的情感色彩。此处，言者意欲表达的是对见面持"高兴得不得了"的态度。15世纪晚期，desperately 语义拓展为"不顾一切地"，20世纪50年代语义延伸为"渴望"，主要与动词等组合，表达高程度:

> He was a boy who *desperately* needed affection.（他是一个极需要关爱的男孩。）

除了"in a painful manner"以外，sorely 也有"extremely, very"的释义，但是 COCA 中 desperately 和 painfully 的使用频率远高于 sorely，三者的词频分别为 7254，2858，964 频次。

desperately 和 painfully 程度语义的衍变过程为：

绝望、痛苦→程度

4. 害怕情感义→程度义

直接由害怕情感义演变为程度义的情感强化副词共 17 个，包括：terribly、awfully、horribly、dreadfully、frightfully 等。它们的语法化程度很高，它们在《新牛津》或《柯林斯》中存在"extremely""very much"之类的义项，是广为接受和使用的害怕域情感强化副词。现代英语中 terribly 的用例最多，在 COCA 中使用频次为 5612 次，研究者们对之也倍加关注（Zhuo，2007；詹全旺，2009），它是害怕域的情感强化副词中语法化程度较高的一个。以上五个情感强化副词发生语法化演变的先后次序为：

terribly>horribly>dreadfully>awfully>frightfully

在 OED 中，情感强化副词 terribly 的第一条义项便是"exceedingly, extremely, very, awfully"，通常出现在不如意的语境中。terribly 源于 14 世纪古法语的 *terreur* 和拉丁语的 *terrorem*，意为"极大的恐惧，害怕"，18 世纪始用作强化副词：

> Tulips are charming to the Sight, but *terribly* offensive to the Smell.（1707 *Curiosities in Husbandry & Gardening*）

例句中对郁金香的视觉和嗅觉效果进行描绘，terribly offensive 表达的是：与其美艳的外形相比，郁金香闻起来远不如看起来美好，甚至是一种很糟糕的体验。另外，15 世纪时 terrible 也可以用作副词，16 世纪出现强化副词的用法，等同 terribly：

> The season was then so *terrible* cold, that all the way we had but Snowe and sleete in oure faces.（1578 *Lamentable & Pitifull Descr. Wofull Warres Flaunders*）

awfully 源自北欧语族（a Scandinavian source），约于 13 世纪开始出现，

为"敬畏，恐怖，可怕"之意，awful 等同于 awfully，19 世纪开始作用强化副词，为"very，exceedingly"之意：

（1）[It is] *awful* hot.（1818 *Jrnl. Trav. U.S.*）

（2）He will have made an *awfully* bad choice if he comes to be sentenced to be hanged. (1830 *Westm. Rev.*)

5. 惊奇情感义→程度义

直接来自惊奇情感域的情感强化副词共 6 个，包括 incredibly、amazingly、unbelievably、surprisingly 等。其中，incredibly 和 amazingly 的语法化程度最高，在词典中有"very，extremely"义项。

OED 对 incredibly 释义为"to an extent that one would not have believed possible；exceedingly，extremely"，用作情感强化副词，对所修饰的形容词或副词进行程度上的说明。Incredibly 的源词 incredible 始用于 15 世纪早期，源于拉丁语，17 世纪开始出现强化副词的用例：

Pindar was *incredibly* admired and honoured among the Ancients.（1656 *Pindaric Odes*）

例句中表达的是对 Pindar 受人敬仰的事实的惊讶，说明古代人们十分敬重 Pindar，达到让人不敢相信的程度。当代英语中，incredibly 普遍用于程度标记。例如：

Their father was *incredibly* good-looking.（他们的父亲十分英俊。）

incredibly 程度语义衍变的过程为：
难以置信、惊奇→程度

amazingly 的词根 amaze 为"惊讶"之意，除了用作方式副词以外，18 世纪开始 amazingly 常常在口语中表达夸张，相当于程度副词"exceedingly"和"very"。例如：

the thigh bones of some *amazingly* large animal（1794 *View of Nature*） amazingly large 传递了言者的惊讶之情，认为根据股骨判断，该动物应该是十分庞大。当代英语中它主要与积极涵义的词语组合，为"达到让人惊喜的程度"之意。例如：

She was an *amazingly* good cook.（她是个厨艺精湛的厨师。）

incredibly admired、incredibly good-looking 和 amazingly large、amazingly good cook 中 incredibly 和 amazingly 既传递了言者惊讶的情感，同时表达了"受人景仰""英俊""大体型"和"勇敢"的超乎寻常的高程度。

（二）情感触发义衍生程度义

英语情感强化副词程度语义衍生的另一种重要形式就是由情感触发语义衍生而来。这类情感强化副词主要分布在快乐、害怕和惊奇情感域，愤怒和悲伤情感域中数量较少，共 55 个。具体如下表：

表 6-2　情感触发义发展为情感义再衍生程度义情况表

情感概念	触发义→情感义→程度义
快乐情感	well, pretty, remarkably, splendidly, perfectly, fairly, outstandingly, superbly beautifully, gorgeously, magnificently, handsomely
愤怒情感	indecently, revoltingly, diabolically
悲伤情感	cruelly, ruthlessly, wretchedly, irremediably, abjectly, distressingly
害怕情感	badly, deadly, bloody, mortally, madly, devilishly, fiendishly, blindingly fatally, insanely, monstrously, pathologically, devastatingly, hellishly, gravely sinfully, hysterically, frantically, perilously, dangerously, ruthlessly
惊奇情感	ridiculously, singularly, oddly, wondrously, peculiarly unreasonably, absurdly, unusually, remarkably marvelously, strikingly, ludicrously, spectacularly

1. 触发义（→快乐情感义）→程度义

触发快乐情感发生的概念用于程度表达的有 12 个，包括 well、pretty、perfectly、fairly、remarkably 等。它们都是能让人感到愉悦和欢喜的美好事物，包括漂亮、聪慧、勇敢、荣耀、杰出、非凡的、恩惠、丰产之类的概念。

早期英语中，well 是一个十分常见的强化副词，后来只限于某些组合，如 well、aware、well able，当今年轻人的使用让它呈现复苏的趋势（参见 Lorenz，1999：25）。

OED 中，well 的源概念语义为"高尚，正义，健康，良好"之类，义项还包括"to a great extent; to a high degree"和"as an intensifier with adjectives, numerals, adverbs, etc."。作为强化副词，其语义可为高程度"fully, completely"，也可为表中等程度的"fairly, considerably, rather"。well 程度语义衍变的过程为：

健康、高尚、良好（→愉悦）→程度

pretty 和 fairly 的情况很复杂。一些学者认为二者是中度强化副词（Quirk et al., 1985：598；Bolinger，1972：17；Paradis，2008：321），波尔多夫（Poldauf，1959：6）将它们归为向上标量的增强类（intensifiers）（转引自 Claridge，2014：30）。基于对 pretty 和 fairly 的进一步考察，里维莱能和里萨宁（Nevalainen & Rissannen，2002：369）指出，fairly 的中度强化功能已广为接受，与 fairly 不同的是，pretty 在中度程度词和增强词之间摇摆，就算有具体语境，有时候也难以辨清它的真正意义。有鉴于此，本研究取 pretty 的"very, extremely"意进行分析。

pretty 在古英语中的形式为 *prættig*, *pretti*, *prettig*，意为"漂亮的，可爱的，巧妙的，聪慧的"，约 1400 年，意义转变为"男子汉的，勇敢的"；"相当多"之意初现于 15 世纪晚期，16 世纪 60 年代发展出"适度，中等"之意；20 世纪初，方用于强调和强化。pretty 程度语义衍变的过程为：

美好的（→愉悦）→程度

perfectly 源词 perfect 始用于约 14 世纪，源自古法语 *parfit* 和拉丁语 *perfectus*（意为"精湛，卓越，完整，完善"）；现为"完美，完全、非常、十分"之意。perfectly 程度语义衍变的过程为：

卓越、完美（→愉悦）→程度

2. 触发义（→愤怒情感义）→程度义

触发愤怒情感发生的概念用于程度表达的有 3 个，为 indecently、revoltingly、diabolically。它们在概念上所蕴含的让人愤怒的原因主要为肮脏、猥亵、恶劣等，语义的发展上有程度强化的趋势。

indecently 程度语义衍变的过程为：

不得体、下流、猥亵（→反感）→程度

revoltingly 程度语义衍变的过程为:
叛乱(→愤怒)→程度
diabolically 程度语义衍变的过程为:
极其恶劣、非常讨厌(→恶心)→程度
3. 触发义(→悲伤情感义)→程度义

从搜集到的语料来看,由其他概念演变为悲伤情感,再用于程度表达的强化副词共 6 个,为 wretchedly、distressingly、irremediably、ruthlessly、cruelly、abjectly。它们都是导致悲伤情感发生的概念。语法化程度都不高,通常与语义相近的词语共现。相关概念有:不幸、艰苦、冷酷。

譬如,wretchedly 的源词 wretch 源于古英语 *wrecca*,意为"可怜的人,外乡人,流放者",以后发展出"卑鄙的人"之意,亦源于古高地德语 *reckeo*,意为"被放逐的人,流放者"。与消极涵义词组合时,可以标量事物负面属性的高程度,程度语义衍变的过程为:
流放者、不幸的人(→悲痛)→程度

distressingly 的源词 distress 始用于 13 世纪晚期,意为"艰苦的或让人焦虑的环境",来自古法语 *destresse*;cruelly 的源词 cruel 始见于 13 世纪早期,借自古法语的 *cruel* 和拉丁语的 *crudelis*(意为"粗鲁,冷酷,狠心");abjectly 的源词 abject 于 15 世纪早期开始使用,源自拉丁语 *abicere*("抛弃,拒绝")的过去分词 *abiectus*,意为"低下,蹲伏;普通,刻薄,可鄙;沮丧,气馁";16 世纪早期出现隐喻义"情绪低落,颓靡"。这些词语主要与消极涵义词语组合,标量事物性状的高程度。distressingly 程度语义衍变的过程为:
艰苦的环境(→痛苦)→程度

4. 触发义(→害怕情感义)→程度义

致使害怕情感产生的概念发展出害怕情感义,继而衍生程度语义,强化言者的情感和态度。英语中这类词共 21 个,数量多于直接表达害怕情感的词语,包括 badly、deadly、bloody、devilishly、fiendishly 等。在这些词汇中,badly、deadly、bloody、mortally、madly、devilishly、fiendishly、blindingly 的程度义"very""extremely"已广为使用,词典中也有单列的义项。其他语法化程度相对较低,用例也较少。

与害怕相关的情感强化副词比较多,本节重点考察语法化程度高的 badly 和 deadly。badly 的词根 bad 最早以形容词形式出现,约 12 世纪,为"劣质的"之意,13 世纪早期语义拓展为"邪恶的",14 世纪晚期,用作名词"不幸，邪恶"，并派生出 badly，表达"不幸地，糟糕地，不如意地"之意，1839 年开始具有"不安，担忧"之意。19 世纪修饰 want 和 need，意为"greatly，very much"：

[He] returned thanks that it was not his wife that died of the fever she was just rising up from, though it was he that *badly* wanted the work of that horse. （1813 *Cottage Dialogues among Irish Peasantry*）

badly wanted 意为"十分需要"，蕴含了"状况很糟糕，急需这份工作"的意思。badly 既表达了需要的迫切性，也传递了言者对当前状况的评价。badly 程度语义衍变的过程为：

不好、劣质→不幸、邪恶（→可怕）→程度

deadly 由古英语中的 *dead* 派生而来，*dead* 意为"死亡，死气沉沉"，源于原始的日耳曼语 *dauthaz*。15 世纪表达"to a fatal or extremely degree; extremely, excessively"之意，主要用于口语中：

（1）I þat es sa *dedli* dill.（*a*1400 *Cursor Mundi*）
（2）He … did … *deadly* belie the matter by his description.（1589 *Arte Eng. Poesie*）

COCA 中 deadly 的词频比 badly（12437）稍小，为 10157，是使用频率高的情感强化副词之一。汉语中也有和 deadly dull 类似的表达——"枯燥得要死/命"，它是对枯燥程度的极致的描述；deadly serious 同样也是表达严肃认真达到极高的程度，即"认真得要死/命"。这些都是十分具有个性特征的语言编码。deadly 程度语义衍变的过程为：

死亡→（恐惧）→程度

5. 触发义（→惊奇情感义）→程度义

ridiculously、absurdly、ludicrously、marvelously 都是源自"荒谬"或"奇迹，奇观"概念的情感强化副词，从令人惊奇的事物到概念主体体验到惊奇的感受，这样的语义发展有为大家所接受的认知基础。它们衍变程度语义的过程为：

奇迹、奇观→（惊奇）→程度

根据英语词源词典和英语在线参考词典①的考察，ridiculously 和 absurdly 大约同时出现于 16 世纪中期。前者初为"可笑，荒唐"之意，19 世纪中期发展为"令人惊讶的"；后者初为"不搭调，愚蠢"之意，后发展为"离谱，荒唐"。与之相关的 ludicrously 有所不同，17 世纪早期开始使用时，为"游戏，娱乐，玩笑"之意，到了 1782 年才发展为"荒谬，可笑"。unreasonably 在 14 世纪开始使用，为"不合理，没道理"之意。它们均由"荒谬，可笑"的讥讽之意演变为程度语义。从 ridiculously、absurdly、ludicrously、unreasonably 四者的使用情况来看，ridiculously 和 absurdly 的使用频率最高，且语义组合上选择余地较大。ridiculously、absurdly、ludicrously、unreasonably 等源自荒谬概念的情感强化副词，衍变程度语义的过程为：

荒谬→（惊奇）→程度

惊奇域的强化副词的程度语义更易为我们所理解，它们共有的"不同寻常"的属性就蕴含了超乎常态的高程度。和常规隐喻一样，其高程度语义表现已经成为人类无意识思维的一部分。

（三）情感的生 / 心理反应义衍生程度义

由相应的生 / 心理反应向情感演变再发展为表程度意义的情感强化副词很少，分布在快乐和惊奇情感域中。具体如下表：

表 6-3　生 / 心理反应义发展为情感义再衍生程度义情况表

情感概念	生/心理反应义→情感义→程度义
快乐情感	keenly, ravishingly
惊奇情感	stupendously, stupefyingly, breathtakingly

1. 生 / 心理反应义（→快乐情感义）→程度义

keenly 由勇敢和好斗的表现演变为渴望和满怀深情，再用于表达程度意义；ravishingly 由极度的饥渴演变为欣喜的情感，有时可以用于表达程度。二者的语法化程度和使用频率较低。

keenly 源词 keen 于约 13 世纪始用，源于古英语的 cene，为"勇敢，

---

① 英语词源词典的网址为：http://www.etymonline.com/，accessed 26/09/2015。英语在线参考词典的网址为：http://www.ldoceonline.com/，accessed 26/09/2015。

好斗"之意,后语义演变为"聪慧";"渴望"之意初现于 14 世纪中期;后发展为"敏锐,强烈"之意;其程度语义多与 aware of 和 interested 组合。与 aware/interested 组合,keenly 为高强度的"强烈"之意。keenly 程度语义衍变的过程为:

勇敢、好斗→渴望、满怀深情(→热爱)→程度

ravishingly 源于约 1300 年出现的 ravish,为"俘获,掳走"之意,14 世纪中期演变为"极度的饥饿或渴求",15 世纪早期,语义演变为"迷人"。在《新牛津》和《柯林斯》中释义为"极其美丽",通常与语义相近的 pretty 和 beautiful 共现,起到强化的作用,表达事物"美丽"的高程度特征。ravishingly 程度语义衍变的过程为:

极度的饥渴、极其美丽(→欣喜)→程度

2. 生/心理反应义(→惊奇情感义)→程度义

由生理反应演变而来的惊奇类情感强化副词有 breathtakingly、stupefyingly 和 stupendously。

breathtakingly 由 "take a breath" 发展而来,初现于 19 世纪 60 年代,"深吸一口气"是惊讶情感重要的生理反应。stupefyingly 和 stupendously 均为 stupid 的派生词,前者源词 stupefy 始见于 16 世纪初,源自中古法语的 *stupéfie*r,意为"迟钝,愚蠢,震惊,目瞪口呆",后者出现稍晚,其源词 stupendous 始用自 17 世纪 60 年代,源于晚期拉丁语 stupere("目瞪口呆,震惊")的动名词 *stupendus*,意为"惊叹"。二者同样可以表达高程度,stupefyingly 和 stupendously 程度语义衍变的过程为:

迟钝、目瞪口呆(→惊讶)→程度

(四)相关范畴义衍生程度义

相关范畴义衍生出情感语义,再发展为程度语义的情感强化副词主要分布在快乐和惊奇域中,具体情况如下表:

表 6-4 相关范畴义发展出情感义再衍生程度义情况表

情感概念	相关范畴义→情感义→程度义
快乐情感	wildly, dramatically
惊奇情感	fabulously, passionately, fantastically, spectacularly, inconceivably, strangely

wildly 源自古英语中的 *wilde*，意为"处于自然状态，无教养，未驯服的"；13 世纪中期词义发展为"缺乏管教，放荡"；1955 年开始在俚语中有"兴奋，极好"之意，这种新兴语义仍很年轻，处于弱势地位。在词典中 wildly 有"extremely，very"的义项，但用作情感强化副词还是近几十年的事情。wildly 程度语义衍变的过程为：

野性/未驯服的（→狂热、兴奋）→程度

dramatically 源词 dramatic 始见于 16 世纪晚期，它源自拉丁语 *drama*，意为"戏剧，演出"，亦源于希腊语 *drama* 意为"演出，活动"。修饰形容词时主要表达程度意义。生活中人们会说到"事情发生了戏剧性的变化"，戏剧性的变化多指事情发生了意想不到的变化，可以由悲至喜，由好至坏。这样的变化无疑是巨大的。如，dramatically different 表达的"迥然不同"的意思，dramatically 为高程度标量的手段。dramatically 程度语义衍变的过程为：

戏剧→戏剧性→（兴奋、激动）→程度

fabulously 的词根 fable 在 1300 年左右为"谎言，传说，故事"之意，源自古法语的 *fable* 和拉丁语的 *fabula*；在《新约》中 fable 指的是经外传说或寓言故事；fabulously 最早用于 15 世纪早期，1600 年左右演变为"难以置信"之意。在一定的语境中用于性状的程度标量，fabulously 程度语义衍变的过程为：

传说、故事→难以置信（→惊奇）→程度

passionately 源词 passsionate 始见于 15 世纪早期，源自中古拉丁语 *passionatus*，其词根 passion 初现于 12 世纪晚期，指"耶稣十字架上遭难"，13 世纪语义泛化，由"殉道者的遭难"延伸为一般意义上的"痛苦，苦难"；16 世纪 80 年代，语义演变为"性爱"；17 世纪 30 年代，发展为"酷爱，激情"。后与形容词和动词等组合，用于程度表达。激情本身的就是一种高强度的情感，passionately interested/opposed 描绘的是兴趣浓烈或反对的决心非同一般。passionately 程度语义衍变的过程为：

耶稣遭难→痛苦、苦难→性爱→激情、热爱（→惊奇）→程度

（五）情感应对措施义衍生程度义

有些情感强化副词的程度语义由情感应对措施义演变而来，为数不多，分布在愤怒和害怕情感域。具体如下表：

表 6-5 应对措施义发展为情感义再衍生程度义

情感概念	应对措施义→情感义→程度义
愤怒情感	damn(ed)、darn(ed)、goddamn(ed)
害怕情感	alarmingly、repulsively

damn（ed）、goddamned、darn（ed）均为愤怒情感的宣泄语。

人们在愤怒时，会不由自主地发出感叹或咒骂。这些词语的语法化程度很高，在词典中均有"very, extremely"的义项。

damn（ed）始见于 13 世纪晚期，源自古法语 *damner*，意为"诅咒，谴责，伤害"；14 世纪早期，具有神学意义，用于感叹或咒骂，以表达愤怒、厌恶等；18 世纪到 20 世纪 30 年代，为书面禁忌语，*Gone with the Wind* 的台词中 damn 的使用打破了这一禁忌。

darn（ed）于 1781 年用作轻度的诅咒，是美式英语中 damn 的委婉语，表达"extremely, very"之意。goddamn（ed）于 14 世纪晚期由 God+damn 派生而来，为气愤和烦恼的宣泄语，用作强化形容词或副词。damned good/silly、darn（ed）good/cold、goddamn right/lonesome 的组合语义冲突或一致，表达对某物属性特征高程度的感受，在汉语中也有类似的用法如，"真他妈的好"或"真他妈的狡猾"。其程度语义衍变的过程为：

咒骂语（→愤怒）→程度

alarmingly 于 1787 年由 alarm+ing+ly 派生而来；alarm 始用于 14 世纪晚期，源自古法语 *alarme* 和意大利语 *all'arme*，表示"呼喊，警告"；16 世纪语义延伸为任何用于警示的声音；1833 年发展出"忧惧，不安"之意；在《圣经》中为"银号发出来的特别的颤抖声，用于警示穿越荒野的希伯来人"。吹号以唤起大家对令人害怕之人之事的警觉，这是人类面对未知事物以免受伤害的有效应对措施。alarmingly 的程度和害怕情感语义就是来自人们应对害怕的措施。与 very frequent 相比，alarmingly frequent 不仅表达了频繁的程度之高，也传递了言者对该状态的态度和评价：交通事故频发，已经到了（红色）预警的时候了。alarmingly 程度语义衍变的路径为：

警告（→忧惧、害怕）→程度

repulsively 源词 repulse 始用于 16 世纪 30 年代，源自拉丁语 *repulsa*，意为"拒绝，否定"；1751 年始具"（强烈的）厌恶，反感"之意。因为反感而拒绝或远离某人某物,这是人类的本能反应。repulsively 程度和情感语义是来自人们应对憎恶的措施,如 *repulsively* ugly。repulsively 程度语义衍变的过程为:

拒绝(→反感)→程度

三、英汉情感强化副词语义衍变的认知理据

承认语言结构、人类认知以及人类经验之间的各种重要联系是认知语言学运动的一个标志(Newman,2004:194)。体验性是语言的本质属性之一。莱考夫和约翰逊(Lakoff & Johnson,1987:245-49)指出,从最深层的意义上看,心智、思维、意义都基于体验。人类的范畴、概念、推理和心智等都是基于身体经验形成的,其中,最基本形式主要依赖于对身体部位、空间关系、力量运动等的感知而逐步形成,归根结底,认知、意义是基于身体经验的(王寅:2005)。毋庸置疑,语言意义的演变往往与概念的体验基础密切相关。

(一)情感体验的生理反应与心理唤醒

对于每一种情感是否有具体的身体反应,心理学界一直存在争议。显然,人们能够区分情感,往往主要以各种情感特有的生理和心理反应为依据。当然这并不否认不同情感也会有相同或相似的身体上的反应。

情感体验源于人类自身的感官和心智与自然和社会的相互作用。不同情感体验的获得首先是感官接受来自自然和社会的信息,在皮肤电导、心率、脉搏、心电、呼吸、面部肌电和脑电信号方面无意识地发生一系列的变化,这就是情感的生理可分性,它是心理学界研究的热点话题。学者们(Picard,Vyzas & Healey,2001;Nasoz et al.,2003;温万惠等,2011)通过各种测试手段,以图片、音乐、电影等手段激发人们愤怒、憎恶、悲伤、愉快、惊奇、忧郁、害怕等情感,详细记录了这些情感体验的生理信号,试图建立情感生理反应的样本库,便于各类情感的识别。他们的研究引入了"平静"状态,作为情感体验的参照标准。温万惠等(2011)对高兴、惊奇、厌恶、悲伤、愤怒、恐惧的生理反应实验获得的数据进行分析,发现皮肤电导、心率、心电和呼吸信号确实包含了有用的情感信息,其中皮肤电导和心率的情感生理反应非常显著。情感既是抽象的,也是具象的,

既是无形的，也是有形的。情感生理信号除了精密仪器以外，在现实生活中，人们也能够深切感受和体会到。例如，热血是愤怒的核心，冷汗是恐惧的重要特征。就愤怒而言，心理学领域的研究提供了足够的证据，表明它还与一些客观可测的身体变化相关联，包括皮肤温度的上升、血压的升高、脉搏跳动加快和呼吸加速等（Ekman et al., 1993; Levenson et al., 1991; Levenson et al., 1990）。心理学研究还表明，面部表情也是情感表征和理解的重要方式（详见 Ekman, 1992b; Niedenthal et al., 2009）。总之，一般情况下，抽象的情感有具体的身体表征。事实上，快乐、害怕、悲伤和惊奇等各种情感得以区分，也是因为它们都有各自相应的身体反应。另一方面，不同的情感会共有一些相似或相同的生理反应。情感激活身体上的症状，但是一般是隐喻性的激活（Stearns, 1994: 66—67），在语言中表现为各类情感共有的一般性概念隐喻：EMOTION IS AN OBJECT IN A CONTAINER; EMOTION IS INSANITY 等。

  人类基本情感往往源于直接经验，对情感的认识离不开对情感的体验。所谓情感体验，不仅是一种身体体验还是一种心理体验。在情感概念加工时，情感的相关知识绝不是只减缩到一种抽象的、类似于语言的描述，它一定会包含与概念相关的、所体验到的情感状态的模拟（Niedenthal et al., 2009: 1121）。这种模拟和重现可能是语言的形式，一个单词，也可能是一种意象。还是拿"愤怒"来说，人们使用该概念时，脑海里会出现"怒发冲冠"一词，或某人毛发竖立、青筋暴露的样子。

  不同的情感体验其心理唤醒具有显著的差异性。人类的情感包括感觉及其特有的生理与心理的状态及相关的行为倾向。有些研究混淆生理反应和心理唤醒，仅用单纯的生理指标来测量心理唤醒，而忽视了心理唤醒中个体主观体验的重要意义。心理唤醒是个体对自己身心激活状态的一种主观体验和认知评价（漆昌柱、梁承谋，2001）。同一种情感的心理唤醒的强度不同，且受生理、认知和情绪等因素的影响，也具有个体主观性。心理唤醒与消极或积极的认知和情绪相联系，一般分为正向或负向的心理唤醒，这也是情感的积极或消极分类的依据。

  快乐是一种积极的心理体验活动，是感知主体，即人类本身，对感知客体，即被感知的对象，体验时的积极的情绪反应。当内心的需求与实际体验达到和谐、平衡时，快乐的情感随之而生。快乐情感在心理上唤醒的是一种轻松自在的、愉悦的情绪，其表现可能包括眉开眼笑、昂首挺胸、雀跃欢呼、神清气爽等。

愤怒是当愿望不能实现或为达到目的的行动受到挫折时引起的一种紧张而不愉快的情绪。在维多利亚时代，愤怒一度被认为是一种积极的情绪，但是，从它在整个历史中扮演的角色来看，和害怕一样，它更多地被认为是人类的消极情绪之一。人们会因为受到侮辱和中伤而感到愤怒，会因为被人欺骗、被人戏弄而愤怒。愤怒时人们有血气冲顶、怒发冲冠、青筋暴涨、面红耳赤等反应。

悲伤和快乐是两种截然相反的情感。人们对周围的人和事总会有所期望，当事如所愿时，如病愈重生、职位晋升、家庭美满，就会产生快乐的情感。反之，在没有达到期望值时，人们就会失望，甚至绝望，处于悲伤之中。以上所有情感都是人类对现实生活体验的反应。悲伤可能是一种绝望的、痛苦不堪的感情，其表现为目光呆滞、心痛晕厥、精神恍惚等。

心理学研究认为，基于人类共同或个体的经历和体验，在集体和个人的无意识中存在害怕这种感觉的原型。害怕是人类对周围不可预料或未知的事物所产生的一种心理或生理的反应，如人类普遍害怕黑暗。由于个人经历和体验的不同，有人害怕狗，害怕蛇，有人害怕封闭的空间，害怕众人瞩目的场合。汉语中描写害怕的词语有"大惊失色""噤若寒蝉""毛骨悚然""屁滚尿流"等。

惊奇主要与人类经验的多样性联系在一起，这类经验提出的问题无法仅凭逻辑推理来解答，而只能通过活生生的经验本身来回答（Palmquist，2000：296）。这是哲学上描述的惊奇。而现实生活中人们体验最多的惊奇是一种对超乎预料的人、事和情境的反应。惊奇既可以是一种喜悦的情感也可能是超越心理承受的震惊的情感，表现为双目圆瞪、嘴巴大张或啧啧称奇等。

（二）情感体验的常态偏离

在英语文化中，情感被看作是隐藏在体内的一头野兽。即使人们在短时间内控制住自己的情感，不至于外露，但是却无法控制住体内血压和体温等的变化。因此，心理学界对情感的研究引入"平静"概念用以参照。由此可见，从生理反应和心理唤醒来看，情感是一种对常态的偏离。情感的常态偏离有积极和消极之分。这种偏离在语言研究中有充足的依据。本研究主要从情感概念化和情感隐喻上寻求证据。强化副词是特征（形容词)、行为(动词)或物质(名词)的某些方面不处于量度的平均而是高位的标记手段(Wouden & Foolen,2013)。情感强化副词可以标量高位程度,归根结底,源自情感偏离常态的体验与认知。

1. 情感概念化和隐喻证据

情感的概念化是人们对情感本质认知的概括,OED 对情感的界定和释义表明情感是一种强烈的感受。EMOTION IS AN OBJECT 和 EMOTION IS AN OPPONENT 是人们对情感的普遍认知,而 EMOTION IS A STRONG FEELING 同样是情感最基本的、最重要的认知模式。

(1)情感概念化证据

语言意义存在于概念化之中,而概念化存在于认知加工之中(Langacker,2008:31)。由于情感的体验性,在概念化过程中,也是认知加工过程中,人类对情感事件的知觉和感受会映射到语言结构中来,表征为各种情感词汇,英语如 happiness、sickening、hopelessness、surprise、fear,汉语如"快(乐)""痛(苦)""(愤)怒""(害)怕""奇/怪"等。

根据《心理学大辞典》的解释,情感状态的强度可以分为心境、激情和应激三种。心境是一种微弱、持久、带有渲染性的情感状态;激情是一种强烈的、迅猛爆发、激动而短暂的情感状态;应激是一种由出乎意料的紧急情况所引起的十分强烈的情感状态。心境、激情和应激只是情感强度的不同而已,因为无论是什么样的情感状态,常态偏离是其本质属性。从心理学的角度看,情感是相对于平静状态而言的,要么积极,要么消极,不可能会有所谓的中性情感(叶奕乾等,2004:245)。在快感度、紧张度、激动度和强度上,情绪和情感都表现出相互对立的两极。在强度方面,两极为"强—弱"。人们常用情绪表现的强弱作为划分情绪和情感水平的标准。害怕和愤怒一样,是一种消极的、强度较高的情感状态。《心理学大辞典》是这样界定恐惧的:

> 恐惧(fear),即害怕,是有机体面临危险刺激或预期有害刺激时产生的一种强烈的情绪反应,伴随内心极度不安的主观体验,有逃离或进攻的欲望。

人类的情感是对所体验到的事物在生理或心理上做出的反应,这样的反应通常发生在非常态的情境之中。"这个很正常,没什么大惊小怪的"描述的是常态的情形，说明在一般情况下，人们往往无需也不会做出惊讶的反应。再例如，悲伤和快乐相对于不悲不喜的中间状态而言，分别为消极和积极的情感状态。在平平淡淡的日子里，人们情绪"平静"，不喜不悲，不惊不怒，血压正常，呼吸均匀。这就是一种常态，也是界定情感反应的标准之一。

对情感进行分类的重要依据是不同的生理反应和心理唤醒。无论是快乐、愤怒、悲伤、惊奇、害怕的情感，都是以"平静"为参照的，它们都有着可知可感可见的明显不同的生理反应和心理唤醒，各种情感都是对常态的偏离。再看 OED 中对 emotion 的释义：

(1) a. Political agitation, civil unrest; a public commotion or uprising
　　 b. Movement; disturbance, perturbation; an instance of this
(2) a movement from one place to another; a migration
(3) a. Originally: an agitation of mind; an excited mental state. Subsequently: any strong mental or instinctive feeling, as pleasure, grief, hope, fear, etc., deriving esp. from one's circumstances, mood, or relationship with others.
　　 b. As a mass noun: strong feelings, passion; (more generally) instinctive feeling as distinguished from reasoning or knowledge.

（1）和（2）中的 emotion 为"政治动乱，民众骚乱"等不安因素和"迁徙"活动；（3）为"强烈的心理或本能感受"。情感是经历爱、恨、恐惧等所激发的强烈的情绪上的变化，通常伴随着某种生理和心理上的反应：加速的心跳与呼吸，以及外显的表现，譬如大叫或发抖等。事实上，无论情感是被看作一种心理状态，一种静态行为，或澎湃的激情，其超越常态的性质都是它的本质性属性。根据 OED 对情感的界定与释义，情感是一种强烈的感受，即 EMOTION IS A STRONG FEELING。

（2）情感概念隐喻证据

相关隐喻研究表明，EMOTION IS A STRONG FEELING 是最基本的情感认知模式，由此衍生的各类情感隐喻成为情感体验超常态的又一个有力证据。学者们（Kövecses, 1986; Lakoff & Kövecses, 1987; Yu, 1995; Kövecses, 2002; 张辉, 2000; Barcelona & Soriano, 2004; 彭懿、白解红，

2007；Moradi，2014）对英语、汉语、波斯语和西班牙语等的愤怒概念隐喻进行研究，发现，隐喻 ANGER IS PRESSURE，WHEN ANGER BECOMES TOO INTENSE，THE PERSON EXPLODES 和转喻 THE EFFECT OF ANGER ON THE PERSON IS PRESSURE ON THE CONTAINER 存在于不同的语言和文化中（Yu，1995；Barcelona & Soriano，2004）。

THE EMOTION IS AN INSANITY 普遍存在情感隐喻中（Oster，2010：739），这意味着，"癫狂"或"精神失常"是情感的重要特征。这里的"癫狂"或"精神失常"不是医学科学所定义的心理或精神疾病，而是指人们处于某种强烈情感中，表现出来的一种暂时性的失控。对语言的研究同样表明，无论是愤怒、害怕、悲痛，还是爱恋，都可能深至癫狂。"情感是精神失常"的隐喻有：

（1）ANGER IS INSANITY

She went into an insane rage.

（2）FEAR IS INSANITY

Mary was insane with fear.

（3）SORROW/GRIEF IS INSANITY

He was insane with grief.

（4）LOVE IS INSANITY

I am crazy about her.

前面探讨过，惊奇可能是惊喜，也可能是惊恐。可见，人们对惊奇情感域内积极的惊喜或消极的惊恐有同样的失控的认知。汉语中有"欣喜若狂""怒不可遏""痛不欲生""目瞪口呆""惊慌失措"等有关失控的表达。

莱考夫（Lakoff，1987：127）探讨过爱的概念隐喻 LOVE IS MADNESS，相关的语言表达有：

（1）She drives me out of my mind.

（2）He constantly raves about her.

（3）He's gone mad over her.

（4）I'm just wild about Harry.

（5）I'm insane about her.

（6）她爱他爱得发狂。

（7）她爱他爱得失去了理智。

考弗塞斯考察快乐情感 PRIDE 和 LOVE 的相关隐喻，指出"爱就是这样的一种情感，其强度（intensity）很高，至少爱的原型如此"（1986：82）。他认为，intensity 是一个能够标示更低或更高程度的一个概念，可以用来标量物质的量、深度、影响力和距离等。例如，以下表达蕴含了爱的体验所具有的高强度：

（1）a. She is deeply in love.
　　　b. 他深爱着这个女人。
（2）a. Jimmy is up to his eyes in love.
　　　b. 他仰慕她已久。

快乐情感域中的 PRIDE 也具有高程度的特性：
PRIDE IS A SUPERIOR；THE SELF IS AN INFERIOR：

（1）His pride prevents him from doing anything dishonorable.
（2）Pride did not let her do what she wanted to do the most.（同上书：49）

考弗塞斯（Kövecses，2010）探讨了是否有专属情感的隐喻的问题，基于对 anger、fear、happiness、sadness、love、lust（sexual desire）、pride、shame、surprise 等情感隐喻的广泛考察，他发现，各类情感隐喻共享了一个重要的特点，也凸显了情感概念的一个深层次特点，即情感具有的强度属性。

典型的情感都是一种强烈的心理状态：INTENSITY OF EMOTION IS HEAT；INTENSITY OF EMOTION IS STRENGTH OF EFFECT（OF FORCE）。

情感的常态偏离还表现在身体的姿态和体温的升降上。快乐是一种典型的积极情感，表现出身体部位的舒展和抬升：

（1）She is in high spirits.
（2）她情绪高涨。
（3）His supporters have reacted to the news with elation.

（4）他的支持者听到这个消息后都兴高采烈。

HAPPINESS IS UP 隐喻与权力、地位、美德、理性、健康的概念相关（详见 Lakoff & Johnson，1980）。与快乐情感相对，悲伤是一种典型的消极情感，表现出身体部位的收缩和下垂：

（1）She is in low spirits.
（2）Her spirits sank once more to unprecedented depths.
（3）一看她垂头丧气的样子，这件事肯定黄了。
（4）她心情沉重，没办法开心起来。

悲伤情感的基本概念隐喻 SADNESS IS DOWN，常与权力的丧失，社会地位的低下、不道德和疾病等概念相关。

愤怒和恐惧的常态偏离在身体姿态和体温上也表现出对立性。愤怒的情感表现为体温的上升和身体部位体积的增加，恐惧则刚好相反，身体体温下降，体积减少（金晶银，2012：77），表征为语言如下：

（1）She was seething with rage.
（2）Her blood ran cold.
（3）他火冒三丈。
（4）他吓得打了几个寒颤。

由此可见，在愤怒和恐惧的情感概念域也同样存在方位隐喻 ANGER IS UP 和 FEAR IS DOWN。

2. 情感体验常态偏离特征

常态偏离是情感体验的本质属性之一。这种偏离可能是正向的，也可能是负向的。一般认为，喜悦、幸福、惊喜是情绪的正向偏离，是积极的情感；震惊、愤怒、恐惧和悲伤是情绪的负向偏离，是消极的情感。根据语言与现实结构的映射关系，我们可以追溯情感产生的动因，当然这也是人们能体验到的。人类自然情感的流露是一种无意识的行为，是客观世界中事物的非常态导致了人类情感的非常态。因此，在情感领域，一直存在一个常态参照点 N（Norm），并据此确定情感的正向或负向的特征。如下图所示：

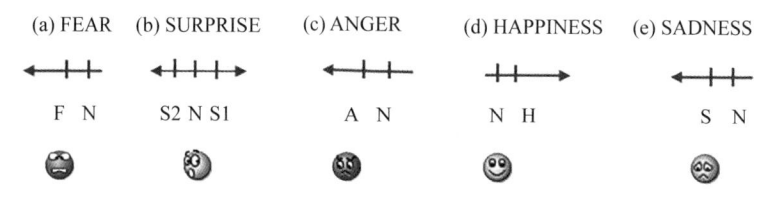

```
(a) FEAR    (b) SURPRISE    (c) ANGER    (d) HAPPINESS    (e) SADNESS
 ←—|—|—     ←—|—|—→          ←—|—|—       —|—|—→          ←—|—|—
  F   N      S2 N S1          A   N        N   H          S   N
```

图 6-1 情感的常态偏离特征图

箭头的右方向标示积极或正向情感，左向标示消极或负向情感，Surprise 的箭头左右双向表明它包含了积极的惊喜类和消极的惊恐类，分别以 S1 和 S2 表示。

人们在界定情感时，可能只需考虑常态的标准 N，然而在体验情感时，还会受到另一个因素的影响，即期望值（Value of Expectation）。人们可能会对常态标准 N 达成共识，然而 VE 这种因素具有更强的主观性。

洛伦兹（Lorenz，2002：149—150）认为几乎所有由评价形容词派生而来的强化副词都表示一种开放的评价，个人对形容词所表达的特性的评判完全取决于言者自己。例如：

> unbelievably elegant（十分优雅）
> dreadfully wrong（彻底错了）
> painfully thin（瘦得可怜）
> remarkably intelligent French woman（特别聪明的法国女人）

这些都是特殊的个人的判断，而这种判断的标准具有很大的个人因素。最后一例中我们甚至可以说言者有种族主义或性别歧视主义思想。使用这些词语标示强化，大多是个人的选择，即从个人的角度看待事物在何种程度上具有某种性质，这具有很强的主观性。我们说 ridiculously high price（价格高得离谱），对经常高消费的人群来说可能是 pretty reasonably price（合理的价格）；我们说一个人 disgustingly lean（瘦骨嶙峋让人受不了），对一个胖子来说却是梦寐以求的苗条，让人羡慕不已，他们可能会选择 enviably lean 来描述这一场景。

期望值关涉个体的阅历、对事物的态度和评价等，因人而异，因此以下图示中用虚线表示。期望值 VE 往往也是情感体验的参照点。

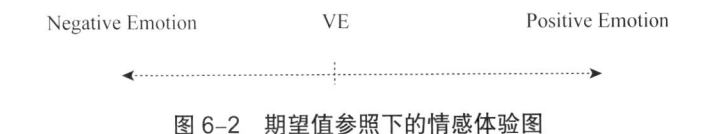

Negative Emotion　　　　　VE　　　　　Positive Emotion

图 6-2　期望值参照下的情感体验图

无论是常态 N 还是期望值 VE，客观世界中事物对它们的偏离才会使人们产生情感上的反应。也就是说，当事物的某种性质或状态达到一定的程度，即超越了常态和期望值，人类才会在心理和生理上偏离常态，产生各种的情感。由此可见，情感的语言表征 happiness/ 快乐（H）、sorrow/ 悲伤（S）、surprise/ 惊奇（S1 和 S2）、anger/ 愤怒（A）、fear/ 害怕（F），在概念本质上具有程度内涵。

一般情况下，只有当客观世界中事物的性质或状态偏离常态，达到较高的程度（具有无界性），人们才会快乐、悲伤、愤怒、害怕或惊奇。这种程度内涵使得表达情感的内容词向标量程度的强化副词演变成为可能。情感词汇的程度内涵是概念化过程中所固有的，是其概念内容的本质属性之一，也是用于强化表达的语义基础。例如：

（1）The beggar was *disgustingly filthy*.

（2）Lin walked down the sidewalk and breathed deeply, suddenly *deliriously happy* with the life she'd made for herself.

（3）… through the back door of consciousness. What had started as a *dreadfully lonely* journey of prayer now seemed to be the least lonely activity one could …

（4）… the notion that the country has no static ruling class. Groups that once seemed *desperately impoverished* no longer are. In 1914, half of the Irish families on Manhattan …

（5）… we're in jet airplanes, we're into computers. And the sport is *incredibly popular*, men's basketball and men's football, and we probably need to …

（1）—（5）中的 disgustingly、deliriously、dreadfully、desperately、incredibly 均用作情感强化副词，用这种方式表达程度，明显地具有言者个人的情感态度和主观性评判。disgustingly filthy、deliriously happy、dreadfully lonely journey、desperately impoverished、incredibly popular 的意义的理解过程分别为"脏得让人恶心＞很脏""欢喜得发狂＞十分欢喜""孤独得可怕的旅行＞十分孤独的旅行""贫穷得令人绝望＞十分贫穷""盛行得难以置信＞十分盛行"。这些事物的性状都达到一定的程度，超出了常态，引起人们心理和生理上强烈的反应。

四、英汉情感强化副词语义衍变的机制

英汉情感强化副词程度语义的衍变机制主要包括转喻、隐喻和侧显。按照特劳戈特（Traugott，1988：406）"隐喻和转喻也是语法化演变中的重要推理机制"和兰盖克（Langacker，2008：119）"侧显转移是语言中普遍存在的转喻"的观点，三者都是概念性和推理性的，三者又都可以看作是意义扩展机制和意义理解机制。就英语情感强化副词语义衍变和程度语义凸显的事实来看，转喻和隐喻更多的是意义扩展机制，而侧显更多的是意义理解机制。鉴于此，本文倾向于将转喻和隐喻认知机制运用于英汉情感强化副词历时语义演变的分析，而将侧显认知机制运用于共时的在线识解讨论，以便更加清楚地描述认知机制的运作过程和特点。

（一）语义衍变的转喻和隐喻机制

转喻和隐喻机制是英汉情感强化副词的语义拓展机制。前者是基于邻近性或相关性发生在情感域与其他概念域之间的认知运作，后者是基于相似性发生在同一情感域的认知运作。

1. 英汉情感强化副词语义衍变的转喻机制

程度内涵是情感的本质属性，情感强化副词直接由情感语义向程度语义的衍变发生在情感域中，是"Whole ICM and its part(s)"（Radden & Kövecses，1999：30）概念构架中"整体 ICM 与部分"之间的转喻认知结果，具体地说，属于 Category-and-property ICM 的 CATEGORY FOR PROPERTY 转喻类型。情感副词用于程度的强化表达的都属于这一类。有些情感强化副词的语义衍变首先发生在"Parts of an ICM"概念框架中，是"整体 ICM 中部分与部分"之间的转喻认知，激活相关的情感概念后，再

发生"整体 ICM 与部分"之间的转喻。譬如，致使情感发生的原因转指情感发生的结果，或情感的身体和心理表征转指其发生的情感原因，然后再由情感概念转指情感概念的高程度属性。

转喻由相同经验领域或概念结构内的映射构成（Lakoff，1987：103），被认为是由相对突显原则提供理据。认知上突显的实体作为认知参照点唤起其他非突显的实体，语言主体以概念中其他成分提供的背景与另一个概念实体进行概念接触。因此，"一个词项不是规定了一个固定、有限和独特的意义表征，而是理论上提供一个通达无穷多概念和概念系统的路径"（束定芳，2008：79）。情感强化副词语义衍变主要通过转喻实现，包括"整体 ICM 与部分"之间的转喻和"整体 ICM 中部分与部分"之间的转喻。

前面以概念化和隐喻方面的证据，探讨了情感偏离常态的本质属性。情感命题和隐喻认知模式 EMOTION IS AN OBJECT 和 EMOTION IS A STRONG FEELING，衍生出相应的情感概念转喻 EMOTION FOR HIGH INTENSITY 或者 EMOTION FOR HIGH DEGREE，情感表达词语也因此发生程度用法的转变。如下图：

EMOTION FOR HIGH INTENSITY / DEGREE
（情感是高强度 / 程度）

```
    EMOTION IS AN          EMOTION IS A
      OBJECT              STRONG FEELING
           \               /
            \             /
             ↓           ↓
          EMOTION IS HIGH
          INTENSITY / DEGREE
                 ↓
          EMOTION FOR HIGH
          INTENSITY / DEGREE
```

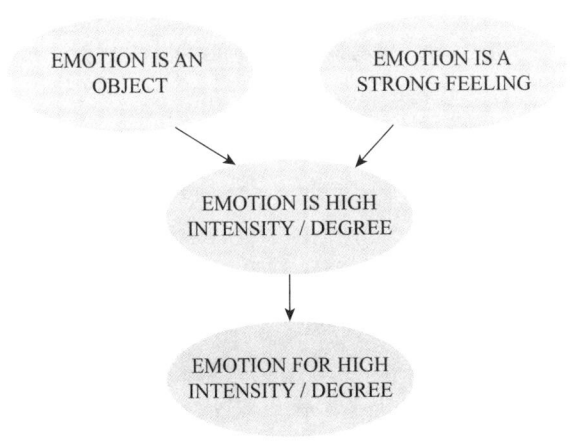

图 6-3　情感命题认知模式到情感转喻认知模式

（1）整体 ICM 与部分转喻

情感概念的转喻性演变以 EMOTION IS A STRONG FEELING 的情感

认知模式为基础。情感强化副词的认知发生机制就是由此而来的情感概念转喻 EMOTION FOR HIGH INTENSITY/DEGREE。为了表述方便，本文一致选用转喻 EMOTION FOR HIGH DEGREE，以高程度囊括高强度。

情感强化副词程度语义凸显发生的"整体 ICM 与部分"转喻分为两类：

（1）情感范畴直接转喻程度属性

　　CATEGORY OF EMOTION FOR PROPERTY OF HIGH DEGREE；

如图 6-4A 所示。

（2）a. 其他范畴转喻情感范畴

　　OTHER RELEVANT CATEGORIES FOR EMOTION

　　b. 情感范畴转喻程度属性

　　CATEGORY OF EMOTION FOR PROPERTY OF HIGH DEGREE。

如图 6-4B 所示。

英语情感强化副词整体ICM与部分之间的转喻映射

CATEGORY OF EMOTION → PROPERTY OF HIGH DEGREE

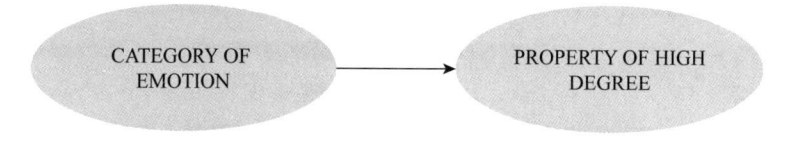

图 6-4A　情感范畴—程度属性的转喻映射

RELEVANT CATEGORIES OF EMOTION → CATEGORY OF EMOTION ↓ PROPERTY OF HIGH DEGREE

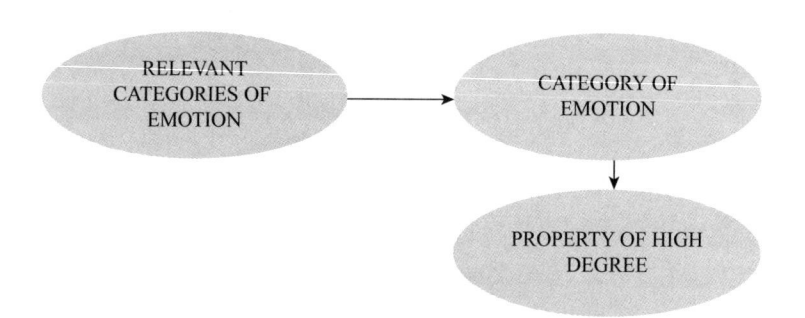

图 6-4B　范畴—情感范畴—程度属性的转喻映射

情感范畴—程度属性转喻指的是快乐、愤怒、悲伤、害怕和惊奇范畴转喻高程度属性：EMOTION FOR HIGH DEGREE，转喻类型属于 CATEGORY FOR PROPERTY。克罗夫特（Croft，1993：25）认为，"转喻是对认知域矩阵（domain matrix）中某个认知域的凸显（highlighting）"。这种突显作为参照点，为通达目标概念提供心理通道（mental access）（Langacker，1999：199），它们可能具有转指功能，可能用于述谓，如 Mary is just a pretty face（Mary 只不过有一张漂亮的脸蛋）（李勇忠，2005），也可能只是一种认知操作的手段，是一种语义拓展和演变的途径。换言之，转喻是意义建构的过程（Panther & Thornburg，2005：42）。情感强化副词的语义演变正是基于转喻认知机制而发生的。非"平静"状态，或说程度内涵，是人类对情感的基本认知。在"整体 ICM- 部分"中，情感范畴向程度属性转喻演变是认知的侧显转移，侧显转移的具体过程和结果将在下一节进一步探讨。

英语情感强化副词大多以"表达情感的形容词 +ly"派生而来，如 dearly、suspiciously、terribly、desperately、disgustingly。它们一般都经历了从词汇语义抽象虚化到功能语义增强的语法化阶段。这些词语用作方式副词时，具有明显的词汇意义，与兴奋、怀疑、害怕、绝望、恶心等各类情感相关。语法化过程中，它们首先修饰语义相同或相近的词语，同时，在被修饰词的类别和范围上继续扩展。最后，在某些语境中，情感强化副词的源情感意义隐退，有些甚至完全消失，纯粹地被用作程度标记，类似于 very。jolly 就是一个典型的例子。词典中其副词用法并没有"in a joyful manner"，而只有"(used as an intensifier) very, extremely"的义项。以下用例也说明了英汉情感强化副词的词汇语义弱化，程度和评价性语义增强的特点：

（1）I would *dearly* love to marry.（我很想结婚。）
（2）The tan-colored dog looks *suspiciously* like an American pit bull terrier ...
（这只棕黄色的狗看上去非常像美国比特犬。）
（3）It's *terribly* effective, but that doesn't mean it's not overhyped.
（这非常有效，但并不是说它没有过度夸张。）
（4）She *desperately* wanted to win her father's approval.
（她急不可待地想赢得父亲的赞同。）
（5）He looked *disgustingly* healthy when he got back from the Bahamas.
（他从巴哈马群岛回来时看上去健康得令人眼红。）

（6）父亲表面很严肃，不苟言笑，但内心是十分痛爱我的。
（7）她顿时心花怒放，喜上眉梢，两只眼睛得像两个小小的月牙儿。

语义描述的就是概念形成的意象，每一种意象在基体上的侧显不尽相同，基体是词义的认知背景，侧显是基体凸显的结构，即词义（Langacker, 1987）。概念意象的改变，让人们获得了对情感强化副词不同的解读。从转喻性演变过程来看，情感范畴偏离常态的本质为其程度属性的理解提供心理可及。根据人们的体验，（1）—（5）例中 dearly love、suspiciously like、terribly effective、desperately wanted、disgustingly healthy 所提供的场景中，均不乏性状或行为到了产生某种情感的程度——"喜欢得让人情不自禁""相似得让人怀疑""高效得可怕""想要得可以放弃一切""健康得让人眼红"。尽管 dearly、suspiciously、terribly、desperately、disgustingly 隐含了"……到达了让人……（产生某种情感）"的意味，然而，不管言者试图通过哪种类型的情感体验表达，均是为了传递事物性状的高程度，言者当时的情感体验和情感状态不会成为注意的中心。（6）中的"痛爱"意为"关切喜爱得让人心痛"。（7）中"心花怒放"的理解需要更多的认知努力。我们很容易接受"心花"，它是一个常见的隐喻。而"怒放"的认知识解运作更为复杂。"怒"是愤怒情感的语言符号，用于形容花儿的盛开时，在转喻认知的作用下，主要取义自"愤怒"情感的身体反应，包括毛发竖立、血脉膨胀、气血上涌等，这些反应似乎都是让身体向外延展，就像花瓣由花苞的拢合到打开的状态，而"怒放"便是打开的极致。该理解过程至少涉及一个情感转喻和一个情感隐喻的过程，即，情感转指情感引发的身体反应，身体舒展的开心情感体验隐喻为花儿的盛开。认知上，情感 ICM 中激活或凸显的是 high degree 属性。各种情感转而喻指情感体验的高强度特征，即 EMOTION FOR HIGH DEGREE。喜怒哀乐相关的情感转喻由此发展而来，在以下情感转喻模式中理解情感强化副词传递的语义，包括：

（1）HAPPINESS FOR HIGH DEGREE
　　快乐转指高程度
（2）ANGER FOR HIGH DEGREE
　　愤怒转指高程度
（3）SORROW FOR HIGH DEGREE
　　悲伤转指高程度

（4）FEAR FOR HIGH DEGREE
　　害怕转指高程度
（5）SURPRISE FOR HIGH DEGREE
　　惊奇转指高程度

情感范畴和它所蕴含的程度属性是整体与部分的关系。源自情感表达的词汇衍生程度语义是一个范畴激活属性的认知操作过程。从识解运作来看，概念结构中内容成分向构架成分的侧显转移成就了情感整体 ICM 转指情感的程度属性部分，具体将在本章后面部分讨论。

相关范畴—情感—程度属性的转喻性演变也是"整体 ICM-部分"激活转喻。它牵涉的概念多，激活的过程也更为复杂。这里的相关范畴指的不是情感范畴，而是蕴含某种情感的范畴。例如 *OED* 对 drama 的释义：

　　a. a play for the theatre, television, or radio（戏剧）
　　b. plays considered as a form of literature（戏剧艺术）
　　c. an exciting event（戏剧性事件；戏剧性情节）
　　d. the act of being exciting（激动；兴奋；刺激）

对 dramatic 的释义：

　　a. sudden, very great and often surprising（突然地；巨大的；令人吃惊的）
　　b. exciting and impressive（激动人心的；引人注目的）
　　c. connected with the theatre or plays（戏剧的；有关戏剧的）
　　d. exaggerated in order to create a special effect and attract people's attention（戏剧性的；夸张做作的）

相对来说，比起像这种"用散文或诗歌的形式进行创作，以对白或哑剧的形式表现的具有冲突对立性角色的故事"[①]等对戏剧的抽象释义，*OED* 的诠释更触及了戏剧的本质属性：戏剧是"夸张的"，是"激动人心的"，

[①] "drama." The random House Unabridged Dictionary, Random House, https://www.dictionary.com/browse/drama, accessed 10/11/2015.

是"令人兴奋的"。这正是符合人们感受和体验的戏剧，即 DRAMA IS AN EXCITING EXPERIENCE。

追溯情感强化副词 dramatically 的派生衍变（drama → dramatic → dramatically），其语义历经了由"戏剧"范畴向"兴奋，激动"的情感属性的转喻演变，再由"兴奋，激动"的情感范畴向"程度"属性演变。dramatically 衍变为情感强化副词主要基于以下认知模式：

（1）DRAMA IS AN EXCITING EXPERIENCE
戏剧让人兴奋
（2）EXCITEMENT IS A STRONG FEELING
兴奋是一种强烈的感受

以及相关的兴奋情感转喻：

（1）DRAMA FOR EXCITEMENT
戏剧转指兴奋
（2）EXCITEMENT FOR HIGH DEGREE
兴奋转指高程度
（3）DRAMA FOR HIGH DEGREE
戏剧转指高程度

戏剧概念激活了"令人兴奋"的属性，发生了"整体 ICM 与部分"类转喻。"戏剧 ICM"包含了多种特征，如剧院、剧本、演员、情感投入、兴奋等。而"兴奋 ICM"有血脉流畅、脸红、享受、不平静等特征，dramatically 程度语义的衍生历经了两次 CATEGORY FOR PROPERTY 的转喻演变。基于这样的体验和认知，人类将"戏剧性地"识解为超越常态的"很，十分"合情合理。

再如，passionately 的词根 passion 最初指"耶稣十字架上遭难"，即 SUFFERINGS OF CHRIST ON THE CROSS，语义泛化隐喻为一般意义上的"痛苦，苦难"，SUFFERING、MISERY，后转喻为"激情，渴望，热爱"，即 STRONG EMOTION，DESIRE。由"耶稣十字架上遭难"的专门意义到"激情，热爱"的情感义，这种演变的认知理据性在于耶稣受难虽为宗教迫害的结果，但是就耶稣本人而言，他是要通过自己的牺牲来拯救归信的犹太人，使他们得享永生。这是一种舍生取义的精神，是一种大爱的表现，是一种强烈的情感。2004 年梅尔·吉布森导演的电影《耶稣受难记》(The Passion of the Christ)，亦名《受难记：最后的激情》)其中就有这样的对白：

"你是我的朋友。没有比为了朋友而舍弃生命更伟大的爱。我不能永久地和你在一起,而你也不能去我去的地方。我走了之后,你要遵守的戒律就是:像我爱你一样去爱别人。"

可见,passionately发生了由相关范畴—情感—程度的转喻性演变:
(1) SUFFERINGS OF CHRIST ON THE CROSS FOR THE SUFFERING
上帝的受难泛指苦难
(2) SUFFERING FOR STRONG EMOTION/DESIRE
苦难转指强烈的情感/渴望
(3) STRONG EMOTION/DESIRE FOR STRONG LIKING/LOVE
强烈的情感/渴望转指喜爱
(4) STRONG LIKING/LOVE FOR HIGH DEGREE
喜爱转指高程度

此类情感强化副词还有wildly、inconceivably、fabulously、fantastically、strangely、oddly。wildly的源词义为"自然的状态,未驯服的",然后引申为"缺乏管教,放荡""兴奋,狂热""荒芜,荒野"。根据人们在现实生活中的体验,wild的拓展语义无一不与"自然的状态,未驯服的"概念有着密切的相关性和相邻性。这些构成了转喻发生的物质和心理基础。我们可以通过转喻了解一个人、事物或者事件的突出特征(Croft,1993)。同理,inconceivably所在的"怀孕"范畴向"思想上的孕育或构想/想象"的隐喻演变后,其概念蕴含了"难以想象,惊奇"的期待方面的情感属性;fabulously源词语义为"传说",后衍生的语义"难以置信"是"传说"的范畴属性之一;fantastically源自中古法语*fantastique*,为"虚构,幻象"之意,20世纪早期发展出的"惊奇,不可思议"是源概念范畴的属性之一;strangely所在的"外来的,未知的"范畴中蕴含了"令人奇怪,惊奇的"属性;oddly所在的与"偶"相对的"单独,独特"的概念中蕴含了"不寻常""奇特"的属性。这些情感强化副词的认知演变均经历了在情感ICM中RELATED CATEGORY FOR EMOTION>EMOTION FOR HIGH DEGREE的过程。

(2)整体ICM中部分与部分之间的转喻

情感强化副词程度语义的转喻演变发生在Causation ICM中,转喻类型为PART FOR PART,具体包括:

（1）CAUSE FOR RESULT
　　原因转指结果
如图 6-5A 所示。
（2）RESULT FOR CAUSE
　　结果转指原因
如图 6-5B 所示。

英语情感强化副词整体ICM中部分与部分之间的转喻映射

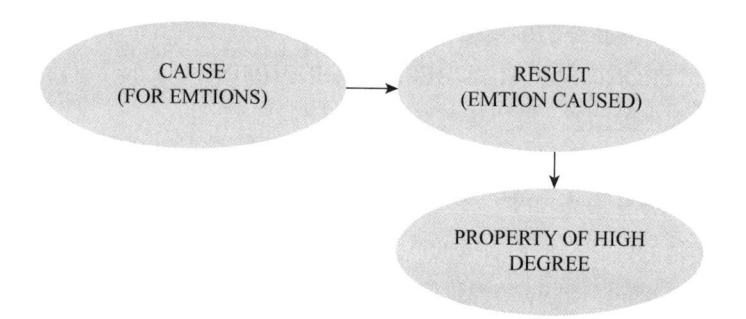

图 6-5A　致使情感发生的原因—情感结果之间的转喻映射

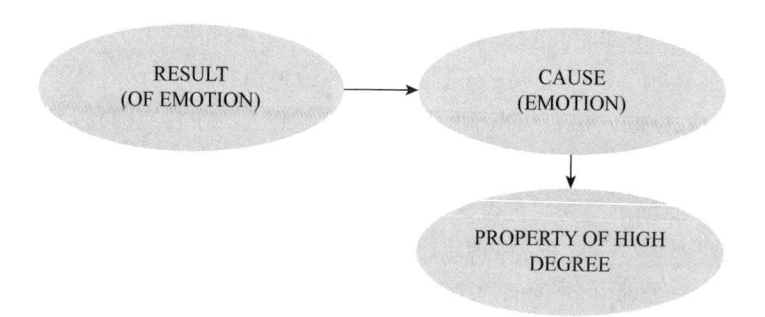

图 6-5B　情感导致的结果—情感原因之间的转喻映射

由触发物到情感再到程度的语义演变是典型的因果转喻。因果性转喻的英语情感强化副词最多，分布在"快乐""愤怒""悲痛""害怕""惊奇"五类基本情感中，以"快乐"和"害怕"情感域为甚。

快乐域中的 pretty、well、perfectly 和"好"等是典型代表。pretty 在古英语中为"漂亮的，可爱的，聪慧的"之意，well 为"高尚，崇高"之意，perfect 为"完整，卓越，完善"之意。这些意义引发的一定是人类美好的情感，让人感到欢喜和愉悦，基于这样的情感体验形成了情感概念转喻 CAUSE OF EMOTION FOR EMOTION。pretty 后发展出"相当多""很，十分"的意思，用作强化词。pretty 分别表两种不同的程度——"中度"和"高度"，与 quite 一样，其确切的语义要在具体的语境中才能得以确定。pretty 语义演变的转喻为：

（1）CUNNING/CLEVER FOR HAPPINESS
聪明/漂亮转指快乐
（2）HAPPINESS FOR HIGH DEGREE
快乐转指高程度

well 语义演变的转喻为：

（1）GOOD MORALITY FOR HAPPINESS
高尚转指快乐
（2）HAPPINESS FOR HIGH DEGREE
快乐转指高程度

perfectly 语义演变的转喻为：

（1）COMPLETENESS FOR HAPPINESS
完整转指快乐
（2）HAPPINESS FOR HIGH DEGREE
快乐转指高程度

汉语中的"好"综合了英语中 pretty 和 well 的演变特点，它原意为"容貌美"，后来语义泛化为"美好"和"优良"之意，到元明时期才出现高程度标记的用法。其高程度语义衍生的过程为：

（1）容貌美泛指一切美好
（2）美好转指快乐
（3）快乐转指高程度

导致"害怕"情感产生的原因多种多样。从英汉情感强化副词源词的分布来看，大部分来自对生命的伤害和威胁的相关概念，包括死亡、疾病、危险和毁灭等；与宗教相关的概念也不少，包括恶魔、地狱和罪恶等。可见这些令人恐怖的事物正是人类害怕情感的来源。因此，害怕域情感强化副词程度语义凸显的隐喻转变模式有：

（1）a. DEATH FOR FEAR
死亡/毁灭转指恐惧

b. FEAR FOR HIGH DEGREE
　　恐惧转指高程度
（2）a. DISEASE FOR FEAR
　　疾病转指恐惧
　　b. FEAR FOR HIGH DEGREE
　　恐惧转指高程度
（3）a. DANGER FOR FEAR
　　危险转指恐惧
　　b. FEAR FOR HIGH DEGREE
　　恐惧转指高程度
（4）a. SIN FOR FEAR
　　罪恶转指恐惧
　　b. FEAR FOR HIGH DEGREE
　　恐惧转指高程度
（5）a. HELL FOR FEAR
　　地狱转指恐惧
　　b. FEAR FOR HIGH DEGREE
　　恐惧转指高程度
（6）a. DEMON FOR FEAR
　　恶魔转指恐惧
　　b. FEAR FOR HIGH DEGREE
　　恐惧转指高程度

badly 是一个常用而特殊的情感强化副词，其源词义为"劣质的"，发展为"不幸，邪恶"，用于表达"不安，忧惧"的情感。bad 对应汉语中的"坏"，无独有偶，"坏"也是一个语法化程度很高的情感强化副词。有时候汉语中"坏"只表示程度深，而无词汇意义，例如"饿坏了""气坏了""忙坏了""这件事可把我乐坏了"。可见 badly 和"坏"所表达的这一系列糟糕的事情也是引发人类害怕情感的重要原因。badly 和"坏"程度语义演变的转喻为：

（1）EVIL/INFERIORITY FOR FEAR
　　邪恶或恶劣等转指害怕
（2）FEAR FOR HIGH DEGREE

害怕转指高程度

愤怒情感覆盖的概念很多，除了"生气""愤怒"以外，还包括"恶心""妒忌"等。因此愤怒的触发物一般是与信念或原则相违背的事物，可能是恶劣、荒唐、讨厌、肮脏、下流的等现象。revoltingly 源词义为背信弃义的"反叛"。"突然袭击"和"反叛"当然是极其恶劣的小人行为，令人不齿。致使愤怒产生的另一重要因素便是与肮脏、猥亵相关的现象，如 indecently、diabolically。愤怒域情感强化副词程度语义凸显的隐喻转变有：

（1）a. REBELLION FOR DISGUST

　　反叛转指憎恶

　　b. DISGUST FOR HIGH DEGREE

　　憎恶转指高程度

（2）a. OBSCENITY FOR DISGUST

　　猥亵转指憎恶

　　b. DISGUST FOR HIGH DEGREE

　　憎恶转指高程度

与悲痛情感相关的往往是"不幸""艰苦""悲惨""痛苦"。wretchedly 的源词义为"流放"。中国历史中，流放是通过将已定刑的人押解到荒僻或远离乡土的地方，以示对案犯进行惩治，并以此维护社会和统治秩序。李德裕（787—850，唐代文学家、政治家）诗"一去一万里，千之千不还。崖州在何处？生度鬼门关"十分形象地描绘了流放的凄苦。

以下转引《英语词源词典》中 wretch 的起源和历史：

> Old English *wrecca* "wretch, stranger, exile," from Proto-Germanic **wrakjon*(cf. Old Saxon *wrekkio*, Old High German *reckeo* "a banished person, exile," German *recke* "renowned warrior, hero"), related to Old English *wreccan* "to drive out, punish" (see wreak). Sense of "vile, despicable person" developed in Old English, reflecting the sorry state of the outcast, as presented in much of Anglo-Saxon verse (e.g. "The Wanderer"). Cf. German *Elend* "misery," from Old High German *elilenti* "sojourn in a foreign land, exile." ("wretch", http://www.etymonline.com）

可见在英国古代文化中，流放就有"被驱逐出境""背井离乡""驱赶""惩罚"之意。wretchedly 的语义演变正是由原因到结果的转喻性激活：
（1）WRETCH FOR SORROW
　　　流放转指悲伤
（2）SORROW FOR HIGH DEGREE
　　　悲伤转指高程度

irremediably、cruelly、abjectly 所反应的令人悲痛的原因分别为"不可救治""冷酷""抛弃/拒绝"，其转喻为：
（1）a. IRREMEDIABILITY FOR SORROW
　　　不可救药转指悲伤
　　b. SORROW FOR HIGH DEGREE
　　　悲伤转指高程度
（2）a. CRUELTY FOR SORROW
　　　冷酷转指悲伤
　　b. SORROW FOR HIGH DEGREE
　　　悲伤转指高程度
（3）a. ABJECTION FOR SORROW
　　　抛弃转指悲伤
　　b. SORROW FOR HIGH DEGREE
　　　悲伤转指高程度

相对来说，惊奇是一种中性的情感。人们对"不同寻常的""出乎意料的"事情会感到惊奇或惊恐。这说明事物属性的多样性和语言意义的体验性。ridiculously、absurdly、ludicrously 的源词义均为"可笑，荒唐"之事也是"令人惊讶"之事，它们的语义演变正是源于人们对"荒唐"现象的体验。令人惊奇/惊讶的还有神奇的事（wondrously）、不同寻常的/奇异的（peculiarly、spectacularly、remarkably、strikingly、unusually、extraordinary、strangely、singularly、"奇"和"怪"等）。惊奇域情感强化副词程度语义凸显的隐喻转变为：
（1）a. ABSURD FOR SURPRISE
　　　荒唐之事转指惊奇
　　b. SURPRISE FOR HIGH DEGREE
　　　惊奇转指高程度
（2）a. WONDER FOR SURPRISE

神奇之事转指惊奇
b. SURPRISE FOR HIGH DEGREE
惊奇转指高程度

因果性转喻的情感强化副词分布最广，在各个情感域中都有例示，可见与情感范畴向程度属性转变一样，它们都是非常普遍的转喻方式。

英语情感强化副词发生的结果转指原因 EFFECT FOR CAUSE 又包括两种情况：

（1）a. THE PHYSICAL/MENTAL EFFECTS OF AN EMOTION FOR THE EMOTION
生/心理反应转指情感
b. EMOTION FOR HIGH DEGREE
情感转指程度

（2）a. THE PHYSIOLOGICAL RESPONSES OF AN EMOTION FOR THE EMOTION
应对行为转指情感
b. EMOTION FOR HIGH DEGREE
情感转指程度

情感的生理影响转指情感 THE PHYSIOLOGICAL EFFECTS OF AN EMOTION FOR THE EMOTION 是研究者们探讨较多的一种情感转喻（Lakoff & Kövesces，1987；张辉，2000；彭懿、白解红，2010）。该转喻模式也是情感强化副词程度语义凸显的重要发生机制。

各种情感都有十分明显的生理或心理上的反应。自然，当人们看到某人神采飞扬时就会判断他处于兴奋或愉快的情感，看到捶胸顿足就会判定他一定是悲痛不已等。基于各类情感与某些特定的生理或心理反应的密切相关性，触发了转喻性认知，生理反应可以激活情感，情感亦可激活反应。张辉（2000）以词源为来源域，以情感为目标域，对英汉情感概念的形成进行研究，发现情感的身体反应与情感之间的基本转喻包括：

（1）愤怒是积满于心的东西
（2）愤怒是身体内的疼痛和紧缩的感觉
（3）愉快是和悦之貌

（4）愉快是平静①
（5）悲伤是身体的创伤和疼痛
（6）悲伤是沉重
（7）害怕是不做事情或安静 / 害怕是虚弱貌
（8）害怕是冒险
（9）爱是关心
（10）爱是欲望

英语中来自快乐情感域由生 / 心理反应转喻愉悦情感的有 ravishingly。ravishingly 的语义演变认知过程比较复杂，隐喻和转喻认知交织。其源词义为"掠夺"，然后由"极度饥渴"的生理反应隐喻性发展到"（心理）使着迷"，再转喻演变为"欣喜"情感，这样的语言演变过程符合人们的经验体验和认知规律：

（1）RAPE FOR THIRSTY
    掠夺是饥渴
（2）DESIRE FOR RAPTURE
    饥渴转指着迷
（3）RAPTURE FOR JOY
    着迷转指欣喜
（4）JOY FOR HIGH DEGREE
    欣喜转指程度

情感强化副词 cheerfully 源词的"面部，表情"语义演变为"愉悦"情感也是转喻 THE PHYSIOLOGICAL EFFECTS OF JOY FOR JOY 的认知结果。

在惊奇域中，breathtakingly "透不过气来，叹为观止"无疑是人在"惊讶"状态下最基本的生理反应。另外，"震惊"的人们也会"目瞪口呆或反应迟钝"，这就是情感强化副词 stupefyingly 和 stupendously 发生转喻演变的生理基础。因此惊奇概念转喻 THE PHYSIOLOGICAL EFFECTS OF AMAZEMENT/SURPRISE FOR AMAZEMENT/ SURPRISE 包括以下转喻：

（1）a. BREATHTAKING FOR AMAZEMENT
    透不过气转指惊奇

---

① 内心的平静是一种偏离常态的和谐状态，是一种强度相对较低的情感状态。

b. AMAZEMENT FOR HIGH DEGREE
　　　惊奇转指高程度
　　　c. BREATHTAKING FOR HIGH DEGREE
　　　透不过气转指高程度
（2）a. STUPEFYING/STUPENDOUSNESS FOR SURPRISE
　　　目瞪口呆转指惊讶
　　　b. SURPRISE FOR HIGH DEGREE
　　　惊讶转指高程度
　　　c. STUPEFYING/STUPENDOUSNESS FOR HIGH DEGREE
　　　目瞪口呆转指高程度

害怕情感域中也存在类似的转喻模式 THE PHYSIOLOGICAL EFFECTS OF FEAR FOR FEAR。例如，appallingly 发生了由生理反应向情感的转喻性演变：

（1）PALENESS FOR FEAR
　　　面色苍白转指恐惧
（2）FEAR FOR HIGH DEGREE
　　　恐惧转指高程度
（3）PALENESS FOR HIGH DEGREE
　　　面色苍白转指高程度

appallingly 的源词义为"失去光泽，变苍白"。人们以"吓得脸都白了"来描述极度"恐惧"的状态。

汉语中的"慌"衍生高程度语义是基于情感的心理反应。"慌"通"荒"，意为"迷茫""心神不定"，是紧张害怕情感的心理唤醒，到明清时，发展为"慌乱""恐惧"之意，后衍生出高程度语义，于动词和形容词之后作补语，形成"X 得慌"的句法格式，意为"X 的程度很高，以至于让人感到紧张恐惧"，涉及的转喻有：

（1）心神不定转指害怕
（2）害怕转指高程度

应对行为转指情感是情感强化副词语义演变的又一转喻模式：

THE PHYSIOLOGICAL RESPONSES OF AN EMOTION FOR THE EMOTION, EMOTION FOR HIGH DEGREE。

发生这类转喻性转变的强化副词有来自害怕域的 alarmingly 和愤怒域的

repulsively、damn（ed）、goddamned、darn（ed）。alarmingly 的源词义为"呼喊，警告"，后演变为"忧惧，不安"之意，其语义的转喻演变历程为：

(1) ALARM FOR DANGER
    警报转指危险
(2) DANGER FOR FEAR
    危险转指害怕
(3) ALARM FOR HIGH DEGREE
    害怕转指高程度

在《圣经》中 alarm 也是用于预警的号角声。古代以飞鸽传信、驿马邮递、击鼓鸣号、烽火狼烟的手段传递信息，尤其是到了危险的、紧急的时刻，击鼓鸣号和烽火狼烟成了首选的方式，也是古代人类面临威胁时十分重要的应急措施。

alarmingly 的语义演变反映了人类由情感引发的应对行为转指情感的转喻认知机制：

(1) THE PHYSIOLOGICAL RESPONSES OF FEAR FOR FEAR
    害怕的应对措施转指害怕
(2) FEAR FOR HIGH DEGREE。
    害怕转指高程度
(3) THE PHYSIOLOGICAL RESPONSES OF FEAR FOR HIGH DEGREE
    害怕的应对措施转指高程度

repulsively 的源词义为"拒绝，否定"，后发展为"厌恶，反感"。"厌恶，反感"是原因，"拒绝，否定"是结果。面对憎恶的人和事，人们通常难以接受，通常避而远之，不可能认可或占有。repulsively 语义演变的转喻历程为：

(1) REJECTION FOR DISGUST
    拒绝转指憎恶
(2) DISGUST FOR HIGH DEGREE
    憎恶转指高程度
(3) REJECTION FOR HIGH DEGREE
    拒绝转指高程度

既然愤怒是"积满于心中之物"，不比喜悦、悲痛、害怕时的安静和平静。愤怒是火、愤怒是一触即发的危险物（曲占祥，2008），愤怒是最需宣泄的情感。情感强化副词 damn(ed)、darn(ed)、goddamn(ed）都是由泄愤的咒骂词演变而来。咒骂是愤怒情感的第一应对措施，人们在愤怒时，会不由自主地发出感叹或咒骂，以舒缓紧张难受的情绪。damn 等愤怒域情感强化副词发生语义演变的核心转喻为：

（1）THE PHYSIOLOGICAL RESPONSES OF ANGER FOR ANGER
愤怒的应对措施转指愤怒

（2）ANGER FOR HIGH DEGREE
愤怒转指高程度

（3）THE PHYSIOLOGICAL RESPONSES OF ANGER FOR HIGH DEGREE
愤怒的应对措施转指高程度

damn 语义衍变中的转喻具体表现为：

（1）CURSE FOR ANGER
咒骂转指愤怒

（2）ANGER FOR HIGH DEGREE
愤怒转指高程度

（3）CURSE FOR HIGH DEGREE
咒骂转指高程度

2. 隐喻认知发生

除了隐喻和转喻的概念性属性外，特劳戈特（Traugott，1988：406）还发现，隐喻和转喻也是语法化演变中的重要推理机制：由空间概念演变而来的时间标记词，如 before 和 after，其语法化演变源于隐喻推理；而连词 since（时间—原因），标量词 mere 和 just 等的语法化演变也是转喻推理的结果。

斯威策（Sweetser，1988）通过对空间移动动词 go 发展为时间上的移动，以及 may 由根情态转向认识情态、再演变为允许之意等语言现象的分析，说明语法化的隐喻映射中保留下来的是源概念中意象图式的拓扑性结构。语法化既是语义流失的过程也是语义获得的过程，抽象的意象图式投射到目标域后，词语便新增了目标域意义。莱考夫和约翰逊（Lakoff & Johnson，1980）指出，一般情况下抽象域的隐喻建构都是以更为具体的域为基础。

英汉情感强化副词语义衍变主要受到转喻思维的作用，在此过程中，隐喻思维也起到了不可忽视的作用。除了 EMOTION IS AN OBJECT 的基本情感隐喻以外，最为关键的隐喻认知发生，即语义由具体的源域（情感域），向更为抽象或图式性的目标域（度量域）转移，就是基于隐喻思维实现的。情感强化副词是程度的抽象、主观性度量，在隐喻思维作用下，情感概念的意象图式由具体情感域投射到抽象的度量域，投射在度量域中是超出常态 N 的某一范围，在具体语境中表现为对事物性状或行为的程度和强度的主观判断。一般情况下，使用情感强化副词，语言主体就是为了表达程度之深或行为的强度之大，用于夸张或讽刺，至于深有几许，大到几何，人们可以将之解读为定数也可将之解读为虚数，因此它可以是"extremely""very""exceedingly"的任何一种。

生理机制的普遍性是不同语言中相似的情感转喻（身体反应转喻情感）的基础，并继而使得相似的情感隐喻得以发生。情感概念的意象图式由情感域中非平静的、积极或消极的心理状态抽象出来，是一种对常态的偏离。它与度量域中高于或低于标准的标量具有极大的相似性，情感隐喻因此发生。这种常态偏离由具体的情感域隐喻投射到抽象的心理度量域时，表现为偏离标准的深程度。就程度而言，高于或低于标准，表征为语言，就是强化副词。情感强化副词绝大多数为极度或高度程度标记，pretty 和 fairly 是极少的个例，可以标记中等程度，与 quite 用法接近。根据 *OED* 上的数据，从它们的起源发展和历时演变来看，或许是这两个词语法化进程更快，使用频率更高导致高程度的表现力衰退得比其他相关词语严重。在进一步的考察中，我们还可以从其源概念的语义着手进行分析，这样或许也能获得新的认识。

（二）语义衍变的侧显机制

一方面，情感强化副词程度语义的衍生有赖于情感的概念化方式，另一方面，人类的认知识解使得程度语义得以显性化。通过转喻和隐喻的认知机制，在整体 ICM 中，情感范畴转而指代其高程度的属性特征，同时，情感域的常态偏离映射到度量域中，便意味着在度量域中将处于常量以上的某一段范围，即高等级的程度。而程度语义侧显成为关注的焦点，是人类在线认知加工的结果。在此过程中，侧显机制导致了内容和构架结构前景和背景位置的转换，直接影响了情感强化副词语义的解读。

1. 情感强化副词的概念构架结构偏向

英汉情感强化副词的内容结构包括情感状态和度量手段，构架结构包含关系、程度和无界性。这样的内容结构和构架结构是情感概念结构不可分割的部分，但是认知识解不同，它们对词汇语义的贡献便不一样。在转喻、隐喻和侧显机制的作用下，情感强化副词的内容结构和构架结构分处于前景和背景之中，其中构架部分支配了词汇语义的解读。

情感强化副词的内容结构和构架结构清晰可辨，又相互依存。从识解的角度来看，表现为前景和背景的关系。虽然如前面讨论的那样，作为单个的词汇，它们唤起的是人们对情感体验及生理反应的认知。但是，在一定的语境下，用作强化副词，这些情感概念的内容结构成为认知的背景，活跃在前景中的人们关注的对象则更多的是程度构架结构。然而，我们不能因此说它们的内容结构无关紧要。情感强化副词的语用效果之所以要不同于一般的强化副词，更具新颖性，更能引起情感上的认同和共鸣，就是因为其背景中内容结构同样能够激活人们对各种情感的体验和认知。

相关研究者如奥瑟娜西尔杜（Athanasiadou，2007）、洛伦兹（Lorenz，2002）、里维莱能和里萨宁（Nevalainen & Rissannen，2002）和特劳戈特（Traugott，1999，2003）指出，强化副词由形容词衍生而来，未能保持所有的内容成分，在语义上有所消退，只用于强调、说服或改变听者的看法。情感强化副词，如 jolly、enviably、incredibly、hopelessly、fearfully、同样也经历了语义流失，并在更大范围的语境中使用：

（1）She was *jolly good* at jigsaws.
（2）She was *enviably fluent* in French.
（3）Dolphins are *incredibly graceful* and efficient swimmers.
（4）Like most teens, Sharun was *hopelessly addicted* to social media.
（5）This is *fearfully expensive* compared with the last one I bought.

（1）—（5）中情感强化副词情感意义的内容结构对语义解读的影响依然存在，人们或多或少地会去体会言者用以度量程度的情感和态度，但是，它们已不再是注意的焦点。jolly 源于快乐域，然而，它所在的句子并不刻意表达快乐的情感，jolly good at jigsaws 的意思是"十分擅长于拼板玩具"；enviably fluent 不是对她的嫉妒而是对其法语流利程度的描述；incredibly 也是对 graceful and efficient 程度的说明；hopelessly addicted to 和 fearfully expensive 也同样是对被修饰成分程度的标记。内容词和功能词的区别并不意味着其概念结构中构架部分或内容部分的缺失，而在于它们是处于前景还是背景之中，在于它们是否得到凸显，受到认知何种程度的关注（Paradis，2001）。形容词通常为内容词汇，因为其内容结构处于前景之中，但是形容词同时也根据其构架结构进行建构。英语形容词作为功能词汇可表频度、焦点、情态、程度等，如，hourly changes、key points、a probable result、absolute idiot。"She has a terrible fondness for him"中，具有"可怕"情感意义的内容词 terrible 为程度标记。勃林格（Bolinger，1972：151）还注意到，以下表达中 awful 和 devilish 表现出向 very 发展的趋势，因此它们可以修饰名词或形容词，在演变的进程中语义流失，只留下强化的意义，如下例：

（1）He's an *awful sucker*=He's *awful(ly) (very)* gullible.
（2）It's *awful(ly) nice.*
（3）It's a *devilish(ly) small* portion.

帕拉迪丝（Paradis，2005：557）对形容词进行的内容偏向和构架偏向的区分也是基于这样的语言事实。以上举例中的 hourly、key、probable、absolute 就是构架偏向的形容词。同样，副词也有内容偏向和构架偏向之别。jolly、enviably、incredibly、hopelessly、fearfully 等用作方式副词时，具有明显的情感意义，是内容偏向型副词，用作情感强化副词时，主要对程度进行标量说明，是构架偏向型副词。

以上分析表明，英汉情感强化副词概念结构既包含内容结构，也包含构架结构，它们分别处于认知的前景或背景之中。具体如下表所示：

表 6-6　英汉情感强化副词内容结构和构架结构

Conceptual　　Structures	
Contentful (backgrounded /foregrounded)	Configurational (foregrounded)
STATE/ 状态： 　EMOTION/ 情感（backgrounded） ABSTRACT PHENOMENA/ 抽象现象： 　MEASURE/ 度量（foregrounded）	RELATION/ 关系 DEGREE/ 程度 BOUNDEDNESS/ 界限

英汉情感强化副词背景化的内容结构通常是二阶本体和三阶本体，在语义上表现为抽象的情感状态，而前景化的构架结构为关系和程度等。内

容结构和构架结构并不是相互否定、相互排斥，而是相互交织、共同协作的关系。在认知识解中它们或处于背景之中，或处于前景之中。

2. 情感强化副词程度语义凸显的侧显发生

情感词汇在概念化过程中所蕴含的程度语义为其意义的演变发展提供了依据。一般情况下，它们更多地用于情感状态的表达，在一定语境中，其情感意义淡化，程度意义凸显，主要用于强化言者对某一事体、事件和状态的态度和评价。从概念结构层面上来看，其内容部分和构架部分组成并没有变化，有变化的是人类认知识解的方式，即侧显由内容结构向构架结构转移，构架结构从背景转移到前景中，程度语义从而得到凸显。程度语义凸显实质上是内容—构架的前景—背景转化的过程。

不管英汉情感强化副词中的情感意义或隐或现，程度语义无疑是它们显性的、核心的意义。一般认为，情感强化副词的程度语义是一种高程度的大量范畴，大致相当于 very。由于情感状态的抽象性和不确定性，情感强化副词所表达的程度语义是模糊的，是有弹性的，在认定其量级时，人类的主观感受和认识起到了关键作用。

帕拉迪丝（Paradis, 2011:80）关于英语强化形容词和强化副词的历时研究表明，它们均历经了由内容语义到构架语义（from content to configurational meaning）的演变。具体表现为：首先程度语义凸显，用于修饰层级性形容词或副词等，随着强化功能被接受、规约化后，其组合词语的语义限制得到放宽。

程度修饰词和形容词之间的重要区别就是前者构架结构特征的凸显度高于后者（Paradis, 2001:52）。这种区别来源于二者不同的概念化方式：形容词表征为依存性概念，侧显关系；形容词通常为内容词，在概念化过程中，其内容结构处于前景之中，概念结构中的构架部分处于背景之中；程度修饰词也是依存性概念，侧显关系；程度修饰词通常为功能词，概念化的方式刚好相反，前景中受到关注的不是概念结构中的内容部分而是构架部分，主要表现为等级和程度。例如 very expensive、quite good、fairly warm 等中的 very、quite、fairly 凸显的都是构架结构，具有对所修饰形容词进行程度等级上的标量和说明的功能。情感方式副词的内容结构"喜""怒""哀""乐"和构架结构"方式"凸显程度相当。这也是副词在归类为实词还是虚词时受到争议的原因之一。情感强化副词与方式副词不同的是，其概念内容结构情感语义部分更加淡化，成为人们理解程度的背景知识，程度构架结构跃居前景之中，支配着情感强化副词最终的语义解读。

通过 terribly 的语义演变可以对情感强化副词程度语义前景化过程做一个较为详细的说明。根据詹全旺（2009）对 terribly 所做的历时性考察，terribly 在 1591 年最早出现在英国剧作家莎士比亚（W. Shakespeare）的戏剧 *King Henry VI* 中。只用来修饰动词，意思是"令人害怕"，表达动作的结果或方式。虽然构架部分"结果"或"方式"也居于前景之中，但是，离开了"害怕"的内容结构，方式便无从依附，造成信息上的空缺。例如：

    It thunders and lightens *terribly*.
    （1591 *King Henry VI* by William Shakespeare）

该句表达的是"雷鸣电闪，让人害怕"的意思，显而易见，"害怕"是其中不可或缺的语义元素。到了 18 世纪，除了动词以外，terribly 开始修饰形容词和副词，但与以前不同的是，它可以修饰表达"使害怕""使惊恐"等意义的动词，以及 angry、embarrassing、behind 等具有消极意义的词语，主要是增强被修饰词所表达的程度，而其"令人害怕"的语义有所保留。显然，在这个演变阶段，terribly 和所修饰的动词之间出现了语义重合现象。terribly 的情感内容结构虽然还在前景之中，但是其表程度的构架结构也开始前景化。此时所修饰的动词处于主要的句法位置，terribly 退而次之，词汇语义的虚化为其进一步语法化在句法和语义上奠定基础。

到了 19 世纪 30 年代，terribly 开始用以修饰具有积极意义的动词。可以说，在此类组合中，terribly 的概念内容语义部分几近漂白，即退居背景之中，而程度语义完全前景化，得到凸显，主要用于程度标记，强化言者的情感和态度。

侧显转喻是人类重要的识解方式，与认知主体注意力的分配相关。侧显和转喻不仅存在于具有相关性的概念之间，还存在于同一概念结构中的不同内容或次结构之间。词汇的不同语法范畴属性源自其概念中不同成分的侧显（Langacker，1999，2008），其实质就是认知识解运作中，侧显在同一概念结构不同成分之间的转移。他的经典用例 yellow 的名词、动词和形容词的区分十分具有说服力。卡列·马丁（Calle-Martín，2014）发现情感强化副词 wonder 保留了其源名词语义，用于方式概念的表达和高程度的表达，语义由内容向构架意义发展。实质上该研究也是在探讨识解过程中内容构架向构架结构的侧显转移。

根据兰盖克（Langacker，2008：113）的论述，侧显关系时，参与者（participants）被识解为不同层次的凸显，其中一个成为注意的主焦点，被定位、评价或描述，称为射体（trajector），另一个次焦点称为界标（landmark）。突出的射体和界标关系主要存在于原型的动词和介词语义结构中，如 eat、write、in/out、above/below。形容词侧显的关系中只有一个参与者，因为形容词如 pretty、tall、stupid 本身可同时具化特质和层级的位置，其射体通常为某一事物。譬如，在表达 work fast and fast worker 中，fast 将某一活动定位于标量的积极端，以评估该活动执行的速度。它们唯一的区别在于，副词 fast 主要侧显在活动本身，而形容词侧显的是活动主体（Langacker，2008：114—116）。情感强化副词也一样，只有一个参与者。它们主要是将射体置于标量的一段高程度刻度上，表明状态或行为在程度上的特征。

下面通过图解的方式对情感强化副词构架结构侧显，进而程度语义成为关注焦点的认知过程进行详细分析：

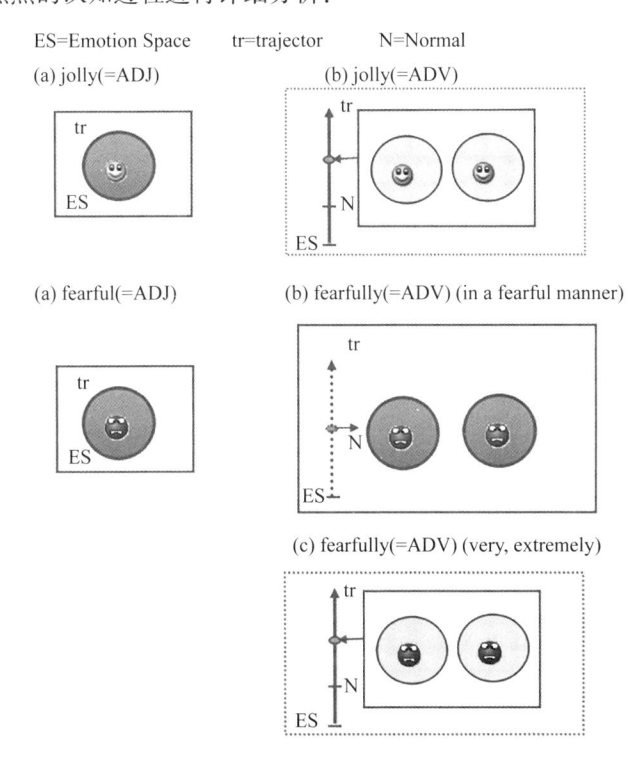

图 6-6　情感强化副词构架结构侧显

(1) a. She looked relaxed. She looked rosy. She looked *jolly*. She looked like a blushing bride. [jolly=(ADJ)]

b. ... and, you know, in your pajamas with furry slippers on and just *jolly* well enjoy. [jolly=(ADV)]

(2) a. It shows that our president sure seems *fearful* of discussing economy, energy price and all the other problems people need addressed. [fearful=(ADJ)]

b. She glanced *fearfully* at the Commandant's office. The door had slammed open and soldiers were running ... [fearfully=(ADV) (in a fearful manner)]

(3) ... and wonder the halls of learning, brushing shoulders with tutors and dons and the *fearfully* clever young. Semolina was the beleaguered but valiant heroin of recent acquisition ... [fearfully=(ADV) (very, extremely)]

jolly（=ADJ）, fearful（=ADJ）和 fearfully（=ADV）（in a fearful manner）的内容结构前景化，即概念空间中情感域的快乐和害怕域区（填充色浓厚），这两个区域各自具有自己区别性特性，表现为快乐和害怕的情感状态，它们和关系构架同时得到侧显。在其例句所描述的情境中，情感空间中的快乐和害怕的状态是认知关注的焦点。fearfully（=ADV）意为"可怕地"，"方式"构架得到侧显，但是其内容结构情感状态也依然处于前景之中，关系指向的箭头为注意力方向，虚线的标量轴处于认知的背景之中。

jolly（=ADV）和 fearfully（=ADV）（very, extremely）的情况如下：

jolly well enjoy 意为"十分享受或惬意"，和 jolly hard work 一样，jolly 并不是要凸显快乐的意味，而是表达"十分""非常"之意。fearfully clever young 的情况也是如此，fearfully 描述的只是聪慧的程度。反映在构架结构图上，情感空间为虚线方框，快乐和害怕域区填充色淡化，表明其源情感意义弱化，关系指向 N 所在标量轴的箭头为注意力方向，加粗的标量轴及 N 以上的黑点表明这里是认知关注的焦点所在，即，人们关注的不再是情感状态，而是高于常态的程度。也就是说，当其内容结构标量和构架结构程度、关系一道前景化时，jolly 和 fearfully 用作程度标记，意为"很""十分""非常"，用于强化言者的情感和态度。

奥瑟娜西尔杜（Athanasiadou，2010）指出源自"害怕"域的强化词历经了去词汇化过程，逐渐在更大范围的语境中使用。其实，所有的情感强化副词都经历了同样的演变过程。在这个过程中，情感概念的内容和构架成分以密切而复杂的方式协作，它们和认知识解共同构建了情感强化副词的意义。有些情感强化副词概念结构中的内容和构架成分凸显度相当，如前面提到的 ecstatically happy 和 disgustingly filthy，它们同时具有情感和程度意义；有些内容成分完全隐退，充分侧显了构架结构，如 jolly hard work、awfully good、devilishly handsome 中的强化副词，它们侧显的程度标量决定了其意义的解读。因此，情感词汇表达程度意义，首先是与其词汇意义或感情色彩相近的词语共现，具有一定的情感意义，随着使用频率的提高，用于更广泛的语境中，与更多种类的词语组合，其情感意义逐渐流失，成为认知的参照背景，程度意义逐渐凸显，构成认知关注的焦点。

五、结语

在前几章讨论的基础上，本章进一步深挖英汉情感强化副词语义的衍变过程与认知理据和发生机制。根据认知语言学相关论断，语言的形成具有一定的理据性，这种理据性可以从人们的体验和认知中找到依据。鉴于此，我们首先从心理学的角度探讨了各种情感共有的重要特征。通常，心理学对情感的判断都要参照"平静"状态。相对来说，"平静"就是一种不偏不倚的常态。这就意味着情感是对常态的偏离。情感的常态偏离是情感表达词汇发生语义衍变，衍生程度语义的认知理据。情感的常态偏离还可以从其概念化和相关隐喻研究中找到证据。结合具体语言事实，通过对英汉情感强化副词认知模式和在线识解的探讨，发现促成其语义衍变的认知发生机制主要包括转喻、隐喻和侧显。基于邻近性原则，在情感域中发生了"整体 ICM 与部分"之间转喻和"整体 ICM 中部分与部分"之间的转喻；基于相似性原则，情感的常态偏离投射到度量域，语义表现为情感语义衍变为程度语义。认知语言学认为，语义即概念结构。该观点并不是主张，词汇每一次使用，概念结构的成分能得到同等程度的展现。虽然，概念结构决定了语义结构，但是出于不同的表达需要，在不同的语境中，词汇所展现的可能只是概念结构中的部分内容。在语言使用中，识解的侧显转移直接影响了情感概念的内容结构和构架结构的前景和背景的位置互换，程度语义因此得到凸显。

第七章 英语情感强化副词的语义韵

一、引言

英语情感强化副词有源自积极情感领域，也有源自消极情感领域。十分有意思的是，快乐情感域的 jolly、dearly 可以修饰负面色彩意义的词语，例如 jolly glad 和 dearly love。同样，源自愤怒、悲痛、害怕情感域的强化副词经常与正面色彩意义的词语共现，例如 disgustingly healthy、painfully honest、terribly interesting。我们不禁要问：英语情感强化副词对组合词有什么样的语义要求和限制？在使用过程中表现为什么样的语义韵规律？通过定位索引（concordance），采用 KWIC 的检索方法，在 COCA 中以英语情感强化副词为关键词进行词汇索引[①]。由于语料库容量极大，所检索的情感强化词汇出现的频次和组合情况很复杂，无法逐一标注、统计、分析，故本研究根据英语副词的语法特点，采用类联接方法检索，如"情感强化词+ADJ""情感强化词+V"等，取前100组词丛，按频数排序，人工标注其情感强化用法，再进行组合词语和语义韵考察[②]。

二、快乐域英语情感强化副词的语义韵

直接由快乐情感演变而来的强化副词 jolly 和 dearly 的使用频率相对

[①] 本章语料搜集整理基本完成于2014年10月至2015年5月，还有小部分语料在后期的修改中获得。关键词为每类情感域中语法化高的前两位，即 jolly、dearly、bitterly、disgustingly、desperately、painfully、terribly、awfully、incredibly、unbelievably。

[②] 一般的语料库研究在确定搜索关键词以后，设定的观察跨距通常为 -4/+4 个单词。事实上这种跨距所提供的微型语境难以全面、客观的展现该词的语义韵真实面貌。我们在利用语料库进行语义韵研究的时候，尽量还原语料的原始语境，以获得更一手的语言事实，最终确定其组合词和语义氛围。

较低，尤其是 jolly，虽然在权威词典和 COCA 作程度副词处理。在 4.25 亿单词容量的 COCA 语料中，以 jolly 和 dearly 为关键词进行检索，得到总频次分别为 1182 和 1512，通过语料的进一步人工排查，标注出其强化副词用法后，对使用频次前 100 位组合词的词频进行统计，获得频次数据如下表：

表 7-1　情感强化副词 jolly 和 dearly 的词频统计

	频次（强化副词）	频次（一般副词）	强化副词占比
jolly	87	1182	7.37%
dearly	407	1512	26.92%

（一）jolly 的语义韵

jolly 主要与具有积极语义的形容词组合，其中与 good 组合的频次最高，占绝对优势。jolly 只与副词 well 组合，用例不多。因此总的来看，jolly 具有强烈的积极语义韵。

1. jolly 的搭配与类联接

情感强化副词 jolly 主要与形容词搭配，共 81 例，与 good 的共现高达 65 次，占总数的 82%。与 fine 共现 2 例，与 dirty 共现 2 例，与 nice、sure、like、harmless、decent、pleased 和 anxious 等词共现 1 例，除 1 例修饰非等级形容词 American（美国式的），其他为等级形容词。除了 good 以外，jolly 组合的情感形容词数量最多，有 pleased、glad、exciting 和 anxious。至于副词，jolly 只修饰 well，表达事情"很好"的意思。jolly 没有与动词和名词组合的现象。具体见下表：

表 7-2　情感强化副词 jolly 的组合词统计

jolly+ADJ	频次	比例（%）	jolly+ADV	频次	比例（%）
good	65	82.3%	well	8	100%
fine	2	2.5%			
dirty	2	2.5%			

续表

jolly+ADJ	频次	比例（%）	jolly+ADV	频次	比例（%）
sure/pleased/nice/like/harmless/decent/anxious/glad exciting/American	1×10	1.27%①			
合计	79	100%	合计	8	100%

修饰形容词是英语程度副词最典型的功能（Lorenz，2002：144）。情感强化副词 jolly 也一样，无论是从数量还是从范围来看，与形容词的组合占绝对优势，是其原型功能，与副词的组合是非原型功能。在所有的组合中，又属与抽象的评价形容词 good、fine、nice 以及副词 well 共现频率最高，高达 85%。其次是表达心理状态的情感形容词 pleased、glad、exciting 和 anxious，占 4.5%。

jolly 共有"jolly + ADJ"和"jolly + ADV"两大类联接。

类联接"jolly + ADJ"具体表现为三种情况："jolly + ADJ + N" "LINK-V + jolly + ADJ"和"jolly + ADJ + to + V"。

（1）The next day, after the PSB had assigned a baby-faced handler specifically to keep tabs on me, our group was whisked off to the Arirang Mass Games, a totalitarian feat of mass synchronization by 100,000 performers. We sat just rows away from the cordoned-off box seats, where the party cadres seemed to be having a *jolly good time* drinking and smoking.

（2）Let's say you want to serve a bowl of punch to a couple of dozen guests during the holiday season. That's a *jolly fine idea*, and it's never too early to get started——especially if you happen to be doing this for the first time.

（3）The floor is *jolly dirty*.

---

① 为了排版的方便和行文的美观，在英汉情感强化副词语义韵考察的各类表格中，省略了部分组合词的罗列。因为对所有组合的频次和语义类型进行了细致的统计和分析，所以形式上的省略并不影响我们考察的结果。1×10 表示出现频次为 1 的组合有 10 个，1.27% 为 sure，pleased 等单个词词频占总词频的比例。后文中同类数据均如此标示。

（4）As monarch, one does have to make the hard decisions. Goes with all the gold leaf. But maybe your clever film notion will do the trick. Have them all clamoring for him to take the throne. *Jolly exciting*.

（5）Oh, don't for a second think that I haven't had fun doing it, and have fun doing it. And I'm *jolly pleased to have* got it, and had it. And I wouldn't exchange it for anything.

类联接"jolly + ADV"也可分为两种情况："jolly + ADV + V"和"V + jolly + ADV + PRE"。

（1）You know, in your pajamas with your furry slippers on and just *jolly well enjoy*.

（2）Men wear boaters and *get along jolly well with* each other.

2. jolly 的语义优选与语义韵

在 jolly 组合词中，与 good 共现的 65 例中，多为对人的好评，有 19 例为 jolly good fellow（十分不错的人），还有 a jolly good husband（一位很出色的丈夫）/person（人）/Gilbert（吉尔伯特人）/Fella（人名）/bedfellow（合伙人）各 1 例。例如：

（1）Before Nora can think what to say, a nearby table, celebrating a birthday, bursts into a chorus of "For she's a *jolly* good fellow." The sound of clapping fills the room.

（2）Mr. Punch is one *jolly* good fellow, / His dress is all scarlet and yellow ... / He lives while he can upon clover; / When he dies – it's only all over.

jolly nice 修饰的也是 fellow，例如：

There's limited room in the boat, you see. Weak, genetically flawed, but a *jolly* nice fellow.

与 jolly 共现的副词 well 大多也表达正面的、好的评价。显然，无论 jolly 的搭配词是形容词还是副词，其语义优选类型为：

(1) 良好；(2) 优秀。

语义韵的生命力在于它不仅仅是一种组合现象，它首先依赖于语义选择趋向 (Sinclair, 1996)。从理论上看，语义优选建构了语义韵氛围，而语义韵决定语义优选的取舍 (Partington, 2004)。

jolly 与积极语义词语组合的频率高达 94%，主要为肯定的评价 "好" 类，包括 good、well、fine、nice 等，其次是快乐类情感形容词，包括 pleased、sure、glad、exciting 等。与消极语义词语组合的只有表示 "脏" 的 dirty 和 "忧虑" 情感的 anxious。具体见下表：

表 7-3 情感强化副词 jolly 的组合词分类

积极语义	频次	中性语义	频次	消极语义	频次
good	65	like	1	dirty	2
well	8	American	1	anxious	1
fine	2				
pleased/nice harmless/sure decent/glad/exciting	1×7				
合计/比例	82/94.25%	合计/比例	2/2.30%	合计/比例	3/3.45%

jolly 组合的形容词和副词中呈现积极涵义的有 82 例，占比 94.25%，中性涵义的 2 例，占比 2.30%，消极涵义的 3 例，占比 3.45%。jolly 源自 "快乐"域，是典型的积极情感。一般情况下，它作为情感强化副词与其源词语义保持一致，表现为强烈的积极语义韵。

(二) dearly 的语义韵

dearly 与动词共现的频率是形容词的约 4 倍，与 love (包括 loves 和 loved 等) 和 beloved 的组合分别占所有动词和形容词 63% 和 62%，表现出对 "喜爱"语义类型鲜明的偏好。在使用中，dearly 呈现出强烈的积极语义韵。

1. dearly 的搭配与类联接

dearly 和 jolly 的情况不一样，与动词组合 325 例，与形容词组合要少很多，只有 82 例。与动词组合时，dearly 意为"very much"，组合频率居于首位的动词是 love，包括 loved、loves 等各种形式，共 255 例，占比 63% 左右。与 love 的近义词 like 共现的有 18 例，favor 共现 1 例。其次是与 want、need、wish、hope 的频繁组合，该类词语还有 intend、desire、look forward to 等，不过都只有 1 例。

dearly 与形容词搭配时，beloved 是最常组合词，占半数以上。其他形容词的数量很多，共 35 个，但是共现的频率却很低，都不过只有 1 至 2 例而已。有些是事物的客观属性，如 weak、visible、unsuitable、subsidiary、significant，还有些是人的主观感受和判断，如 suspicious、angry、eager、absent、prized、flawed、imperfect。dearly 与副词 much、out of 各有 1 例共现的情况，不具统计意义。dearly 与形容词和副词组合词统计具体见下表：

表 7-4　情感强化副词 dearly 的组合词统计 [①]

dearly+ADJ	频次	比例（%）	dearly+V / V+dearly	频次	比例（%）
beloved	45	55%	love	210	64.4%
flawed	2	2.4%	want	27	8.3%
prized	2	2.4%	like	18	5.5%
weak/visible/angry unsuitable suspicious subsidiary significant outstanding/lower …	1×33	1.2%	need	14	4.3%
			wish	13	4%
			hope	15	4.6%
			miss	12	3.7%
			suffer	4	1.2%
			appreciate	2	0.6%
			look/like/trust …	1×11	0.30%
合计	82	100%	合计	326	100%

dearly 共有三大类联接 "dearly + V" "V + dearly" 和 "dearly + ADJ"。类联接 "dearly + V" 具体又分几种情况："dearly + V + to +V" "dearly

---

① 表中动词的 v 形式用例实际还包括其 v-s、v-ed、v-ing 的情况。

+ V + N""dearly + V""dearly + V + N(+ to)+V" 和"dearly + V + CLAUSE"。

类联接"dearly + V + to +V"的用例最多,譬如:

(1) Conservationists, fisheries managers, marine ecologists and evolutionary biologists would *dearly love to find* the answers, and they are beginning to develop the tools to do so.

(2) Lee stared at her, his mouth working as if it *dearly wanted to keep* speaking, his eyes betraying his irritation. The audience hushed …

(3) We believe Russia *dearly needs to expand* all sorts of ties with the United States and the West.

类联接"dearly + V + N"的用例也很多,譬如:

(1) I just wanted to say that my 91-year-old mother *dearly loves* puzzles.

(2) She *dearly wants* children, but realizes it's not "practical" before she and Ryan …

(3) Those of us who *dearly appreciate* music can look back on Jeff's days in Denver as the very best.

与"dearly + V"一样,类联接"V + dearly"的小类也很多,但是使用频率相对要低,且组合动词也是有限的几例,有 love(37例)、suffer(4例)、want(3例)、hope(2例)、miss(2例),譬如:

(1) And Sheryl Flowers, God rest her soul, I *love dearly*, we would have these conversations all the time.

(2) And some who stayed behind *suffered dearly from* the backlash of the McCarthy years.

(3) He *wants dearly* to focus on his future, with Dot, a future he envisions as a kind of letting go, a free fall into tranquility.

(4) The guy just was a phenomenon, and is *missed dearly* in my

household.

（5）I was hoping. *Hoping dearly* that my dad would turn out to be innocent.

"dearly + V" 也是重要的类联接之一，譬如：

（1）Even if that means that I have to step down from a job that I *dearly love*.

（2）And there is the American company which gave him a new prosthesis and something he *dearly wanted*.

（3）He was 62 years old and he will be *dearly missed*.

类联接 "dearly + V + N（+ to）+V" 中的组合动词有 want 和 hope，如：

（1）It seems our future may currently lie in the scholar's hands and I *dearly want them to be* clean and honest.

（2）… thanked for their constancy sooner or later. Just as we forgive our mothers and *dearly hope our parents* (and children) come to forgive us!

类联接 "dearly + V + CLAUSE" 中的组合动词有 hope 和 wish，如：

（1）Republicans *dearly hope* Bush can survive the election without saying or doing anything to damage his image.

（2）I *dearly wished* I could muster such a reaction, but in my pettiness all I managed.

dearly 与 love 的组合 210 例中，有 60 例为 "would dearly love to + V" 类联接，与 like 的 18 例组合中有 11 例为 "would dearly like to" 类联接。这表明英语中 "would dearly love/like to + V" 是人们表达"意愿"的常见形式。

（1）Since this is the Coffee-House, I would *dearly love to have* a cup of coffee.

（2）She's an Oklahoma girl whom the FBI, among many others, would *dearly love to help* and need your help.

（3）I would go to Isobel, who would *dearly like to see* the back of me, except that she believes herself so in.

（4）… effort in the Middle East peace process, it is no secret President Clinton would *dearly like to end* his eight years in office with a final agreement between Israel.

dearly 还与一些静态动词共现，如：

（1）She had spent years in the United States attending college before their marriage. He *dearly enjoyed* seeing her grin, and he smiled his pleasure. She took his arm.

（2）This failure was actually a victory for the United States because "the convention *dearly deviated from* American policy for international communications." Although the United States delegates failed …

（3）… evident religious or philosophical persuasion does not automatically make him an ideologue, and articles *dearly deriving from* such a perspective were not classified as ideological.

"dearly + ADJ" 使用中具体有 "dearly + ADJ + N" 和 "dearly + ADJ" 两种连接，如：

（1）For his most *dearly prized* shadow, Ser Rutilius had ordered the construction of a special cabinet.

（2）For those who perceive ethical problems in this case, this perspective is *dearly flawed*.

dearly 与形容词 beloved 的组合最频繁，共 45 例，其中 19 例以用于仪式上的称呼语和指称词 "dearly beloved"，15 例以 "dearly beloved + N" 的形式出现，如：

(1) *Dearly beloved*, we are gathered here today to join this couple in holy matrimony.

(2) Increase distortion, all channels. Kill drums. "*Dearly beloved,*" I say in cold, respectful tones, "we are gathered."

(3) Our *dearly beloved* and highly-esteemed President Bush has no reason to act so upset at Iraq's …

(4) Dunwin told himself that his *dearly beloved pet* and constant companion would have come with him even if he had not …

除了层级性形容词以外，还有几例非层级性形容词出现在组合中，例如：

(1) C. J. or her robot projection–was nearly at the adit mouth. By that entrance lay something *dearly artificial*, and just as dearly out of place in a nineteenth-century mining camp.

(2) "So we can see what's inside?" I comply. Inside is a *dearly homemade* device the size of a small book.

(3) Outside you in this room, so many *dearly foreign* things abound: cold sluicing down from the window, the clock's clean-slanted.

dearly 与副词和介词短语组合的用例极少，只有 much 和 out of，例如：

(1) Gravity here was *dearly much* lower than on Earth, even less than on Mars, he guessed.

(2) C.J. or her robot projection——was nearly at the adit mouth. By that entrance lay something dearly artificial, and just as *dearly out* of place in a nineteenth-century mining camp.

与 dearly 共现的动词比形容词的数量要多很多，但是它与形容词的组合范围相对较广，语义选择自由度较大。在所有的组合中，dearly 习惯性跟语义相近的 love 和 beloved 共现，占总量的 60% 左右；其次是愿望动词 want、wish、hope 类和心理动词 miss 等。组合的形容词大多具有层级性，也出现少量 dearly、artificial、dearly homemade、dearly foreign 的情况。dearly 也有与副词 much（lower than）和介词短语 out of（place）组合的用例。

2. dearly 的语义优选与语义韵

dearly 与积极语义词语组合的频率很高，其中表"喜爱"的 love（210例）, beloved（45例）和 like（18例）是最常组合词。"喜爱"类的还有 prized、favor、appreciate、enjoy、desire、eager、devoted、desirable 等。其次是"愿望"和"需求"类，包括 want（27例）、hope（15例）、wish（13例）、miss（12例），其他似乎都是尝试性的使用，均为 1 到 2 例共现情况。消极涵义组合词使用频率最高的是 need（14例），然后是 flawed、suspicious、angry 等词。因此，从组合词的意义表现来看，dearly 通常优先选择的语义类型为：

（1）喜爱；（2）愿望；（3）需求。

另外，dearly 表现出与消极类词语组合的 32 例中，有 5 例为消极情绪词，suspicious（怀疑）、angry（愤怒）、absent（心不在焉）、disappointed（失望）、crestfallen（沮丧）；2 例 flawed（缺点）；devoid 和 insufficient（不足，匮乏）各 1 例。

dearly 所在的"快乐"域为典型的积极情感。总体上看来，到目前为止，在演变为情感强化副词的过程中，dearly 的语义取向并未发生实质性的改变，依然与其源义"珍贵""钟爱"基本保持一致。具体见下表：

表 7-5　情感强化副词 dearly 的组合词分类

积极语义	频次	中性语义	频次	消极语义	频次
love	210	look like	1	need	14
beloved	45	intend	1	suffer	4
want	27	impress	1	flawed	2
like	18	differentiate	1	suspicious	1
hope	15	derive	1	angry	1
wish	13	visible	1	absent	1
miss	12	subsidiary	1	insufficient	1
prized	2	artificial	1	imperfect	1
appreciate	2	foreign	1	deviate	1

续表

积极语义	频次	中性语义	频次	消极语义	频次
enjoy/funny eager better/significant ...	1×14	homemade necessary ...	1×8	unsuitable disappointed ...	1×6
合计/比例	358/87.96%	合计/比例	17/4.18%	合计/比例	32/7.86%

dearly 组合的动词和形容词中呈现积极涵义的有 358 例，占比约 88%，中性涵义的 17 例，消极涵义的 32 例，占比共 12% 左右，dearly 表现为强烈的积极语义韵。

三、愤怒域英语情感强化副词的语义韵

直接由愤怒情感演变而来的强化副词有 bitterly 和 disgustingly，bitterly 在 COCA 出现 2151 次，经过对语料的人工标注，发现其情感强化副词用法 710 例，概率为 33%。相对来说，disgustingly 虽然语法化程度高，但使用频率并不高，只出现 111 例，然而其情感强化副词用法有 84 例，占总数的 77%。bitterly 和 disgustingly 用作情感强化副词的使用频率如下：

表 7-6 情感强化副词 bitterly 和 disgustingly 的词频统计

强化词	词频（强化副词）	词频（一般副词）	强化副词占比
bitterly	395	2151	18.36%
disgustingly	84	111	75.68%

（一）bitterly 的语义韵

bitterly 主要与形容词组合，也与动词共现，其优选语义类型为"寒冷"和"失望"等消极情感，一般情况下，它表现为强烈的消极语义韵。

1. bitterly 的搭配与类联接

从统计的结果来看，与形容词组合是情感强化副词 bitterly 的原型功能，前 100 组从 411 例中有 349 例为程度标记，与动词组合前 100 组丛共 452 例，在数量上大于形容词组合，用作程度标记的却只有 46 例。组合频率居前三位的形容词是 cold（152 例，43.5%）、disappointed/disappointing（66

例，18.9%）、divided/divisive（31 例，8.9%）。bitterly 与表"分歧的""有争议的"形容词共现除 divided/divisive 以外，还有 partisan、controversial、disputed、contentious 等。与情感形容词组合的现象也不少，有 funny、angry、jealous、unhappy、sad、resentful、remorseful、homesick、ashamed 等。与 bitterly 共现的动词很多，有 oppose、complain、fight、contest、debate、criticize 等，其使用频率较高，但用作情感强化副词，bitterly 似乎更倾向与心理尤其是情感动词组合。在收集到的 10 个组合动词中，有 8 个为心理动词，如 resent、regret、disappoint 等，只有 2 个例外 hurt 和 lack，与 bitterly 组合，意为"受伤很严重""十分匮乏"。bitterly 没有与副词和介词组合的现象。具体见下表：

表 7-7　情感强化副词 bitterly 的组合词统计

bitterly +ADJ	频次	比例（%）	bitterly +V	频次	比例（%）
cold	152	43.5%	resent	23	50%
disappointed/ing	66	18.9%	regret	11	23.9%
divided/divisive	31	8.9%	disappoint	3	6.5%
funny	9	2.6%	determine	2	4.3%
partisan	8	2.3%	hurt	2	4.3%
angry	8	2.3%	marvel at	1	2.2%
jealous	7	2%	let down	1	2.2%
controversial	7	2%	lack	1	2.2%
disputed	6	1.7%	grieve	1	2.2%
competitive	4	1.1%	frustrate	1	2.2%
unhappy	3	0.8%			
sad	3	0.8%			
apparent/comic …	2×6	0.57%			
ignorant/negative/determined …	1×33	0.28%			
合计	349	100%	合计	46	100%

bitterly 有两大类联接"bitterly + ADJ"和"bitterly + V"。类联接"bitterly + ADJ"使用中具体又分为"bitterly + ADJ + N""bitterly + ADJ""bitterly + ADJ + PREP"和"bitterly + ADJ +to + V"四小类。

"bitterly + ADJ + N"和"bitterly + ADJ"为典型类联接，如：

（1）While the news division is doing well, Lack faces more challenges in prime time. NBC is involved in a *bitterly competitive race* for dominance with CBS and ABC, has been slow to jump into reality TV and saw CBS mount a serious challenge to its Thursday night schedule this spring.

（2）Leaving Tommy divided and confused, the split in his community is an effect of the colonial effort to divest Native peoples of their sovereignty, not only through sustained conditions of economic and social oppression but also, Armstrong reveals, through the *bitterly ironic promise* that "equal rights" through " inclusion" or, more properly, assimilation will rectify these conditions.

（3）Well, I pitted my six-pack against your keg belly. And to my astonishment, I have agreed with almost everything you said tonight, which is *bitterly disappointing*.

（4）She lowered her hand, forced her mind to engage. He'd removed his jacket and tie, she noted, but otherwise he looked just as he had when he'd confronted her at the police station. Polished, urbane, and *bitterly angry*.

"bitterly + ADJ +to + V"为常见类联接，如：

（1）When I was 15 and in my senior year of high school, I was *bitterly disappointed to learn* that the two most prestigious technical universities …

（2）"I think I mentioned that this meeting is for stockholders only," he said, *bitterly angry to find* Meredith in the company of a Tennison, and dressed like that, in luxurious garments that she certainly couldn't afford on what he paid her to waitress at his restaurant.

"bitterly + ADJ + PREP"连接多为情感形容词组合词，如：

（1）But I wasn't *bitterly disappointed at* any turn.

（2）Unlike my silent parents, she was openly, *bitterly angry about*

Germany and the Nazis.

（3）He was *bitterly jealous of* Walt and desperately wanted to hurt him.

bitterly 与 cold 的组合数量上占绝对优势，多表现为 "bitterly cold + N" 和 "bitterly cold" 两种情况，例如：

（1）A blast of *bitterly cold air* will sweep across the Central Plains.
（2）And good Sunday morning. Happy New Year. It is a *bitterly cold morning* as an Arctic blast of freezing air is roaring through much of the U.S.
（3）The terrace was *bitterly cold* and smelled sweetly of last year's crop of apples.
（4）*Bitterly cold* and quiet. Goodson, Gregor and Abby shine their flashlights.

与动词组合时，bitterly 几乎清一色地选择心理动词或短语（resent、regret、disappoint、determine、marvel at、let down、grieve、frustrate）明确表达行为的强度。此外，它也修饰 hurt 与 lack，标量程度。与动词组合的类联接有：
（1）bitterly + V + N；（2）bitterly + V + PREP；（3）bitterly + V
用例如下：

（1）So how to cope with the realization that you *bitterly resent your successful friends* and fantasize about your wife's yoga instructor?
（2）The director of the IEA frowned and lowered his voice. "Then they will *bitterly regret their inopportune use* of computers."
（3）I now subscribe to the theory that genetics did quite strongly influence my choices and *bitterly marvel at* the fact that I am the only women in the family so employed, at least up until now.
（4）that Prynne and his kind would *bitterly regret for* the erosion of moral and intellectual standards that could be considered its sordid.
（5）*Bitterly resented*, Johansen's damning words cost him a place on

the eventual Pole-seeking party.

（6）I ... her request to have a child, he must have known that Madeleine would be *bitterly hurt*, so once again his morality appears very uncertain.

bitterly 与动词 complain、oppose、criticize、fight 等组合的频率也较高，有些词典将其归于方式副词一类，认为与这些动词组合时，侧重"愤怒"的方式。本研究认为，bitterly 此处兼表方式和高程度语义"激烈地""强烈地"，例如：

（1）When President Joseph Estrada was forced from office in 2001, he *bitterly complained* that the popular uprising against him was a "coup de text."

（2）He *bitterly criticized* French diplomats who "are happy to speak English," rather than French, which is "under siege."

（3）More controversial are efforts to ban mandatory overtime and set minimum staffing standards. Hospitals *bitterly oppose* he passage of such laws, saying they oversimplify complex issues and over regulate an already struggling industry.

（4）The expansion, *bitterly fought* by some nearby residents and businesses, would make the airport's intersecting runways.

2. bitterly 的语义优选与语义韵

bitterly 的最高频率组合词为 cold，共 152 例，占比 38% 左右，接下来是 disappoint 的各种形式共 69 例，占比约 17%。bitterly 的组合词几乎都具消极涵义词，在语义上可以分为四大类型：

（1）寒冷类（cold、rainy and chilly、frigid，共 154 例）。

（2）消极情感类

失望类情感（disappoint、let down，共 70 例）；

愤恨类情感（resent、regret、angry、jealous、unforgiving、remorseful、ashamed、abhorrent、mad、poignant、unjust、ignorant，共 62 例）；

悲伤类情感（unhappy、sad、painful、homesick、grieve、frustrate、

共 10 例）。

（3）分歧类语义组合（divided、divisive、partisan、controversial、disputed、contentious、split，共 55 例）。

（4）其他类（hard、unpopular、hurt、inappropriate、negative、difficult、confrontational、lack，共 11 例）。

从以上组合词的语义分布来看，情感强化副词 bitterly 表现出对"寒冷"的语义优选，在与情感类词语组合时，对消极情感，尤其是失望和愤恨的情感意义词有明显偏好。具体见下表：

表 7-8 情感强化副词 bitterly 的组合词分类

积极语义	频次	中性语义	频次	消极语义	频次
funny	9	competitive	4	cold	152
determine	3	apparent	2	disappoint	69
comic	2	serious/high …	1×8	divided	31
marvel at sensible hilarious effective frank convincing alluring	1×7			resent	23
				regret	11
				partisan	8
				angry	8
				jealous controversial	7×2
				disputed	6
				unhappy sad	3×2
				hard/unpopular …	2×5
				ignorant/painful/negative …	1×22
合计 / 比例	21/5.32%	合计 / 比例	14/3.54%	合计 / 比例	360/91.14%

通过对 bitterly 组合词语义的分析，发现组合的动词和形容词中呈现消极涵义的远比积极和中性涵义的多，消极涵义的有 360 例，约 91%，积极涵义的 21 例，约 5%，中性涵义的 14 例，为 3% 左右。bitterly 源义为"愤

怒""愤恨",属于典型的消极情感。作为情感强化副词与其源词语义保持一致,bitterly 主要表现为强烈的消极语义韵。

(二) disgustingly 的语义韵

使用中的 disgustingly 主要与形容词搭配,可以同时表示积极和消极的态度,可以与语义完全相反的情感、性情、健康、整洁类词语组合,并没有显著的语义优选特征。也与介词 out 和 at 共现。总的来看,它是一个混合型语义韵情感强化副词。

1. disgustingly 的搭配与类联接

从统计的结果来看,disgustingly 和 bitterly 的搭配情况有天渊之别。bitterly 有几位常相伴左右的朋友,disgustingly 有点自由散漫,似乎要广交天下。disgustingly 在 COCA 语料库中检索而得的频率较低,只有 111 次,86 例情感强化用法中出现了 84 个形容词,2 例介词 out of(place)和 at(ease)。disgustingly 与所有组合词共现的频率都很低,最多不过 4 例,绝大多数不都只有 1 到 2 例而已。其中情感和性格方面的形容词最多,近 30 例,如 happy、awful、timid、pleased、horrible、snooty、domineering、honest 等。与健康相关的形容词也不少,有 healthy、wholesome、fit、robust、lean、strong 等。在所有组合中,还同时出现了语义相反的一组词,如整洁和肮脏类,neat、Kosher、orderly、filthy、dirty、messy、squalid 等。具体见下表:

表 7-9 情感强化副词 disgustingly 的组合词统计

disgustingly + ADJ	频次	比例(%)
easy	4	4.76%
filthy	4	4.76%
happy	3	3.57%
awful/decadent/gross/messy rich/squalid/normal/sweet healthy/thick	2 × 10	2.38%
successful/strong/neat/fertile …	1 × 53	1.19%
合计	84	100%

disgustingly 的类联接"disgustingly + ADJ"具体表现为两种情况，"disgustingly + ADJ"和"disgustingly + ADJ + N"，例如：

（1）I'm writing regarding "Drilling the Wild" by Ted Kerasote. Horrible. *Disgustingly slanted*. This article is heavy on the rhetoric and light on the facts.

（2）Yikes! How horribly dreadfully appallingly *disgustingly awful*.

（3）A team of neat freaks spend seven weeks trying to find the most *disgustingly messy home*.

（4）The two-week house party had proved perfect. He had thrown Isabelle in Wroth's way as frequently as possible, appealing to her *disgustingly sweet nature* to befriend him. With satisfaction, he had watched Wroth become more enamoured with his wife each day. But, despite Wroth's reputation, he made no move to actually seduce Isabelle, instead treating her with a protective chivalry which set his teeth on edge.

disgustingly 可与介词 out of 和 at 共现，例如：

（1）She says, I'm gross. I'm so *disgustingly out of* shape.

（2）The Bush and Baker boys, who seem *disgustingly and suspiciously at ease* when they hectoring Israel, have taken every available opportunity …

2. disgustingly 的语义优选与语义韵

disgustingly 组合词多表现为情感、性情、健康、整洁类意义，有一个很显著的特点就是，组合词兼容了同一语义类的正反语义词，因为用例多在少数，其语义优选并不明显，主要组合语义有：

（1）情感类

正向语义词（happy、pleased、pleasant、adorable、sweet、perfect，共8例）；

负向语义词（awful、horrible、partisan horrifying、slanted、annoying、mortal，共8例）。

（2）性情类

正向语义词（tenacious、strong、kind、punctual、honest、confident、good-natured，共 7 例）；

负向语义词（gross、decadent、timid、domineering、snooty、irresponsible、hypocritical、furtive、anti-social，共 11 例）。

（3）健康类

正向语义词（wholesome、fit、thick、robust、fertile，共 5 例）；

负向语义词（diseased 共 1 例）。

（4）整洁类

正向语义词（neat、orderly、Kosher，共 3 例）；

负向语义词（filthy、messy、squalid、malodorous、dirty、unclean，共 11 例）。

（5）其他类

正向语义词（easy、rich、true、successful、lucky、good shape、comfortable 等）；

负向语义词（overcrowded、irregular、divisive 等）。

disgustingly 组合词语义的统计结果显示，积极涵义或消极涵义是中性涵义词的 3 到 4 倍，而前两者在数量和用例上相差无几。由此可见，它更倾向于与具有鲜明的言者态度和评价的词语共现，或褒或贬，总的表现为一种混合型语义韵。disgustingly 源义为"厌恶""憎恶"，是愤怒情感域的重要成员。在嬗变为情感强化副词的过程中，对共现词语的语义并不是严格地选择消极意义，而是包容和接纳积极语义，可见其"厌恶""憎恶"的意义正逐渐褪色。具体见下表：

表 7-10　情感强化副词 disgustingly 的组合词分类

积极语义	频次	中性语义	频次	消极语义	频次
easy	4	normal thick	2×2	filthy	4
happy	3	universal		awful	2
rich	2	small outlandish materialistic ...	1×8	decadent	2

续表

积极语义	频次	中性语义	频次	消极语义	频次
sweet	2	universal small outlandish materialistic …	1×8	gross	2
healthy	2			messy	2
successful neat/fertile …	1×25			squalid	2
				overcrowded irresponsible …	1×20
合计/比例	38/45.24%	合计/比例	12/14.28%	合计/比例	34/40.48%

disgustingly 与积极涵义、中性涵义、消极涵义词语组合频次各为 38、12 和 34，占比分别为 45.24%、14.28% 和 40.48%。该数据显示，使用中的 disgustingly 对共现词的语义具有特别的吸纳功能，同一语义类中的正反义词语都能成为它的搭档，是典型的混合型语义韵情感强化副词。

四、悲痛域英语情感强化副词的语义韵

直接由悲痛类情感演变而来的强化副词 desperately 和 painfully，前者的使用频率远远高于后者。具体见下表：

表 7-11 情感强化副词 desperately 和 painfully 的词频统计

	词频（强化副词）	词频（一般副词）	强化副词所占比例
desperately	2953	6455	45.75%
painfully	607	2557	23.74%

（一）desperately 的语义韵

desperately 主要与动词组合，其次是形容词和介词。动词的语义类型多为"需求"和"愿望"类，形容词的语义类型则为"贫乏"和相应的糟糕的情感。从其搭配和语义优选来看，总的来说，desperately 表现为消极语义韵。

1. desperately 的搭配与类联接

从统计的结果来看，情感强化副词 desperately 与动词组合的频率最高，共 2370 例，其次是形容词 529 例。从组合词的数量来看，动词 20 个，形容词组合词 103 个。此外，desperately 还与介词组合，共 54 例。

desperately 组合频率最高的动词是 need，共 1291 例，占半数以上，其次是 want，共 828 例，占比 35%，hope 共 133 例，wish 共 40 例，crave 共 13 例，其余是 10 例以下的组合词。

desperately 最常组合形容词是 poor，共 125 例，占比约 24%，其次是 short，共 33 例。desperately 与大约 60 个情感形容词共现，例如，afraid（32 例）、unhappy（23 例）、lonely（19 例）、sad（19 例）等近 200 例。具体见下表：

表 7-12　情感强化副词 desperately 组合词统计

desperately +ADJ	频次	比例（%）	desperately +V/V+ desperately	频次	比例（%）
poor	125	23.63%	need	1291	54.47%
short	33	6.24%	want	828	34.98%
afraid	32	6.05%	hope	133	5.63%
needed	25	4.72%	wish	40	1.69%
unhappy	23	4.35%	crave	13	0.55%
hungry	19	3.59%	miss	9	0.38%
ill	19	3.59%	care	8	0.33%
lonely	19	3.59%	desire	7	0.29%
sick	13	2.46%	worry	6	0.25%
wrong	13	2.46%	love	6	0.25%
important	11	2.08%	long	5	0.21%
sad	10	1.89%	like	5	0.21%
thirsty	9	1.70%	lack	4	0.16%
tired	8	1.51%	fear	4	0.16%
concerned	7	1.32%	underrate	4	0.16%
needy	7	1.32%	depend	2	0.08%
scarce	6	1.13%	embrace	2	0.08%

续表

desperately +ADJ	频次	比例（%）	desperately +V/ V+ desperately	频次	比例（%）
anxious	5	0.94%	busy	2	0.08%
eager	5	0.94%	let down	1	0.04%
worried/hard/fearful/ low/thin	4×5	0.76%			
insecure/happy/lost/ difficult/ambitious/	3×11	0.57%			
empty/awkward/ glad/horrible/ …	2×26	0.38%			
honest/homesick/ helpless/heavy/ …	1×35	0.19%			
合计	529	100%	合计	2370	100%

此外，desperately 与介词 in 和 out 构成的短语组合的情况相对较多，34例 in need of，18例 in love with，1例 in doubt，1例 out of touch，共54例。

由此看来，desperately 的类联接主要有四种形式"desperately + V""V + desperately""desperately + ADJ"和"desperately + PREP"。

就频率最高的前三位组合动词 need、want、hope 来看，"desperately + V"类联接用例分别为1264、731和122频次，"V + desperately"类联接用例分别为27、97和11频次，虽然组合词之间有差异，但前一种类联接明显更为普遍。

"desperately + V"优势类联接有"desperately + V + to + V""desperately + V + N"和"desperately + V"三小类，例如：

（1）But he *desperately needed to get out* and will die if he doesn't.

（2）A sample healing consultation illustrates common themes and problems that plague the lives of Ambanja's young inhabitants who have grown up in the post-Independence era: Michel (n23) is a thirty-two-year-old migrant who *desperately wished to be* able to charm his wife, whom he feared would abandon him to become the mistress of a richer Bemazava man.

（3）… fiancee didn't wait for him after his November 1997 arrest, and he *desperately missed his four children.*

（4）I *desperately love her*, I really do.

（5）Immediately, they'd butted heads, and he'd infuriated her by interfering with her life. But worse, he'd robbed her of the revenge she *desperately craved.*

（6）Even though there's still one major left this year that I want to *desperately try* and win, I'm looking forward to next April and trying to complete the career Grand Slam.

"V + desperately" 组合动词范围要窄，只有 need、want、hope、wish，包含 "V + desperately + to + V" 和 "V+desperately" 小类重要联接，例如：

（1）Calypte. Before he left Ogygia, Odysseus confessed to Calypso that he thought she was gorgeous, more beautiful than his wife. Still, he *wants desperately to go* home.

（2）This is where all those years of playing hard to get would pay off in an above-average salary, private office, and — I was convinced — a signing bonus. An injection of cash that I *need desperately* because I was broke.

与 hope、need、want、fear 组合时，有 "desperately + V +for" 的类联接形式。

（1）Remy keeps Linguini chopping, *hoping desperately for* an idea to salvage the situation.

（2）She *needed desperately for* them to see her, to discover her, to find the person inside …

（3）And I *wanted desperately for* other people to look at me and not remember those days.

（4）… with a brutality that is difficult to understand except as the response of minorities who *desperately feared for* then own fates should they ever lose their grip on state power.

与 hope 和 wish 组合时,有"desperately + V + CLAUSE"的类联接,如:

(1) He *desperately wished* he could have simply worn it on his stomach pointed outwards ...

(2) He'd been thinking about saving her life, *hoping desperately that*, though he hadn't used a bow since the days before the war ...

"desperately + ADJ"类联接中,desperately 习惯性与 poor 组合成"desperately poor",在句中具体表现为"NP+ be+ desperately+ poor""desperately poor+ NP""the desperately poor",例如:

(1) Besides, he must *be desperately poor* to be living in such a dreadful place. He's got troubles enough already.

(2) It sounds harsh, but anything short of that measure is incentive for *desperately poor* people to take the terrible risk of setting sail in unreliable craft.

(3) One thing he'd learned in his time in Louisiana was that New Orleans was a city of masks. Everyone wore one, and not just for Mardi Gras. Only *the desperately poor* were what they seemed to be.

与 short 的 33 例组合中,主要为"be desperately short of",其次是"be in desperately short +NP",例如:

(1) The people who thronged the streets of Beijing not far from his compound were *desperately short of food*.

(2) But just as globalization is stimulating this pressing demand for responsive governance, it is also ensuring that its provision *is in desperately short* supply.

desperately 与情感形容词组合概率也很高,以形容词 afraid 最常见,共现时,类联接方式主要有"desperately afraid +(that)""desperately afraid +

of+ NP"和"desperately afraid + to +VP",例如:

（1）He was *desperately afraid* he would lose her.

（2）The truth is that most brothers who are attracted to men are *desperately afraid of* revealing it.

（3）Big brewers, *desperately afraid of* what the other guy might do next, have advertised.

（4）"On the other hand, they're *desperately afraid to be* out of the game," said Len Baker, managing director.

"desperately + PREP"类联接的用例是情感强化副词中排第一位的,虽然介词只有2个in和out,用例却多达54例,如:

（1）This blindness and indifference allow many of us to turn away from those who are *desperately in need of* our care, compassion and concern.

（2）On the streets, and every one of them will tell you that they are *desperately in love with* this troubled yet beautiful city.

（3）… change it, and then change Washington, which desperately needs change because it is *desperately out of* touch with ordinary Americans.

（4）They have so bungled Russia's transformation that the future of fledgling democracy remains desperately in doubt. What's a mere fender-bender in space alongside all that?

2. desperately 的语义优选与语义韵

desperately 源义为"绝望地""孤注一掷地",在使用中,优先选择"需求"类动词,包括 need（1316例）、want（828例）、crave（13例）、desire（7例）、long for（5例）、lack（4例）。

与"愿望"类动词组合频次也很高。包括 hope（133例）、wish（40例）、look forward to（3例）等。

desperately 最常组合形容词是 poor（125例）,语义相近的还有 needy（7例）、impoverished（1例）；short（33例）、needed（25例）、scarce（6

例)等。

组合情感形容词约60个，近200例，包括afraid（32例）、unhappy（23例）、lonely（19例）、sad（10例）等。

desperately消极涵义3例以上组合词居前三位的need、poor、short均源自语义范畴"贫乏"，范围最广的组合词则来自消极情感范畴：

（1）贫乏类

需求：need、needy；

贫穷：poor、impoverished；

缺乏：short、scarce、lack、inadequate、incomplete、weak、understaffed；

饥渴：hungry、thirsty。

（2）情感类

害怕：afraid、fear、fearful、shy、frightened、horrible；

悲伤：unhappy、lonely、sad、bad、alone、let down、forlorn、helpless、frustrating、sorry、homesick；

愤怒：worry、concerned、anxious、underrate、bored、envious、furious、dreary、empty、awkward、jealous、troubled。

（3）性情类

depend、impatient、dependent、hypocritical、ingratiating、greedy、faithful、foolish、grave、imploring、didactic。

（4）疾病类

ill、sick、infected、insane、distraught。

desperately组合的积极涵义词近90%为愿望类词语，其他多来自积极的情感领域：

（1）愿望类

want、hope、wish、look forward to、intent、willing。

（2）情感类

gay、infatuated、exciting、glad、grateful、interested、attached。

（3）性情类

honest、careful、determine、dembrace、human、curious、keen、romantic。

由于desperately"不顾一切"和"拼命"涵义具有正反两面性，从组合词及其语义来看，其消极语义韵并不是特别地显著，消极涵义和积极涵义组合词的比例大约为6∶4，中性涵义的组合词很少，只有6例，占微量的 0.20%。desperately 始用于 15 世纪早期，源词义为"痛苦"和"绝望"，15 世纪晚期语义就延伸为"不顾一切"，后来又引申出"渴望"之意。发展至今，desperately 是悲痛情感域中使用频率最高的副词，其使用既以消极源词义为依托，吸引数量庞大的负面意义词汇，也发挥"不顾一切"的积极意义，和"渴望"一道，广纳正面意义词汇。具体见下表：

表 7-13　情感强化副词 desperately 的组合词分类

积极语义	频次	中性语义	频次	消极语义	频次
want	828	casual	2	(in) need	1347
hope	133	horny imagined heavy different	1×4	poor	125
wish	40			short	33
(in) love	24			afraid	32
crave	13			unhappy	23
important	11			hungry	19
romantic	9			ill	19
care	8			lonely	19
desire	7			sick	13
eager/like long (for)	5×3			wrong	13
				sad	10
happy ambitious glad	3×3			worry	10
				thirsty	9
				tired	8
embrace curious glad grateful interested keen attached modern romantic willing	2×10			concerned	7
				needy	7
				scarce	6
				anxious	5

续表

积极语义	频次	中性语义	频次	消极语义	频次
gay beautiful good- looking infatuated honest exciting careful determined human intent …	1×12			lack fear underrate hard fearful low thin	4×7
				insecure/lost difficult alone/bored bad/shy/slow uncomfortable	3×9
				exhausted dangerous …	2×18
				let down impatient hypocritical…	1×22
合计/比例	1129/ 38.24%	合计/比例	6/0.20%	合计/比例	1818/ 61.56%

desperately 与积极涵义、中性涵义、消极涵义词语组合频次各为 1129、6 和 1818，占比分别为 38.24%、0.20% 和 61.56%。该数据显示，desperately 表现出消极偏向的语义韵。

（二）painfully 的语义韵

COCA 中暂时只发现 painfully 与形容词组合的用例，受到源词语义"痛苦"的限制，优选与让人产生难以忍受的事物性状或低于预期的形容词组合，对"腼腆"和"缓慢"有语义偏好倾向，总体表现为强烈的消极语义韵。

1. painfully 的搭配与类联接

painfully 用作情感强化副词，几乎清一色地修饰形容词，在语料库中尚未发现与动词和副词组合的情况。在前 100 组检索而得的 1051 频次中，情感强化副词的用例 607 次。表达事物客观属性与人的主观感受和情绪的形容词是 painfully 最为重要的搭档，前者有 slow（94 例）、thin（36 例）、

high（12例）、beautiful 和 bright（11例）、short（10例）。此外，还有 difficult、long、cold、low、acute、stiff、dull、blue、small、young 等。表主观感受与情绪的词语有 shy（82例），familiar（33例）、honest（22例）、awkward 和 self-conscious（12例），另外还有 earnest、candid、intense、ironic 等。具体见下表：

表7-14 情感强化副词 painfully 的组合词统计

painfully + ADJ	频次	比例（%）
slow	94	15.48%
shy	82	13.50%
thin	36	5.93%
familiar	33	5.43%
honest	22	3.62%
awkward/high/self-conscious	12×3	1.97%
beautiful/bright	11×2	1.81%
short	10	1.65%
difficult/long	9×2	1.48%
cold/low	8×2	1.31%
acute/stiff	7×2	1.15%
earnest/dull/blue/funny/neat/polite/sensitive/small/young	6×9	0.99%
candid/hot/secure/intense/ironic/ordinary/vulnerable	5×7	0.82%
blunt/expensive/human/large/loud/modest/sad/silent/simple/uncomfortable	4×10	0.65%
embarrassing/dry/different/detailed/bad/boring/accurate/hilarious/inadequate/meager/pretty/shrill/strong/typical/vivid	3×15	0.49%
alive/ambiguous/angry/brilliant/comic/…	2×25	0.33%
合计	607	100%

painfully 与形容词组合的类联接主要有"painfully+ADJ+N""LINK-V+painfully+ADJ"和"painfully+ADJ"，例如：

（1）There was something stripped down and raw about the hymn and its *painfully honest message*.

（2）During peacetime, the services are quick to reassert themselves, with *painfully familiar results*: too many overlapping commands and too little coordination.

（3）Our climb out of the recession of 2008 has been *painfully slow*. That's due in large measure to additional restrictions on the economy, Obamacare, Dodd Frank and a host of regulatory pronouncements from the Obama administration over the last seven years.

（4）They all said that even if they get to pitch a story to today's executives, it can be *painfully awkward*.

（5）Clearly he was having trouble making decisions, a sign of insecurity and low self-esteem, behavior that would require years of corrective treatment on the couch, all of it *painfully expensive*, none of it covered by insurance.

（6）She suffered from depression, hyper-awareness, noise sensitivity and severe anxiety that made everyday tasks, such as driving, *painfully difficult*.

2. painfully 的语义优选与语义韵

painfully 源自"痛苦"域，是一种典型的消极情感。它与形容词的搭配受到"痛苦"的概念语义的限制，优选与表让人产生难以忍受的事物性状的形容词共现，居于首位的是与预期相悖的"腼腆"（82例，占比13.5%）和"缓慢"（94例，占比约15.5%）。具体组合词分类情况如下：

表 7-15 情感强化副词 painfully 的组合词分类

积极语义	频次	中性语义	频次	消极语义	频次
honest	22	slow	94	shy	82
beautiful bright	11 x 2	familiar	33	thin	36
acute	7	high	12	awkward	12
earnest	6	short	10	self-conscious	12

续表

积极语义	频次	中性语义	频次	消极语义	频次
funny	6	long	9	difficult	9
neat	6	low	8	cold	8
polite	6	blue	6	stiff	7
young	6	sensitive	6	dull	6
candid	5	small	6	hot/insecure ironic/vulnerable	5 x 4
intense	5	ordinary	5	blunt/expensive sad uncomfortable	4 x 4
human modest	4 x 2	large loud silent simple	4 x 4	embarrassing bad boring inadequate meager/shrill	3 x 6
detailed/accurate hilarious/pretty strong/vivid	3 x 6	dry different typical	3 x 3	ambiguous angry embarrassed …	2 × 8
alive/brilliant comic/elegant …	2 x 8	complex distinct/flat …	2 x 9		
合计 / 比例	133/ 21.91%	合计 / 比例	232/ 38.22%	合计 / 比例	242/ 39.87%

从组合词的语义来看，积极涵义词133例，占总量的22%左右，中性涵义词232例，占比约38%，消极涵义词242例，占比40%左右。然而，在实际的语言使用中painfully具有强烈的消极语义韵。

除了消极和中性涵义形容词以外，painfully与大量的积极涵义词语共现，二者语义完全相悖，单从二者的组合看，对painfully的语义取向实在无法做出判断。要弄清楚整个表达式的态度与评价语义到底是消极的还是积极的，正如Louw（1993）所建议的，要理解复杂而微妙的语义，有时候需要在语料库中增大搜索的跨距，尽量还原真实的语料，以获得正确的理解。事实上有时候要弄清楚一个词语明确的意思，我们需要整个句子，整个段落，甚至整个篇章的支撑。painfully与积极涵义词语的组合很多，如painfully honest、painfully neat、painfully acute、painfully pretty、painfully polite、painfully candid 等，例如：

（1）Despite all the *painfully honest* emotion, you can almost see Scott giving a sly wink as he sings.

（2）She looked quickly around her apartment, a *painfully neat* room on which she had lavished all her energy, choosing fabrics and art that would create s sense of space and graciousness.

（3）I did not observe it in the sky in the manner of your earlier caller's best friend, but my awareness of the event was and remains *painfully acute*.

（4）She smelled of vanilla-vanilla and fresh grass-and was sott and clean and *painfully pretty* It was a lovely moment.

（5）But Peter was congenial with everyone, and her mother was *painfully polite*, while George looked frankly bored, and Allison appeared not even to know someone was in the room with them.

（6）He introduced her to Victor, who had sat expressionlessly through the performance, but now, to Richard's relief (he could be *painfully candid*) complimented her: "Nice songs. Some Sarah Vaughan in there, right? One or two I didn't recognize. Did you write them yourself?"

与 painfully 共现词语中，有些积极涵义词同时出现在积极和消极语义韵语境中的情况，例如：

And then he spotted her. And his brow relaxed. And his eyes opened wider. And he smiled. In a city of eleven million people, Elyse Crane stood out. She was waiting by the front steps leading up to 55 Water Street, with scores of people moving past, by, and around her — yet amid all that chaos, she, as always, looked *painfully beautiful*. Rich believed love at first sight was bullshit and anyone who said he knew as soon as he looked at someone that he was in love was either lying, delusional, or stupid. With Elyse, Rich always said, it was love at first talk.

在该用例中，Rich 由不相信到相信一见钟情，可见 painfully beautiful

纯粹地表达了美丽的极高程度，即便是情人眼里出西施，整个语句呈现出一种很美好的感受。但是 painfully beautiful 所处的语境可能也并不一定是令人愉悦的，例如：

It hurt, listening to that, reliving the fear and the final grief that came to me as I ran down the hall at Sutter Health in Roseville as my mom took her last breath nearly four years ago. I wanted to ask my dad what it was like, holding her hand as she left our world. I can't think of anything harder, more grief-filled and more *painfully beautiful*. I wondered if my dad would have to relive that with me.

与上例不同，这段话是关于母亲临终前的沉痛心情的描述，painfully beautiful 与 harder（艰难），more grief-filled（充满悲伤）等共现，营造的是无与伦比的伤感的凄美之类的语义氛围。

再如，painfully young 和 painfully polite 的组合，单从组合词来看，young 和 polite 是人们所追求美好的年华和品质。出现这样的语义冲突，只有更加完整的语境才能提供依据，以获得正确的解读，例如：

（1）He remembered being *painfully young* himself and nearly as unbalanced as an Oldtimer, anxieties and passions running on overload. But he had never before had a kid choose him to pour out his troubles to …

（2）There's not one truly scary bat in the lineup, and the pitching, while promising, is *painfully young*.

（3）Still, she managed a pained smile and a little wave. "Evenin' yourself, BJ." "Now what-all are you up to?" he asked, as they continued their slow process down the street. BJ was not a thickheaded man, only *painfully polite* and rather shy, so Stella resisted pointing out that his query belied the obvious. "Oh, you know, out for a little run." "You're lookin' real good there, Stella," BJ observed without actually meeting her eyes, his gaze focused carefully and politely somewhere around her collarbones, well above any regions that might be considered inappropriate or lecherous.

（4）Yes, he'd discovered the Nriln had no single word for intelligence, didn't even have a single concept covering life. He had indeed found that the Nriln were *painfully polite* and offended easily.

（1）描述了一个年龄尚小的，十分孤独而心里有失平衡的孩子。（2）讲述的是"在这个阵容里不止一个杀手级队员，投手虽然前途无量，却过于年轻"，表达一种轻蔑的态度。（3）和（4）中的 painfully polite 与 rather shy 和 offended easily 共现，均表达"过于客套"叫人难以轻松愉快的意思。

与 painfully 共现的中性涵义词多出现在消极语义环境中，例如：

（1）Of course, two of the first three—including a giant sequoia imported and replanted a century ago—were from California, another place *painfully familiar* with earthquakes.

（2）I've got no money, I've got no girlfriend I wear last year's clothes. Why is this *painfully familiar* city … causing only migraines and boredom? Rich people are stingy, they should give more. Why are my feet so cold?

（3）After all, the point of my dress and *painfully high* heels, which bordered on slutty. I wanted Dennis's full attention …

（4）The people of Russia are learning this winter that the price of freedom can be *painfully high*.

painfully familiar with earthquakes 为"对地震很熟悉的（地方）"，其中痛苦的意味很明显，因为地震是一种让人痛苦不堪的灾难，而 painfully familiar city 所在语境为读者提供了一种有着种种失落、愤恨和痛苦回忆的背景。painfully high heels 和 slutty（淫荡的）词语共现，其贬抑语义十分明确，而 the price of freedom can be painfully high 无疑也传递了"自由的追求是要付出惨重代价"的信息。

painfully 源词义"痛苦，磨难"，从语感上来看，用于程度表达的应该都是令人难受的，然而，短小的语言片段无法提供判断的依据。因此，我们将所有的积极和中性涵义组合词还原到更大的语境中，发现，在众多的积极涵义组合词中，真正用于褒义表达的为数很少，只有 honest、neat、pretty、strong、vivid、alive、comic 等屈指可数的几个，其他都用于消极语义的语境中，如 painfully beautiful 也用于消极语境，painfully young、painfully earnest 和 painfully polite 等多表"过于年轻""过于认真""过于客套"。而中性涵义词也大多用于贬抑表达，如 painfully familiar 虽也表达"十分熟悉的"之意，然而，熟悉的均为令人烦恼或难受的事物事件。painfully high 也一样，不管是用来描述高跟鞋还是价格，言者要表达的还是"让人痛苦，让人受不了"的感受。由此看来，大多数情况下，painfully 表现为消极语义韵。

五、害怕域英语情感强化副词的语义韵

"害怕"域情感强化副词是学界关注最多的一类。如，洛伦兹（Lorenz，2002）分析了 20 个 terribly 的高频率共现词，陈颖（2012）利用中介语语料库对 terribly 和 awfully 进行语义韵考察[①]。囿于只关注共现词的语义特征，而忽略其所在语境的语义氛围，他们得出的结论难免偏颇。本研究基于更完整的语境，对 terribly 和 awfully 语义韵特征做出判断，同时揭示二者的不同之处。它们都是程度副词用法比率相对较高的情感强化副词，见下表：

表 7-16　情感强化副词 terribly 和 awfully 的词频统计

	词频（强化副词）	词频（一般副词）	强化副词占比
terribly	3019	5612	53.80%
awfully	1575	2285	68.93%

（一）terribly 的语义韵

源自"害怕"域的情感强化副词 terribly 主要与形容词组合，与动词和副词组合的用例也很多。组合词多为事物负面属性或语言主体负面感受和情绪。与积极涵义词语共现时很多情况下会出现在否定的句法环境中。因

---

① Lorenz（2002）指出了 terribly 的组合词多为消极语义的词语，也有 nice、brave、proud、excited 等积极词汇，但并没有深入考察其与它们组合的句法环境。同样，陈颖（2012）只考察了 terribly 和 awfully 的组合词，得出的相似的结论，即 terribly 和 awfully 一样，既可以与消极词语组合，也可以与积极词语组合。至于它们与积极词语组合的情况如何，二者有何区别，并没有进一步的考察。

此，总的来看 terribly 呈现出消极语义韵。

1. terribly 的搭配与类联接

在所有的情感强化副词中，terribly 的组合功能最强，前 100 组丛形容词组合词 2648 例中最低组合频次为 6，最高为 412；此外，它还与许多动词、副词组合，数量亦不在少数，动词组合频次 201，副词为 170。

terribly 的高频率组合居前三位的形容词是 wrong、important、sorry。与 wrong 语义相近的词语还有 unfair、bad 和 flawed 等，用例频次分别为 41、27 和 11，都是对事物"不正确，不公正，不正当"的描述。类似的情况还有 difficult、hard 等描述事物"让人觉得很棘手的"特征，分别为 89 和 43 例。sorry 跟 wrong 一样是糟糕的状态，不同的是 *terribly* sorry 通常是表达言者自身对某个人、某件事的一种"歉疚""遗憾"的态度和情感[①]。与 terribly 组合频率很高的还有各类情感词汇，如 upset、sad、concerned、disappointed、afraid、interested/interesting、worried 等，用例频次均在 30 以上。仅从词汇层面看，important 具有褒扬语义，terribly important 强调了事物的重要性。

动词组合词以静态动词为主，伤害类为其中的大类，包括 suffer、hurt、burn、ach、injure、wound、batter、itch、scar 等。terribly 置于动词之前或之后，表达动作行为的强度，为"严重""激烈"之意。well 是 terribly 的最常见组合副词，其他多为距离、数量和方式副词。具体见下表：

表 7-17　情感强化副词 terribly 的组合词统计

terribly +ADJ	频次/比例	terribly +V/ V+ terribly	频次/比例	terribly +ADV	频次/比例
wrong	412/15.56%	suffer	77/38.3%	well	49/28.49%
important	272/10.27%	hurt	34/16.91%	far	17/10%
sorry	176/6.65%	miss	12/5.97%	much	16/9.3%
difficult	89/3.36%	burn	9/4.48%	away	11/6.47%
upset/sad	59×2/2.22%	ach	7/3.45%	long	11/6.47%
worried	58/2.19%	injure	7/3.45%	seriously	10/5.89%

[①]　通过对 COCA 中 terribly sorry 相关表达的考察，发现，与 sorry 组合的 176 例中 143 例是以 I 为主的第一人称作主语。

续表

terribly +ADJ	频次/比例	terribly +V/ V+ terribly	频次/比例	terribly +ADV	频次/比例
concerned disappointed	52×2/2.96%	matter	6/2.99%	hard	8/4.70%
good	46/1.74%	struggle	6/2.99%	loud	8/4.70%
hard	43/1.62%	wound	6/2.99%	badly	5/2.94%
unfair	41/1.55%	worry	6/2.99%	politically	5/2.94%
expensive	39/1.475	let down	5/2.49%	often	4/2.35%
afraid/interested	38×2/1.43%	want	5/2.49%	down	2/1.18%
interesting	34/1.29%	batter	4/2.00%	closely	2/1.18%
different/ frightened	31×2/1.18%	cough	3/1.50%	differently	2/1.18%
serious	30/1.13%	lost	3/1.50%	emotionally	2/1.18%
surprised	28/1.11%	shake	3/1.50%	unfairly	2/1.18%
bad	27/1.02%	itch	2/0.99%	wrongly	1/0.59%
dangerous/happy	24×2/0.91%	scar	2/0.99%	willingly	1/0.59%
painful	23/0.87%	appreciate	2/0.99%	unfortunately	1/0.59%
sick	22/0.83%	tremble	2/0.99%	tightly	1/0.59%
uncomfortable	21/0.79%			strongly	1/0.59%
effective funny/ lonely	20×3/0.75%			recently	1/0.59%
busy/complicated	19×2/0.72%			quickly	1/0.59%
alone/exciting/old	18×3/0.68%			over	1/0.59%
embarrassing hot/ shy/surprising	17×4/0.64%			little	1/0.59%
cold/frustrating embarrassed	16×3/0.60%			indelibly	1/0.59%
complex/high	15×2/0.56%			high	1/0.59%
bright/angry …	14×7/0.53%			effectively	1/0.59%
popular/proud …	13×4/0.49%			convincingly	1/0.59%
cruel/easy …	12×9/0.45%			fast	1/0.59%

续表

terribly +ADJ	频次/比例	terribly +V/V+ terribly	频次/比例	terribly +ADV	频次/比例
attractive depressed …	11×8/0.42%			inside	1/0.59%
small/tired …	10×6/0.38%			brightly	1/0.59%
clear/boring …	9×8/0.34%				
jealous/low …	8×5/0.30%				
traumatic/eager …	7×3/0.26%				
naïve/scared …	6×7/0.22%				
合计	2648/100%	合计	201/100%	合计	170/100%

terribly 的使用中共出现四大类型的句法连接，包括"terribly + ADJ""terribly + V""V+ terribly"和"terribly + ADV"。

"terribly + ADJ"具体表现为"terribly + ADJ+PREP""LINK-V + terribly + ADJ"和"terribly + ADJ+N"，如：

（1）Things have gone *terribly wrong for* the Jews of Europe lately, but comparing 2015 to 1933, the year Hitler came to power, is irresponsible.

（2）One thing I learned in all this is to look years down the road. I was *terribly disappointed with* how it looked in the beginning, especially since it was so open to other neighbors.

（3）This is a big start. It is an international effort. It *is terribly important*. It is impacting the economies of these countries.

（4）But the fellow clearly wasn't about to explain. So I told him what colour they were, that is and he said he *was terribly sorry*, his men would need to move one of them, but that the darker one should be fine where it was, and that's what they did.

（5）And to have the ceiling, you know, people crouching through the tunnels trying to get the *terribly difficult work* done.

（6）Well, first of all, Larry, it's a *terribly sad situation*. It's dreadful to see Lebanon, a country that was beginning to get back on its feet again, forming a fragile government, which brought together some of the disparate elements in that country.

"terribly + V" 和 "V+ terribly" 具体表现为："terribly + V" 或 "V+ terribly"，"terribly + V+N" 或 "V+ terribly+N"，"terribly + V+PRE" 或 "V+ terribly+PRE"，例如：

（1）What is this great delusion protecting? It didn't just come into being over night. It started long ago with a young boy being terribly, *terribly hurt*.

（2）I am reminded of the time when I gave my parents a typescript copy of a book I'd written. Like so much else, it fell and scattered irretrievably beneath my mother's bed. "I suppose it doesn't *matter terribly*, does it, what order the pages are in?" she asked.

（3）He inhaled sharply, at which she smiled apologetically. Then unnecessarily lowering her voice she added. What a shame Leofric will not be able to join us. Will you *mind terribly a rendezvous* with me alone?

（4）That's how Allison meets Veronica, a frumpy, fortyish, *terribly affected proofreader* who's in love with a bisexual man. Veronica is described by other people as a fag hag and a model hag, but she and Allison strike up a deep If sporadic friendship that last until Veronica dies of AIDS.

（5）Middle East which would be *terribly damaging to* our vital interests. And here we are, Robin, really in a way, you know, just beginning to enjoy the victory of our fruits in a cold war.

（6）He was a boy who loved his family but didn't have a lot of friends. He was a boy who was physically rob, but also *suffered terribly from* allergies.

在所有情感强化副词中，terribly 的副词组合词数量是最多的，共 170 例，占总量的 5.69%。和 well 共现 49 次，因此做重点考察，与 well 组合具体有三种类联接 "V+ terribly+ well" "V+ terribly+ well+ PREP" 和 "BE+ terribly+ well+V-ed"。重点考察还有一个目的，就是我们观察到了与 well 组合的否定句法环境，共 49 次，只有 1 次为肯定句法环境。详见以下用例：

（1）You know, the foreign policy of pretty please is *not working terribly well*.

（2）If they do, their agenda *isn't hidden terribly well*.

（3）I *don't do terribly well* with companies that are based on big ideas.

（4）His later novels *never worked terribly well for* me.

（5）I was, Avery Jankowsky, New York City, early twenty-first century, *not terribly well educated* in light of all there was to know.

（6）There is one report in a newspaper which *isn't terribly well disposed* towards the Fayed family, so let me put that in.

与 terribly 共现的还有其他副词如 far、much、seriously 等，具体见下例：

（1）Yeah. I'm just getting warmed up on this book, I'm not *terribly far* into it. I feel like, though, you are kind of——you're swinging for the fences.

（2）I lay in bed thinking about everything in my heart that was possible and impossible, right and wrong, sayable and unsayable, and when all those thoughts were gone there was only one thing left: how *terribly much* I was going to miss my uncle Finn.

（3）It seems in our early history not to have been important in either function, for it lay unused by the Supreme Court until 1856. Perhaps that was because the Bill of Rights was not taken *terribly seriously* at the outset. Thomas Jefferson treated it cavalierly enough.

2. terribly 的语义优选与语义韵

terribly 源义为"害怕""极大的恐惧"，属于典型的消极情感。词语的语义属性对其共现词语有语义上的要求和选择。除了 important 以外，terribly 的高频搭配词 wrong、sorry、difficult、suffer 的用例均比其他词语多，另外的组合词中还有数量很多的消极情感词汇，因此，可以说 terribly 组合词的优选语义为：

（1）事物糟糕的属性及由此带来的结果；

（2）语言主体糟糕的感受。

此外，terribly 对"事物的重要性"也有语义上的偏好，important 是其典型的搭配词之一。

terribly 的语义韵表现，其组合词分类可以提供具体依据。详见下表：

表 7-18　情感强化副词 terribly 的组合词分类

积极语义	频次	中性语义	频次	消极语义	频次
important	272	surprised/ing	45	wrong	412
interested/ing	72	different	31	sorry	176
well	49	far	17	difficult	89
good	46	much	16	suffer	77
excited/ing	30	complex/high	15×2	sad/upset	59×2
happy	24	thin	13	worried	58
effective/funny	20×2	unusual	12	concerned disappointed	52×2
significant/ bright successful/ young	14×4	large/away/ long	11×3	hard	51
popular/proud	13×2	familiar/small ...	10×3	unfair	41
useful/easy optimistic	12×3	clear burn	9×2	expensive	39
attractive/strong impressive	11×3	low loud	8×2	afraid	38
helpful	10	matter/long/ big	6×3	hurt	34
comfortable fond of	9×2	politically	5	embarrassing/ed	33
smart	8	often	4	frightened	31
eager	7	shake	3	serious	30

续表

积极语义	频次	中性语义	频次	消极语义	频次
naïve/clever …	6×3	down/closely …	2×5	bad	27
want	5	recently/tightly …	1×8	dangerous	24
appreciate	2			painful	23
willingly/strongly …	1×5			sick	22
				uncomfortable	21
				lonely	20
				busy/complicated	19×2
				alone/old	18×2
				hot/shy	17×2
				cold/frustrating	16×2
				angry/guilty destructive	14×3
				vulnerably	13
				miss/weak …	12×5
				fragile/nervous …	11×4
				seriously/tired	10×2
				ashamed/unhappy …	9×6
				jealous/thirsty …	8×4
				ach/injure …	7×3

续表

积极语义	频次	中性语义	频次	消极语义	频次
				insecure/scared…	6×5
				badly/let down	5×2
				batter	4
				cough/lost	3×2
				itch/scar/unfairly	2×3
				wrongly unfortunately…	1×3
合计/比例	757/25.07%	合计/比例	309/10.21%	合计/比例	1953/65.02%

从不同涵义组合词的数量来看，terribly 的消极涵义组合词 1953 例，占总量的 65.02%，积极涵义组合 757 例，占总量的 25.07%，中性涵义组合词 309 例，占 10.21%。该数据显示，terribly 表现出消极偏向的语义韵特征。

词语的优选语义固然由该词的语义特征决定或受其影响，但更多的是以组合词的语义为参照进行归纳得出。terribly 的语义优选为事物的不称心的糟糕特征，主要为错误和苦难等，但是它与积极涵义的词语 important 的搭配的频率也很高，除此之外，还有大量的其他积极涵义词，占比 25.5%。使用中，学习者经常将害怕情感形容词 terrible 和 awful 进行互换，不作细致区分，例如学生在描述食堂的菜很糟糕时，会选择 "The food in the school cafeteria is really terrible/awful"；在表达特别遗憾或抱歉时，我们会说 "I am terribly/awfully sorry"；在描述贝克汉姆时会说 "He is a terribly good player"。它们之间到底有什么区别？仅凭二者的词汇语义已难以解决混淆的问题。既然语义韵能更好地反映语言主体的意图和态度，我们不妨通过语义韵的观察，来获得对它们的差别性特征的进一步认识。鉴于此，在语义韵考察过程中，我们不仅观察 terribly 和 awfully 的搭配词，还关注了其所在的句法环境和更大的语境，尤其当它们与语义相悖的词语组合时，更是如此。

与 painfully 一样，在语篇语境中，terribly 的大多数积极和中性涵义组合词未能真正用于褒扬表达，它们或处于一种低于预期的失望的、不愉快的语境之中，或用于否定的句法环境中。非常有意思的是，越是典型的积极涵义组合词，第二种特征似乎就越明显。我们进一步考察了 terribly 与 well 的共现，得到的语料表明，49 例有 48 例为否定句，只有 1 例为肯定句，具体用例在类联接分析时讨论过。well 的形容词形式 good 的 46 个用例中有 34 句为否定句。其他组合词还有：interested 共 38 例，29 例否定句，happy 共 24 例，18 例否定句，effective 共 20 例，17 例否定句，successful 共 14 例，8 例否定句，popular 共 13 例，全部为否定句，optimistic 共 12 例，11 例否定句，fond of 共 9 例，8 例否定句，comfortable 共 9 例，8 例否定句。以上数据说明，与 terribly 组合时，这些典型的褒义组合词 70%~100% 的概率会出现在否定句中。这种现象无疑进一步表明了 terribly 强烈的消极语义韵。具体见下例：

（1）I mean, 10 years the U.S. has been engaged in two major land wars in Afghanistan and Iraq. But I think this debate about Libya, for example, I just came from Libya before I came here, and the fact of the matter is the war in Libya right now is not very serious, that NATO is *not doing a terribly good job*.

（2）About eight documents have been published, but 200 or 300 are left. "So why were these treasures not published before?" "They are difficult to read. I employed an assistant to help me decipher the handwriting. To begin with I found it *terribly hard work*. What's more, Spanish historians *haven't been terribly interested* in the conquests. They feel a bit ashamed of it all."

（3）Janis Lettes, Linzi's mother, was convinced Linzi had no serious problems. Sure, she *wasn't terribly happy* at school, but there was nothing bad enough to make her run away.

（4）Major ISPs and mail portals are improving spam filters almost as quickly as spammers can introduce new techniques. "Generally speaking, the experience of end users continues to improve," reports Richi Jennings, an e-mail security analyst working for Ferns Research. Unfortunately, some other ambitious antispam efforts *haven't proved to be terribly effective*.

（5） Well, it's certainly difficult to answer that question when you don't know entirely what was taken. But we do know that the Chinese *have been not terribly successful* in taking design information, whether it is backward engineering of aircraft or jet engines by Rolls-Royce, taking equipment and then taking the designs and coming up with a usable product, whether it's civilian or military.

（6） But he has never been tested on a national level and he has never been vetted by the national press. And while there is a good story to tell on his Texas record, there also has always been — he is *not a terribly popular* figure in Texas. And he's *not even a terribly popular* figure among Texas Republicans.

（7） But analyst John Navas of the Navas Group feels otherwise. "It looks pretty grim," he says. "If I were a Hayes modem user, I *wouldn't be terribly optimistic*." The 15 modems we tested range in price from $45 all the way up to $240 and vary substantially in features, performance, and vendor-provided support.

（8） "What do you mean, sweetheart? He's a pretty dog and well-mannered. He's just looking at you that way because oh, I see. That is a funny look, isn't it? It's almost as if, as if." "It's like he doesn't like me, Daddy. But I'm not important enough to make him mad." Dingo, Dazzle thought, gazing into the moppet's muddy brown eyes. Dazzle had *never been terribly fond of* human beings, but at least the adults remembered to feed, water and run you on occasion.

（9） I've actually – the recording process wasn't too far removed because I used to handle a lot of the recording myself aside – my drummer is a lot more steady than I am. So he ended up on a lot of the recordings. But I pretty much did a majority of the multitracking myself. In terms of the live stuff, I – I'm actually still *not terribly comfortable* being up there by myself and I'm – and I kind of do miss, you know, lots of sounds and richness in the songs.

terribly 与 important 组合 272 例，32 例否定，与 important 同义词

significant 组合 14 例，其中 9 例否定，否定句法主要通过 not、never 等表现，例如：

（1）St. Augustine Sonnet (Book II) /Paul Bowles I *never feel terribly important*. I get what I want or don't. The gentle art of forcing.

（2）We can't predict the future, but that is *not terribly significant*. What is more important is that we can envision the future we want and set about making it happen.

（二）awfully 的语义韵

awfully 主要与形容词搭配，修饰说明事物的"美好""困难"和事物中性的"维度"等程度。另外，awfully 与副词组合的能力也很强。虽然源自消极情感域"害怕"，但是它与积极和中性涵义组合词共现的频率都高于消极涵义组合词，优先选择"美好"的语义类型，其次是"苦难"的语义类型。与积极涵义组合词出现在肯定的句法环境中，因此，awfully 并未表现出消极的语义韵，而是典型的混合型偏积极的语义韵。

1. awfully 的搭配与类联接

和 terribly 一样，awfully 主要与形容词搭配共现，共 1396 例，与副词组合的用例也很多，共 179 例。不同的是，awfully 基本不修饰动词，偶有用例也是 1 到 2 例，没有普遍性，不具统计意义。与形容词组合频率居前三位的是 good、hard、nice，分别为 176 例、104 例和 97 例。

与副词组合频率居前四位的是 fast、well、close、hard，分别为 36 例、31 例、30 例和 27 例。十分巧合的是，英语中"好"的最常用词 good、well、nice 都在其中，占总量的 27% 左右。awfully 的组合词中大多数是事物属性特征的客观描述性词语，内容涵盖速度、数量、距离、时间、性质等，例如 fast、quick(ly)、big、small、long、short、far、close、late、soon、early、young、easy、sweet 等。此外，情感形容词也是重要的组合词成员，譬如 sorry、glad、proud、lonely、sad、happy、pleased、eager、excited 等。具体见下表：

表 7-19　情感强化副词 awfully 的组合词统计

awfully+ ADJ	频次	比例（%）	awfully + ADV	频次	比例（%）
good	176	12.6%	fast	36	20.22%
hard	104	7.44%	well	31	17.42%
nice	97	6.94%	close	30	16.85%
long	84	6.01%	hard	27	15.17%
big	64	4.58%	far	9	5.06%
tough	47	3.36%	quickly	6	3.37%
quiet	37	2.65%	long	6	3.37%
difficult	33	2.36%	late	4	2.25%
sorry	33	2.36%	much	4	2.25%
glad	30	2.15%	soon	3	1.69%
important	27	1.93%	carefully	2	1.12%
tired	25	1.79%	early	2	1.12%
familiar	23	1.65%	down	2	1.12%
small	21	1.50%	slowly	2	1.12%
strong	20	1.43%	loud	2	1.12%
high	19	1.36%	loudly	1	0.56%
close/bad/easy/hot	18×4	1.29%	poorly	1	0.56%
cute/busy/late	17×3	1.22%	uncomfortably	1	0.56%
expensive	16	1.11%	strongly	1	0.56%
low/proud	13×2	0.93%	seriously	1	0.56%
cold/sweet	11×2	0.79%	radically	1	0.56%
strange/tempting	10×2	0.71%	nobly	1	0.56%
smart	9	0.65%	near	1	0.56%
lonely/pretty/sad/thin	8×4	0.57%	little	1	0.56%
dark/funny/old …	7×6	0.5%	grimly	1	0.56%

续表

awfully+ ADJ	频次	比例（%）	awfully + ADV	频次	比例（%）
different/fast/luck …	6×17	0.42%	frequently	1	0.56%
upset/crowded …	5×13	0.35%	alone	1	0.56%
boring/confusing …	4×15	0.29%	artfully	1	0.56%
deep/confident …	3×13	0.21%			
合计	1396	100%	合计	179	100%

awfully 的使用中有两大类型的句法连接，包括"awfully+ ADJ"和"awfully+ ADV"。

"awfully + ADJ"具体表现为"awfully + ADJ + N""awfully + ADJ+ to + V""awfully + ADJ + PREP""LINK-V + awfully + ADJ"四种形式。例如：

（1）You barely missed one another. He rode out on horseback and only just returned. You made *awfully good time* on those frozen feet of yours.

（2）Sister Emmanuel said, rising from her chair. It took me an *awfully long time* to realize that I was alone in the kitchen.

（3）And every unconceivable one as well. From jilted brides and amnesiac beauties to unassuming cowboys who are actually handsome billionaires in disguise, it's *awfully hard to surprise* people now.

（4）And part of it … part of the negative stories are determined by the subject matter being covered. So I mean, it's *awfully tough to put* a positive spin on, on those stories.

（5）Students in the middle school did not have the needed bank of previous knowledge to do what I did all summer, Wait! That sounded *awfully familiar to* a voice I had heard just a few weeks earlier.

（6）There was enormous pride in his voice. Peter Tager turned to Oliver. "I'm *awfully sorry about* what happened. It's a damned shame. I hated to do it, but I had no choice."

（7）Jimmy Torrance said as he opened the office door. "I'm afraid you might be stuck inside a lot, but the view *is awfully nice.*" "Oh, yes, it is nice," his father's female guest said in an appreciative tone.

（8）Festus died last year, and John thinks he's almost ready to get another dog. An Irish wolfhound, he's thinking, mostly because Sadie said she knows of a rescue group that recently took one in. "They're *awfully big*," John told her, and she said, "Exactly."

"awfully+ ADV"具体表现为"awfully + ADV + PREP""V + awfully + ADV"两种句法结构。例如：

（1）Be clear about that. In terms of announcing, we're getting *awfully close to* being able to make a decision, and, look, I just want to do it if I have a path to win.

（2）Cuban told NBA TV after the Mavericks won their first championship in June. "It's time to take it to the next level." But judging by player and fan reactions, the next level seems to be *awfully far away*.

（3）When you build something too fast, it has a tendency to *deteriorate awfully fast*. And we don't want to build it too fast.

（4）Each of his three teams at Louisiana-Lafayette has finished 9-4, and despite a 48-20 loss to Louisiana Tech last week, it wouldn't be a surprise to those who know Hudspeth if the Ragin' Cajuns gave Mississippi trouble this weekend. "Hopefully we can have our team prepared and go *play awfully well*," Hudspeth said.

2. awfully 的语义优选与语义韵

awfully 的源义为"恐怖""可怕"和"敬畏"，是消极情感"害怕"范畴的典型成员，但是其共现词语语义上的要求和选择并不像 terribly 一样受到"害怕"义的控制。它们的消极涵义组合词与积极涵义组合词的权重不一样。terribly 的消极涵义组合词占比 65% 以上，积极涵义组合词的 25% 左右，而 awfully 消极涵义组合词占比小于积极涵义组合词，二者的比率为 28.82：36.54，同时它也小于中性涵义组合词。awfully 组合词频次最高的形容词 good，是典型的积极词汇，频次最高的副词是中性涵义词 fast，其次是 good 的副词形式 well。消极涵义组合词中，组合频次最高的副词 hard 有 131 例，比 good 的用例少了三成多。因此，从搭配词和出现的语境来看，awfully 对"美好"和"苦难"的语义有鲜明的偏好，前者表现为与 good、nice、well 的高频共现，后者表现为与 hard、tough、difficult 的频繁组合。此外，awfully 与中性涵义词语组合的频率高于积极涵义和消极涵义组合词，可以认为这样的组合通常表达的通常是不偏不倚的态度。

awfully 的积极涵义组合词多源自"美好""快乐""强大"类语义：

（1）美好类

Good、nice、well、cute、sweet、pretty、smart、beautiful、bright、luck、attractive、tempting、compelling 等；

（2）愉快类

glad、happy、pleased、excited、fond (of)、funny、eager、proud 等；

（3）强大类

strong、strongly、important、powerful、popular 等。

awfully 的中性涵义组合词多源自对事物客观度量的语义范畴，跨度大，范围广，包括"快慢""大小""多少""长短""高低""远近""迟早""厚薄""老少""冷热"等：

（1）快慢类 fast、quick、quickly、slow、slowly；

（2）大小类 big、small；

（3）多少类 little、much、more；

（4）长短类 long、short；

（5）高低类 high、low、loud、loudly、down；

（6）远近类 far、close、near；

（7）迟早类 early、late、soon；

（8）厚薄类 thick、thin；

（9）老少类 old、young；

（10）冷热类 cool、hot。

awfully 的消极涵义组合词多源自"困难，艰苦""悲伤，恐惧""愤怒"和其他类语义：

（1）困难类

hard、tough、difficult、rough、complicated 等；

（2）悲伤/恐惧类

sorry、lonely、alone、sad、painful、upset、embarrassing、afraid、grimly 等；

（3）愤怒类

tired、dull、boring、depressing、angry、confused、confusing 等；

（4）其他糟糕类

bad、dangerous、risky、hungry、dirty、uncomfortable、uncomfortably、hungry、weak、expensive、busy、cold、foolish、crowded 等。

awfully 不同涵义的组合词如下表：

表 7-20　情感强化副词 awfully 的组合词分类

积极语义	频次	中性语义	频次	消极语义	频次
good	176	long	84	hard	131
nice	97	big	64	tough	47
well	31	close	48	difficult	33
glad	30	fast	42	sorry	33
important	27	quiet	37	tired	25
strong	20	familiar	23	bad	18
easy	18	small	21	busy	17
cute	17	high	19	expensive	16
proud	13	hot	18	cold	11
sweet	11	late	17	lonely	8
tempting	10	far	15	sad	8
smart	9	low	13	complicated	6
pretty	8	strange	10	dangerous	6
funny	7	thin	8	depressing	6
luck/popular …	6×9	dark/old …	7×5	dull	6
pleased/rich	5×2	quickly/long …	6×5	upset/crowded …	5×7
eager/excited …	4×4	simple/slow …	5×3	boring/painful …	4×6
bright/friendly …	3×6	cool/real …	4×7	dirty/afraid …	3×6
carefully	2	deep/empty	3×2	grimly/alone …	1×5

续表

积极语义	频次	中性语义	频次	消极语义	频次
nobly/artfully …	1×3	early/down …	2×4		
		loudly/seriously …	1×4		
合计 / 比例	577/36.64%	合计 / 比例	545/34.60%	合计 / 比例	453/28.76%

基于消极情感域强化副词 painfully、disgustingly、terribly 等的研究，人们对 awfully 的语感与预期更有可能会和糟糕、可怕的情境相关。出乎意料的是，awfully 虽然源自消极情感域，却表现为典型的混合型语义韵。并且它的积极涵义组合词的数量还稍多于中性和消极涵义词：积极涵义词 577 例，占 36.64%；中性涵义词 545 例，占 34.60%；消极涵义词 453 例，占 28.76%。

terribly 与积极涵义词语组合时出现在否定句法环境的频率很高，但是 awfully 的情况完全不一样。我们考察了 awfully 与典型的积极涵义词语 good、nice 和 well 共现的句法环境，发现它与 good 组合的 174 例、与 nice 组合的 97 例全部为肯定句。例如：

（1）"These rivers are often overshadowed by more famous rivers in Montana," says Putnam, "but the fishing here is *awfully good*, and fall is my favorite time of year." Putnam is qualified to make the comparison. Though he's only 27, he's fished the region extensively, and he guided in Montana before moving to Idaho.

（2）One thing you talked about, his career, people tend to dismiss people who, you know, get into the low minors and play a couple of years. That's still an *awfully good* ballplayer, isn't it?

（3）She seemed warm and friendly, seemed *awfully nice*, was soft-spoken and well spoken, smiled easily—and was probably, I decided, thanking her lucky stars she'd ruled that we meet in a public place where the Princeton lacrosse team doubtless could be relied upon to appear and rescue her from the maniac of a lifetime ago.

（4）And this is going to help? He's doing the same thing dramatically among independents. These are—these are choices that are going to be made individually by voters. And it's *awfully nice* of the national media and the Democratic Party to help everyone understand the dangers of Rick Santorum.

awfully 与副词 well 组合 31 例，其中 29 例为肯定句，2 例为否定句，如下：

（1）The producers plan to show four minutes from the first episode at the New York gala. A 30-second clip shared with a reporter showed Ben and Izzy going back in time to meet Mark Twain, who, as a young writer, traveled to Petra. "I reckon you and Ben *don't get along too awfully well*," the animated Twain tells the Arab boy.

（2）"I really *don't remember her awfully well*," Grace told Miles. "She was very pretty? But all Mother's friends were pretty. Which made her look even worse. Miles, do we really have to come for tea?" "You really do." He laughed, as she had laughed, but they both understood what was meant.

为了获得更多的证据，对 awfully 的语义韵进行判断，我们还挑选一些典型的褒义词 glad、proud、pretty、happy、lucky、popular，并将例句还原到语篇中，仔细研读和分析文本所提供的信息，发现 awfully 与积极涵义词共现的语境没有明显的让人伤感或害怕的意味，而且，它们所在的句子一般都是肯定句，表达的大多为快乐、赞赏、满意的情感。

与 glad 组合的 30 例，除了 1 例为反问句，其他均为肯定句。与 lucky 组合 6 例中，1 例为否定。如下：

（1）When Israel, more than a decade ago, struck the reactor in Baghdad, Israel was roundly denounced, in public, at least, as committing an outlaw act. *Aren't we awfully glad* they did?

（2）You might have had to go limp all over. You're like a ghetto kid who has made it to the NBA: if you *weren't an awfully lucky* butch you might be a criminal. What did you do before you knew what to wear? It takes some courage to conjure that girl in peasant skirts, highwaisted slacks, blouses with shoulder pads, pumps, a pocketbook. Better to think you were always like this.

与 proud 组合的 13 例、pretty 的组合 8 例、happy 的组合 6 例、rich 的组合 5 例，均为肯定句。例如：

（1）Let me go back to a point that you made earlier, um, relative to the fact that, um, nobody else on television would give a chance for a—a—a serious drama about a Latino, a Hispanic family to be seen on television, and tell me how important it is for you not just to have the immediacy of this medium that you mentioned earlier, the opportunity to talk about topical issues, but I suspect that somewhere at your—at the center of your very being, you got to be *awfully happy and awfully proud* about the opportunity to represent a character and a family like this on television.

（2）He stops for a red light and looks over at her. "You're an *awfully pretty* girl, you know that?"

（3）And we always hear all the bad stories that television delivers. I mean, every once in a while, you feel *awfully happy* to be part of something that can make some difference. And you did, Mr. Jarriel.

（4）He stood below her on the stair. She was smiling, and she raised her left hand to her mouth to hide her big teeth—an endearing gesture that he remembered now. Did she ever think about that taxi ride? Was she thinking about it now? He couldn't help himself: "You must be *awfully rich*!" "Well, no—I don't think so. I mean yes and no—I suppose we are. We have to work, of course."

由此可见，尽管二者是源自同一情感域的近义词，awfully 和积极涵义词的组合与 terribly 不一样，它们所处的句法环境是对积极涵义组合词的肯定而不是否定，awfully 失去害怕意味，用于表达事物性状的高程度。从

awfully 积极涵义搭配出现的句法环境来看，它们并没有受到否定句法的限制。由此可以看出，awfully 并未表现出消极的语义韵，而是典型的混合型语义韵。

六、惊奇域英语情感强化副词的语义韵

惊奇可能是积极的情感，也可能是消极的情感，人们可能经历惊喜也可能经历震惊，incredibly 可能用于 incredibly lucky、incredibly good、incredibly lucky、也可用于 incredibly difficult、incredibly hard、incredibly frustrating、unbelievably 同样如此，可能与 good、beautiful、great 搭配，也可能与 difficult、bad 和 sad 搭配。同样属于惊奇域，amazingly 和 marvelously 更多表达积极情绪，而 ridiculously 和 absurdly 更多表达消极情绪。incredibly 和 amazingly 是惊奇域使用频率和语法化程度最高的情感强化副词。

表 7-21 情感强化副词 incredibly 和 amazingly 的词频统计

	词频（强化副词）	词频（一般副词）	强化副词占比
incredibly	3493	7479	46.70%
amazingly	815	2443	33.36%

（一）incredibly 的语义韵

incredibly 主要与形容词组合，与其他情感强化副词相比，它是拥有副词组合词最多的一个，共现的频率也很高。incredibly 的源义"惊人""难以置信"可用来表达褒扬的态度，也可用来描绘消极的情境。从组合词的语义类型来看，incredibly 对"重要""美好"和"困难"有语义偏好。从其组合词的情感色彩来看，积极涵义词占一半以上，中性涵义词占比次之，消极涵义词最少。总体来看，incredibly 表现为较为明显的积极语义韵。

1. incredibly 的搭配与类联接

英语副词典型的形容词修饰功能同样在 incredibly 上特别突出，其形容词组合词频次为 3244，副词组合频次为 249，作为情感强化副词，一般不与动词组合。与 incredibly 共现的形容词和副词数量多、范围很广、使用频

率高。

与形容词组合时，多表达主观感受、判断和态度，其中与 important 组合的频次最高，为 187 例，紧跟其后的是 difficult，为 178 例。difficult 的近义词 hard 与 incredibly 共现的频率也很高，为 63 例。另外还有 beautiful、good、well、lucky 等。有些是事物的客观属性，如 powerful、strong、high、complex、easy、rich、talented、long 等。与副词组合频率最高的是 well，82 例，占比近三分之一。组合词 10 例以上的有 fast、hard、quickly、loud、long。具体见下表：

表 7-22　情感强化副词 incredibly 的组合词统计

incredibly + ADJ	频次	比例（%）	incredibly + ADV	频次	比例（%）
important	187	5.76%	well	82	32.93%
difficult	178	5.49%	fast	28	11.24%
powerful	116	3.58%	hard	21	8.43%
strong	94	2.90%	quickly	16	6.43%
beautiful	86	2.65%	loud	13	5.22%
good	82	2.53%	long	13	5.22%
high	81	2.50%	close	7	2.81%
complex	76	2.34%	far	5	2.00%
lucky	70	2.16%	deep	4	1.60%
hard	63	1.94%	rapidly	4	1.60%
easy	56	1.73%	much	4	1.60%
rich	55	1.70%	smoothly	4	1.60%
talented	52	1.60%	slowly	3	1.20%
long	50	1.54%	tight	3	1.20%
popular	46	1.42%	seriously	3	1.20%
dangerous successful	45 × 2	1.39%	crudely	2	0.80%
diverse expensive/ small stupid	43 × 4	1.33%	differently	2	0.80%

续表

incredibly + ADJ	频次	比例（%）	incredibly + ADV	频次	比例（%）
frustrating	41	1.26%	densely	2	0.80%
complicated/smart	40 × 2	1.23%	deeply	2	0.80%
generous	38	1.17%	badly	2	0.80%
hot/ supportive	37 × 2	1.14%	highly	2	0.80%
exciting/fast	36 × 2	1.11%	high	2	0.80%
happy	35	1.08%	poorly	2	0.80%
low	31	0.96%	softly	1	0.40%
effective/painful proud/ valuable	30 × 4	0.92%	unconsciously	1	0.40%
sexy	29	0.89%	tightly	1	0.40%
bright/naive	28 × 2	0.86%	swiftly	1	0.40%
bad	27	0.83%	successfully	1	0.40%
busy/close intense/sensitive	26 × 4	0.80%	sparingly	1	0.40%
detailed/sweet	25 × 2	0.77%	reasonably	1	0.40%
boring/funny large/tough	24 × 4	0.74%	privately	1	0.40%
fortunate interesting	23 × 2	0.70%	overboard	1	0.40%
handsome	22	0.68%	neatly	1	0.40%
light/positive sad/short/ useful	21 × 5	0.65%	massively	1	0.40%
brave	20	0.62%	lightly	1	0.40%
emotional intelligent/soft versatile	19 × 4	0.58%	intensely	1	0.40%
cheap/efficient nice/comfortable delicious	18 × 5	0.55%	hardly	1	0.40%

续表

incredibly + ADJ	频次	比例（%）	incredibly + ADV	频次	比例（%）
attractive/fine romantic/simple smooth	17×5	0.52%	gently	1	0.40%
helpful/nervous/ rare young/vulnerable	16×5	0.49%	freely	1	0.40%
huge/angry brilliant/creative great/competitive	15×6	0.46%	finely	1	0.40%
gracious/rapid resilient/safe …	14×8	0.43%	easily	1	0.40%
accurate/slow/ wealthy	13×3	0.40%	early	1	0.40%
gorgeous/healthy cold/cool …	12×6	0.37%	down/closely cheaply/carefully	1×4	0.40%
合计	3244	100%	合计	249	100%

incredibly 的使用中共有两大类型的句法连接，包括"incredibly + ADJ"和"incredibly + ADV"。

"incredibly + ADJ"具体表现为"incredibly + ADJ + N""incredibly + ADJ+ to + V""incredibly + ADJ + PREP""LINK–V + incredibly + ADJ"四种形式。例如：

（1）Twelve days of the government shutdown with House members likely heading home. The White House is now looking toward the Senate for a way out of the crisis. We're covering all angles. Plus an *incredibly powerful storm* slammed into India's eastern coast just moments ago.

（2）"I'm not a purist," he says. "It's not a museum tour. (It's) still a way to allow the general public to see *incredibly beautiful works* of art and (get) inside the brains of people who create it."

（3）So there's two parts of it. One, the search for the wreckage, which is *incredibly important to make* some determination about what happened. And secondly trying to identify the two individuals who were traveling on, on stolen passports.

（4）To CT's readers, if you want to know what veterans' faith journeys look like, there is not one simplified generic story of pain. Our lives are as complex and rich as anyone else's. We have worked *incredibly hard to move* on, to live into the lives that God has carved out for us.

（5）In an effort to protect the monarchy, Thailand cracked down on some of the world's strictest lese-majeste laws and punishments, making it *incredibly difficult for* open discussion on the monarchy and its future.

（6）Then, she would read sentences out loud to my dad like she's reading a Dave Barry article out loud because they were so hilariously off and wrong. So, yeah, my mom was a newspaper editor, so she's *incredibly good at* what she did.

（7）Isn't that thing great? I don't know if you'd call it a post. Whatever it is, it's *incredibly strong*.

（8）"The odds against that must *be incredibly high*." "Yeah, but it's conceivable that the bettor was simply a good judge of horse-flesh. They don't want to penalize that."

"incredibly + ADV"具体表现为"incredibly + ADV + PREP" "V + incredibly+ ADV" "LINK-V +incredibly + ADJ + V-ed"三种句法结构。例如：

（1）He devoted untold thousands of hours of effort on this issue, and I think he deserves credit for it. And Ted, I disagree with this. Congressman Solarz has worked *incredibly hard on* this issue.

（2）Retreating back to the sitting area he found that by positioning himself at the very end of the sofa, he could see into Connie's room. It was only a narrow swath, but it included the foot of the bed and the tips of her toes. Time dragged *incredibly slowly for* Yuri. He couldn't be sure that Connie was eating the ice cream, although he would have been shocked if she didn't once she'd started.

（3）I felt something heavy land on my legs. Then it got worse. The electrical lines snapped, and sparks sprayed the room. A box of papers caught fire. It all *happened incredibly fast*. I was still trying to make sense of it when Grandma began tugging at my shoulders.

（4）There's a vanity that I definitely participate in, but I also don't necessarily agree with. So I like to challenge that, you know? And acting is as much of a serious job, and I *take it incredibly seriously*.

（5）I don't think he was even aware. But, you know, thankfully that the plays were incredibly well received and that whole thing went away and was sort of replaced by how well the plays were realized.

（6）This is Harish's story and all of the characters in the script are him in some way or another. So he's *incredibly emotionally attached* to this film. Yet at the same time, as much as he is a sensitive artist, he is also a businessman and he *is incredibly well-organized* and he knows exactly what he wants and how long it's going to take to get the scene accomplished.

2. incredibly 的语义优选与语义韵

incredibly 组合频次最高的积极涵义词排前三位的是 important、powerful 和 strong，它们的语义相近，在类型上若归为一种大类的话，可为"重大"或"强大"，共 397 例，约占积极涵义组合词的 21%。incredibly 表现出对"美好"语义的偏好，仅 good（82 例）及其近义词 well（82 例）、nice（18 例）、fine（17 例）、great（15 例），就占积极涵义组合词的 11% 左右。另一对近义词 difficult 和 hard，为"苦难"或"艰难"类语义，共 262 例，另还有 tough，为 24 例，约占消极组合词的 40%。可以看出这两类语义分别是 incredibly 形容词和副词组合词的优选语义。其他类型的语义还包括：

（1）"美好""优秀品质""愉悦"类语义

Beautiful、good、well、nice、fine、finely、great 等。

（2）"高低""快慢""长短""大小""多少""冷热""远近""繁简""深浓"等中性涵义语义类

high、highly、low、loud、down、fast、rapid 等。

incredibly 的消极涵义组合词除了"困难"和"艰苦"的语义类型以外，还有"悲伤"和"愤怒"等其他类语义：

（1）困难/艰苦类

difficult、hard、hardly、tough、complicated 等；

（2）悲伤/愤怒类

sad、painful、violent、frustrating、angry、boring、nervous 等；

（3）其他糟糕类

bad、badly、dangerous、expensive、cold、vulnerable、stupid、ugly 等。

incredibly 的语义韵表现，其组合词分类可以提供充分的依据。具体见下表：

表 7-23 情感强化副词 incredibly 的组合词分类

积极语义	频次	中性语义	频次	消极语义	频次
important	187	high	83	difficult	178
powerful	116	complex	76	hard	84
strong	94	fast	64	dangerous	45
beautiful	86	long	63	expensive stupid	43×2
good/well	82×2	diverse/small	43×2	frustrating	41
lucky	70	hot	37	complicated	40
easy	56	close	33		
rich	55	low	31	painful	30
talented	52	sexy	29	bad	27
popular	46	sensitive/intense	26×2	busy	26
successful	45	detailed	25	boring tough	24×2
smart	40	large	24	sad	21
generous	38	light/ short	21×2	nervous vulnerable	16×2
supportive	37	emotional/ soft	19×2	angry	15
exciting	36	cheap	18	ugly/violent	14×2
happy	35	simple /tight	17×2	cold	12

续表

积极语义	频次	中性语义	频次	消极语义	频次
effective proud/valuable	30×3	quickly	16	badly poorly	2×2
bright/ naive	28×2	huge competitive	15×2	hardly	1
		rapid resilient	14×2		
sweet	25	slow	13		
funny	24	loud	13		
fortunate interesting	23×2	cool	12		
handsome	22	far	5		
positive useful	21×2	deep/rapidly much	4×3		
brave	20	slowly/seriously	3×2		
intelligent versatile emotional	19×3	differently highly …	2×4		
efficient delicious nice/comfortable	18×4	closely/swiftly early/down …	1×11		
attractive/fine romantic	17×3				
helpful/rare/ young	16×3				
brilliant great/creative	15×3				
gracious/safe sophisticated	14×3				
accurate/ wealthy	13×2				
gorgeous healthy impressive lucrative	12×4				
smoothly	4				

续表

积极语义	频次	中性语义	频次	消极语义	频次
easily/carefully …	1×11				
合计/比例	1886/53.99%	合计/比例	889/25.45%	合计/比例	718/20.56%

incredibly 源自惊奇情感域，一般认为，惊奇是一种美好多于烦闷的情绪，收集到的 3493 例语料中，积极涵义组合词 1886 例，约占总量的 53.99%，中性涵义组合词 889 例，约 25.45%，消极涵义词最少，718 例，占 20.56%。其组合词所弥漫的语义氛围证实情感强化副词 incredibly 在使用过程中保持了源词语义特点，表现出较为明显的积极语义韵。

（二）amazingly 的语义韵

amazingly 主要与形容词组合，其次是副词，也与少量的动词组合共现。amazingly 对"美好"的语义类型有显著的偏好，且只限于与 good 和 well 组合。amazingly 与积极涵义词语组合占比 60% 以上，与消极涵义词语组合占比不到 5%，因此，可以说它具有很鲜明的积极语义韵。

1. amazingly 的搭配与类联接

amazingly 与形容词搭配，共 718 例，与副词搭配，共 97 例。与形容词共现的词语频次最高的是 good，共 51 例，与 strong、low、simple、successful 共现的用例有 20 例以上。与 amazingly 共现的形容词大致分为三类：

（1）表主观判断和态度的形容词，包括 good、successful、easy、effect、accurate、powerful、difficult 等；

（2）表人的能力和性情的形容词，包括 talented、versatile、creative、strong、calm、candid、agile、generous、courageous、naive、brave、friendly 等；

（3）表事物客观属性的形容词，包括 low、simple、short、high、resilient、small、light、long、fast 等。

amazingly 与情感形容词搭配的能力不如其他情感强化副词，与有限的几个情感形容词共现，如 cheerful、happy、satisfying，用例也很少，均为几例而已。

amazingly 与 well、close、quickly、little、wonderfully 等少数几个副词

组合，其中 well 占绝对优势，达副词组合词总量的近 80%。具体见下表：

表 7-24　情感强化副词 amazingly 的组合词统计

amazingly +ADJ	频次	比例（%）	amazingly + ADV	频次	比例（%）
good	51	7.10%	well	77	79.38%
strong	26	3.62%	close	6	6.19%
low	22	3.07%	quickly/little	5 × 2	5.15%
simple	21	2.92%	wonderfully/easily poorly/ effectively	1 × 4	1.03%
successful	20	2.79%			
beautiful/easy	19 × 2	2.65%			
effective	18	2.51%			
talented	15	2.09%			
accurate/ high resilient/short	14 × 4	1.95%			
small	13	1.81%			
clear/light	12 × 2	1.67%			
diverse/long powerful/versatile	11 × 4	1.53%			
open/ similar	10 × 2	1.40%			
complex/ detailed fast/creative/ realistic	9 × 5	1.25%			
different/ calm consistent …	7 × 6	0.98%			
efficient/rich …	6 × 6	0.84%			
bad/gifted …	5 × 9	0.70%			
abundant/cool …	4 × 23	0.56%			
crisp/common comfortable …	3 × 30	0.42%			
合计	718	100%	合计	97	100%

amazingly 的使用中共有两大类型的句法连接，包括"amazingly + ADJ"和"amazingly + ADV"。

"amazingly + ADJ"具体表现为"amazingly + ADJ + N""amazingly + ADJ+ to + V""amazingly + ADJ + PREP""LINK-V + amazingly + ADJ"四种形式。例如：

（1）But, you know, Idris Elba and Forest Whitaker also left out. I mean, this was an *amazingly strong category* this year. The support for "Captain Phillips" was just not there for Tom Hanks or in Best Director.

（2）The Chronicle analysis found that the INS had penalized 49 contractors in California from 1989 to 1994—an *amazingly low figure* but proportionately much higher than the 46 fines meted out to farm operators.

（3）Get ready to be a Wokmaster! It's *amazingly simple to become* a whiz at a cool cooking style that will blow your family and friends away.

（4）Speaking of money, it's been *amazingly easy to give up* the "luxe life." I've stripped down expenses to the smallest of nubbins. I eschew taxis and take subways. I've relinquished manicures, Starbucks, fancy cheeses, most dry-cleaning, and eating out, except for the occasional Chinese cheapo. J.Crew, Zara, and Uniqlo have replaced Prada, Saint Laurent, and Louboutins.

（5）I walk into the auditorium, far worse than audition day, but the moment I see you and Olivia, it stops. You guys wave at me, like all's normal. Were *amazingly good at* this performance.

（6）Controlling insects and fungus now will improve your fall harvests—daily hand removal of pest insects and infected vegetation is *amazingly effective in* the home garden. Because of our typically humid conditions, it is best to water your garden in the morning or early afternoon.

（7）In the end, the company elected to continue to market their existing cigarettes and no one else has stepped forward publicly to buy Liggett's patent on the XA. on camera Instead, the companies have spent millions fighting lawsuits filed against them and they've been *amazingly successful*.

（8）If he can help it, Stuart does not allow Palmyra to draw him into discussions about her looks, although privately he thinks she would be *amazingly beautiful* if she were not so intent on being *amazingly beautiful*.

"amazingly+ ADV"具体表现为"amazingly + ADV + PREP""V + amazingly + ADV""amazingly + ADV + ADJ"三种句法结构。例如：

（1）Back to my room to watch the Duke-Butler game. What an exciting game and how brave a show the Butler team put on. They came so *amazingly close to* winning with that final shot, but in my mind, they did not lose.

（2）The characters are well-bred or virtue-oriented enough not to find ready success in the world of business they must enter in one way or another. But they have too little money to really exhibit much taste or class; Jimmy, for example, knows *amazingly little about* good wine or food. He is completely fooled by Charlotte's quickly canned mushroom recipes and says expertly that "vin" on the label is "always a good sign" in choosing wine.

（3）Things are *moving amazingly quickly*, and it is the scientific, medical underpinning that has changed the complexion of the issue. Today, several hundred scientific studies link secondhand smoke to a variety of diseases: lung and other cancers, heart disease, respiratory infections including bronchitis and pneumonia, asthma and sudden infant death syndrome, which claims the lives of babies as they sleep.

（4）Participating in the series, you know, we have Arnold Schwarzenegger, Matt Damon, Harrison Ford, Don Cheadle, Mark Bittman, really—Leslie Stahl from CBS, a remarkable group of people. The whole idea is to bring this home through personal stories. And it *does it amazingly effectively*.

（5）You mess up, fess up. You got ta do it. You got ta do it. Anyway, you know, an *amazingly wonderfully great* outcome is someone we're going to tell you about now, Carlesha Freeland-Gaither is the woman that you saw on surveillance video being brutally abducted.

（6）Fox's Hill says that, contrary to widespread belief, the audiences for these shows are "*amazingly well educated*, and they've got money."

Hopeful signs. Despite all the problems at the TV networks, executives still think the business will improve.

amazingly 与动词组合的用例很少，除了与 fit 组合的 4 例，与 reassure 组合的 2 例，其他如 upset 和 understand 等均只有孤例：

（1）He decided to modify the identity of his Christ, in a much more refined manner. It has been ascertained (and I have already mentioned) that Caravaggio drew on the iconographic tradition of the blessing Salvator Mundi in depicting Jesus as a young, beardless God. Also, the colors of Christ's robe and mantle, purple and white, allude to the Passion and the Resurrection, which *amazingly fit the symbolism* of a Supper at Emmaus.

（2）So Jaxom took a deep breath and, lifting his left foot, reached out and caught hold of the handrail. It was round and firm in his grip and *amazingly reassuring for* a mere thin rail of metal. "I've got it. I'm proceeding as directed." Holding very tightly with both hands, he kicked off his right foot, balanced the reaction against the solid rail, and began to move hand over hand, hauling his weightless body after him.

（3）He'd debated sleeping in the car, but instead drove to a motel in East Deerfield, where he got a few hours rest. Back at the house, when he'd found the bed room empty and no sign of Sara, he'd had a brief, irrational, and highly uncharacteristic attack of jealousy, wondering if the tables had been turned and it was Sara who was being unfaithful. The idea, which had never entered his mind before, had been *amazingly upsetting*.

（4）Hud, Pru reminded her. You were remembering Hud's reaction. Hud had been *amazingly understanding*. Once he realized that she was serious, he assured her that she was having a bad reaction to the way the wedding had gotten beyond their control. Instead of trying to talk her into getting married anyway, he agreed to the postponement.

2. amazingly 的语义优选与语义韵

源自"惊奇"域的情感强化副词 amazingly，源义为"惊讶"，18 世纪开始在口语中出现，是事物性状高程度的夸张表达手法。其组合词频次最高的形容词是 good，副词是 well，占比分别为各自词类组合总频次的 8% 和 78% 左右。可以看出，无论是形容词还是副词，amazingly 的优选意义都是"好"。值得注意的是，good 的近义词 nice、fine、great 等并未出现在组合词中。除此之外，amazingly 与 strong、successful、beautiful、easy、effective 等积极评价语义的词汇也有组合的偏好。组合词中表达人的特殊才能和性情的词语也不少，其次就是事物的客观属性类语义。与其他情感强化副词相比，amazingly 和情感词汇共现的用例并不多见。具体见下表：

表 7–25　情感强化副词 amazingly 的组合词分类

积极语义	频次	中性语义	频次	消极语义	频次
well	77	low	22	difficult	6
good	51	simple	21	bad/little/quickly	5×3
strong	26	high/short/resilient	14×3	naive	4
successful	20	small	13	hard/lightweight	3×2
beautiful/easy	19×2	clear/light/close	12×3	poorly	1
effective	18	diverse/long	11×2		
talented	15	open/similar	10×2		
accurate	14	fast/realistic …	9×4		
powerful/versatile	11×2	different/thin	7×2		
creative	9	large	6		
consistent popular/supportive	7×4	little/rapid textured	5×3		
efficient/rich generous	6×3	cool/dense normal	4×3		
clean/bright …	5×5	hot/quick …	3×4		
lucky/positive abundant …	4×19				

续表

积极语义	频次	中性语义	频次	消极语义	频次
crisp/brave calm/cheap …	3 × 24				
wonderfully effectively/ easily	1 × 3				
合计 / 比例	512/ 62.82%	合计 / 比例	271/ 33.25%	合计 / 比例	32/ 3.93%

前 100 组丛的积极涵义组合词 512 例，占比为 63% 左右，消极涵义组合词 32 例，占比很小，不到 4%，中性涵义组合词 271 例，占比 33.25%。显然，与消极涵义词的数量和频次相比，amazingly 积极涵义组合词具有绝对优势，因此，可认为它是具有明显积极语义韵的情感强化副词。

七、结语

本章利用 COCA 语料库，基于使用频率和语法化程度，从不同的情感域中各选取两个情感强化副词，包括 jolly、dearly、bitterly、disgustingly、desperately、painfully、terribly、awfully、incredibly、amazingly，对它们进行语义韵的考察。关注它们语义冲突的组合及其所在的句法环境，以确定情感强化副词呈现的语义韵特征。英语情感强化副词主要与形容词和动词组合，也有与副词和介词组合的。jolly、bitterly、disgustingly、painfully、terribly、awfully、incredibly 和 amazingly 的原型句法功能是修饰形容词，dearly 和 desperately 的原型句法功能是修饰动词。这些情感强化副词多表现为与其源词的情感色彩一致的语义韵，如 jolly、dearly 表现为强烈的积极语义韵，bitterly、desperately、painfully、terribly 表现为强烈的消极语义韵。也有不同的情况，源自消极情感域的 disgustingly 和 awfully 表现为混合型语义韵。源自惊奇域的情感强化副词 incredibly 和 amazingly 表现为积极的语义韵。

第八章 汉语情感强化副词的语义韵

一、引言

与英语情感强化副词一样，无论是源自积极情感域还是消极情感域，汉语中的情感强化副词一般都可以与语义相近及语义相悖的词语组合，譬如，"好漂亮""好可怜""狂喜""狂妄"等。第八章要解决的问题就是：与其他词语组合时，汉语情感强化副词表现出什么样的语义偏好和优选？呈现出什么样的语义韵？为什么会是这样？考虑到语料库库容和语料语域来源的对等性，我们使用 CCL[①]语料库，同样通过 KWIC 的检索方法，以汉语情感强化副词及其组合为关键词进行词汇索引[②]，对获得的生语料进行排查和标注。还原语料的原始出处，分析所有与之共现的词语及其所在的句法篇章环境，最终确定其组合词和语义韵表现。根据汉语情感强化副词的可前置作状语或后置作补语的使用特点，参考类联接，如"情感强化词+形容词/动词"和"形容词/动词+得/的+情感强化词"等，取前100组词丛，按频数排序，人工标注其情感强化用法，再进行组合和语义韵考察[③]。

[①] COCA 和北京大学 CCL（Center for Chinese Linguistic PKU）现代汉语语料库的总库容分别为 4.25 亿单词和 5.8 亿字符，COCA 语域来源也涵盖口语、史传、应用文、报刊、文学、电视电影、网络语料、翻译作品。

[②] 本章语料搜集整理基本完成于2017年5-10月，还有小部分语料在后期的修改中获得。

[③] 此外，英语情感强化副词一般可与其源词的形容词形式进行区分，通常利用副词后缀 -ly 进行识别，然而，汉语情感强化副词有着与其源词相同的形式，而且还有些汉语情感强化副词的词性存在争议，例如，赵元任（1979）认为"坏"从不用作副词。"累死了"中的"死"，有学者认为是程度副词，有学者认为是动词，还有学者认为是形容词。因此，在进行词频统计计算其强化副词占比时，我们选择使用该词在语料库中出现的总频次作为参照。

二、快乐域汉语情感强化副词的语义韵

源自快乐域的汉语情感强化副词有"好""生""活""熟"等。《现代汉语词典》中,"生"表示"很"时,只用于少数表示感情和感觉的词语前面,如"生怕""生恐""生疼";"活"则只用于"相似"类词语前,表示高程度,如"活像""活似"等;"熟"表示"程度深",如"睡得很熟""深思熟虑""熟知"等。鉴于"生""活"和"熟"与其他词语组合受到严格的语义限制,本节重点考察"好"的搭配、类联接、语义优选与语义韵。

根据《古代汉语词典》,"好"最初的意思是"容貌美",另外还有"完成""易于,便于"的义项。"容貌美"后引申为"美好""健美""优良"和"和美"之意。此外,自元明代起,"好"已经用作副词表示程度或多或久,等同于"很,甚",如下例:

(1) 行得好快,不须史,已至汜水关。(《封神演义》)
(2) 闷闷在观中洗净整治,又是嘴唇跌坏,有好几日不到刘家来走。(《初刻拍案惊奇》)
(3) 众人与主人一同走到一处,正是闹市中间,一所好大房子。(《初刻拍案惊奇》)
(4) 虔婆道:"姐夫还不知哩,小孩儿家,不知怎的,那日着了恼,来家就不好起来,睡倒了。房门儿也不出。姐夫好狠心,也不来看看姐儿。"(《金瓶梅》)
(5) 话说楚卿,用过饭,想道:"这妮子好刁蹬,好聪明。"(《情梦柝》)

CCL 既没有词性标注,没有词频统计,因此我们先以"好"为关键词进行检索,得到总频次 732450,分类并标注其强化副词用法后,对使用频次前 100 位的组合词进行统计[①],获得相关频次数据如表 8-1。从组合词和优选语义来看,"好"呈现出混合型语义韵。

---

① COCA 可以通过情感强化副词的类联接检索,得到按频次顺序排列的前 100 组词丛。通过对 CCL 的处理,得到汉语情感强化副词的组合词及使用频次的情况,与取英语情感强化副词前 100 组词丛的情况相当。

表 8-1 情感强化副词"好"的词频统计

	频次（强化副词）	总频次	强化副词占比
好	27320	732450	3.73%

（一）"好"的搭配与类联接

情感强化副词"好"与形容词、动词或数词搭配共现。与形容词共现 4537 例，与动词共现 723 例，与数词共现频次最高，为 22060 例。与"好"搭配的形容词中，出现频次占绝对大量的前两位是"大"和"长"，分别为 1025 和 936 例，占比为 22.59% 和 20.63%。其他多为表评价的形容词，如"漂亮""厉害""热闹""美丽"等，其次是表情感和感受的，如"痛""冷""累"和"难受"等。与"好"搭配的动词数量少，出现的频次低，与心理活动"想/想念"的组合比例占总量的 40% 以上，其他多为情感动词，如"怕""喜欢""恨"和"后悔"等。与数词组合限于"几""多""一""半"，"好几+量词"使用频率很高，在语料库里出现的频次为 13154，占比近 60%。具体见下表：

表 8-2 情感强化副词"好"的组合词统计（形容词和动词）

好+形容词	频次	比例（%）	好+动词	频次	比例（%）
大	1025	22.59%	想/想念	303	41.91%
长	936	20.63%	怕	75	10.37%
苦	191	4.21%	喜欢	67	9.27%
快	188	4.14%	可怜	57	7.88%
漂亮	156	3.44%	激动	34	4.70%
厉害	132	2.91%	感动	27	3.73%
痛	111	2.45%	恨/后悔	25×2	3.46%
冷	99	2.18%	羡慕	24	3.32%
累	87	1.92%	熟悉	19	2.63%
热闹	76	1.68%	希望	13	1.80%
难过（难受）	75	1.65%	讨厌	9	1.24%
美（美丽）	65	1.43%	佩服/嫉妒	7×2	0.97%

续表

好+形容词	频次	比例（%）	好+动词	频次	比例（%）
开心	60	1.32%	逗/心疼	6×2	0.83%
香	59	1.30%	纳闷	4	0.55%
狠	58	1.28%	满足	3	0.41%
难	55	1.21%	对不起/怀念	2×2	0.28%
可爱	54	1.19%	爱/思念/心碎……	1×8	0.14%
惨	52	1.15%			
辛苦	45	0.99%			
可怕	40	0.88%			
伤心	39	0.86%			
热/疼	34×2	0.75%			
深/奇怪	31×2	0.68%			
困惑	28	0.62%			
紧张/熟/舒服	26×3	0.57%			
烦	25	0.55%			
安静/怪	24×2	0.53%			
凶	23	0.51%			
痛快/年轻	22×2	0.48%			
幸福/熟悉/快乐	19×3	0.42%			
饿/贵	18×2	0.40%			
恐怖/帅/俊	17×3	0.37%			
忙/傻/可惜	16×3	0.35%			
无聊/难看	15×2	0.33%			
恶心/吓人/慢	14×3	0.31%			
神气/痛苦/丑	13×3	0.29%			
快活/闷	12×2	0.26%			
痒/亲切	11×2	0.24%			
寂寞/温暖/近/坏	10×4	0.22%			

续表

好+形容词	频次	比例（%）	好+动词	频次	比例（%）
热情/厚	9×2	0.20%			
乱/浪漫	8×2	0.18%			
滑稽	7	0.15%			
暖和/脏/困/靓/便宜/残忍/心酸	6×7	0.13%			
真实/特别/滑	5×3	0.11%			
空虚/巧/霸道……	4×9	0.09%			
神奇/穷/火爆/准……	3×9	0.07%			
苦难/性感/娇嫩/肉麻	2×4	0.04%			
合计	4537	100%	合计	723	100%

表 8-3　情感强化副词"好"的组合词统计（数词）

好+数词	频次	比例（%）
几	13154	59.63%
多	6405	29.03%
一	2036	9.23%
半	465	2.11%
合计	22060	100%

与其他副词不一样的是，情感强化副词"好"与数词搭配共现的频率最高，然后是形容词，其次才是动词。由此看来，"好"与中性语义的词语组合占绝对优势。

"好"共有"好+形容词""好+动词"和"好+数词"三大类联接形式。其中类联接"好+形容词"具体表现为"好+形容词+的+名词""动词+（得）+好+形容词""名词+好+形容词"和"好+形容词+叹词"四种情况。例如：

（1）安桑气呼呼地抓起帽子，转身准备离开。"我说过要捐助了吗？"安桑脸上露出笑容："富有正义感和同情心的克里斯蒂先生，那么您准备捐助多少呢？"这时，克里斯蒂又开口了："安桑先生，好大的脾气呀！你不要忙走，我们再谈谈嘛！"

（2）机舱里于是响彻"日落西山红霞飞"，群情激昂，场面壮观。乘务长纳闷地看着我，我说刚才天边有道好漂亮好漂亮的晚霞飞过，这位乘客是个退伍军人，不由心情激动，邀请空姐一起唱晚霞歌，对吧哥们。

（3）她只知道每天只要一看到乃文就觉得这个世界突然变得好愉快好可爱，念着他的名字时，心头仿佛流过一道暖流，好温柔好温暖；而且她觉得她愈来愈离不开乃文了，尤其是她每次一想到要是那天乃文喝下那杯牛奶，她心都抽痛起来了。

（4）在贺卡的背面，写着两行娟秀的小字："你发表在报纸上的文章，把我们大理写得好美、好美！我有幸认识你这位朋友，真高兴。别忘了再来苍山、洱海。"一次偶然相遇，留下一次难忘的回忆；一行娟秀的小字，捎来一个遥远的问候，颇令人感动。

（5）乒乓球室即在教室中间放了一个球案子，课桌都靠墙边，周围放了一圈椅子。两个男同学正挥拍打球，你推我挡，不亦乐乎，围了一圈的男孩子在观战，打6个球就自动换人，孩子们好开心。

（6）"你是我们的了！"一个声音嘶声道，"你的血，你的体温，你的生命！都是我们的！我们的！走近一点。把你甜美的血液、温暖的肉体都给我们吧。我们好冷，好冷，好冷，冷得无法忍受。走近点，走近一点。"

（7）小金蜂皱皱鼻子叫起来："哟，好香啊！"

（8）绣得好美、好气派呀！

类联接"好＋动词"具体包括"好＋动词＋名词""好＋动词＋动词"和"名词＋好＋动词"三种情况。例如：

（1）我想嘉鱼的人民在面对日后哪个雨季的洪灾时，也会对记忆中的这支部队说，真的好想你！我还想，只要长江还在流，它就是这支曾与它鏖战过的部队数千名将士由衷的绶带！

（2）他说他掌握了在那条铁路线上乘车逃票的窍门。去归途都很少买全票。他还说，他好可怜那个自杀了的女大学生。那么漂亮。那么活泼的样子。只因为一张照片，就被谋杀了！

（3）"咭咭！""吓！发梦！山顶的房子是我们住的？好贵好贵，我爸爸去逛一逛，随便问问，吓死。"买一层房子根本不够，就买部汽车，我喜欢住山顶。"苏铃好喜欢笑，乐天派："我跟你开玩笑，住山顶？等我多捱十年。

（4）我好怕吃蝎子，可是，要失恋的话，蝎子座的我，还是会一边哭一边吃蝎子的。我好怕蜥蜴，可是，要失恋的话，我宁愿跟蜥蜴接吻。我好怕壁虎，可是，要失恋的话，我宁愿让一条壁虎在我的脸上爬。我好怕听到用刀和叉子在一只碟子上划出的声音，可是，要失恋的话，我会宁愿连续一小时忍受这种刺耳的声音。

（5）一路走，萤火虫就不停地向这位水上警察介绍天下那些"发亮的朋友"，什么灯眼鱼、海萤、长尾鳕，什么银斧鱼、鮟鱇、光头鱼……航标灯心里好佩服，这些朋友别说见到，听都没听到过，到底是走得多见识广。

（6）她对小菲说："算了，扔了吧。""煨一锅好汤，够小雪爸喝两顿呢。"小菲好舍不得。一晚上时间，两裤腿臭泥，一大耳掴子，全都浪费了。

"好"和有限的几个数词共现，使用频率极高。构成"好+数词"结构，表示"多"或"久"，如"好多年""好几次""好半天""好一会""好一段时间""好一阵"或"好一阵子"。"好+数词"的类联接具体包括"动词+（了）+好+数词+量词"和"动词+好+数词+量词+名词"两种形式。例如：

（1）为了得到某个具体的观察结果，法布尔常常坚持连续几星期甚至几年的观察活动，直到有结果为止。他曾花了好几个星期，观察一堵古老的墙头，仔细研究鳖甲蜂捕捉囊蛛的动作。他还花了整整三年时间，观察雄蚕蛾如何向雌蛾"求婚"的过程。

（2）母亲接过信，看着那红、蓝、白三色镶边的信封，用颤抖的手抚摸了许久，才小心翼翼地把信拆开。泪水顺着母亲的脸颊悄然而下。我们几兄妹站在旁边默默地看着母亲，不敢发出一丝声响，生怕惊扰了她。过了好一会，母亲抬头含泪笑道："你三舅的来信……"，就再也说不下去了。

（3）喝完咖啡，吴琼主动提出到我的小屋里聊一聊。这当然是我求之不得的，更让我想不到的是，她竟主动提出要给我做模特。当她脱光了衣服站在我面前时，我惊呆了，脸色涨得通红。她有意等了好半天，好享受一下我的羡慕和老实的神色，然后问，"摆什么姿势呀，大师？"

（4）对于这个问题，一般人也可举出好多例子，从各个文化、历史上已有的那些进向，来说各个文化的特质。但是这种讲法不是很中肯的。你当然可以列举，比如说你可以列举西方文化历史上已有的进向，但是这不是真正的问题所在。

近年来，汉语程度副词修饰名词在学界引起热议[①]，情感强化副词"好"也有与名词共现的用例：

（1）她的手好凉，好陌生，好隔膜。
（2）一个个好耐心，挖起根来问。

（二）"好"的语义优选与语义韵

"好"与中性语义词语组合的频率最高，语料库中出现的频次为24641，除了与数词"几"（13154例）、"多"（6405例）、"一"（2036例）的高频率组合外，也常与"大"（1025例）、"长"（936例）组合，用于标记时间、数量、面积上的大量。

"好"与消极语义词语组合频次（1520）比积极语义组合频次（1264）

[①] 胡裕树（1981），黄伯荣、廖序东（1997），胡明扬（1992）认为"十分堂吉诃德"、"很青春"中的"堂吉诃德"和"青春"是名词活用为形容词的用法；张谊生（1997）认为"副+名"组合有其语义基础，他主要从顺序义、类别义、量度义、动核化和性状化五个层次进行分析；刘正光（2005）认为"副+名"组合的产生源于名词的非范畴化，即典型的表指称的名词经过非范畴化，显现出形容词的陈述功能特征，如"很新款式"、"相当狐狸"、"非常灰色"等；邢福义（1997）从文化背景的视角探讨了"很+X"类结构的产生和使用，如"很淑女"是在一定的文化背景下对某一女人言行特质的感受。

稍高。与"好"共现的消极语义组合词中,感觉、知觉和情感类词语最为活跃:

"苦"191例,"痛"111例,"疼"34例,"冷"99例,"热"34例,"饿"18例,"累"87例,"难"55例,"辛苦"45例;

"难过/难受"和"怕"75例,可怕45例,"烦""恨"和"后悔"各25例。

与"好"共现的积极语义组合词中,居首位的是关于美好情感的心理活动,其中,"想/想念"303例,"喜欢"67例,共占比30%左右。还有"开心"60例,"感动"27例,"羡慕"24例,"痛快"22例,"幸福"19例等。

其次是评价类词语,其中"漂亮"156例,"美丽"65例,"帅"和"俊"各17例,共占比20%左右。然后是"厉害"132例,"热闹"76例,"可爱"54例等。

也有知觉和感觉类词语,"香"59例,"舒服"25例,"温暖"10例,"暖和"6例等。

因此,从组合词的意义表现来看,"好"通常优先选择的语义类型为:(1)大额的数或量;(2)想念;(3)"痛"和"苦"的感觉。

"好"与其他词语的组合能力很强,具体见下表:

表8-4 情感强化副词"好"的组合词分类

积极语义	频次	中性语义	频次	消极语义	频次
想/想念	303	几	13154	苦	191
漂亮	156	多	6405	痛	111
厉害	132	一	2036	冷	99
喜欢	67	大	1025	累	87
美(美丽)	65	长	936	难过(难受)/怕	75×2
开心	60	半	465	狠	58
香	59	快	188	可怜	57
可爱	54	热闹	76	难	55
感动	27	熟悉	38	惨	52
舒服	26	激动/热	34×2	辛苦	45
羡慕	24	深/奇怪	31×2	可怕	40

续表

积极语义	频次	中性语义	频次	消极语义	频次
痛快	22	熟	26	伤心	39
幸福/快乐	19×2	怪/安静	24×2	疼	34
帅/俊	17×2	年轻	22	困惑	28
快活	12	慢	14	紧张	26
亲切	11	神气/希望	13×2	烦/恨/后悔	25×3
温暖	10	近	10	凶	23
热情	9	厚	9	饿/贵	18×2
浪漫	8	滑稽	7	恐怖	17
佩服	7	特别/滑	5×2	忙/傻/可惜	16×3
暖和/靓/便宜/逗	6×4	神秘/纳闷	4×2	无聊/难看	15×2
真实	5	火爆	3	恶心/吓人	14×2
巧/精致/壮观/甜蜜	4×4	性感/对不起	2×2	痛苦/丑	13×2
神奇/准/饱/满足	3×4	舍不得	1	闷	12
娇嫩/怀念	2×2			痒	11
爱/思念/期待	1×3			寂寞/坏	10×2
				讨厌	9
				乱	8
				嫉妒	7
				脏/困/心疼/残忍/心酸	6×5
				空虚/霸道/难熬/凶恶	4×4
				穷/苦闷/没用/难听/难闻	3×5
				苦难/肉麻	2×2
				心碎/惆怅/遗憾/痛苦	1×4
合计/比例	1188/4.35%	合计/比例	24641/90.19%	合计/比例	1491/5.46%

通过对"好"组合词语义的分析，发现组合的数词、形容词和动词中呈现中性涵义的有24641例，占比90%左右，积极涵义的1188例，占比4%多，消极涵义的1491例，占比5%多。虽然，"好"所在的"快乐"域为典型的积极情感，但从其组合词的语义类型来看，"好"历经了语法化的过程，"高程度"语义和"美好"或"与坏相对"的语义并存。相对于总的使用频率，"好"用作情感强化副词的概率不到4%，而且，积极涵义隐退，"高程度"语义凸显，呈现为中性语义韵。

三、愤怒域汉语情感强化副词的语义韵

源自愤怒域的汉语情感强化副词有"暴"和"怒"等。《现代汉语词典》中，"怒"有"形容气势很盛"之意。譬如说，"怒号""怒放""静脉怒张"中，"怒"用于说明"号叫""开放"和"伸张"的极致程度。但是，"怒"用于标记高程度的用法仍不是普遍语言现象，本节只考察"暴"的语义优选与语义韵。

古代汉语中，"暴"的语义为"急剧，猛烈"和"凶恶，残暴"，后隐喻扩展为"暴躁，急躁"，后发展出"极端地愤怒"的意思。

"急聚，猛烈"语义的用例如下：

（1）孟冬行夏令，则国多暴风。（《礼记·月令》）
（2）野火燔山泽，山泽之中，草木皆烧，其叶为灰，疾风暴起，吹扬之，参天而飞，风衰叶下，集于道路。（《论衡》）

"凶恶，残暴"语义的用例如下：

（1）尧舜帅天下以仁，而民从之；桀纣帅天下以暴，而民从之；其所令反其所好，而民不从。（《大学中庸》）
（2）平丘之会，数其贿也，以宽卫国，晋不为暴。（《左传·昭公十四年》）

"暴躁，急躁"语义的用例如下：

（1）建充性刚暴，常畜猘犬十数，奴仆有罪既笞，已复嗾犬啮之，骨肉都尽。(《金史》)
（2）原来孙大娘最痛儿子，极是护短，又兼性暴，能言快语，是个揽事的女都头。(《醒世恒言》)

古汉语中，"暴"表"极端地愤怒"时只用于与"怒"的组合，如下例：

（1）于是楚王乃弭节徘徊，翱翔容与，览乎阴林，观壮士之暴怒，与猛兽之恐惧，徼剧受诎，殚睹众物之变态。(《汉书》)
（2）今参于父，委身以待暴怒，陷父于不义，不孝莫大焉。(《旧唐书》)

在现代汉语语料库CCL中以"暴"为关键词进行检索，得到总频次58268，通过排查并标注其强化副词用法后，对使用频次前100位的组合词进行统计，获得频次数据如下表9-5[①]。从组合词和优选语义来看，"暴"呈现出中性偏消极的语义韵。

表 8-5　情感强化副词"暴"的词频统计

	强化副词频次	总频次	强化副词占比
暴	4664	58268	8.76%

（一）"暴"的搭配与类联接

情感强化副词"暴"与动词或形容词搭配共现。与动词共现3463例，与形容词共现1201例。组合动词中，出现频次占绝对多数的前两位是"跌"和"涨"，分别为1101和1038例，占比为32%和30%左右，主要用于大起大落的股市和房市语境。"暴"与其近义词"怒"的组合为315

[①] 语法化程度不够高的情感强化副词，如"暴"、"狂"、"痛"等在语言学界仍存在很大的争议，它们在语料库的词性标注更为谨慎，因此，整词匹配搜索模式可能会遗漏很多用例，我们便采用模糊匹配进行检索，然后再一次人工标注，获得它们作为情感强化副词的使用频次和用例等数据。

例,远远低于"跌"和"涨"。其他搭配词多为与日常生活相关的动词,又以饮食与日常动作为主,如"跳""走""食""饮"等。与"暴"组合的形容词6个,总频次也只有动词组合词的近三分之一,出现频次占绝对多数的前两位是"躁"和"虐",分别为816和339例,占比为68%和28%左右,其他是感觉和知觉的"冷""热""痛",另外还有"暴长"1例。具体见下表:

表8-6 情感强化副词"暴"的组合词统计

暴+动词	频次	比例(%)	暴+形容词	频次	比例(%)
跌	1101	31.79%	躁	816	67.94%
涨	1038	29.97%	虐	339	28.23%
跳	335	9.67%	热	31	2.58%
怒	315	9.10%	冷	11	0.92%
食	173	5.00%	痛	3	0.25%
饮	159	4.60%	长	1	0.08%
晒	156	4.50%			
打	90	2.60%			
走	27	0.78%			
胀	25	0.72%			
升	12	0.35%			
脱	7	0.20%			
腾/长/笑/扁/泻	4×5	0.12%			
掠	2	0.06%			
缩/沸/趴	1×3	0.03%			
合计	3463	100%	合计	1201	100%

"暴"共有"暴+动词"和"暴+形容词"两大类联接形式。其中类联接"暴+动词"包括"暴动词+的+名""动词+(了)+暴+动词""暴+动词+(了)+数量词""名词+暴+动词"四种情况。具体如下例:

(1)盖塞林格若无其事地面向墙上挂着的蜡笔画,忍住了暴笑的冲动。聪明的人明白什么是困难,愚笨的人却连不可能也不知道。

（2）在牛市最疯狂，但行将死亡之前，大众媒介如报章、电视、杂志等都反映了普通大众的意见，尽量宣传市场的看好情绪。人人热情高涨时，就是市场暴跌的先兆。相反，大众媒介懒得去报导市场消息，市场已经没有人去理会，报章新闻，全部都是市场坏消息时，就是市场黎明的前一刻，最沉寂最黑暗时候，曙光就在前面。

（3）25年前，麻省理工学院的阿兰·H.高斯（Alan H. Guth）提出宇宙大爆炸中有一个快速"膨胀"期的概念。暴胀理论认为，在诞生之初，宇宙应是在一个反重力场里燃烧的，而且经历了暴胀。科学家一直没有找到引发暴胀的原因。而今，WMAP的观测虽没有让暴胀理论最终被肯定，但排除了其他的一些模型。

（4）要富有营养及易于消化。饮食应有规律、有节制，严禁暴饮暴食。缺铁性贫血则不宜饮茶，因为饮茶不利于人体对铁剂的吸收。适当补充酸性食物则有利于铁剂的吸收。忌食辛辣、生冷不易消化的食物。平时可配合滋补食疗来补养身体。

（5）老人怒叱一声，佝偻的身子，竟似忽然暴长了一尺，左手一反，已抄着了枪头，厉声道："就凭你也敢跟我老人家动手？！"

（6）本来，卡拉OK作为一种休闲娱乐是认不得真的，可是，在人们对卡拉OK暴饮暴食一顿之后，一些清醒的OK族忽然觉得有哪儿开始不大对头了。于是，有较真儿的人把"艺术"的旗帜打出来了。

（7）由于缺水，苏丹首都喀土穆的大量民用工程被迫停工，有的地方连日常饮用水都难以为继。饮用水的匮乏，导致黑市水价暴升。在苏丹港，商贩每卖一桶饮用水，就能从中获利近两美元。

（8）现在他们之间不光是密友、上下级的关系，还是亲戚。怎能不尽心竭力去打好这一仗呢！额亦都正想着，探马回来报告说："前面已是浑河。因为几天前天降大雨，河水暴涨，队伍不能过河。"

类联接"暴+动词"包括"名词+暴+形容词"和"暴+形容词+（的）+名词"两种情况。例如：

（1）老王头听到这，一股子怒气消了，抱歉地说："咳，我这个人的脾气就是太暴躁，刚才把你们好个冤枉呵！"

（2）气象台首席预报员姚祖庆证实了记者的感觉。她说，昨天晚上初起的这场大雾，起因是上海暴冷后回暖，出现绵绵小雨，近日又频吹东南风，风小，海上来的水气充沛，大量增湿引起了低层大气的水气饱和。

（3）隋朝的创始人隋文帝杨坚是一个很有作为的皇帝，可是他的继承人隋炀帝杨广却是一个暴虐的君主。隋炀帝在位期间到处巡游，大兴土木，营造宫殿，频繁对外用兵，加上开挖大运河，劳民伤财，动用民工达数百万之多。隋炀帝的暴政使得广大人民家破人亡，农村田地大量荒芜。

（4）这是四月下旬的暴热天气，而江水之清丽是魅力无穷，立刻就有几个年轻人脱衣服，兴奋地嚷起来。而且，不知是谁叫起来："叫老板也下去！""总经理下水！"更说不清的是，小丽——后来的后来她说，她"一直就知道戴维不会水"——居然就要译给戴维听，而且大笑着要推他下水。

近年来，"暴"作为高等级程度标记副词的使用在网络和年轻人群体的日常生活中十分流行。由于语料的来源不同①，新流行的"暴"组合在CCL中没有得到体现。BCC语料库涵盖了除文学、科技以外的报刊和微博各几十亿字的最新潮的真实的语言材料，通过检索，发现"暴"的强化副词用法在微博上尤其流行，与形容词和动词的组合能力也很强。与形容词组合如"暴强""暴美""暴伤心""暴恶心""暴好""暴洋气"等，与动词组合，如"暴爱""暴喜""暴堵"等。具体见下例：

（1）20111215金俊秀生日快乐。计算机课做PPT，获获辛苦了。买了这么大一盒好基友，心里安慰不要一下吃完是不会肥死的，看到个暴美的学姐，真的暴美！

（2）美国华裔同事推荐的，说是家里办了年卡，每周末都带着孩子去。我们怀着一颗兴奋的心去膜拜，人暴多，还排队，可是真看的时候感觉没啥。

（3）听咗噪②多年，都未听厌呢首歌！很好听！曾路得天各一方，

---

① CCL语料库中的语料以现代白话文经典著作为主，口语化的报纸和一些网络文章、博客等的入选比例不高，要了解最新潮的、口语化的表达，本研究使用BCC语料库加以补充。

② "听咗噪多年"为粤方言，意为"听了这么多年"。

暴爱 SLSAMG 莫耐何矣。

（4）一觉睡到 11：45 暴期待。又是一部值得期待的大片！！看到个骑全黑赛摩勒，帅死了，帅死了，帅死了，帅死了，帅死了，太 JB 拉风了。

"暴"的强化用法主要出现在年轻一代的口语和网络交流中。年轻人群体语言使用的重要特点就是标新立异，情感表达放大、夸张，又极具模仿力，辅以网络的快速传播，其能产性和复制能力大幅增强。从组合词语语义类型来看，"暴"可以与大量的积极、消极和中性涵义形容词和动词共现。"暴"在新潮用法中的语法化程度很高，甚至几乎取代了程度副词"很"。

（二）"暴"的语义优选与语义韵

"暴"的新兴用法给我们展现了十分有趣的语言事实，但其受众数量和范围并不稳定。因此本文对"暴"语义优选和语义韵考察仍基于 CCL 语料库。

"暴"对"涨/跌"表现出鲜明的语义优选，占使用频次总量的 46% 左右。"涨/跌"类还有"升"（12 例）、"泻"（4 例）、"长"（4 例）、"缩"（1 例）。其次就是"急躁，愤怒"，组合词"躁"和"怒"共 1131 例，占比 24% 左右。然后是日常活动的"跳"（335 例）、"晒"（156 例）、"打"（90 例）、"走"（27 例）和"食"（173 例）、"饮"（159 例）。"暴"的组合词分类情况具体见下表：

表 8-7　情感强化副词"暴"的组合词分类

中性语义	频次	消极语义	频次
跌	1101	躁	816
涨	1038	虐	339
跳	335	怒	315
食	173	痛	3
饮	159		
晒	156		

续表

中性语义	频次	消极语义	频次
打	90		
热	31		
走	27		
胀	25		
升	12		
冷	11		
脱	7		
腾/长/笑/扁/泻	4×5		
掠	2		
缩/沸/趴/长	1×4		
合计/比例	3191/68.42%	合计/比例	1473/31.58%

与"暴"组合的词语的语义不是中性就是消极，前者是后者的两倍多一点。中性语义组合词语在语料库中出现的频次为3191，占比68%左右，"暴"与消极语义词语组合频次为1473，占比32%左右。整体来看，"暴"呈现出中性偏消极的语义韵。

四、悲痛域汉语情感强化副词的语义韵

现代汉语中的"痛"源自悲痛情感域。根据《古代汉语词典》和《现代汉语词典》，"痛"的原意为"疾病创伤等引起的难受的感觉"；也表示"悲伤"，如"悲痛""哀痛""痛楚""痛苦""痛切"；表"尽情地，深切地，彻底地"，如"痛击""痛骂""痛歼""痛饮"等；在四字组合"痛不欲生""痛改前非""痛下决心""痛心疾首"等中，"痛"也用于标记"高等级程度"。本节通过语料库考察"痛"的搭配、类联接、语义优选和语义韵。

以"痛"为关键词进行检索，得到总频次65722，分类并标注其强化副词用法后，对使用频次前100位的组合词进行统计，获得频次数据如下表。从组合词语义特征来看，"痛"表现出鲜明的消极语义韵。

表 8-8　情感强化副词"痛"的词频统计

	强化副词频次	总频次	强化副词占比
痛	30251	65722	46.01%

（一）"痛"的搭配与类联接

情感强化副词"痛"只与"苦"或"快"这两个语义相反的形容词搭配共现，现代汉语中"痛苦"和"痛快"词汇化特征鲜明，尤其是"痛苦"，出现的频次很高，为 20273 次，"痛快"则为 3751 频次。

"痛"主要与动词搭配共现，出现频次居首位的是"哭"，2213 例，占比 36% 左右，紧随其后的是"恨"，1350 例，占比 22% 左右。表达具体动作的动词，除了"哭"以外，还有"斥""骂""击""殴"等。情感动词除了"恨"以外，还有"惜""悔""恶""愤""爱"等。具体见下表：

表 8-9　情感强化副词"痛"的组合词统计

痛+形容词	频次	比例（%）	痛+动词	频次	比例（%）
苦	20273	84.39%	哭	2213	35.54%
快①	3751	15.61%	恨	1350	21.68%
			惜	567	9.11%
			斥	489	7.86%
			击	389	6.25%
			骂	353	5.67%
			打	290	4.66%
			饮	228	3.66%
			改	134	2.15%
			悔	128	2.06%

---

① "痛快"一词最初出现于隋唐五代的《书断列传》，"吴人皇象能草，世称'沉着痛快'"，"沉着"，意为"遒劲酣畅"，是书法艺术的高境界。《朱子语类》中"学者所患，在于轻浮，不沉着痛快"形容学习时只看文字表面，而不得其精华。"痛快"出现时，"痛"已广泛用于"高等级程度"的表达，且与动词或形容词组合构成偏正型的合成词。古汉语中，"快"的意义包括"高兴，称心""放纵""锋利""迅速"等。"痛快"因此有了今天"舒畅，高兴""尽兴"和"爽快"的意思。现代汉语中"痛苦"的词汇化特征明显。

续表

痛+形容词	频次	比例（%）	痛+动词	频次	比例（%）
			恶	33	0.53%
			殴	23	0.37%
			愤	20	0.32%
			爱	10	0.16%
合计	24024	100%	合计	6227	100%

"痛"共有"痛+动词"和"痛+形容词"两大类联接，其中"痛+动词"具体表现为"痛+动词+名词""痛+动词+的+名词""痛+动词+数量词"和"名词+（的）+痛+动词"四种情况，如下例：

（1）他既痛斥《马关条约》丧权辱国太甚，又极其荒谬地主张出卖祖国大片领土来换取付赔款和搞变法的费用，并幻想由此取得某些帝国主义的"保护"，以造成一个安定的环境来推行变法。

（2）直罗镇战役的胜利对整个战略全局产生了十分深远的影响。不久，红军便东渡黄河，痛击阎锡山，后又回师西征，狠揍马鸿逵、马鸿宾，迅速巩固与扩大了陕甘苏区，同时发动群众，争取东北军停止内战、与我联合抗日，在全国开创了团结抗日的新局面。

（3）何一刀一声不吭，只狠狠地瞪着膏药张，他对膏药张称侯义为江湖第一名刀，不仅反感，简直到了痛恨的程度。

（4）因此有暴利可图，彩陶成了往香港走私的资源。老百姓用彩陶盛鸡食鸭食，甚至当尿盆用，随便丢弃破坏者更多。尽管在香港，一件彩陶往往卖数千乃至数万港币，而在当却因不准买卖变得如同废物。文物专家指出，如果允许彩陶进入文物市场，这种令人痛惜的局面就会大大改观。

（5）当时有人把这件事向蒋介石告了密，他被蒋介石痛骂一顿，说他太糊涂不懂利害。他说他什么朋友都交，也不管什么主义不主义，只要是认为可交的朋友，便推心置腹，就是掉脑袋也不在乎。

（6）我们这些野心家谁也没有理他，痛饮了一番后，便信步大殿，略事浏览，中间危坐着至圣先师，左右是老子和释迦的造像，壁间遍悬佛像，空间绘着孔子周游列国图，供桌上都摆着一行一尺多高的大葫芦，案旁坐着一个闭着眼睛念经的小道士。

（7）《庄子》里有个故事，讲到老子之死。老子死子，他的朋友秦失来吊唁，却批评别人的痛哭，说："是遁天倍情，忘其所受。古者谓之遁天之刑。适来，夫子时也。适去，夫子顺也。安时而处顺，哀乐不能入也。古者谓是帝之悬解。"

（8）作为一个从小便被教育"三从四德"的大家闺秀，当我面临着改变命运的一次机会，难道我不能对自己的未来有些许的憧憬、期盼？而且我还在螃蟹诗中抒发了对这黑暗世道的痛恶，使姐妹们大呼痛快，这也是我的诗文，为什么人们却忽略了呢？

"痛"只与形容词"苦"和"快"组合。"痛"和"苦"二者均为"难受""痛苦"之意，组合时语义重叠，受"状+中"语法形式的影响，"痛"还有强化"苦"的程度的功效，可解读为强化副词。"快"为"愉快""舒服"之意，"痛快"即为"大快人心""十分舒畅"的意思。类联接"痛+形容词"主要表现为"痛+形容词+（地）+动词""名词+的+痛+形容词"和"痛+形容词+的+名词"，如下例：

（1）晚八时许，当行至定兴县北河一带时，发现两辆大卡车一东一西，车头掉下路基，撞在树上，挂斗横在路中，一位中年男子躺在马路旁痛苦呻吟。

（2）关于这一点，儒家的集大成者如孔子乃至以后的孟轲都不曾讲得明白，直到汉武帝时主张罢黜百家、崇尚儒术的董仲舒，才为了适应专制官僚体制合理化、神圣化、神秘化的要求而痛快地予以发挥了。

（3）县委书记乔满在馒头营乡发现军属董录的妻子因患类风湿关节炎不能下地，当即对乡干部说："眼下春播即将开始，她家里腾不出人手，你们要责成专人尽快与石家庄类风湿医院联系，抓紧时间给她治疗，解除病人的痛苦。"

（4）来自浙江的张琴华写道："我来自浙江农村，从小父母不曾给我饼干、巧克力和牛奶，也没有给我小人书、玩具和钢琴，但他们用实际行动教给我勤劳和朴素，我坚信这是人间最美好的东西。在大汗淋漓中，我感着内心的痛快和舒畅，正是在这个时候，我感到自己和远方家中日夜辛劳的父母靠得很近。我也为自己能让楼层内同学每天起床后就置身于一个整洁舒适的环境而感到由衷的欣慰。"

（5）看到被水淹了的菜棚，了解到村里不少农户都有过这样的遭遇，郭新民当即表示要立即协调有关部门，节后就解决村里的积水排水问题。能得到县委书记这么痛快的答复，李英昌夫妇感激中带着意外：如果干部都能像这样，咱庄稼人还有啥说的呢！

（6）拉美魔幻现实主义作家加西亚·马尔克斯的名著《百年孤独》就是通过非凡的艺术想象，打破了有限的时空规范，把拉丁美洲一百年来动荡、痛苦的历史浓缩于短暂的瞬间，通过一个家族的兴衰过程表现了拉美大陆百年来的历史命运。

（二）"痛"的语义优选与语义韵

"痛"的最强组合是"痛苦"，共 20273 例，类似的还有与"痛苦"相关的"痛哭"，2213 例，两个词语频次共占总量的约 3/4。"痛快"3751 例，占比 12% 左右。其次是憎恨或悔恨的情感语义，"痛恨"为 1350 例、"痛骂"为 353 例、"痛悔"为 128 例、"痛恶"为 33 例，共占总量的 5% 左右。"痛"还与系列表肢体动作的词语组合，"击"为 389 例、"打"为 290 例、"殴"为 23 例。

表 8-10　情感强化副词"痛"的组合词分类

积极语义	频次	中性语义	频次	消极语义	频次
快	3751	惜	567	苦	20273
爱	10	击	389	哭	2213
		打	290	恨	1350
		饮	228	斥	489
		改	134	骂	353
		殴	23	悔	128
				恶	33
				愤	20
合计/比例	3761/12.43%	合计/比例	1631/5.40%	合计/比例	24859/82.18%

"痛"与积极涵义、中性涵义、消极涵义词语组合频次各为3761、1631和24859，占比分别为12.43%、5.40%和82.18%。该数据显示，"痛"表现出鲜明的消极语义韵。

与"痛"相仿的还有"苦"，也可以用作情感强化副词。古汉语中，除了"劳苦""痛苦""悲悯"的意思外，"苦"还有"竭力，极""过分，多"和"久"的意思，分别如下例：

（1）故夫谋人之主，伐人之国，常苦出辞断绝人之交也。（《史记》）
（2）故用财不可以嗇，用力不可以苦。（《管子·版法》）
（3）莫怪江南苦留滞，经营身计一生迂。（《东坡文集》）

古汉语中的"苦寒""苦节"中，"苦"表示"寒冷"和"节制"的程度，另外还有"苦战""苦守""苦等"等，"苦"既为"艰苦"之意，也蕴含了"激烈地战斗""坚持守卫""等了很久"的意思。这些表达在现代汉语中仍然使用。

五、害怕域汉语情感强化副词的语义韵

现代汉语害怕类情感强化副词相对较多，包括"死""老""慌""坏""酷""狂""穷""疯"，另外还有方言中的"贼""煞""血""恶"等。与快乐域一样，汉语中害怕域的情感强化副词都是由引发害怕情感的原因概念演变而来，那些直接表达害怕的情感名词、动词和形容词并不像英语情感强化副词那样，演变为强化副词，置于动词、形容词或其他词类前后，标记事物性状的高程度。从组合词和优选语义来看，"死"表现出中性偏消极的语义韵，"老"表现为中性语义韵，"慌"和"坏"表现出强烈的消极语义韵，"酷"表现出消极偏向的语义韵，"狂"表现出混合型的语义韵，"疯"表现出中性语义韵，"穷""煞""血""恶""贼"表现出鲜明的消极语义韵。其中"死"的使用频率最高，组合能力最强，也是本节重点探讨的对象。

"死"在《现代汉语词典》中的副词义项为"不顾生命，拼死"和"至死，表示坚决"，前者如"死战""死守"，后者如"死不认输""死也不松

手"，而将"死"的"表示达到极点"意义归为形容词用法，如"笑死人了"、"高兴死人了"、"死顽固"。若"死"为形容词，其意义应和"死心眼""死胡同"等相似，与"失去生命"和"没有活路"等语义相关。然而在"笑死人了"和"高兴死人了"中，显然"死"与它们不同，不是实义动词"死亡，失去生命"，而是表示"好笑"和"高兴"的"高程度"。"顽固"指的是"思想保守，不愿接受新鲜事物"，为形容词词性，"死顽固"为"很顽固，极为顽固"之意，"死"用于表达"顽固"的"高程度"。由此可见，"死"在修饰动词和形容词"表示达到极点"意义应归为程度副词的用法，只不过它除了置于动词和形容词之前作状语外，它还可以后置作补语。

由于汉语界对"死"的词性莫衷一是，词典的编纂和语料库的标注不免受到各家各派观点的影响，因此增加了该词语料收集、分类和统计的难度。"死"的程度强化用法除了副词外，还有的归于形容词和动词词类。为了尽可能做到全面客观，本研究通过语料抽样和组合词查询相结合的方法获得了"死"的强化副词用法 6170 例，相对于它在语料库的总频次而言，占比很小。具体见下表 8-11。从组合词和优选语义来看，"死"表现出中性偏消极的语义韵。

表 8-11　情感强化副词"死"的词频统计

	强化副词频次	总频次	强化副词占比
死	6170[①]	185601	3.32%

（一）"死"的搭配与类联接

情感强化副词"死"主要与动词或形容词搭配共现，可置于动词或形容词之前用作状语，也可置于动词或形容词之后作补语。后者还可分动词或形容词与"死"之间有没有"得"的两种情况。

先看"死"前置的情况。与"死"搭配的动词出现频次共 2033，居首位的是"守"，共 842 例，占比 42% 左右。与"守"相关的表对抗的动词还有"战""抱""缠""拼""扣"，另外两个就是"盯"和"记"。共现的

---

① "死"直接与各类词语组合频次为 5708，加上"形容词/动词+得+要死"448 例和"形容词/动词+的+要死"14 例，共 6170 例。

形容词数量也不多，频次为553，其中，"死"十之六七与"寂"组合，有374例，而后是"硬"，有114例，占比约21%，其他除了"沉"53例以外，"黑""闷""凉"等不过几例而已。

再看"死"直接用于动词或形容词之后的情况。"死"与动词或形容词之间没有"得"的这种情况，在组合词的数量和出现的频次上都要高于前置的情况。"死"对组合词选择的限制大大放宽，可以与好几十个动词和形容词搭配共现。与"死"搭配的动词出现频次共2222。居首位的是"拼"，共413例，占比不到20%。其次是"累"和"吓"，各300多例。搭配词中情感动词占绝对优势，如"气""恨""烦""羞""爱""愁""羡慕""后悔""怕"等。

与"死"搭配的形容词数量更多，出现频次却更少，为900。居首位的是"饿"，共164例，占比也不到20%。其次是"闷"和"撑"，各100例左右。搭配词绝大多数是感觉和知觉形容词，如"疼""热""痛""臭""渴""憋""苦""困""烫"等。

除了以上"死"出现于动词和形容词前后标记高程度以外，"死"还以"形容词/动词+得+要死"的形式出现，表达"X得到达极致程度"的极性语义。CCL语料库中"形容词/动词+得+要死"共448例，"形容词/动词+的+要死"共14例。另外还有"要死"的变体形式"要命"，事实上其使用频率更高一些，"形容词/动词+得+要命"共812例，"形容词/动词+的+要命"共30例。对于这些用例，同样因为组合词可能会出现重复，所以不再做词频统计，另外由于语言表征形式发生变化，变体"要命"的用例也作为"死"语义韵研究的依据。

"死"置于动词或形容词前后的组合词及频次情况具体见下表8-12和表8-13：

表8-12 情感强化副词"死"的组合词统计（死+动词/形容词）

死+动词	频次	比例（%）	死+形容词	频次	比例（%）
守	842	41.42%	寂	374	67.63%
战	298	14.66%	硬	114	20.61%
盯	281	13.82%	沉	53	9.58%
抱	214	10.53%	黑	5	0.90%
记	213	10.48%	闷/凉	2×2	0.36%

续表

死+动词	频次	比例（%）	死+形容词	频次	比例（%）
缠	136	6.69%	热/甜/辣	1×3	0.18%
拼	26	1.28%			
扣	23	1.13%			
合计	2033	100%	合计	553	100%

表 8-13 情感强化副词"死"的组合词统计（动词/形容词 + 死）

动词+死	频次	比例（%）	形容词+死	频次	比例（%）
拼	413	18.59%	饿	164	18.22%
累	321	14.45%	闷	105	11.67%
吓	310	13.95%	撑	99	11.00%
气	236	10.62%	疼	51	5.67%
恨	170	7.65%	热	50	5.56%
烦	138	6.21%	痛/难看	29×2	3.22%
笑	109	4.91%	臭	28	3.11%
想	98	4.41%	渴	27	3.00%
羞	54	2.43%	憋/苦	25×2	2.78%
爱	43	1.94%	急/困	18×2	2.00%
愁	35	1.75%	烫	15	1.67%
哭	33	1.40%	冷	14	1.56%
抵	31	1.26%	难受	13	1.44%
迷	28	0.99%	忙/闲	12×2	1.33%
羡慕	22	0.95%	美/难过/笨	10×3	1.11%
吵/呛	21×2	0.90%	麻烦/恶心	9×2	1.00%
后悔/冻	18×2	0.81%	讨厌/痒	8×2	0.89%
折磨	16	0.72%	脏/亏/开心……	6×5	0.67%
怕	15	0.68%	难吃/辣/咸	5×3	0.55%
折腾	13	0.59%	可怜/懒/逗……	4×5	0.44%

续表

动词+死	频次	比例（%）	形容词+死	频次	比例（%）
挤	11	0.50%	热/丑/紧张……	3×4	0.33%
厌烦/冤枉	7×2	0.32%	饿/酸……	2×6	0.22%
骂/心疼	6×2	0.27%	坏/冷/挤/……	1×13	0.11%
熏	5	0.23%			
嫉妒/恶心	4×2	0.18%			
讨厌/心痛	2×2	0.09%			
喜欢/感动/害怕……	1×5	0.05%			
合计	2222	100%	合计	900	100%

"死+动词""动词+死""死+形容词"和"形容词+死"是情感强化副词"死"四种主要的类联接。类联接"死+动词"包括"死+动词+（着）+名词"和"死+动词"两种情况，例如：

（1）特别是历代统治阶级垄断文化和教育，无视口语的发展，死守文言阵地，使其逐渐脱离了广大的人民群众，成了一种只为一小部分上层人物和文人服务的交际工具。

（2）恩特不愿意吃变质的馊物，不愿意睡在桥洞下，不愿意死盯着母狗腿！

（3）我们知道，呆读死记是旧学校教学工作的一个特点。

（4）如果在大敌压境、众寡悬殊的情况下，要摆开阵势同敌人死拼硬打，恰恰上了敌人的圈套。

类联接"死+形容词"包括"死+形容词+名词""死+形容词+（的）+名词"和"名词+（的）+死+形容词"三种形式，例如：

（1）于寒黑帮的修样板，反党小集团的狗头军师，白专道路的死硬分子，反动军官的孝子贤孙，世仇分子……全是叫人心惊肉跳的……我暗暗庆幸自己当初头脑清醒，作出了正确的抉择，绕过了生命的暗礁，虽然付出了代价，虽然连芹芹都不能理解……现在，谁能说我没有远见？

（2）如果把宇宙这个无所不包、完全没有外界存在的体系，当作"孤立体系"，把熵增大原理推广到整个宇宙，势必得出错误的结论——由于宇宙的熵不断增大：终将达到极限，那时宇宙万物的温差都将消灭。热变化停止，宇宙处于死寂状态之中。这就是德国物理学家克劳胥斯荒谬的"热寂说"。

（3）本尼迪克于1959年提出的观点与毕宾等人在1961年提出的观点大相径庭，前者认为怀孕期是"单调死寂"的时刻，而后者则认为怀孕期是一个转折关头。

（4）那收发员是个死闷死闷的人，他眼也不看春宝，拉长声音说："三点以前不会客，现在是十一点十分！"

（5）我想听见海浪在远处嘶吼，然而，我听不见；我想听见一声雷鸣，震破这岛上的死寂，然而，却什么全都没有。

（6）守在井底的老三房义国和冯继永开头见绳子往里走得很快，心里还挺高兴，但不多会儿就听里面叫了声什么，然后绳子就不动了。两人着了慌无可奈何之下，两人拉动了绳。绳子死沉死沉，就像是往外拖块大石头。

类联接"动词+死"包括"动词+死+名词+了""名词+动词+死+了""动词+死+动词+名词"三种情况，例如：

（1）中间这部分大概是占到了15%左右的分数。很多没有这个体系的企业，都是老板自己想，觉得你好你就在这里。这样的话，老板即使是爱死你了，你最多也只能得15分。

（2）鲁豫：看你演出时有一段讲你偷你妈妈藏的麦乳精，还在里面塞报纸，笑死我了。

（3）这么个老头子，70多岁留着胡子，还会在冰上做着各种把式，我们羡慕死了，觉得奇怪死了，这么个老先生怎么会溜这么好的冰，后来才知道，他当年是给西太后，给慈禧太后做冰上表演的，他是中国第一个会溜冰的……

（4）"金枝！"金秀用手绢抹着眼角，带着哭腔说，"姐姐是这种人吗？是吗？你别把气儿都往我头上撒！……你不知道，姐姐后悔死了！我当初怎么就没多关心关心你，多提醒提醒你。早有当初，何必今天……"

（5）大家用手拼死刨着泥土，搬开乱石。手指磨破了，指甲脱落了，鲜血直流，没有人叫一声痛，喊一声苦。10名战士靠着顽强的毅力和坚韧不拔的精神，终于战胜了险恶的泥石流。

（6）宾看主，是明眼学人遇上了瞎眼"善知识"；主看宾，是学人有落处，虽经善知识点拨，还抵死不肯放；宾看宾者，两个俱是瞎汉。慢说宾看宾是"同失"，就连宾看主、主看宾也是"同失"——二者共同失去禅宗的宗旨。

类联接"形容词+死"包括"动词+形容词+死+了""名词+形容词+死+了""形容词+死+了"和"形容词+死+了+名词"四种情况，例如：

（1）我不想饿死在北京，说得好听点，我还有理想没去实现；说得难听点，我也怕死，我还不想这么早离开人世。至于当叫花子，虽然要比饿死的强，但滋味恐怕也好不到哪里去！如果不想饿死或沦落到沿街乞讨的份，那就只得去找刘大爷、去找他的儿子刘厨子给我介绍"菜买"的工作了。

（2）这么个老头子，70多岁留着胡子，还会在冰上做着各种把式，我们羡慕死了，觉得奇怪死了，这么个老先生怎么会溜这么好的冰，后来才知道，他当年是给西太后，给慈禧太后做冰上表演的，他是中国第一个会溜冰的。

（3）傻婆娘一向生孩子是闹惯了的，她大声哭，她怨恨男人："我说再不要孩子啦！没有心肝的，这不都是你的吗？我算死在你身上！"忽然二里半的家屋吵叫起来！过了一会傻婆娘又滚转着高声嚷叫："肚子疼死了，拿刀快把我肚子给割开吧！"

（4）法国女星米歇尔·摩根一直很感激被让·迦本带入深吻情境的指引；女星金·贝辛格在和米基鲁克拍完《爱你九周半》之后，痛恨地说："他的口腔臭死了！"；男星罗杰·摩尔在拍吻戏之前，先闭上眼睛想想英国，接下来才会入戏；亨弗莱·鲍嘉非常喜欢拍吻戏，常不自觉地说："滋味真好，重来一次！"

（5）李：这种事儿，我用不着媒人，我自己能解决。我是说咱俩一块儿去采访吧，能省点儿麻烦。戈：怎么着？我成媒人了？李：别逗了。那一会儿陪我去一趟吧？戈：你没看我这儿一大堆的事儿？忙死了。再说，我去也不利于你那口若悬河地介绍自己啊。

（6）"我一个人，闷死了，一点儿过节的情绪都没有！"陈玉英收拾好了茶几，又跑过来吻了张全义一口。"你等着，我弄菜去。我真没想到，你会在这时候突然来看我……"

（7）如此凄惨的状态下，黑仍说得出笑话，这是好事儿。然而我立刻看到，在他嬉笑的背后，蕴藏着何等样的严肃"如果你打算召集人群，那么我绝不会带你去哈桑的家。"我说，"我怕死了争吵和打架。"

（8）某县的一个边远山乡，过去谁家姑娘作风不好，都感到羞死"先人"，而现在有的人不这样看了。

"死"用在某些动词和形容词后面，可能表示"死亡"，如以下例（1）、例（3）、例（5）、例（7），也可能表示"程度"，如以下例（2）、例（4）、例（6）和例（8）：

（1）现在竟然跟这位小姐在一起，恰恰佐证了这一点，他甚至怀疑陈力行的脱逃，完全是为了来找许梦梅，其他纯属虚构；第三，不该逃跑，古谚云："饿死不做贼，屈死不告状！"

（2）三位师首长都感到腹中并无食欲，却都一迭声地催："快端来，饿死了。"

（3）二虎娘误把"六六六"粉当成榆皮面下了肚，汉子们心里干着急，脚下迈不开步，眼看着老人疼死在半路上；21岁的董秋忠患暴痢，也是这样死在了路上……

（4）去年12月底，跳水队进行每年例行的眼睛检查，郭晶晶的右眼被查出轻微视网膜脱落。次日，她住进了医院，第三天便接受了复位手术。"手术很成功。但特别疼，疼死我了。"郭晶晶微笑着说。

（5）战时后方人民生活极为困难，妇女儿童都从事力不胜任的劳动，父亲累死在车床前，母亲挣扎着工作。伤愈后来到谢尔皮林的部队，被派往刚解放的一个苏军战俘营去接收伤病员。

（6）郭德纲：我现在躺床上就想，哎呀！终于能睡觉了，累死我了。真没工夫想那些，太累了。

（7）有人说："大部分癌症是被吓死的，糖尿病是被饿死的。"这话虽然说得有些言过其实，但并不是一点道理都没有，过于限食造成的营养匮乏，与糖尿病死亡率的升高不无关系。

（8）普通百姓上街购物时货容易找，价吓死人。走进服装市场，一件普通又普通的衣服500元、800元，甚至上千元。花3000元买一件普通皮夹克"潇洒穿一回"也并非新闻了。

"饿死"组合共1860例，表"因饥饿至死亡"的用例1696例，只有164例为"饿极了"的夸张表达，占总量的8.82%左右。"疼死"组合共61例，表"因疼痛致死"的10例，"十分疼痛"的夸张表达51例，占总量的83.61%左右。"累死"组合共473例，表"劳累致死"的152例，321例为"很累，累坏了"的夸张表达，占总量的76.86%左右。"吓死"组合共431例，表"因惊吓致死"的431例，"十分吓人"的夸张表达310例，占总量的71.93%左右。可以看出，相对来说，对于高频词"死"，若组合词语义具有强势的致死可能，则用于表高程度的夸张表达比例不高，反之，则多用于标量高程度，类似的还有"冷死"组合19例，1例为"冷得很"的夸张表达；"热死"组合82例，50例为"热得要命"的夸张表达；"臭死"组合29例，28例为"臭得要命"的夸张表达。

"形容词/动词+得+要死/要命"的形式表达"X得到达极致程度"的极性语义。例如：

（1）语言中有一些不合事理的说法，例如"好得要死""甜得要命"，等等，人们已经习以为常，根本不感到它们有什么不合逻辑、不合事理的问题。所以，"约定俗成"的原则在规范化的工作中有重要的作用，或者说，"约定俗成"本身就是规范化的一个原则和标准。

（2）电文尖锐深刻，像柄利剑直刺蒋介石政权的心脏。一时蒋介石怕得要命恨得要死，直接封锁了这一消息，并要大报小报一概不准登载。所以宋庆龄的电文也就成了秘密传单，在大街小巷传递。宋庆龄发出电报后，正像她对友人表示的那样："我发了电报后，心里舒坦了……至于我个人因此有什么遭遇，那是无关紧要的。"

（3）除夕！赵子曰寂寞得要死了！躺在床上？外面声声的爆竹惊碎他的睡意！到街上去逛？皮袍子被欧阳天风拿走，大概是暂时放在典当铺；穿着棉袍上大街去，纵然自己有此勇气，其奈有辱于人类何！

（4）犹太人的攻击一天猛似一天，不过耶稣似乎没有想到让步。他接连做了三件事，叫他的敌人恨得要死。

（5）"这个北京城外有这个明朝皇帝十三个坟，叫'明十三陵'其中定陵已经打开了，万历皇帝的坟打开了，如果我们亲自去，坐很多车坐飞机然后下去，在里边又冷得要死，那个鬼地方冷得要命，你们有没有去过定陵啊？你去过，我不去的。

（6）我就觉得很蛮横、很有趣，把他们逼急了；他们也会讲几句这种真话。可是一诉诸文字。他们就不这么表达了，还是用那些老套，什么"完成国民革命第三期历史任务"啦，什么"建立台湾为三民主义模范省"啦，陈腔滥调，讨厌得要命。

（7）一个个搪瓷饭盆排成队，轮着让一只冒着热气的钢精勺往里面盛菜，钢精勺往搪瓷盆里盛着湿漉漉的怪东西，那些东西渐渐看清楚了，是一些人的五官：眼睛、鼻子、耳朵和大大小小肥肥瘦瘦红红白白的嘴唇……叭哒吧嗒地落在搪瓷盆里。他在梦里面对这情景时很是快慰。但惊醒后他恐怖得要命。

（8）我们一般人，多少都有一点疑心病（医学上称谓"疑病"）。脉搏少跳了一下，便会着急：有人患小儿麻痹症，自己颈子稍微有点僵，就害怕得要命；略微有点热度，就愁眉苦脸。幸而大多数人的这种忧虑只是不长久的。但是，真正患疑心病的人，无时不在忧愁自己生病了。

（二）"死"的语义优选与语义韵

与"死"组合频率最高的是"守"，842例，"对抗性行为"的词语类似的还有"拼"，439例，"战"，298例，"盯"，281例，"抱"，214例，"缠"，136例，"抵"，31例，"扣"，23例，占总量的40%左右。"对抗性"语义为"死"的第一优选语义。组合语义中消极的感知觉和情感类语义占比也很大。包括"累"，321例，"吓"，310例，"气"，236例，"恨"，

170 例,"饿" 164 例,"烦", 138 例,"闷", 105 例,"撑", 99 例,"疼", 51 例,等等,占总量的 30%~40%。其"对抗性"和"感知觉及情感"优选语义表明,在使用中,情感强化副词"死"的关键功用在于通过夸张的手法表达"极度的决心"和"极度不舒服的体验"。

"死"的组合词的分类和频次,见表 8-14:

表 8-14　情感强化副词"死"的组合词分类

积极语义	频次	中性语义	频次	消极语义	频次
笑	109	守	842	累	321
想	98	拼	439	吓	310
爱	43	寂	374	气	236
迷	28	战	298	恨	170
羡慕	22	盯	281	饿	164
美	10	抱	214	烦	138
开心/香	6×2	记	213	闷	105
漂亮/逗	4×2	缠	136	撑	99
赚	2	硬	114	羞	54
甜/高兴……	1×6	沉	53	疼	51
		热	54	愁	35
		抵	31	哭	33
		扣	23	痛/难看	29×2
		黑	5	臭	28
		奇怪	2	渴	27
		淋	1	憋/苦	25×2
				吵/呛	21×2
				急/困/后悔/冻	18×4
				折磨	16
				烫/怕	15×2
				冷	14
				难受/折腾	13×2

续表

积极语义	频次	中性语义	频次	消极语义	频次
				忙/闲	12×2
				挤	11
				难过/笨	10×2
				麻烦/恶心	9×2
				讨厌/痒	8×2
				厌烦/冤枉	7×2
				脏/亏/穷……	6×5
				熏/难吃/辣/咸	5×4
				嫉妒/恶心……	4×5
				热/丑/腻……	3×5
				讨厌/饿……	2×4
				害怕/坏/冷……	1×15
合计/比例	338/5.92%	合计/比例	3080/53.96%	合计/比例	2290/40.12%

"死"与积极涵义、中性涵义、消极涵义词语组合频次各为338、3080和2290，占比分别为5.92%、53.96%和40.12%。该数据显示，"死"正处于语法化进程之中，虽然也与积极词语共现，但占比很小，其强化副词用法仍然受到源概念贬抑情感色彩的影响，表现出中性偏消极的语义韵。

六、惊奇域汉语情感强化副词的语义韵

现代汉语情感强化副词"怪"和"奇"都是由表达惊奇情感"觉得奇怪"的形容词直接演化而来。从历时的发展来看，"奇"在魏晋时期就出现了高程度表达的用例，"怪"在明清时才出现强化副词的用法。然而，就目前的情况来看，"怪"可以与大量的单音节或多音节的形容词和动词组合，表达事物性状的高等级程度，而"奇"只与单音节形容词组合。惊奇域中另一个情感强化副词"稀"和"奇""怪"一样，源概念语义为"量

少""量小",衍生出高程度语义,基本上也只与单音节形容词组合。它们表现出的语义韵有很大的差别,其中,"奇"呈现出消极偏向的语义韵特点,"怪"表现出较为强烈的消极偏向语义韵特征,而"稀"则呈现出鲜明的中性语义韵。本节详细探讨使用频率最高、使用范围最广的"怪"的语义韵。

《古代汉语词典》中,"怪"最初为"奇异,罕见之物""感到奇怪"等意思,分别如下例(1)、(2)和(3)、(4):

(1)丘闻之:木石之怪曰夔、魍魉,水之怪曰龙、罔象,土之怪曰羵羊。"(春秋战国《国语》)
(2)故君子道其常,而小人道其怪。(春秋战国《荀子》)
(3)其后,夫自抑损,晏子怪而问之,御以实对,晏子荐以为大夫。(《晏子春秋》)
(4)妻怪问之,语其状。(《汉书》)

除此之外,"怪"还有"责怪"之意。发展至明清,"怪"衍生出"挺,很"的程度语义,例如:

(1)如今是你肥猪拱门,我看你肥猪拱门的这片孝心,怪可怜见儿的,给你留个囫囵尸首,给你口药酒儿喝,叫你糊里糊涂地死了,就完了事了。(《儿女英雄》)
(2)宝钗笑道:"我也不知道,听你说的怪好的,所以请教你。"(《红楼梦》)

以"怪"为关键词进行检索,得到总频次46354,标注其强化副词用法后,发现"怪"用于强化性状的程度或强度不到百分之二,总体来看,它表现为消极偏向的语义韵。

表8-15 情感强化副词"怪"的词频统计

	频次(强化副词)	频次(一般副词)	强化副词占比
怪	873	46354	1.88%

(一)"怪"的搭配与类联接

现代汉语中的情感强化副词"怪"与形容词的组合能力很强,与英语的 disgustingly 类似,它可以与很多形容词组合,但是绝大多数组合的使用频率并不高。形容词中组合频次最高的是"可怜",占总量的 20% 左右,其他多为表达感受和情感的形容词,包括"不好意思""可惜""吓人""可怕""难受"等。

"怪"与动词组合的数量和频次都远远低于形容词,共 49 例,其中"想(念)"19 例,占比接近 40%,其他绝大多数也是表心理活动的动词,包括"害怕""舍不得""心疼""伤心""委屈"等。"怪"的组合词及频次情况具体见下表:

表 8-16 情感强化副词"怪"的组合词统计

怪+形容词	频次	比例(%)	怪+动词	频次	比例(%)
可怜	154	18.69%	想(念)	19	38.78%
不好意思	74	8.98%	累	6	12.24%
可惜	35	4.25%	害怕	5	10.20%
有趣	32	3.88%	舍不得/心疼	4×2	8.16%
吓人	31	3.76%	闷	3	6.12%
难受	22	2.67%	疼爱	2	4.08%
可怕	21	2.55%	伤心/委屈……	1×6	2.04%
难为情	20	2.43%			
别扭	19	2.31%			
好听/痒痒	18×2	2.18%			
难过	17	2.06%			
不错	16	1.94%			
舒服/可爱	15×2	1.82%			
难看/好	14×2	1.70%			
好看/好玩	13×2	1.58%			
亲热/冷	11×2	1.33%			
可笑	10	1.21%			
香/难听/不好受	9×3	1.09%			

续表

怪+形容词	频次	比例（%）	怪+动词	频次	比例（%）
沉/累	8×2	0.97%			
漂亮/委屈/闷没劲/麻烦	6×5	0.73%			
孤独/和气/熟/丢人	5×4	0.61%			
新鲜/受用聪明/惨/痒……	4×11	0.49%			
高兴/甜（蜜）中听/脏……	3×12	0.36%			
好奇/秀气好吃/好闻……	2×18	0.24%			
恶心/恼火伤心/辛苦……	1×22	0.12%			
合计	824	100%	合计	49	100%

"怪"有"怪+形容词"和"怪+动词"两大类联接。类联接"怪+形容词"包括"名词+怪+形容词+（的）""怪+形容词+（的）+名词"、"怪+形容词+（的）""动词+得/起来/着/了+怪+形容词+（的）""怪+形容词+地+动词"几种形式，例如：

（1）对什么他也不是真正内行，哪一行的人也不诚心佩服他。他永远笑着"碰"。可是多少回了，这种碰法使金钱归了他。别人谁也不肯要的破房，要是问到了他，恰巧他刚吃完一碗顺口的鸡丝面，心里怪舒服："好吧，算我的吧。"

（2）"你是什么意思？"齐拉问。"那不是他编的话：村里人都那么说——都说你们在沼地里迷失了；当我进来时，我就问起恩萧……'呃，哈里顿先生，自从我走后有怪事发生啦。那个漂亮的小姑娘怪可惜的，还有丁耐莉也完了，'他瞪起眼来了。我以为他还没有听到，所以我就把这流言告诉他。"

（3）"马吕斯的爱情！"格朗泰尔大声说，"不难想象。马吕斯是一种雾气，他也许找到了一种水蒸气。马吕斯是个诗人类型的人。所谓诗人，就是疯子。天神阿波罗。马吕斯和他的玛丽，或是他的玛丽亚,或是他的玛丽叶特,或是他的玛丽容,那应当是一对怪有趣的情人。"

(4)几周前他接待了一位怪神秘的来访者,就是老在金家出出进进的杜逢时,金一趟家那个老妈子的儿子。他说听说徐伯贤在动员金一趟献方,有心帮他一把,不过不是也去动员金一趟。

(5)一位女同学蹲着为痴儿洗澡时,孩子站着解出了大便,落在盆里,溅了她一脸一身。这位同学没有抱怨孩子,擦把脸,换了水,继续给孩子擦洗。事后,同学们问起她时,她实在地说:"这没什么,这些孩子从小就没爹没妈,没人疼爱,怪可怜的。

(6)廉枫在急掣的车上快镜似的收着模糊的影片,同时顶头风刮得他本来梳整齐的分边的头发直向后冲,有几根沾着他的眼皮痒痒的舐,掠上了又下来,怪难受的。这风可真凉爽,皮肤上,毛孔里,那儿都受用,像是在最温柔的水波里游泳。

(7)虽然这种浩然之气听起来怪神秘,可是照孟子所说,它仍然是每个人都能够养成的。这是因为浩然之气不是别的,就是充分发展了的人性,而每个人的人性基本上是相同的。

(8)车站上人太多了,不然她决不让他来这一下呢。尽管她对邦妮的模样觉得怪不好意思的,可还是注意到了,群众中几乎人人都在微笑着观赏这父女俩的化装,这种微笑毫无讥讽之意,而是出于真诚的乐趣和好感。

(9)反正"眼泪"是"掉到了饭碗里"。不自禁流泪,是"惺惺惜惺惺"?仿佛是在一夜之间,一个人就"没"了,没得这么像沟沟里的草!似乎还听见老曹怪亲热地拍搭路遥肩膀的声音,"未来中国的大作家!"

(10)至少他上了年纪,态度也许真的说不上很热情,或是富于同情心,虽然此人守残抱缺,但好像颇有才智。他先是怪好奇地看了她一会儿,好像要想认一认来人是不是附近乡里的人。

类联接"怪+动词"包括"怪+动词+名词+(的)""名+怪+动(的)"和"怪+动+(的)"三种形式,例如:

(1)"才,你看白天妈妈那叫干吗呢,……"晓燕白净细嫩的脸微微羞红了,"我也像当年的林道静,*怪讨厌*这些虚伪的形式。"

(2)这么多年,这些人谁不知道谢童的心思。苏阑这个男人的心就像铁打的,不要的就是不要,连看一眼都不看。也怪委屈谢童的,多少人追的美女,就这么被耽误了。不过死心眼的也不只苏阑一个,谢童也是,明知得不到也撒手,就那么傻等一个虚飘的可能,她毕竟是个女人,能和苏阑比吗?

(3)盒子破了,糖都滚了出来,我看这盒糖呀,值一袋面的钱,心里*怪舍不得*,我说,"齐先生,江小姐不在,你给东西留下得了,干吗发这么大的火呀。"

(4)建梅把手中的讲稿在老孟脸前一晃,"马英同志派我到西河店去讲演,可是我心里*怪害怕*,老孟大爷,你跟我一块去吧。"

(5)现在丁聪先生携着他的一批精彩之作来深圳举办画展,我自然便乐了:第一,又可以听到他那高音喇叭似的大嗓门,第二,又可以向他当面求教了,说实话,四五年没见到他了,*怪想的*。

(6)小俞把脑袋摇得像货郎鼓似的,"谁要那些讨厌的男孩子!嘿,王姐姐,我的心事还没同你说完哩。临走以前没有见见林姐姐,这真叫我*怪伤心*。我可想她哩。"

(二)"怪"的语义优选与语义韵

与"怪"组合频率最高的是"可怜",154例,表怜惜的还有"可惜"35例,共占总量的22%左右。表委屈、为难的组合词有"不好意思"74例,"难为情"20例,"别扭"19例,"不得劲"7例,"委屈"7例,"丢人"5例,"不自在"4例,"尴尬"2例,共占比15.81%。消极涵义组合词还有表消极情感的,包括"难受"22例,"难过"20例,"不好受"9例,"可怕"21例,"害怕"5例,"孤独"5例,"寂寞"4例等。

积极涵义组合词中,出现频次最高的是"有趣",32例,其次是"想(念)"19例;表示满意评价的组合词有"好听"18例,"不错"16例,"好"14例,"好看"和"好玩"各13例,"受用"4例,"中听"3例,"好吃"和"好问"各2例,"舒服"15例,"舒坦"2例,共占比11.68%。因此"好"的相关评价是情感强化副词"怪"最优选的积极语义。"怪"表达程度时,更多的是对心理感受和心理活动或状态进行修饰说明。

表 8-17　情感强化副词"怪"的组合词分类

积极语义	频次	中性语义	频次	消极语义	频次
有趣	32	熟	5	可怜	154
想（念）	19	滑稽/好笑/心疼/舍不得	4×4	不好意思	74
好听	18	热闹/亲昵/神秘	3×3	可惜	35
不错	16	好奇/神气	2×2	吓人	31
舒服/可爱	15×2	般配/严肃……	1×5	难受	22
好	14			可怕	21
好看/好玩	13×2			难为情	20
亲热	11			别扭	19
香	9			痒痒	18
漂亮	6			难过	17
和气	5			难看/累	14×2
新鲜/聪明/受用	4×3			冷	11
高兴/甜/中听	3×3			可笑	10
好吃/好闻……	2×7			难听/闷/不好受	9×3
结实/齐整……	1×8			沉	8
				委屈/不得劲	7×2
				没劲/麻烦	6×2
				孤独/害怕/丢人	5×3
				惨/痒……	4×5
				脏/冷清……	3×5
				难闻/狡猾……	2×11
				恶心/辛苦……	1×12
合计/比例	229/26.23%	合计/比例	39/4.47%	合计/比例	605/69.30%

"怪"与积极涵义、中性涵义、消极涵义词语组合频次各为229、39和605，占比分别为26.23%、4.47%和69.30%。本研究的该数据显示，"怪"表现出较为强烈的消极偏向语义韵特征，除了表达高于一般的程度以外，还传递出委屈、无奈的情感，在具体使用中，也有表赞赏和喜爱情感的。

根据马真（1991）的研究，"怪"带有亲昵、满意、爱抚、调皮的感情色彩，不便于表示此类感情色彩的形容词，即便是口语词，也都不能受"怪"的修饰。

刘冬梅（2006）在此基础上做进一步考察，发现"怪"可以修饰形容词、动词、和一些带"得""不"的动补结构和否定等形式。从"怪"的组合范围来看，首先，它的表现了远远超越了亲昵、满意、爱抚、调皮的情感色彩，表达较高程度[①]的同时，很多情况下与消极涵义词语组合，表达无奈和委屈的情感，例如"怪难受的""怪吓人""怪累人"。

七、结语

本章以 CCL 为主，参考 BCC 和"语料库在线"，对汉语中源自"快乐""愤怒""悲伤""害怕"和"惊奇"域的情感强化副词进行语义韵考察，综合考虑情感强化副词的使用频率、组合能力和典型性，分别选取"好""暴""痛""死"和"怪"进行细致考察。为了考察的客观和准确性，尽量还原情感强化副词与搭配词共现的语境，尤其关注语义冲突的组合及其所在的句法环境，以确定情感强化副词呈现的语义韵特征。"好"的强化副词用法占比为3.73%，原型句法功能是修饰形容词，表现出混合型语义韵；"暴"的强化副词用法占比为8.76%，原型句法功能是修饰动词，呈现出中性偏消极的语义韵；"痛"的强化副词用法占比高达46.01%，原型句法功能是修饰形容词，表现出鲜明的消极语义韵；"死"的强化副词用法占比与语法化程度高的"好"相差不大，为3.32%，原型句法功能是修饰动词，表现出中性偏消极的语义韵；"怪"的强化副词用法占比为1.88%，原型句法功能是修饰形容词，表现为消极偏向的语义韵。

---

① 从本族语者的语感来看，"怪可怜""怪可爱"与"好可怜""好可爱"相比，前者表征相对较低的程度；"怪累的"比"累坏了""累得慌"的程度都要低。可以说，"怪"表达高程度时比"好""坏""慌"等要低。

第九章 英汉"情感强化副词+X"构式及构式义

一、引言

作为程度副词范畴中异质性很强的成员,情感强化副词与其他词语组合时,一方面标记被修饰成分的高等级程度特征,另一方面传递了语言主体的情感体验。语言更新的原因除了社会发展中新事物和事件的出现,需要表达新概念的语言形式,同时语言使用者也在不断地求新求异,以获得特殊的表达效果。人们对 very、totally、completely、"很""十分"等高程度标记习以为常,它们强化的效果因此削弱,terribly sorry 和"奇热"等情感强化副词的使用更容易获得人们的关注,同时感同身受 sorry 和"热"的超乎寻常的程度。当事物的性质或行为状态偏离了常态,引发了情感上的体验,人们在表达程度时就有可能选择把自己的情感编码为语言的形式。情感强化副词因此成为强化副词范畴新的成员。当它们反复地与层级性语义共现,这种共现的高频使用使得"情感强化副词+X"结构形成抽象的句法构式,表达高程度语义,又有别于原有的"Very/ 很 +X"构式。本章在构式语法理论框架下,具体探讨英汉"情感强化副词+X"构式与"程度副词+X"构式的异同和关联,同时对"情感强化副词+X"构式进行分类与语义的解析。

二、"情感强化副词+X"构式

根据戈德伯格(Goldberg,1995),构式被界定为"当且仅当一个结构式为形式—意义配对体,且无论形式或意义的某些特征,都不能完全从这个构式的组构成分或另外的先前已有的构式推知"。后来她对该定义进行了修正，认为"即使能从语言形式完全可以推知，只要出现的频率足够高，它们也可以以构式的方式存储"（Goldberg，2006：5）。构式之所以成为构式可能是由于其语义的不可推知性，即结构本身具有意义，也可能是语言结构高频使用固化下来的结果，二者其实是相互关联的。高频使用的某一类语言表达可以抽象出句法构式，如双及物构式、存在构式、way 构式、"被"字句结构、"把"字句结构等。由于高频使用，在"程度副词+X"构式的类推认知作用下，"情感强化副词+X"结构表征为构式。其中 X 主要是形容词和动词，也可能为介词、副词和名词等。

（一）"情感强化副词+X"构式表征

"情感强化副词+X"构式是人们从大量的、普遍存在的情感强化副词使用中剥离、抽象出来的图式性的句法构式。词汇构式是具体的，而句法构式是人们长期使用语言而形成的格式（pattern），相对独立地储存于大脑之中（Langacker，1987）。

与现实互动的过程中，当事物性状程度或动作行为强度达到一定的量时，人们会产生情感上的反应。比如，物品的价格高得离谱，这样的情境会唤起人们惊讶的情感，表征为语言可能是：

（1）Given his way, her father would see her married off on the Saturday following her college graduation (from any top Southern school, but preferably Duke) in a huge white wedding that included, of course, a *ridiculously expensive* white dress that would be complemented by an engagement diamond so heavy that she'd struggle to raise her left hand.

（2）I slipped a turquoise and gold box of Je Reviens—not much larger than a cigarette pack, though *surprisingly expensive*—from the display behind the cobalt atomizer into my topcoat and hurried off to follow the woman through the crowd.

（3）Yet today, manganese remains on the seafloor. In the push to negotiate the treaty "people forgot the economics of it. It's *unbelievably expensive* to do deep-sea mining," says Andy Solow.

（4）那家专卖店的衣服奇贵。

（5）现在给孩子补课的费用好贵。
（6）这几年一线城市的房价贵得离谱。

句（1）中的 a ridiculously expensive white dress 说明白色婚礼服贵得离谱；句（2）中 surprisingly expensive 描述了一个烟盒大小的 Je Reviens 牌镶金绿松石盒子贵得出人意料。句（3）中的 unbelievably expensive 说得是深海采矿代价高得令人难以置信。（4）到（6）也都生动刻画了给人不同体验的高价。生活中人们经常会碰到价格令人瞠目结舌的情况，从情感体验的角度来看，每个人当时的感受可能有所不同，习惯性的表达感情的方式也可能不一样，这就出现了不同情感强化副词和 expensive 组合的情况。

再如，描绘苦苦挣扎而无法摆脱的贫困时，可能会有如下表达：

（1）She'd arrive late to class, her hair wet and unkempt. She didn't have friends, and the popular students made fun of her because she wore old clothes and shoes. Only later in life did I understand that she obviously came from a *terribly* poor family.

（2）That's especially true of *desperately* poor countries like Liberia or Sierra Leone, where health care systems were barely adequate even before Ebola. "We were not prepared to really fight this battle in terms of the material, the training, the people, the expertise," Liberian President Ellen Johnson Sirleaf told Liberian health workers on Aug. 10.

（3）就在一年前，他们家乡还穷得死。

从（1）提供的信息来看，那个女孩蓬头垢面，衣着褴褛，原来她来自一个十分贫穷的家庭。terribly 的使用意味着作者认为这样的贫困对一个孩子来说十分糟糕，是一件可怕的事情。句（2）使用了 desperately 表达贫困的程度，显然程度更深。利比里亚和塞拉利昂因为贫穷，在对抗埃博拉病毒时，人们应该享受的医疗卫生条件无法得到保障，甚至连利比里亚的总统都肯定地表示囿于物质、培训、工作人员和专家的缺乏，政府并没有做好准备真正地投入这次病毒抗战中。这样的贫穷似乎看不到任何尽头和希望，是令人绝望的状况。句（3）"穷得死"也可以说"穷得要死"或"穷得要命"，极度夸张地表达了贫穷的极致，达到威胁生存的程度。

前面章节已谈到英语中情感强化副词的数量多，使用频率高，使用范围也很广，除了 COCA 语料库中大量的用例，在人们日常交际和公众演说中也会出现。接下来我们看看不同情感域中其他情感强化副词的用例：

（1）If an experiment works, if the numbers look and smell and feel so *gorgeously* simple that I actually trust them, I'll sit at my desk long after my adviser has left for home, after the postdocs and other graduate students have called it a day and the lab manager has shut down her computer.

（2）Despite his national reputation in the field of antitrust law, Professor Benjamin Goldberg remains my beloved Benny. He's vulgar, he's fat, and he's gluttonous, but he's also *ferociously* loyal and *wonderfully* hilarious and my best friend in the whole world. I love him like the brother I never had.

（3）Courage, something which many of our leaders seem to be *woefully* lacking, is taking the personal and professional risk to stand up and call out these dark forces, their leaders and their enablers.

（4）But while modern-day Earth has liquid water oceans, breathable air and a temperate climate, the surface of Venus is *hellishly* hot, thanks to a carbon dioxide-rich atmosphere roughly 90 times more massive than our own.

（5）The mechanics of sexuality, of blood redistributing itself and tissue contracting and flesh reddening and appendages hardening and fluids secreting, are *marvelously* difficult to imitate with any verisimilitude.

以上例句中 gorgeously simple 和 wonderfully hilarious、woefully lacking、hellishly hot 分别是源自快乐、痛苦、害怕情感域的强化副词与语义相近的词语的组合，既表达高程度语义也传递语言主体鲜明的情感态度。ferociously loyal 和 marvelously difficult 分别是愤怒和惊奇域的强化副词与语义相悖的词语的组合，虽然 ferociously 和 marvelously 的语法化程度并不高，但是语义相悖的组合现象不是一两例的偶然使用，表明人们对它们高程度用法的接受和认可。

汉语中无论是我们日常交谈中，还是 CCL 等语料库中，情感强化副词

的使用频率同样很高,使用范围也很广。譬如:

(1)"我等一下再告诉你秘密。"我亲吻他,"你好聪明、好漂亮。谢夫盖是个讨厌鬼。他甚至有胆反抗他的母亲。"

(2)尽管壁炉里的炭火苗子一窜老高,她还是感到一股凉森森的寒意。她紧靠壁炉坐下,让火光扑到自己的身上脸上,直到衣服快要烤煳了,才觉出并不是温度太低。

(3)"跟他们逗逗咳嗽。活得怪没劲的,咱死个悬念出来。""那图什么?没劲。咱们扑腾的原则不就是害谁都成别把自个搭进去。""我觉得有劲,什么原则?玩的就是心跳——咱不是谁也害不上了吗?""那得编排好了。"扑咚一声一块石头掉入湖中水波四漾,一个人影绰绰约约地走过来。""这湖忒浅,泡两天就能浮上来,死就死个彻底死个无影无踪那才有意思。这儿不行。"

(4)尽管她没有听见那些窃窃嘲讽的评论,可是卢克听见了。这家伙真是死不要脸,一个普普通通的牧工,居然在他们的鼻子底下把她勾到手了!卢克根本不在乎这些愤懑非难。他们曾经备有机会,要是他们没尽力地利用这些机会的话,活该他们倒霉。

(5)原一连指导员欧阳长保,女儿降生后一个多月,妻子才写信告诉他,他当时高兴坏了,那种初为人父的喜悦流溢满面。

(1)至(5)中的"好""老""怪""死""坏"是汉语中常见的情感强化副词,基于与表事物性状词语的频繁组合,它们都历经了一定程度的语法化,在隐喻或转喻的认知运作下,获得标量程度的功能。(1)中"好聪明,好漂亮"表示"很聪明,很漂亮","好"语法化程度高[①],是汉语中使用十分广泛的程度副词之一;(2)中"老高"的"老"不是指年龄大,而是指"高度大";(3)中"怪没劲的",按说与预期相悖的情况下,没劲也

[①] 根据《说文解字》:"美也,从女子"。"好"最初为形容词,意为"女子面容姣好,美貌",后引申泛化为一切事物的"美好"。"好"的程度副词用法始于唐五代,宋时频率高起来(吴福祥,1996)。《现代汉语词典》中,除了"有点多的,使人满意的""合宜,妥当"等以外,"好"还有专门的程度语义的相关义项,包括"用在形容词、数量词等前面,表示多或久"和"用在形容词、动词前表示程度深,并带有感叹语气"的释义。前者如"好多""好久""好半天""好一会",后者如"好冷""好香""好漂亮""原来你躲在这儿,害得我好找"等。

有可能是件奇怪的事情，但是此处更多地表达"很没劲"的意思；（4）中"死不要脸"从表面看来"不要脸"跟"死"没有关系，一般不会导致生命的终结，此处为"非常不要脸""太不要脸了"，表达脸皮厚的程度。句（5）的"坏"在汉语中是唯补程度副词，表达比"很高兴"更高的程度。在历时演变中，这些情感强化副词的词汇语义如何流失，又如何逐渐获得高程度语义等问题，我们在前面章节中已详细论述过。

英汉语依托情感体验，表达"高程度"语义的语言表征十分常见，还包括 deliriously happy、dearly love、bitterly cold、painfully difficult、sorely miss、appallingly reckless、amazingly inventive，"好开心""怪可怜的""老长""奇痒无比""狂喜欢"等，汉语湘方言里还有"焦干""稀烂""血贵"等，东北方言中有"贼聪明""诚尴尬""精厚"，等等。由于情感强化副词频繁地与层级性语义共现，在人类大脑中抽象并形成相对固定的图式构式，受到"程度副词+X"构式的压制，基于情感常态偏离的属性，获得"高程度"的解读，同时表达语言主体的情感态度。虽然汉语情感强化副词在数量上比英语的要少很多，但是"好""老""死"等都是使用频率高、语法化程度也很高的情感强化副词。

第七章和第八章探讨了英汉语情感强化副词的语义韵，选用 jolly、dearly、bitterly、disgustingly、desperately、painfully、terribly、awfully、incredibly、amazingly、好、暴、痛、死、怪作为具体讨论的对象，主要基于以下三个方面的考虑：

（1）它们直接由情感表达词汇衍变而来；

（2）它们是各类情感域中语法化程度较高的前两位；

（3）它们是满足前两个条件的英汉情感强化副词中使用频率最高的前两位。

COCA、*OED* 和 CCL 等的语料标记与分析表明，jolly 作为情感强化副词的使用频率虽然不高，其语法化程度却是最高的，在相关词典中的释义也能说明这一情况，即 jolly 用作副词时，唯一的义项就是"very"，为英式英语中的非正式用法；dearly 的使用相对受限，主要与 love 的不同形式组合，强化副词用法占比也很低，为 26.92%。bitterly 和 painfully 在 COCA 中出现的频次各为两千以上，在词典中也有"very""extremely"的高程度释义，其强化副词用法占比相对较低，分别为 33% 和 36%。disgustingly 的强化副词用法占比也高达 77%。desperately 本身的使用频率很高，但其"绝望地、孤注一掷地"的语义仍占多数,强化副词用法占比为45.75%。害怕域的 terribly 和 awfully 的使用频率和语法化程度都很高,其强化用法得到普遍接受,也是学者们很关注的两个情感强化副词。terribly 的强化副词的用法占比为85%,awfully 的强化副词用法占比为70%以上。惊奇域中的 incredibly 的使用频率最高,amazingly 相较低一些,它们的强化副词用法占比均为46%左右。incredibly 强化副词高频率的使用表明,惊奇概念本身具有的"超乎寻常"和"出乎意料"的内涵具有显著的程度属性。汉语中的"好""老""怪"等的程度副词用法也得到关注,是程度副词研究的重要内容。

汉语情感强化副词数量较少,为了更真实、更全面地展现它们在实际使用中的面貌,本研究对它们的语义一一进行了考察①,发现"好""怪""老""死"主要出现于口语语体,无论在普通话还是在方言中,使用频率都很高。由于频繁地与性状语义共现,人们在大脑中抽象并形成相对固定的图式构式,受到"很+X"构式的压制,基于情感的常态偏离的属性,获得"X的高程度语义"的解读。英汉"情感强化副词+X"格式中情感强化副词多置于形容词和动词前或后作状语。汉语中有些还可以或只能置于动词之后用作补语,汉语的程度副词因此有可补和唯补类型之分(张谊生,2000)。譬如,汉语情感强化副词"死"为可补型,"慌"为唯补型,具体见下例:

(1)宋思明闭着眼睛,喉头涌动。"亲我。"他想。可他不敢说。"亲我。"他内心热切等待。然后,海藻毫不犹豫地干脆松开皮带,划开拉链,扒下内裤,释放出压抑许久的满园春色,顿现一片姹紫嫣红。"我爱你的这里。"海藻用舌尖探索宋思明的肚脐。海藻叹口气,近乎于妖媚地挤出一句:"我爱这颗痣,爱死了。"

(2)星子说,"我永远也不会嫁给他,但我永远爱他。他是我的生命。"星子说罢气哼哼地回到自己房间,她觉得脸上发烧。她不知道自己为什么对母亲这样说。她就觉得自己想这么说。星子如此想着,忽觉胸口堵得慌,星子一头扑在了自己的床上,发泄般叫道,"我爱栖,

---

① 为了保持体例和篇幅的一致,第七章和第八章分别具体分析了各情感域中最具典型性的英汉情感强化副词的语义韵。

我永远爱牺。我要和他在一起。"

（1）中"爱死了"夸张而不失真情地表白了海藻对宋思明的爱恋，尤其在此情此景中，欲望高涨，欲生欲死，流露出近似疯狂的失去理性的狂热。"死"是情感动词"爱"达到的极性程度的补语。类似的表达有"忙死了""臭死了""想死了"等。前面探讨"死不要脸"，以及"死贵""死咸"，"死"居于动词短语和形容词之前作状语，因此，它是可状可补的情感强化副词。"死"作补语时还有"要死""要命"的变体形式，相当于英语中的 to the death。"一般来说，程度词置后的强度意味比较浓"（石毓智，2015：408—409）。例如，"死贵"比"很贵"程度高，但不如"贵得死""贵得要死"。（2）中"堵得慌"，"慌"用于补充说明胸口堵得"透不过气来，难以忍受"的状况。类似表达还有"饿得慌""想得慌""憋屈得慌"等。

"情感强化副词+X"原型构式义为"X达到让人产生某种情感的高程度"。该意义中的"高程度"语义不能从情感强化副词或其后的X直接推出，换句话说，由于情感强化副词频繁地出现于X之前，在类推机制的认知运作和"程度副词（Very/很）+X"构式的压制之下，情感强化副词获得了"高程度"语义的解读，整个构式除了表达X性状的高程度以外，还生动地传递了言者褒扬或贬抑的情感态度和评价。以上分析表明，"情感强化副词+X"的高频使用及其意义的不可推测性使该语言形式表征为构式单位。

（二）"情感强化副词+X"构式中的X

一般认为居前修饰形容词是情感强化副词的原型句法功能。然而，英语中还有些情感强化副词的原型句法功能是修饰动词，且可以居于X之前或者之后。英汉情感强化副词还有很多与副词和介词等共现的用例，汉语中情感强化副词修饰名词的现象正在为人们所接受，同时也引起了学者们利用不同的理论从不同的角度进行探讨。

第七章和第八章的基于语料库的定量研究佐证了程度副词的原型句法功能是修饰形容词。第七章探讨的英语情感强化副词中 disgustingly 和 painfully 只能与形容词组合；jolly、terribly、awfully、incredibly、amazingly 可以与形容词或副词组合，形容词和副词组合词比分别为：79/8、2648/170、

1397/178、3244/249、716/99。terribly 还可以与动词组合，共 201 例。dearly、bitterly、desperately 可以与形容词或动词组合，形容词和动词组合词比分别为：82/325、349/46、529/2370。该数据表明，还有些英语情感强化副词的原型句法功能是修饰动词的，dearly 和 desperately 就是典型的代表[①]。汉语情感强化副词一般与形容词或动词组合，"好""痛"和"怪"的原型句法功能是修饰形容词，形容词和动词组合词比分别为 4537/723、24024/6227、824/49，"暴"和"死"的原型句法功能是修饰动词，动词和形容词比分别为 3463/1201、2222/900。

帕拉迪丝（Paradis, 1997: 76）认为，等级性形容词（scalar adjectives: good, fast, nasty, interesting）选择等级性程度修饰词（scalar modifiers: very, terribly, fairly），极度形容词（extreme adjectives: excellent, terrific, disastrous, brilliant）和限制性形容词（limit adjectives: true, sober, dead, identical）选择整体性程度修饰词（totality modifiers: completely, absolutely, totally）。英语形容词从语义上可以分为层级性（good, beautiful, generous, tall）和非层级性形容词（classical, daily, Russian, symphonic），以上列举几类与程度副词组合的都是层级性形容词（Allerton, 1987）。英语情感强化副词属于等级性程度修饰词，一般与 good 和 fast 一类的等级性形容词组合；汉语情感强化副词则倾向于被认为主要与性质形容词组合。状态形容词，如雪白、笔直、粉碎等，因自身已有程度上的标量，所以一般不再受程度副词修饰。当然也有例外，学界对此论述较多，此处不再赘述。以下为英语"情感强化副词+X"构式中 X 为层级性形容词的用例：

（1）Coltrane, whose TV and movie career dates back to 1979, says he never worked with Savile or Harris. "And I'm *jolly glad* I didn't," he says. "They were both 'national treasures' who we used to sit and watch on TV every Saturday night.

（2）One week after a *bitterly violent* protest in Charlottesville, Va.,

---

[①] 文中谈到 X 可以是形容词、动词、副词、介词、名词和数词，英语情感强化副词的介词组合词和汉语情感强化副词的数词组合词为数不多，如 desperately in love、painfully out of control、（好）几/一/多，汉语情感强化副词与名词组合通常还被认为是非常规组合，在此不做详细统计。

that left one woman dead and 19 injured, tens of thousands of counter-protesters marched in at least 30 cities, including New York City, San Francisco, Chicago, Atlanta, and Washington, D. C. to demonstrate their opposition to white nationalism.

(3) "It is *disgustingly hypocritical* of the Clinton administration to pledge to 'put a human face on the global economy' while prostrating itself in pursuit of a trade deal with a rogue nation that decorates itself with human rights abuses as if they were medals of honor," Sweeney said.

(4) The camps were supposed to be temporary solution, yet families here are facing what now promises to be a very long winter. It's *painfully cold*, down to freezing temperatures at night.

(5) He finished the thought in his own mind. Just in case something went *terribly wrong* and they needed to power through the ritual by brute force — or in case Raina had to restore them all to life.

(6) The Carnegies are *awfully fond* of their dogs, and so are the Astors. You don't wish to give people the wrong idea about Willow Acres by banning dogs, do you?

(7) The results are, well, predictable when you think about the skills of a plastic toy pitted against those of an *incredibly powerful* cyborg space wizard. The two have at each other for a bit trading substantial blows to one another that result in few nods to Buzz being a toy and what would happen if Vader's control panel was messed with.

(8) "In some ways," he continued, "what you have is this *amazingly modern* system with huge data collection potential — and of course, many positives can come from this, but in the wrong hands it can become a huge problem for India."

英语情感强化副词 dearly 和 desperately 等相关构式中 X 主要表现为动词形式：

(1) Recently, I ordered a daylily called Judy Judy — yes, two Judys in the name — and I intend to give it to my sister Judy. I have a friend for

whom I would *dearly love* to buy the daylily Girly Girl—it describes her well.

（2） Jesus *desperately wants* to avoid killing the workers, whose complicity in the militia's actions is minimal. Unfortunately, Tara remains unmoved. Even as her comrade tells her, "We're not here for revenge. It can't be about that," all she says in response is, "It can."

以上例句中的斜体部分，以及汉语中的"好漂亮""怪可爱的""老远""暴涨"等在形式和语义上符合"情感强化副词+X"构式示例（instantiation）构式的要求。X为具有层级性特征的形容词和动词，它们传递了一般程度副词不具备的喜、怒、哀、乐等情感色彩，用独特的情感体验实现对事物性状的度量，英语中"情感强化副词+X"构式中除了形容词和心理动词以外，X还可能是副词。例如：

（1） One of the things we learned was that there are no substitute teachers, that the kids look after their own class when the teacher is away. And it—it doesn't work *terribly well*. They don't learn a lot, but they really do learn to create a measure of discipline and to work together and cooperate.

（2） But the play takes itself *awfully seriously*, without tongue-in-cheek parody or radical departure. Like many a noir, it's a morality tale, but what's the moral?

（3） "I knew that they had come to whatever agreement or understanding that they had come to," Damon said. "She had handled it and she was, you know, the first lady of Miramax. And he treated her *incredibly respectfully*. Always."

（4） He will be swearing in. it is going to go off *amazingly smoothly*. And everyone is going to be very, very proud of that man that is standing there and his wife.

情感强化副词还可以叠加强化，如下例：

Yikes! How *horribly dreadfully appallingly disgustingly* awful. Definitely one of those rare occasions when a person wishes she were illiterate. I don't even know what it means to write letters to yourself in the dark without paper, but it doesn't sound very good for your health. When I looked up she was gone, and there was a little river flowing away, toward the lake.

英语"情感强化副词+X"构式中 X 为介词短语的情况：

（1）She says, I'm gross. I'm so *disgustingly out of shape*. My underwear is the size of a sandbox. I say, you're just pregnant. You're not out of shape; you're in a different shape. Like a live-in girlfriend, she's difficult; she worries about things we have no control over.

（2）We are d*esperately in need of* high-quality studies in the form of randomized controlled trials in pediatric patients and studies that examine the full range of formulations of this class of drugs.

（3）After a few years, the hardware inside your TV or connected refrigerator will be *hopelessly out of* date. And if you want to upgrade, your only choice right now is to buy a whole new device.

汉语"情感强化副词+X"构式中 X 为形容词和动词的情况十分普遍，同时还存在大量的"程度副词+名词"构式，譬如，"很青春""十分文学""挺理论"等。该结构引起了广泛的讨论，不同的学者试图从不同的视角对之进行合理解释。胡明扬（1992）、张谊生（1996）用名词转类为形容词说明程度副词与名词的组合。储泽祥和刘街生（1997）指出该结构中细节体现的是名词的性质，性质就是有程度差异的，名词因此可以与程度副词组合。邢福义（1997）认为该结构源于人们特定文化素养及其对物体属性的特异的感受。施春宏（2001）指出副名组合中的名词都具有描述性语义特征，副词与名词的组合是［程度］与［性质］和［量度］的组合。刘正光和崔刚（2005）用"非范畴化"来解释这一现象，认为在副名结构中，名词在非范畴化机制作用下失去名词范畴特征，由指称意义转化为陈述意义。吴立红（2006）对汉语程度副词和名词组合进行语义特征的唤醒机制和语义的双向选择阐释。王寅（2009）认为"程度副词＋名词"结构是"词汇压制"和"惯性压制"的结果，名词蕴含的"典型特征，异常感觉，语气时髦"等语用意义得到突显。邓慧爱和罗主宾（2013）从跨语言的角度对"程度副词＋名词"结构进行考察，说明该现象在不同的语言中具有普遍性，如瑶族勉语中"那些米很谷子"，意思是"那些米里谷子很多"（毛宗武，2004）。以上文献探讨的是一般的程度副词"很""非常""太""比较"等。汉语情感强化副词"好"在地方方言中也有与名词组合的现象，如湘方言中：

（1）小王是我们身边少有的暖男，他好细致，好体贴，好绅士。
（2）你不要有事没事地招惹他，他好婆婆妈妈的。

句（1）（2）中的名词性成分"绅士"和"婆婆妈妈"用于情感强化副词"好"之后，不再凸显它们区别于"淑女"和"公公"的指称范畴。它们所蕴含的"温文尔雅、体贴周到"和"啰唆个没完"等性状语义得到认知的关注，其超乎一般的程度为"好"所强化。根据勃林格（Bolinger，1972）等的研究，层级性不是形容词和副词独有的特征，动词、名词和介词短语也具有相似的语义内容，因此，"情感强化副词＋X"构式基于语义相互选择，并不限于某一两种词类。

三、"情感强化副词＋X"对"程度副词＋X"构式的多重承继

"情感强化副词＋X"构式和"程度副词＋X"构式既有区别又紧密相关。构式之间允许多重承继（Goldberg，1995：73）。例如，动结构式与致使—移动构式之间具有子部分承继联接（subpart inheritance links），同时，动结构式中的结果短语可以看作是目标短语的隐喻，因此还可以说 Pat hammered the metal flat 是 Pat threw the metal off the table 的隐喻扩展。"情感强化副词＋X"构式和"程度副词＋X"构式之间也具有相似的多重承继关系。"情感强化副词＋X"承继了"程度副词＋X"相关特征，后者是前者存在的理据（motivation）。

（一）"程度副词+X"构式

英汉情感强化副词标量的是构想标准以上的高等级程度范围，我们熟悉的高等级程度副词主要有 very 和"很"，以及表示大量的词语 extremely、totally、completely、highly、largely，"十分""极"等，只要具有量的概念，要理解和认知它们的高程度语义并非难事。这些词语被认为是对程度较为客观的标量。

"程度副词+X"构式的原型构式"Very/很+X"中 very 和"很"分别是英语和汉语中最典型的程度副词，句法位置固定在被修饰词前，与其他概念的组合能力很强，几乎不受语义限制。very 由表强调的"true，truly"语法化而来，在英语中主要与形容词组合，也可以与副词等组合，表达高程度，如 very good，very bad，very well，very quickly 等。汉语中的"很"通"狠"。在《说文解字》中，"很，不听从也"。"很"源自"不听从，违逆"之意，例如：

（1）今王将很天而伐齐。（《国语·晋语九》）
（2）猛如虎，很如羊，贪如狼，强不可使者，皆斩之。（《史记·项羽本记得》）

句（1）"很天"是违背天意或民意而攻打齐国，蕴含了此为非正义、非道德的战争；句（2）中宋义针对倔强（犟）不听军令的项羽而发的号令，"很如羊"是"像羊一样的倔强，桀骜不驯"。此外，古汉语中"很"还有"凶恶，残忍；暴戾，乖戾"的常见用法，是"狠"的通假词。例如：

（1）大子痤美而很，合左师畏而恶之。（《左传·襄公二十六年》）。
（2）很刚而不和，愎谏而好胜，不顾社稷而轻为自信者。（《韩非子·亡徵》）

（1）意为"太子痤长得漂亮，但心狠毒，向戍对他又害怕又讨厌"，其中"很"即"狠毒，歹毒"之意。（2）是韩非列举的亡国征兆之一，即"君王性格刚狠，与臣不和，总让自己的意见占上风，不顾国家而只由着自己性子来，轻率又自信"会导致国家灭亡。"很"到清代以后程度状语用法十分普遍了，例如：

（1）刘姥姥只听见咯当咯当的响声，很似打箩柜筛面的一般。（《红楼梦》第六回）
（2）老残道："管他怎么呢，只是今晚这桌菜，依我看，倒是转送了你去请客罢。我很不愿见他，怪烦得慌。"（《老残游记》第四回）

（1）中和（2）中的"很"与动词"似"和"愿"组合，不再是"忤逆"或"凶狠"之意，纯粹表达"相似"和"意愿"的"高程度"。

刘丹青（2001）认为，近代汉语中"很"又作"狠"，曾有强调色彩，后来色彩淡化成为基本程度副词。现代汉语中"很+X"构式中"X"主要是形容词和心理动词，如，"很可爱""很兴奋""很喜欢""很难过"；还可以是名词，如，"很上海""很绅士"等。

现代汉语中还有一个跟"很"意义相同但更书面化的程度副词"颇"，譬如：

（1）对大学生的"经商热"，校内外议论颇多，有些人很不以为然，有些人嗤之以鼻：大学生掉在钱眼里，教育事业令人担忧。
（2）而传统的"中国画"（特指文人画）早已发展到了顶峰，颇有瓜熟蒂落之势，要再结新果，必须另发新枝。
（3）那种窄窄的，三个并肩走就会觉得拥挤的小街，颇像江南小镇。

《说文解字·页部》中的释义为"颇，头偏也。"后语义扩展泛化为"偏斜，不正"，如，"故正义之臣设，则朝廷不颇"（《荀子·臣道》）。古汉语中，"颇"作副词时可兼表低程度"稍微，略微"和高程度"很"，分别如例（1）和例（2）：

（1）余虽不合于俗，亦颇以文墨自慰。（柳宗元《愚溪诗序》）
（2）五老比肩，不甚峭削，颇似笔架。（《徐霞客游记·游白岳山日记》）

"颇"由"头偏"隐喻扩展为"（一切事物的）偏斜"，投射到抽象的度量域，表现为程度语义，现代汉语中只有"很，相当地"的高程度解读，为其程度语义的再次减缩。

除了规模（enormously）、深度（deeply）和强度（heartily）方面的极度语义词汇，门德斯-纳亚（Méndez-Naya, 2003：377）还提到，表达惊讶、可能性、消极情感和禁忌语等领域的情感副词也传递极度语义。通常情况下，jolly、disgustingly、terribly、desperately、amazingly 在心理词库中以情感方式副词的形式存储，但是当人们反复使用 *jolly* good、*disgustingly* filthy、*terribly* wrong、*desperately* in need of、*amazingly* strong 时，除了自身的情感体验和态度，他们想要表达的还有被修饰成分的高等级程度特征。由此可见，"情感强化副词+X"构式是"程度副词+X"的构式家族中的成员，其异质性使得它又是偏离原型语义的非原型成员，它们之间构成子部分和转喻的承继性联接。

（二）"情感强化副词+X"与"程度副词+X"构式的子部分联接

"情感强化副词+X"构式属于"程度副词+X"构式的范畴成员，又是其原型的偏离。一般的"程度副词+X"构式，如"Very/很+X"用于较为客观地标量 X 的程度和强度。情感强化副词大多语法化程度相对较低，它们仍然保留了原有的情感概念语义。也就是说，原型的"情感强化副词+X"构式兼表事物性状的程度或动作行为强度的语义以及语言主体的态度语义。例如：

（1）Then he changed his mind — it was so *unbelievably* beautiful, he thought he must be looking at heaven itself.

（2）The people who thronged the streets of Beijing not far from his compound were *desperately* short of food.

（3）And the countries of the region and those that have invested so much, like the U.S., in South Sudan need to do everything possible to make sure that this completely stupid war — there are no different programs — it's just a struggle for power and for the control of the resources, the oil — that this completely stupid war is ended. Do you look for contributions to the commission, to the refugee work you're doing? Well, of course we need — we *badly* need support.

（4）但诺第留斯号跟这些怪难看的动物并没有什么交道可打。帝位岛也只是在中午，船副记录方位的时候，出现了一下。同样，我也只望到了属于这群岛屿的罗地小岛，这岛上砌女人在马来亚市场上被公认为有名的美人。

（5）"他承认他内心里总怕被伤害，经常觉得被伤害了。但是，他又说，他从没产生过害人的念头。他这么说的时候，他就又哭了。而我认为他好善良啊！我陪着他哭。我们俩儿又抽抽泣泣地哭了一通。我感到哭过之后，如同久久地泡了一次澡，浑身软软的，却也爽爽的。似乎连灵魂也明净多了透亮多了……""他以后又到黄山去当过背夫么？"

（6）他知道，只要他晚来一步，礼堂里这一群狂怒的人即刻就要涌向石门，一场群众相互残杀的悲剧马上就要发生。

（1）中的 unbelievably beautiful（美丽得令人难以置信），unbelievably 既表达了美丽超乎寻常的程度，也传递了语言主体对美的高度积极的评价；（2）中的 desperately short（食物短缺得让人绝望）也一样，desperately 兼有高程度和语言主体对食物短缺的绝望的态度。二者都是语言主体基于自身的情感体验，表达对事物性状程度的判断；（3）中 badly need 意为"非常需要"，badly 既表达了需要的迫切程度，也表明了语言主体对该事件的态度，即焦头烂额的难民安置工作急需援助，否则事情将十分糟糕。（4）中"怪难看的"是比一般程度更甚的"很难看"。描写动物长相难看，让人不难联想到长得"怪异"。"怪"具有很强的主观性。一方面人类认为有些动物怪异，而动物之间互看可能十分正常，另一方面，不用"很难看"，而选择用"怪难看"，语言主体是想在表达动物长相的难看比一般程度更深的同时，传递自己对当前状况的态度和评判。（5）中"好善良"就是"很善良"的意思。"好"和"善良"语义重叠，"好"的词汇语义与美好的品德相关，而"善良"是美好品德的表现之一，二者相得益彰，加深了他"善良"品性的程度，同时也增强了言者褒扬评价的力度。"狂"的原意为"精神失常，疯狂"，"怒"为"愤怒"，是气势很盛的一种负面情绪。（6）中"狂怒"既表达了群众愤怒的失控的状态，也表现了语言主体对"愤怒到疯狂"的评判。

程度副词是一个不断扩容的范畴，根据勃林格（Bolinger，1972：242—243）的观点，除了大小（size）、评价（evaluation）、奇异（singularity）、放弃（abandonment）、无可救药类（irremediability）强化副词外，还有力量类（strength）、影响类（impact）、可感类（tangibility）、一致类（consistency）和纯粹类（purity），如 strenuously、thumpingly、visibly、solidly、genuinely 等。它们都是程度副词范畴的新成员，都标记高程度语义，例如：

（1）I *strenuously* deny his accusation.（strength）
（2）I am *thumpingly* fond of that man.（impact）
（3）It *visibly* worsened.（tangibility）
（4）I *solidly* support them.（consistency）
（5）I *genuinely* admire him.（purity）

本研究探讨的情感强化副词就是"程度副词+X"构式的创新形式，分散在上述各类中，它们与其他程度副词在语义上有差别。试比较情感强化副词和典型的高等级程度副词 very 和"很"在具体使用中的异同：

（1）The IQ test is *very* difficult.
（2）The IQ test is *incredibly* difficult.
（3）近年夏天很热。
（4）近年夏天奇热。

very difficult 相对客观中性地描绘了 IQ 测试的难度之大，相比之下，除了强化说明测试"很难"以外，incredibly difficult 还充分体现了语言主体对难度的"难以置信"的切身感受和体验，能引发他人的共鸣，更好地理解话语的意义。与"很热"相比，"奇热"的强度更大，也可以更确切地描述热的程度远远超越常态或预期，让人感同身受。incredibly difficult 和"奇热"是一种新奇而夸张的表达方式，更能吸引他人的注意，留下深刻印象。

"情感强化副词+X"与"程度副词+X"构式的子部分联接用图标示如下：

```
        C₁
       ┌─────┐
       │     │
       └─────┘
          ↓ I₁
   C₂  ┌─────┐
       │     │
       └─────┘
```

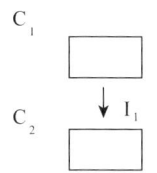

图 9-1　"情感强化副词 +X"与"程度副词 +X"构式的子部分承继关系图

（注：I_1=Subpart Inheritance Links；C=construction；C_1 为"程度副词 +X"构式；C_2 为"情感强化副词 +X"构式）

图 9-1 中 C_2 承继了 C_1 的"高程度"语义，与 C_1 构成部分与整体的关系，即"情感强化副词 +X"是"程度副词 +X"构式家族的用以高等级程度说明的成员之一，不过它是原型成员的偏离，除了高程度语义，还具有主观的情感态度语义。C_1 对 C_2 具有统辖的功能，没有 C_1 就可能没有 C_2，同时 C_1 是 C_2 存在的理据，这些特征同样适用于"情感强化副词 +X"与"程度副词 +X"构式的隐喻扩展承继关系中。

（三）"情感强化副词 +X"与"程度副词 +X"构式的隐喻扩展联接

作为"程度副词 +X"构式家族中的特殊成员，"情感强化副词 +X"的特殊性在于它不仅表达高程度语义，还表达语言主体对程度的评价和情感态度，实现特定的语用效果。表达情感的词语用于标量程度，显然情感强化副词的解读超越了其字面意义[①]。具体来说，incredibly difficult 和"奇热"的"高程度"语义解读，无论是事实描述还是有意夸张，都是经由了人类隐喻和转喻的认知机制才能达成的，对非本族语者或隐喻思维没有发展起来的孩子来说，这样的表达很难理解。

情感强化副词与情感名词、形容词和动词等具有基本相同的概念结构，只是侧显的内容不同。尽管情感也有强弱之分，但是基于人们对情感的体验与认知，总的来说情感是相对于"平静"而言的心理状态，要么消极要么积极，是对"平静"的偏离。正如在一根轴线上，"平静"是居中的一个

[①] 通常情况下，情感强化副词表达的语义比 very 和"很"的程度更高，英语中 pretty 和 fairly 的中等程度用法，可能是由于其高频使用，失去了新奇的语用效果，夸张的意味也淡化了，汉语中有些没有达到极性的程度，如"怪可怜的"，其强化的程度和效果也高于"很可怜"。囿于篇幅，本文不在此展开进一步的论述。

点，积极情感和消极情感则分居"平静"的两个相反方向。无论是快乐、惊奇还是愤怒、痛苦、害怕，人们处于某种情感时都会产生特定的生理反应或心理唤醒。譬如，快乐的生理反应有眉飞色舞、神采奕奕、手舞足蹈，快乐的心理唤醒是一种正面的积极的情绪。害怕的生理反应是毛骨悚然、凝神屏息、噤若寒蝉，害怕的心理唤醒是一种负面的消极的情绪。如果将"平静"视为一种中性的心理体验，那么情感对它的偏离，表现为高于或低于"平静"。笔者发现，情感的常态偏离属性可以从情感的概念化和情感隐喻中得到佐证（刘芬，2016）。*Oxford English Dictionary* 对情感的释义表明，情感是一种强烈的感受（Emotion is a strong feeling）；奥斯特（Oster，2010）等学者都认为，THE EMOTION IS AN INSANITY 的情感隐喻普遍存在于各种语言之中，这意味着，"癫狂"或"非常态"是情感的重要特征。

情感的常态偏离属性通过人类的隐喻认知投射到更为抽象的度量域中，因为情感的层级性，它便位于假想标准值之上的某一范围，与程度副词的概念内涵一致（Quirk et al.，1985：445），情感强化副词因此解读为"高程度"语义。以上分析表明，从概念化的层面来看，情感强化副词具有"高程度"的语义潜势，基于一定的使用频率，在"程度副词+X"的压制下，"高程度"语义得到凸显，获得认知的关注，解读为 very 和"很"。据此，"情感强化副词+X"与"程度副词+X"构式构成隐喻扩展联接，用图标示如下：

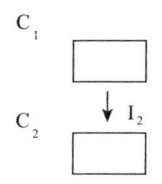

$$
\begin{array}{c}
C_1 \;\; \square \\
\qquad\quad \downarrow I_2 \\
C_2 \;\; \square
\end{array}
$$

图 9-2　"情感强化副词+X"与"程度副词+X"构式的隐喻扩展承继关系图

（注：I_2=Metaphorical Extension Inheritance Links；C=construction；C_1 为"程度副词+X"构式；C_2 为"情感强化副词+X"构式）

图 9-2 中 C_2 通过隐喻认知机制解读为 C_1 的"高程度"语义，与 C_1 构成隐喻扩展的承继关系。C_1 对 C_2 具有统辖的功能，也是 C_2 存在的理据。

四、"情感强化副词+X"构式的两种形式及意义

"情感强化副词+X"构式主要表现为两种不同的形式,"情感强化副词+X_1"构式和"情感强化副词+X_2"构式,它们具有不同的语义特征:

"情感强化副词+X_1"构式表现为程度语义和态度语义的并重,即除了标量事物性状的程度或动作行为的强度属性以外,它还承载了语言主体鲜明的态度意义。"情感强化副词+X_2"构式表现为程度语义的凸显,态度语义的漂白,即在一定的语境下,该构式用于标记事物性状的高程度或动作行为的高强度属性,情感强化副词原有的快乐、愤怒和害怕等情感语义隐退,不再为认知关注的焦点。

(一)"情感强化副词+X_1"构式及意义

一般情况下,英汉"情感强化副词+X_1"构式中情感强化副词和组合词语义重合或相近。根据戈德伯格(Goldberg,1995:5)的论述,构式具有体验性,与反映人类经验的情境的语义结构直接相联,如人类反复经历了河面上停泊着船只、墙上挂着画、房间摆着一张床的情境,在脑海里会抽象出关于"存在"的意象图式。表征为语言就是存在构式,英语中为there be 构式,汉语中为"在A有B"构式。当事物性状达到超乎常态的高度时,激发了人们喜怒哀乐的情感。此情此景中,基于自身的情感体验,人们选择用"情感强化副词+X_1"进行语言编码,实现对事物性状高程度的个性化表达。情感强化副词的使用使得该构式在标量高程度的同时,传递了语言主体的情感态度和评价,是"Very/很+X"的创新形式。

语义重合的情况是人们选择同一情感域的强化副词对所处情感状态的加强。如下例:

(1) Hayley had to remind herself she, too, was *blissfully* happy dating the handsome town vet, Dr. Aaron Palmer. Aaron was certainly a keeper. Her relationship with him was an unexpected gift that she treasured.

(2) The soldiers were *furiously* angry because they could not get what they wanted. Then they violently ripped off my clothes and threw me into the sea.

(3) But even now the memory of his mom is so *painfully* sad that

most of the time it's one of those things he'd much rather tuck away.

（4）Mr. du Chaillu also adduces the testimony of the natives, that, when stealing through the gloomy shades of the tropical forest, they become sometimes aware of the proximity of one of these *frightfully* formidable Apes by the sudden disappearance of one of their companions, who is hoisted up into the tree, uttering, perhaps, a short choking cry.

（5）I stayed in the city last night. Yes. And I don't often do it. I—it either has to be a cause I truly, truly believe in, or it has to be an honor for someone I *dearly* love.

（1）—（4）中的 blissfully happy、furiously angry、painfully sad、frightfully formidable 分别由快乐、愤怒、痛苦和害怕情感域的强化副词和形容词构成，二者语义重合，生动形象地表现了语言主体强烈的情感体验。（5）中的 dearly love 是爱恋情感强化副词与语义重合的动词组合，强化了爱的深度和强度。

汉语情感强化副词"老"在古汉语中经常与"大"组合共现，二者均有"年岁大""年长"的意思，譬如：

（1）少壮不努力，老大徒伤悲。（《乐府诗集·长歌行》）
（2）门前冷落车马稀，老大嫁作商人妇。（【唐】·白居易《琵琶行》）

句（1）中"老大"与"少壮"相对；句（2）后半句说的是女子年长色衰，勉强委身于人的无可奈何的境遇。现代汉语中仍有"老大"组合，通过语义的重叠表达高程度，例如：

（1）赵薇：也不至于那么天真，人家觉得我老大不小了，我还觉得我没长大呢。
（2）通过对土地的折股量化，干部还看到将股份制机制引入集体经济，可以解决农村许多老大难的问题，是农民容易接受的调整各种利益的好形式；也是调动多方面积极性，优化组合生产要素的好形式，从而增强了实行股份合作制的动力与压力。

"大"的程度副词用法先于"老"出现，表示"程度高或范围广"：

（1）陈相见许行而大悦，尽弃其学而学焉。(《孟子·滕文公上》)
（2）单于见诸侯并进，大恐怖。(《后汉书·南匈奴传》)

句（1）中"大悦"是"十分欢喜"的意思；句（2）中"大恐怖"是"十分恐怖"的意思。现代汉语中情感强化副词与语义重合的词语组合用例也很多，再如：

当蒋介石送走宋子文后，恶狠狠地对身后的副官道："这个宋公子，先稳住他。我会让他就范的！"

句中"恶"意为"凶恶、凶狠"，与"狠狠"语义重合，强调蒋介石当时十分凶狠的说话语义与态度。这样的态度当然也是写下这句话的语言使用者的态度。

"好"与"坏"相对，语法化程度很高，与积极词类组合如"好漂亮""好正直""好善良""好喜欢"等，即表达了高程度，又传递了愉悦的情感。

"情感强化副词+X_1"构式中还有情感强化副词和X语义相近的情况。例如：

（1）Wallace had been *sorely* disappointed by the reception of the Sarawak Law paper, which he hoped would make waves in scientific London. Instead, it seemed to have been ignored.
（2）But, in truth, it is *hopelessly* inadequate for the task in hand here.
（3）These high heels might be the latest style, and they did put her a bit closer to being able to look Mr. Phipps right in the eye, but they were *horribly* uncomfortable to balance in.
（4）A third benchmark, and change in the orientation of the magnetic field the solar wind carries versus the field the galactic wind carries will be the final clue — although one that will be *fiendishly* difficult to measure, he adds.

(5) Eva is *amazingly* beautiful and very friendly.
(6) Which we've seen no matter where you look—whether in Europe or Japan—so difficult to do when you're talking about changing some of these long-held practices. Greece desperately needs—in this liquidity crisis they *desperately* need to grow their economy.

(1)—(5)中的 sorely disappointed（失望得让人痛苦不堪）、hopelessly inadequate（短缺得让人绝望）、horribly uncomfortable（不舒服得让人心有余悸）、fiendishly difficult（艰难得让人心生害怕）、amazingly beautiful（美丽得让人惊异），均为源自不同情感的强化副词和语义相近的形容词组合，二者同样也是互为加强，既表达了事物性状的高等级程度，也栩栩如生地展现了语言主体的情感评价。(6)中的 desperately need（不顾一切地想要，极度需要）是情感强化副词与语义相近的动词组合，二者均蕴含"匮乏和缺失"之意，描绘的是希腊处于山穷水尽的经济危机中，在偿还能力极差的时候极度需要经济的增长，既表达了经济发展的迫切性，也表达了语言主体以希腊的立场对经济发展拯救希腊的态度。

汉语中这类构式也十分常见，如下例：

(1) 在我们的社会中还存在着太多太多的怠惰、守旧、无所作为、营私舞弊的恶浊空气。我们多么需要清新的风吹进来！我们多么需要有力的风暴把这恶浊的空气席卷而去。
(2) 其实法国的这种职业——卖淫——倒还比中国更多而更公开些呢！——那些妖冶的姿态，狂颠的笑声，从她们旁边走过，一阵怪难闻的气息，有时真令我要呕吐，这是我所不堪受的。
(3) 这个小伙子真不地道，上班吊儿郎当，找他谈话，态度还很狂妄。

句(1)的"恶"和"浊"二者语义相近，均为"（质量）坏，恶劣"之意，加强了"空气质量污秽的程度"，表达了言者的判断和评价。句(2)"怪"的词汇义为"奇怪"，用于形容不同寻常的事物或好奇、纳闷的心情，可表积极也可表消极，"难闻"是一个贬义词，二者组合，表示难闻的程度，言者不认同的态度也跃然纸上。句(3)的"狂妄"就是"极端的自高自大"。"狂"原意为"精神失常,疯狂"之意,"妄"为"荒谬不合理的(言行)",二者语义相近,程度和态度语义兼并。

汉语情感强化副词"死"多与消极词语组合,表示程度深。一般不说"死要脸"而说"死不要脸",不说"死悔改"而说"死不悔改"。传递的都是言者鲜明而浓烈的负面情绪。通过否定的句法方式创设一个消极的语境,这一点上与英语情感强化副词 terribly 相似。

"情感强化副词 +X₁"构式中也有情感强化副词和 X 语义冲突的现象。例如:

(1) Curiosity does indeed depict a subject common in nineteenth-century popular culture: young women acquiring knowledge of sexuality by seeing something that was meant to be hidden, and thus losing their *blissfully* ignorant, innocent state.

(2) I confess the obvious: that I spend most of my life and energy hiding ... I am naive enough, *hopelessly* romantic enough, to believe that writing helps me hide less, lets me trap some of the strangeness, the mad bouncing mystery of the everyday, in words.

(3) It's the bad guys who make the good guys look good. The actors who play James Bond come and go, but the villains are eternal. The Bond films are unusual in that the quality and success of each new one depends largely on its villain. James Bond can't save the world from enslavement and destruction unless there is a *fiendishly* brilliant madman willing to unleash his own particular evil.

(1) — (3) 中 blissfully ignorant (无知的幸福状态)、hopelessly romantic (无可救药的浪漫)、fiendishly brilliant (聪明得令人恐惧)的情感强化副词均与组合形容词语义相悖。一般来说,ignorant 表现的是一种"无知的""愚昧的"之类的劣势的状态,blissfully ignorant 更倾向于对 ignorant 的认同;romantic 是一种与爱有关的浪漫;brilliant 是"才华横溢的""优秀"的意思。然而 blissfully、hopelessly、fiendishly 与它们组合时,一方面强化了形容词的属性特征,另一方面依然保留了快乐、失望和可怕的情感语义。汉语中也有情感强化副词与组合词语义相悖的情况,它们的态度语义通常弱化,因此多属于"情感强化副词+X₂"构式的情况。

（二）"情感强化副词+X₂"构式及意义

英汉"情感强化副词+X₂"构式中情感强化副词和组合词语义相悖，事物性状的高程度属性凸显，情感强化副词的情感意味隐退漂白。在语言理解过程中，人们往往更多地关注事物超越常态的属性，并没有特别感受到褒扬或贬抑的情感渲染。例如：

（1）Iraq's support for dissident elements in the Palestine Liberation Organization, such as the Abu-Nidal or Abu al-Abbas groups, which *dearly* harmed the Palestinian national interests, a policy sometimes shared by other Arab States, not only reflects heavy Iraqi involvement in Palestinian affairs but clearly was aimed at the exercise of greater influence on Palestinian politics.

（2）Now when I get up in the morning, I can't wait to see what the day will bring. Members of the health club rib me about how *disgustingly* good-natured I am in the morning. Life is wonderful!

（3）Yes, the prospect of hitting it big and getting *miserably* rich entered my mind. But mostly I wanted to get in early on the next stage of the information revolution.

（4）For two carapace-encased creatures to make love in a wave-tossed sea is evidently difficult, but as marine biologist Archie Carr wrote, "Sea turtles in love are *appallingly* industrious."

（5）Other people's high acclaim makes him feel "*bloody* fantastic" cause I think I've recorded something very historical … People appreciate my work. "Daniel knows he's good at music," I've had people come and say, "You're *bloody* good, you're absolutely brilliant."

（1）—（5）中的情感强化副词dearly、disgustingly、miserably、appallingly、bloody和组合词语义冲突，它们所在的语境并没有鲜明的喜爱、厌恶、痛苦、害怕等情感意味，更多的是重在对形容词属性的高程度的刻画。以上句子中，dearly harmed刻画了伊拉克支持解放组织的行为严重危害了巴勒斯坦国家利益的情况，dearly 关于"爱"的源词语义已不见踪迹，只表损害的程度；disgustingly good-natured 描绘的是言者在他人眼中超好的状态，disgustingly 没有"厌恶，恶心"的意思，即使说健康状态好得让人眼红，也并不是真的表达"嫉妒""憎恨"之类贬抑的情感，而是一种戏谑的说法；miserably rich 是言者对自己在信息行业名利双收的展望，丝毫看不出让人悲伤的情感来；appallingly industrious 说明坠入爱河的海龟格外的勤劳，即使是勤劳得超于人类的想象，也不至于是一件可怕的事情；bloody fantastic 和 bloody good 并没有血腥的意味，而是"好"的高程度标记。

汉语"情感强化副词+X"构式中，有些情感强化副词受到很强的语义限制，譬如，"死"只选择语义相近、有贬抑语义内涵的词语组成"死重""死沉""死不开心"等；另外有"恶狠狠""恶浊"等。由于语法化程度高，"好"与语义相悖的词语组合的使用频率很高，用于标量高程度，并不表达赞赏或愉悦的情感或态度。如下例：

（1）伪镇长的儿子李二秃眉飞色舞地向王二糟报告："格个女人好狡猾，从我们埋伏着的香樟树底下过，像条猫一样，声响都没有，弟兄们都躺着了，亏得我耳朵尖，听得杉树林子那边有人说话……"

（2）在东北某地进行低温试验时，正是数九寒天，屋檐下挂着大冰柱，好冷呀，她咬着牙坚持下来了。

另外还有"狂"，在一些组合中，失去了源词"精神失常，疯狂"之意，表达高等级的程度。如下例：

（1）在《古长城》外的画面上，只有通过长城缺口的一段铁道，占据显著地位的是一群狂喜的牧民，和牧民的激动的精神状态相照应的，是惊驰的羊群。

（2）昨天举行的足球赛，主队以6比0狂胜客队。

（1）中"狂喜"意为"极端高兴"；（2）中"狂胜"意为"以非常大的优势取胜"。另外方言中的"贼"在"贼喜欢"、"贼漂亮"组合中，失去了源词"邪的，不正派的""狡猾"之意，贬抑的态度语义漂白，也只用于表达"十分，非常"之意。

"情感强化副词+X₂"构式中的情感强化副词通常语法化程度高,可以打破原有语义的限制,与其他词语的组合能力强。譬如以上提到的jolly、desperately、terribly、awfully、bitterly、amazingly、incredibly等,在 *OED* 中专门有"very, extremely"之类的义项,它们都是语法化程度高的词语,其高程度语义已为语言使用者普遍接受和认可。汉语的"老"和"好"等的语法化程度也很高。根据卢惠惠(2009)的研究,"老"在元代开始有了程度副词的用法,在明代有了迅速的发展。其语法化机制是对"老大+名词"的重新分析,分析成"老+大+名词","老"用于强化"大"的程度,后来"大"逐渐为其他形容词所代替,"老"完成其语法化进程,如"老远""老高""老长",以及东北方言中的"老喜欢""老漂亮"等。"好"与"坏"相对,语法化程度也很高,诸如"好恶心""好感动""好无聊"等都容易理解,不会因为冲突语义的组合而占用我们太多的认知。

"情感强化副词+X₁"和"情感强化副词+X₂"构式在高程度语义上是一致的,在态度意义上具有差异性。前者具有鲜明的情感态度语义,后者一般不做态度意义的解读。在态度语义上,它们与"Very/很+X"构式构成由强到弱的连续统:

"情感强化副词+X₁" > "情感强化副词+X₂" > "Very/很+X"

图9-3 "情感强化副词+X"构式态度语义序列

"情感强化副词+X₁"态度语义与高程度语义并重;"情感强化副词+X₂"态度语义漂白,高程度语义凸显;"Very/很+X"的使用是语言主体有意不表达态度语义,以相对客观的立场对事物性状进行客观的度量和描述的方式。该序列同时也体现了语言主观性由强到弱的变化。

五、结语

本章在构式语法框架下,通过与"程度副词+X"构式的对照,探讨英汉语中"情感强化副词+X"的构式表征、不同形式及其语义特点。"情感强化副词+X"构式是人们基于情感体验,表达事物性状程度或动作行为强度的一种特殊的方式,原型构式义为"X达到让人产生某种情感的高程度",整个构式除了表达X性状的高程度以外,还生动地传递了语言主体积极或消极的情感态度和评价。英语中 X 多为形容词或动词，也可能是副词或介词，汉语情感强化副词也多与形容词或动词组合，也有数词，近年来与名词组合的现象活跃，并受到研究者广泛的关注。"情感强化副词 +X"是"程度副词 +X"构式家族中具有很强异质性的成员，并与之构成子部分和隐喻扩展的多重承继联接关系。"情感强化副词 +X"构式包括两种不同的形式："情感强化副词 +X_1"构式除了标量事物性状程度或动作行为的强度以外，它还承载了语言主体鲜明的态度意义；"情感强化副词 +X_2"构式表现为程度语义的凸显，态度语义的淡化漂白。

第十章 英汉情感强化副词的异同与动因

一、引言

语言中表达快乐、愤怒、痛苦、害怕、惊奇情感的词汇,无论是积极还是消极,无论是在英语里还是在汉语里,均可以演变发展成为程度标记,这意味着各类情感以及人类认识情感的方式一定具有某种共通之处。英汉语中的情感表达词汇都有能衍生出高等级程度语义的可能是因为它们具有相通的体验基础,在人类转喻和隐喻认知机制的作用下,高程度语义得到凸显,这是本研究的立足点和出发点,这一点适用于解释任何语言中存在情感强化副词这一现象。以上章节对英汉情感强化副词进行了不同维度的考察,包括对概念域分布和成员数量的统计、语义表征、程度语义的衍生与认知运作、语义韵表现,以及它们与其他概念组合图式化为"情感强化副词+X"构式的相关问题的探讨。英汉情感强化副词的共性是根本的,是概念性的。同时,因处于不同的语言系统和社会文化中,英汉情感强化副词在某些方面势必会表现出鲜明的区别性的个性特征。本章将对它们的共性和差异性进行总结概述,为了避免重复,该部分具有总结全书的作用,同时还增加了部分英汉情感强化副词的历时观察结果,以便更充分地说明与阐释共性和差异性。此外我们还对以上种种语言现象进行语言和认知的动因探究。

二、英汉情感强化副词的共性与动因

英汉情感强化副词并非均匀分布在各类情感域中,从其数量在各类情感域分布的情况来看,汉语与英语相似,害怕类情感强化副词数量最多,其次是快乐和惊奇类,然后是愤怒和悲伤类。英汉情感强化副词分布的另一个特征表现在其源词的下位范畴偏向上。英汉情感强化副词的消极情感概念和情感下位范畴分布偏向都具有认知心理上的动因。

(一)消极情感强化副词的数量优势

根据以上英语情感强化副词概念域分布的统计,源自人类基本情感域的英语强化副词共137个,在快乐、愤怒、悲伤、害怕和惊奇情感域的数量分别为:28、23、19、40、27,所占比例分别为:20.44%、16.79%、13.87%、29.20%、19.70%。做成分布图如下:

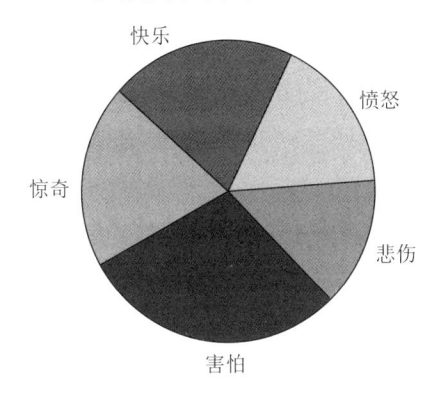

图 10-1 英语情感强化副词概念域分布图

汉语中常见情感强化副词概念域分布情况为:快乐域4个、愤怒域2个、悲伤域2个、害怕域12个、惊奇域3个,占比分别为17.4%、8.7%、8.7%、52.2%、13%。做成分布图如下:

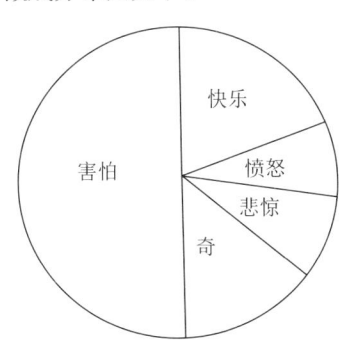

图 10-2 汉语情感强化副词概念域分布图

虽然惊奇情感域中既有积极情感强化副词,也包含了消极情感强化副词,从以上分布图我们仍然不难看出,英汉语情感强化副词的分布具有显著的消极情感域偏向的特点。英语害怕域中情感强化副词的占比最大,有近三分之一的数量,汉语亦如此,占比半数以上。这也是害怕域情感强化副词获得研究者特别关注的重要原因之一。心理学界对人类语言的积极或消极偏向的争论从未停止。卓(Zhuo,2007)认为,人类语言的概念化和表达有消极的倾向,因为人们对威胁性事件更为敏感,而消极往往更容易获得认知的关注。这是心理学界的主流观念。鲍迈斯特等(Baumeister et al.,2001:325)指出,坏的事物比好的更为强大(bad is stronger than good)。因为前者会产生更广泛的、更多维的、更持久的影响。所谓"好的"就是那些人们需要的、有益的或愉悦的状态或结果,"坏的"则刚好相反——不合心意的、有害的或令人讨厌的。关于这一点,罗津和爱德华(Rozin & Edward,2001)从文学、历时、宗教、文化、心理学等领域寻求证据,得出结论:消极事件的优势地位在于它比积极事件更具有感染力。消极事件对人类的思维和行为影响更大,因凸显度提高而获得更多的认知关注。正如人们普遍认为的那样,悲剧性的小说和电影更让人震撼。terribly 和 awfully 等害怕域的情感强化副词首先得到了研究者们的关注,原因之一在于其程度表达方式所产生的尤其令人难忘的共鸣。事实表明,除了害怕域,消极情感域愤怒和悲痛中也分布着大量的情感强化副词。

当然,快乐域情感强化副词的数量也不少,例如 fairly、pretty,还有 jolly,其强化副词的用法出现早,语法化程度高,也是学界研究的焦点。尤其是 fairly 和 pretty 的程度表达,在任何程度副词的研究中都会探讨。

根据 OED 的释义,fairly 在 14 世纪时就有高程度用法,意思为"completely,fully",例如:

(1) Of þan þet..al þet oþre doþ and ziggeþ altogidere *uayrliche* blamyeþ.(1340 *Ayenbite*)

(2) Þai..ferdon on fote *fairly* to gedur.(c1540 *Gest Historiale Destr. Troy*)

pretty 于 17 世纪出现高程度用法,为"very much,considerably"之意:

（1）Horse-Radish Root is not so Pungent to the Nose, but gets *pretty* much into the Eyes.（1682 *Anat. Plants*）

（2）Our Meeting was *pretty* much thin'd by it.（1699 Diary）

jolly 约于 16 世纪时使用范围进一步扩大，开始限制和修饰形容词和副词，为 "extremely, very" 之意。

相对而言，源自消极情感的愤怒、悲伤和害怕域的情感强化副词演变过程较为漫长，其中害怕域中的 terrible（等同 terribly）的强化副词用法出现最早，约 16 世纪，如：

The season was then so *terrible* cold, that all the way we had but Snowe and sleete in oure faces.（1578 *Lamentable & Pitifull Descr. Wofull Warres Flaunders*）

类似的用法还出现在 "terrible bad" "terrible skinny" 中。

虽然，terribly 的语法化程度比较高，OED 中，它的第一条义项便是 "exceedingly, extremely, very, awfully"，但其强化副词用法出现较晚，约 18 世纪；约 1830 年左右，awfully 也有了强化副词用法的记录，意为 "very, exceedingly"，主要用于俚语语境；愤怒域的 bitterly 约 17 世纪初出现程度的强化用法；disgustingly 在 19 世纪初期才出现强化副词的用法；悲伤域中的 painfully 也是在 19 世纪，情感强化副词的用法才盛行起来，意为 "to an uncomfortable or troubling degree, or exceedingly"。

从各情感域中强化副词的发展来看，积极情感快乐域中的 fairly、pretty 和 jolly 等更早地演化出强化副词的用法，消极情感域的强化副词用法出现相对较晚；从数量上来看，消极情感强化副词占比大。这些证据表明，无论是积极和消极情感都曾对人类的思维和语言产生过重要的影响，然而英语情感强化副词分布的消极域偏向表明，相对而言，人们更倾向于用消极的情感表达夸张和强化程度。

当然，人类语言和认知的消极倾向也受到一些学者的质疑。鲍彻和奥斯古德（Boucher & Osgood, 1969）考察了限定词的使用，发现一种普遍的倾向，那就是相对于消极评价词语，人们使用积极评价词语的频率更高，方式更多样。用一句话概括，就是人们倾向于看到生活中积极的一面。后来的一些研究，也支持这一观点（Kelly，2000）。此外，Wu（2013）通过实证研究发现，在eWoM（电子口碑）的语境之下，消极信息的影响力大大降低，甚至不如积极信息的影响。已有研究的对象不同，语境不同，语体不同，因此得出的结论也不同。

　　本研究倾向于认为，相对来说，人类受消极事物的影响更大。文学史上悲剧色彩的名著比喜剧色彩的要多得多。仅十几年来获得诺贝尔文学奖的几乎均为悲剧性作品。这些作品大多描绘和揭露了"扭曲的历史"（维·苏·奈保尔，印度裔英国作家）、"野蛮强权"（凯尔泰斯·伊姆雷，匈牙利作家）、"虚假面具下人性本质"（J. M. 库切，南非作家）、"社会的陈腐现象及其禁锢力"（埃尔弗里德·耶利内克，奥地利女作家）、"分裂的文明"（多丽丝·莱辛，英国作家）、"失业"（赫塔·米勒，罗马尼亚裔的德国女性小说家、诗人、散文家）。2012年，我国作家莫言获诺奖，其中的《蛙》就是用魔幻现实主义的手法对一些"荒诞不经的历史事件"的描写；2015年白俄罗斯作家斯韦特兰娜·阿列克谢耶维奇的获奖作品被称为"世界文坛最高水准的感人作品，讲述了这个时代的苦难和勇气"。2017年日裔英籍作家石黑一雄诺奖颁奖词为"who, in novels of great emotional force, has uncovered the abyss beneath our illusory sense of connecting with the world（他的小说富有激情的力量，在我们与世界连为一体的幻觉下，他展现了一道深渊）"。"与世界连为一体"理当是一种人与人、人与自然之间的和谐美满、其乐融融的局面。然而，石黑一雄的小说告诉我们，那只是一个幻觉（illusory sense），一个假象。人类自以为行为得当，无论是自然生态环境的破坏还是人与人之间的不信任，无论是苛求他人甚至是发动战争，都理直气壮以高级和文明自诩。人类行为和认知之间的差距就是一道可怕的深渊（abyss）。石黑一雄的小说富有激情的力量，因为它展示给我们的就是这道可怕的深渊。消极和悲剧性事件通常包括冲突、对抗和毁灭或死亡等元素，让人产生强烈的痛苦和恐惧情感，其影响一般十分深远。消极事物比积极事物具有更强的感染力，人们往往赋予消极事物更大的权重（Rozin & Edward，2001：296）。

　　人类对消极事件的敏感和关注具有进化上的意义。因为，消极事件可以帮助人类安全地探索世界，从而有效地避开危险有害的情境（Cacioppo et al.，1999；Baumeister et al.，2001；Vaish & Grossmann，2008）。我们错过了婚礼或晋升时刻深切的快乐幸福的感受，可能会很遗憾，但是它绝不会带来特别糟糕的，甚至致命的后果。然而，如果我们忽视了身边的危险或错误，譬如，过马路不遵守交通规则，出远门忘记断电，关键时候没有密切关注病人病情的变化，等等，带来的却可能是灾难性结局。鲍迈斯特等（Baumeister et al.，2001：362）指出，"人类心理表现出来的消极偏向被认为是最基本、最影响深远的心理原则之一"。也就是说，无论是在日常生活、学习和人际交往中，还是重大事件方面，坏事情总是比好事情的影响力更大。"人们会更加认真彻底地处理坏信息；相比树立好的形象，个体更注重避免不好的自我形象；坏的印象和成见更容易形成，也更难以改变"（同上书：323）。消极偏向同样也适用于人类的情感。消极情感引起的紧张或痛苦比积极的、愉悦的情感具有更强大的影响力，即便它们的强度相当。消极情感是如此重要而有影响力，理应在语言中得以更为全面的表征（同上书：331）。

冯特（Wundt，1896）、蒂奇纳（Titchener，1908）、卡尔森（Carlson，1966）、埃弗里尔（Averill，1980）对情感范畴的语言表达进行考察，均发现消极情感范畴数量要远远大于积极情感范畴的数量（详见 Rozin & Edward，2001：311）。譬如，埃弗里尔（Averill，1980）对558个情感词汇做了穷尽式汇编，建构了一个情感概念的语义地图，发现消极情感词汇是积极情感词汇的1到1.5倍。

事实如此，语言中表达消极情感的词语比表达积极情感的多得多。凡和弗莱吉达（Van & Frijda，1995）曾对来自6个不同欧洲国家和加拿大的受试者进行测验，让他们在5分钟之内写出所能想到的情感词汇，发现除了荷兰试者以外，前十二个多为表达消极情感的词汇。前四位为 joy、sadness、anger、fear，其中三个为典型的消极情感词汇。用于描述痛苦体验的语言要多于用于描述快乐体验的语言，意味着消极事件发生时我们的认知应对更为复杂和精细（Rozin & Edward，2001：311）。他们发现，表达痛苦的词语有31个，而表达愉悦的词语只有14个：

Pain：intense、boring、dull、aching、burning、cutting、pinching、tearing、hard 等；

Pleasure：intense、thrilling、delicious、exquisite、deep、lingering、radiating 等。

正如列夫·托尔斯泰所说的那样"幸福的家庭都是相似的；不幸的家庭各有各的不幸。"人类对情感的概念化也是不对称的，消极情感范畴的数量和应对行为比积极情感范畴多（同上书：311）。

（二）情感下位范畴的分布偏向

根据认知心理学对范畴化层次的划分，有上位范畴、基本层次范畴和下位范畴的区别。上位范畴的包含力很强，包含的成员众多。例如交通工具，有汽车、火车、轮船和飞机等，动物则包括鸟、鱼、大象、犀牛等成员。上位范畴包含的这些成员是最具完型性，可识别性也最强，它们的特征在人类信息加工系统中更易学习和处理。然而，相对于下位范畴，如汽车的下位范畴概念三轮车、巴士、货车、跑车等来说，上位范畴没法提供更多的功能或属性上的细节。我们知道汽车主要用于运输，这样的功能特征十分宽泛。下位范畴概念就不同了，它们可以激活更多的具体的、细节性的认知。

参照范畴化层次的划分，以帕罗特（Parrott，2001）对情感的分类为依据，本研究发现，英语[①]情感强化副词多分布在情感的下位范畴中。情感的上位范畴词 emotion 的副词形式 emotionally 意为"感情上，情绪上，令人激动地"，用作行为方式的表达：

The right-wing group had already been poleaxed mentally and *emotionally*.
（右翼团体已经从思想和感情上被分散瓦解了。）

同样的情况，人们经常使用的许多基本层次范畴词汇，譬如 happily、lovingly、joyfully、angrily、sadly、angrily 等情感语义饱满，主要表达"in a ... manner"的语义，并未发展出强化副词的用法。也有例外，惊奇和害怕情感域的基本范畴词汇衍生的副词形式，由情感方式副词演变为情感强化副词，如 surprisingly、amazingly、fearfully、terribly 等。

虽然，基本层次范畴是人们绝大部分知识得以组织的形式（Lakoff，1987：46）。基本层次词汇比其他层次词汇具有更强的隐喻和转喻的生命力（李福印，2008：114）。但是，通过转喻演变而来的英语情感强化副词

---

① 鉴于汉语情感强化副词数量较少，下位范畴分布偏向考察时我们选择英语情感强化副词为分析对象，以增强论证的说服力。

却主要源自情感的下位范畴词语。对于这样的语言现象，我们可以从以下两个方面进行解释：

（1）下位范畴词在数量上占绝对优势，能够满足人们将情感体验用于高程度表达多样性的需求；

（2）相对于上位范畴和基本层次范畴概念，情感的高程度属性在下位范畴概念中更为显著。

语言学研究的历史中，强化副词是观察语言变化的重要窗口。为了实现语言表达的新奇新异，获得让人耳目一新、印象深刻的语用效果，它们更新快，相互之间竞争力大。只有情感的下位范畴才能提供更多类似的表达手段。

例如，在某一语言群体中，当 terribly 的使用频率达到一定的高度时，交际中人们对之司空见惯，熟视无睹，它也就失去了表达的新颖性，夸张的语用效果也会大打折扣。正如 very 在使用之初，其"truly"和"really"命题真实性强调的功能转而表达事物属性特征的高强度或程度时，可以获得出乎意料的语用效果。随着时间的推移，其使用范围越来越广，成为熟知的高程度标记后，便再也无法满足人们求新求异的需要。从历史上看，最大化强化副词逐渐成为增强词（或甚至是弱化词）（Stoffel，1901；Bolinger，1972；Paradis，2000；Traugott，2007）：

very："truly"＞"to a high degree"；

quite："completely free"＞"entirely"＞"very"＞"somewhat"。

fairly 和 pretty 等也面临相似的命运，虽然没有完全被取代或消失，但是它们的强化效果受到影响。发展至今日，大多数语境中，甚至只表达中等程度，有些学者干脆将之归于中等程度副词之类。

情绪是一种多维度、多水平的复杂的心理过程，其性质、动力性、激动性、强度、紧张度和复杂性等方面均存在两种对立的状态，即两极性（张积家，2004：471）。情感的性质有肯定与否定两极；动力性有增力与减力两极；激动性有激动与平静两极；强度有强与弱两极；紧张度有紧张与轻松两极；复杂性有单纯与复杂两极。情绪的强度基于事物的重要性和个体的情感体验，事物越重要，体验就越强烈。比如，愤怒由弱到强：

恼怒＜愤怒＜大怒＜狂怒

喜欢由弱到强：

好感＜喜欢＜爱慕＜热爱

情感的两极不仅体现在基本层次范畴上，更体现在不同基本层次的下位范畴上。基本层次范畴具有最大的内包性，且信息量最多（Evans & Green, 2006：260），最符合人类基本认知需要。由于表现出"自然中最显著的离散性"（Kay, 2004：878），通过基本层次范畴，人们可以辨别不同范畴之间的明显差异。基本层次范畴是完型感知、身体运动能力和形成丰富心理意向能力的集合体（Lakoff, 1987：267）。例如基本层次范畴DOG（狗）可以与其他动物如CAT（猫）、BIRD（鸟）区别开来。上位范畴包含了基本范畴共有的普遍属性（general），而下位范畴概念具有的功能或属性是特有的（spesific）（Ugerer & Schmid, 2006：89）。正是因为上位范畴和基本范畴的普遍属性或丰富的内包性，它们一般不会凸显该范畴成员单方面的特征。譬如，红富士苹果的脆性，牧羊犬的放牧辅助功能；譬如，情感概念的高程度内涵。上面谈到的交通工具中的汽车范畴成员，除了具有汽车的类属特征四个轮子、由发动机驱动、用于陆地交通等特征以外，它们表现出更为细节性的特有的功能：小轿车用于载人私用；大巴车通常用于公共交通；大货车则是装载货物所用。再比如动物的基本范畴DOG（狗）的下位范畴HOUND（猎狗）、KOLLIE（牧羊犬）的功能特征明显，POODLE（卷毛狗）的专属性特征明显。

与此类似，源自上位范畴情感词emotionally和基本范畴词happily、angrily的程度属性就不如ecstatically、gorgeously、outrageously、furiously等下位范畴词的程度属性凸显；sadly的程度属性就不如desperately、hopelessly等的程度属性凸显；surprisingly的程度不如astonishingly、amazingly的程度高。同样地，terribly在程度上也不如appallingly、hellishly等。

（三）情感强化副词相同的概念域来源

源自不同情感域的英语情感强化副词共137个，其中快乐情感域28个，愤怒情感域23个，悲伤情感域19个，害怕情感域最多，共40个，惊奇情感域27个。汉语情感强化副词虽然数量相对较少，也分布在各个不同的情感域中。汉语情感强化副词共23个，其中快乐情感域4个，愤怒情感域和悲伤情感域均为2个，害怕情感域最多12个，惊奇情感域3个。虽然英汉情感强化副词数量上有差距，但是它们在人类最基本的五类情感中均有分布。英汉情感强化副词的情感域分布意味着情感，无论是积极还是消极，它们具有共通之处。心理学对情感的界定重在其相对于"平静"而言的体验，在概念结构中抽象出来的就是偏离常态的图式。如果把"平静"看作是一个常态或标准值，消极和积极情感就是反向的偏离，但是映射到语言结构中时，尤其是语言的度量表征时，积极和消极具有相同的语义值，即高程度语义。

与现实世界互动过程中获得的感知和体验是人类语言表达的核心内容，语言结构是现实结构在大脑中的反映，语义即对现实世界的概念化。情感强化副词的出现与解读离不开人类对情感的体验和认知。当人们意识到自己的情感体验与事物性状程度或行为的强度直接相关时，即只有它们表现为非常态时，我们才会运用情感强化副词，如某天寒风刺骨，冻手冻脚，我们会有痛苦的感受，表征为语言形式 painfully cold，或说冷得难以承受、超乎想象的"奇冷无比"；如某人恶毒无比，让人害怕，我们说 horribly vicious。正是反复出现的类似体验，激发了人们对情感新的认知。一旦处于某种情感中，我们会发现自己身体和心理上的一些变化，体征变化如心跳加速、热血沸腾、神湛骨寒、身体颤抖、毛发竖立、肌肉紧张、垂头丧气、昂首挺胸、手足无措，心理上的情绪感受如压抑沮丧、欢欣鼓舞、喜出望外、愤怒无比、痛苦难当、惊恐万状、惶恐不安、六神无主。基于这些不同的生理和心理反应，人们认识了自己的喜、怒、哀、乐等不同的情绪，也感受到了不同情绪中生理和心理上的共性，即非平常的情绪体验，进而认知处理概念化为高程度等级。语言结构与现实结构的象似性特点不是完全的客观的映现，由于不同的需要，人们选择事物事件的某些特质进行概念化。

这一论断最早可以追溯到亚里士多德范畴论（Tarnas，1991）。为了反驳柏拉图的相论，亚里士多德指出，事物可以在许多方面说成是"存在"的，比如一个人可以是相对于动物而言的"会思维会使用语言的高等级动物"，也可以是相对于女人而言的男人，可以是相对于矮个子的高个子，可以是相对于胖子的瘦子，可以是相对于老年的青年，可以是相对于病人的健康人。在亚里士多德确立的本体、数量、性质、关系、地点、时间、状态、所有、主动和被动十个范畴中，只有本体是具体的、独立存在的，其他都是依存于本体而存在的。上述的人就是本体，其他都是人的不同方面的特质。普斯蒂基维斯基（Pustejovsky，1991，1995）用特质角色（qualia roles）分析名词的特征，认为名词有四种区别性特质：（1）与原料、重量、部件、成分等有关的"组构角色";(2)与方位、形状、体积等相关因而区别于他物的"外形角色";(3)与目的、功能等有关的"功能角色";(4)与出生、来源有关的"来源角色"。帕拉迪丝(Paradis,2004,2005)直接将上述各类特质归于"部分—整体"图式。在认知处理过程中,对于某一本体(由事物到事件等),人们通常选择它的某些特质进行概念化和识解,因而有了不同的意义解读,这种选择受到语言主体立场、聚焦点、语境等因素的影响。由此可见,语言意义就是主客视域融合的结果,既是概念性的,也是经验性的和识解性的。

在同一现实世界中,人类共同的生理结构和心理体验使得表达情感的词汇发生衍变,在转喻和隐喻的认知机制作用下解读为高程度语义,这是一个普遍的认知和语言现象。目前,荷兰语、德语、瑞典语、英语和汉语等(Kennedy,2003;Lorenz,2002;Méndez-Naya,2003;Athanasiadou,2007,2010;Foolen,2011,2013;Zhuo,2007;刘芬,2016)语言的相关研究成果表明,情感强化副词广泛存在于不同的语言中。

三、英汉情感强化副词与其他词语组合的异同

COCA 语料库数据分析表明英语情感强化副词主要与形容词组合,也有与动词组合占优势的,它们居于形容词和动词的前面或后面,用作状语。jolly 主要与具有积极语义的形容词组合,具有鲜明的积极语义韵。其中与 good 组合的频次最高,占绝对优势。jolly 只与副词 well 组合,用例不多。与此类似的是 amazingly,它的优势组合词为 good 和 well。bitterly 主要与形容词组合,也与动词共现,其优选语义类型为"寒冷"和"失望"等消极感觉和情感,表现为强烈的消极语义韵。disgustingly 可与语义完全相反的情感、性情、健康、整洁类形容词组合,并没有显著的语义偏好,呈现出混合型语义韵。painfully 与形容词组合的用例,受到源词语义"痛苦"的限制,"腼腆"和"缓慢"是其优选语义,表现出强烈的消极语义韵。terribly 与形容词、动词或副词组合。组合词多为事物负面属性或语言主体负面感受和情绪。与积极涵义词语共现时很多情况下会出现在否定的句法环境中,呈现出消极的语义韵。awfully 与形容词搭配,修饰说明事物"美好""困难"和事物中性的"维度"等程度。虽然源自消极情感域的"害怕",但是它与消极涵义组合词的数量及频次占比很小,"美好"是其第一

优选语义类型，其次是"苦难"的语义类型。awfully 与积极涵义组合词出现在肯定的句法环境中时并未表现出消极的语义韵，而是典型的偏积极混合型的语义韵。incredibly 与形容词或副词组合。"惊人""难以置信"可用来表达褒扬的态度，也可用来描绘消极的情境。其优选语义为"重要""美好"和"困难"，表现出较为明显的积极的语义韵。amazingly 主要与形容词或副词组合，也与少量的动词组合共现。其优选语义为"美好"，且只限于与 good 和 well 组合，它们的近义词并未出现在组合词中。amazingly 具有很明显的积极语义韵。dearly 与动词共现的频次远高于形容词，与 love 和 beloved 的组合占 60%，表现出对"喜爱"语义类型鲜明的偏好。desperately 更倾向于与动词组合，其次是形容词和介词。动词的语义类型多为"需求"和"愿望"类，形容词的语义类型则为"贫乏"和相应的糟糕的情感，呈现出消极的语义韵。terribly、awfully 和 incredibly 与副词的组合能力较强，以 incredibly 为最。

以 CCL 为主，参考 BCC 和"语料库在线"，对汉语情感强化副词进行语义韵考察发现它们与英语相似，主要与形容词或动词组合，置于被修饰词之前或之后，用作状语或补语。"好"主要与形容词共现，也修饰动词和数词，其优势组合词为事物客观属性词"大"和"长"，其次是心理活动类词"想""喜欢""开心"等，呈现出混合型语义韵。"暴"主要与动词"涨""跌"等组合，其次是与相近语义"愤怒"类词语，呈现出中性偏消极的语义韵。"痛"的情感语义限制了其组合词的选择，优势组合为"痛苦"，其次是反义组合词"痛快"，可见不同范畴的情感也是符合矛盾统一的原理。"痛"表现出鲜明的消极语义韵。"死"的优势组合词类为动词，可以置于动词或形容词之前作状语，也可以置于之后作补语，其优势组合语义类型为"对抗性"和"感觉""感情"，呈现出中性偏消极的语义韵。"怪"主要与形容词组合，优势组合语义类型为"感受"和"情感"，呈现出消极偏向的语义韵。汉语"痛苦"类其他情感强化副词的优势组合词与此类似：表人类常见的感受和情绪的组合词有"热""暑""爱""喜""欢""乐""闷""憋""吓/吓人"等；表事物客观属性的组合词包括"长""大""快""寂""硬"等；与生活密切相关的具体动作行为的组合词有"涨""跌""守""笑""盯"等。

从语义韵表现来看，英汉情感强化副词大多数保持原有的消极或积极情感色彩，也有在使用中受频率或组合词意义的浸染，表现出不一样的语义韵，如 awfully、disgustingly 和"好"呈现的混合型语义韵。从英汉情感强化副词组合词的语义类型来看，主要为表评价、情感、感受或事物的客观属性类语义。组合词通常在语义上也具有鲜明的层级性，二者之间形成互含观照的态势，两个词语的组合共现实质上是两个相融概念的组合。

情感强化副词编码的是人类生活中最重要、最基础的体验，与其组合的概念有具体有抽象的，它们共同的特征除了可分等级性以外，就是认知的普遍性。英语情感强化副词组合词表征的概念无论是 good、difficult、cold、long、happy、sad，还是 need 和 want，汉语中的"想念""开心""可怜""恨""苦""涨""跌"等，基本上都是人人都可能经历和体验，也都能够认识和理解的。情感的获得源自身体对世间万物的体验和经验，情感是人类应对体验和经验的心理唤醒与反应，人的自由意识的存在促成了对事物、事体的判断和评价。

英汉情感强化副词的组合概念和优选语义反映了英汉民族体验和认知的共性和差异性。情感是人类生活中最重要、最基础的体验，其组合概念有具体的有抽象的，且表现为语义的层级性和认知的普遍性。英语情感强化副词偏好评价、情感和客观属性语义，汉语偏好身体感受、情感、评价以及生活中具体的动作行为类语义，可见英语母语者倾向于鲜明地表明自己的情感和态度，而汉语母语者重视对感官和身体体验获得的感受，力图使自己的情感和态度表达客观有据。

四、英汉情感强化副词的数量差异与动因

当然，由于不同语言自成独特的体统，反映了语言使用者不同的文化心理，这些势必会作用于其情感强化副词的方方面面，呈现出同中存异的纷繁景象。就英汉情感强化副词而言，它们的差异性尤其表现在范畴成员的数量上。尽管我们能在人类五大基本情感域发现英汉情感强化副词的存在，但它们在数量上差别很大，英语情感强化副词 137 个，汉语 23 个，英语在数量上是汉语的 6 倍左右。综合看来，英汉情感强化副词数量的悬殊在很大程度上与东西方人的文化心理特点和英汉语言系统密不可分。

情感强化副词是基于情感体验对事物性状程度的标量，而且表达的通常是对性状程度的夸大和夸张，符合西方人性格外向、富有激情、感情充沛且外露、感情表达热烈而夸张有关。相比而言，受儒家思想的熏陶，崇

尚仁、义、礼、孝，重伦理道德，推行中庸之道，因此，中国人性格更为矜持、含蓄和内敛，情感藏而不露。譬如，得到他人的赞美和表扬，明明是很开心的事情，中国人表现谦虚，会以"哪里，哪里"或者"您过奖了"等回应，而西方人则说"谢谢"而坦然受之；譬如，公共场合无论生人熟人见面，传统中国人打拱、作揖，现代国人习惯握手，过多的身体接触会被看作不恭或轻浮，而西方人看起来更为热情和开放，拥抱、亲吻是见面时的基本社交礼仪；再如，中世纪贵族之间为了荣誉不惜牺牲性命的决斗，培养孩子冒险精神等方面，中西方之间存在很大的差别。基于此，从某种程度上说，西方人倾向于热烈而夸张地表达情感，情感强化副词是个不错的选择，因为它既表达了语言使用者自身的情感体验，也满足了夸大事物性状程度获得他人更多关注的需求。

英语是形态语言，情感强化副词大多通过副词后缀"-ly"派生而来，修饰形容词、动词和副词等，用作状语，这样的衍变十分自由、便捷。汉语中情感强化副词数量发展受限，无疑与汉语本身的系统密切相关。汉语的很多句法结构的形成受到其双音节化趋势和特征的影响。双音节化不是一个单纯的语音问题，而是一个构词法问题，它出现的意义又远远超过了构词法的范围，对促使汉语整个语法系统的改变起了源动力的作用（石毓智，2016：158）。譬如，在双音化趋势的作用下，个别动词和补语融合成一个复合词，它们词汇化的结果就是动补结构的出现。根据石毓智（同上书：158）的研究，五到十二世纪是汉语双音化趋势发展最为关键的时期。汉语情感强化副词的历时考察的结果可以看出其受限于汉语的双音化趋势。下表是汉语情感强化副词强化用法初现的大致年代：

表 10-1　汉语情感强化副词年代表

强化副词	强化用法初现年代
好	元（1271 年—1368 年）
生	唐（618 年—907 年）
熟	唐（618 年—907 年）
活	明（1368 年—1644 年）
暴	东汉（25 年—220 年）
痛	西汉（公元前 202 年—公元 8 年）
苦	西汉（公元前 202 年—公元 8 年）

续表

强化副词	强化用法初现年代
死	明（1368年—1644年）
老	元（1271年—1368年）
慌	明（1368年—1644年）
坏	元（1271年—1368年）
狂	北宋（960年—1127年）
穷	春秋战国（公元前770年—前221年）
酷	魏晋南北朝（220年—589年）
怪	明（1368年—1644年）
奇	魏晋南北朝（220年—589年）
稀	春秋战国（公元前770年—前221年）

春秋战国是中国哲学的黄金时代，出了一大批天才，很多对后世有影响力的哲学家。这一时代经历了中国古代社会最大的急剧变革，在意识形态领域也是最为活跃的开拓和创造时期（李泽厚，2018）。先秦诸子中儒家的孔子和孟子，道家的老子和庄子，墨家的墨子，法家的韩非子等，提出不同的治政或为人的学说，基本形成了中国传统不同流派的思想哲学体系。甚至有学者认为"春秋以降，哲学从缺"。与春秋战国差不多同一时期的古希腊（前800—前146）发展到约公元前6世纪初，位于小亚细亚沿海的希腊东部的米利都大城邦中，泰勒斯、阿纳克西曼德和阿纳克西美尼开启了西方思想哲学的科学模式和神学模式的并驱之旅，直至希腊三贤苏格拉底（Socrate，前470—前399）、柏拉图（Plato，前428—前347）和亚里士多德（Aristotle，前384—前322）才奠定了西方思想哲学的基础。中西方在这个大致相同的时期建构的认识论和方法论一直为后世智慧、灵感和启蒙的源头。

随着对情感认知的深化和语言表达的创新，在这一最为活跃时期的先后时代，汉语情感强化副词相继出现，包括"暴""穷""稀""痛""奇"等。从上表看出，汉语早在春秋战国就出现了情感强化副词的用法，表现了我们对情感的深刻认知。春秋战国时期出现的单音节情感强化副词后来的使用范围很窄，均限于与少数几个特定的词语组合，发展至现代汉语如"暴跌""穷凶极恶""痛苦""稀少""奇热"等。情感强化副词没有在数量和使用范围上得到扩展，不能不说是与汉语的双音节化趋势有很大关系的。

我们熟悉的汉语情感强化副词"好""老""慌""坏"集中出现在元明清。这是汉语双音节化基本完成后的阶段。汉语原来是一字一音节，字即为词，中古汉语之后大部分词汇都变成了双音节的，单音节词汇的使用受到越来越大的限制（石毓智，2016：159）。汉语程度副词大多为单音节词汇，如"很""太""最""越""甚"等，多音节也基本是语义重合的组合，或与高频组合词词汇化的结果，如"最为""稍微""有点"等。该时期出现的单音节情感强化副词数量有限，但却是现代汉语中使用范围最广、频率最高的强化副词。它们逆汉语双音节化的语言发展趋势而动，表明了其无可替代的语用价值。

五、结语

英汉情感强化副词不仅分布在快乐和害怕情感概念中，也分布在愤怒、悲伤和惊奇情感概念域中。从整体上看，英汉情感强化副词均具有消极情感域偏向的分布特征。这种偏向可以从人类对消极事件的敏感和关注的进化意义上获得解释。消极信息对人们所造成的强大而深远的影响不仅是生理和心理上的，它们最终更会体现在语言表达上。英汉消极情感强化副词数量要多于积极情感强化副词，符合人们对世界的认知规律。英汉情感强化副词分布的另一个特征是下位范畴偏向，因为下位范畴通常能激活更多具体的、细节性的认知。对大多数英汉情感强化副词来说，修饰形容词是它们的原型句法功能，也有以修饰动词为原型句法功能的。总体来看，英汉情感强化副词优选与评价、情感、感受和事物的客观属性等类语义共现。英语情感强化副词的数量远远超过汉语情感强化副词。后者受到整个汉语语言系统尤其是双音节化趋势的制约，情感强化副词数量上较少，古汉语中流传下的单音节情感强化副词与其他词语的组合十分受限。这一特征同样反映了汉民族内敛含蓄的情感表达的文化心理特点。

参考文献

Allerton, D. J. 1987. "English intensifiers and their idiosyncrasies." In Steele R. & Terry T. (eds.). *Language Topics, Essays in Honour of Michael Halliday, vol. II.*. Amsterdam and Philadelphia. 15–32.

Altenberg, B. 1991. "Amplifier collocations in spoken English." In Stig J. & A. B. Stenström (eds.). *English Computer Corpora: Selected Papers and Research Guide*. Berlin: Walter De Gruyter. 127–148.

Athanasiadou, A. 2007. "On the subjectivity of intensifiers." *Language Sciences* (29): 554–565.

Athanasiadou, A. 2010. "Emotive intensification and subjectivity." In Ene Vainik & H. Sahkai(eds.). *Emotions in and around Language: Book of Abstracts*. Tallinn: The institute of the Estonian Language. 17–19.

Athanasiadou, A. & E. Tabakowska. (eds.). 1998. *Speaking of Emotions: Conceptualization and Expression*. Berlin/New York: Mouton de Gruyter.

Audring, J. & Booij, G. 2016. "Cooperation and Coercion." *Linguistics* (4):17–637.

Averill, J. R. 1980. "On the paucity of positive emotions." In K. Blankstein, P. Pliner & J. Polivy (eds.), *Advances in the study of communication and affect*. New York: Plenum. 7–45.

Bäcklund, U. 1973. *The Collocation of Adverbs of Degree in English*. Almqvist och Wiksell.

Barcelona, A. 2000. "Introduction: the cognitive theory of metaphor and metonymy." In A. Barcelona(ed.). *Metaphor and Metonymy at the Crossroads: A Cognitive Perspective*. Berlin: Mouton de Gruyter. 1–28.

Barcelona, A. 2003. *Metaphor and Metonymy at the Crossroads: A Cognitive Perspective*. Berlin: Walter de Gruyter.

Barcelona, A. & C. Soriano. 2004. "Metaphorical Conceptualization in English and Spanish." *European Journal of English Studies* 8(3): 295–307.

Barrett, L. F. & T. Wager. 2006. "The structure of emotion: Evidence from the neuroimaging of emotion." *Current Directions in Psychological Science* (15): 79–85.

Baumeister, R. F., E. Bratslavsky, C. Finkenauer & K. D. Vohs. 2001. "Bad is stronger than good." *Review of General Psychology* 5(4): 323–370.

Bednarek, M. 2008a. "Semantic preference and semantic prosody re-examined." *Corpus Linguistics and Linguistic Theory* 4(2) : 119–139.

Bednarek, M. 2008b. " 'An increasing familiar tragedy': Evaluative collocation and conflation". *Functions of language* 15(1) : 7–34.

Benzinger, E. M. 1971. *Intensifiers in Current English*. University of Florida.

Bergen & Chang. 2005. "Embodied construction grammar in situation-based language understanding." In J. Ostman & M. Fried (eds.). *Construction grammars: cognitive grounding and theoretical extensions*. Amsterdam, Philadelphia: John Benjamins.

Bergs, A. & G. Diewald. 2008. *Construction and language change*. Berlin: Mouton de Gruyter.

Biber, D., S. Johansson, G. Leech, S. Conrad & E. Finegan. 1999. *Longman Grammar of Spoken and Written English*. London: Longman.

Bierwiaczonek, B. 2013. *Metonymy in Language, Thought and Brain*. Sheffield: Equinox Publishing LTD.

Boas, H. C. 2003. *A Constructional Approach to Resultatives*. Standford: CSLI publications.

Boas, H. C. 2011. "Coercion and leaking argument structures in Construction Grammar." *Linguistics* (49): 1271–130.

Bolinger, D. 1972. *Degree Words*. The Hague: Mouton.

Boucher, J. & C. E. Osgood. 1969. "The Poliyanna Hypothesis." *Journal of Verbal Learning and Verbal Behavior* (8): 1–8.

Cacioppo, J. T., W. L. Gardner & G. G. Berntson. 1999. "The affect system has parallel and integrative processing components: Form follows function." *Journal of Personality and Social Psychology*(76): 839 – 855.

Calle-Martín, J. 2014. "On the History of the Intensifier *Wonder* in English." *Australian Journal of Linguistics* 34(3): 399–419.

Carston, R. 2002. *Thoughts and Utterances: The Pragmatics of Explicit Communication.* Oxford: Blackwell.

Chomsky, N. 1957. *Syntactic Structure.* The Hague: Mounton & Co.

Claridge, C. 2014. "I had lost sight of them then for a bit, but I went on pretty fast: Two degree modifiers in the Old Bailey Corpus." In I. Taavitsainen, A. H. Jucker & J. Tuominen (eds.). *Diachronic Corpus Pragmatics.* Amsterdam/Philadelphia: John Benjamins. 29–52.

Clausner, T. C. & W. Croft. 1999. "Domains and image schemas." *Cognitive Linguistics* (10): 1–31.

Croft, W. 1993. "The role of domains in the interpretation of metaphors and metonymies." *Cognitive Linguistics* (4): 335–370.

Croft, W. 2000. *Explaining Language Change: An Evolutionary Approach.* Harlow, Essex: Longman.

Croft, W. 2001. *Radical Construction Grammar: Syntactic Theory in Typological Perspective.* Oxford: Oxford University Press.

Croft, W. & E. J. Wood. 2000. "Construal operations in linguistics and artificial intelligence." In Albertazzi L. (ed.). *Meaning and Cognition: A multidisciplinary approach.* Amsterdam/Philadelphia: John Benjamins. 51–78.

Croft, W. & D. A. Cruse. 2004. *Cognitive Linguistics.* Cambridge: Cambridge University Press.

Cruse, D. A. & P. Togia. 1996. "Towards a cognitive model of antonymy." *Journal of Lexicology* (1): 113–41.

Cruse, D. A. 2002. "The Construal of sense boundaries." *Revue du Sémantique et Pragmatique* (12) : 101–119.

Denroche, C. 2015. *Metonymy and Language: A New Theory of Linguistic Processing.* New York: Routledge.

De Swart, H. 1988. "Aspect shift and coercion." *Natural Language & Linguistic Theory* 16(2): 347–385.

Dilthey, W. 1976. *Selected Writings.* Edited by H. P Rickman, Cambridge: Cambridge University Press.

Ekman, P. & W. Friesen. 1971. "Constants across culture in the face and emotion." *Journal of Personality and Social Psychology* (17): 124–129.

Ekman, P. 1992a. "Universals and cultural differences in facial expressions of emotion." In J. Cole (ed.), *Nebraska Symposium on Motivation*, 1971. Lincoln, NE: University of Nebraska Press. 207–283.

Ekman, P. 1992b. "Facial expression of emotion: new findings, new questions." *Psychological Science* (3): 34–38.

Ekman, P., R. W. Levenson & W. V. Friesen. 1983. "Autonomic nervous system activity distinguishes among emotions." *Science* (221): 1208–1210.

Evans, V. 2006. "Lexical concepts, cognitive models and meaning–construction." *Cognitive Linguistics* 17(4): 491–534.

Evans, V. & M. Green. 2006. *Cognitive Linguistics: An Introduction*. Edinburgh: Edinburgh University Press.

Farroni, T., E. Menon, S. Rigato & M. H. Johnson. 2007. "The perception of facial expressions in newborns." *European Journal of Developmental Psychology* (4): 2–13.

Fehr, B. & J. A. Russell, 1984. "Concept of emotion viewed from a prototype perspective." *Journal of Experimental Psychology*: General (113): 464–486.

Fehr, B. & J. A. Russell, 1991. "Concept of love viewed from a prototype perspective." *Journal of Personality and Social Psychology* 60(3): 425–438.

Fernald, A. 1993. "Approval and disapproval: Infant responsiveness to vocal affect in familiar and unfamiliar languages." *Child Development* (64): 657–674.

Fillmore, C. J. 1982a. "The case for case reopened." In P. Cole (ed.). *Syntax and Semantics, Vol. 8: Grammatical relations*. New York: Academic Press. 59–81.

Fillmore, C. J. 1982b. "Frame semantics." In Linguistic Society of Korea (ed.). *Linguistics in the Morning Calm*. Seoul, Korea: Hanshin Publishing Company. 111–137.

Fillmore, C. J. 1985. "Frames and the semantics of understanding." *Quaderni Di Semantica* (6): 222–254.

Fillmore, C. J. 1992. " 'Corpus linguistics'" or 'computer–aided armchair linguistics'." In J. Svartvik (ed.). *Directions in Corpus Linguistics: proceedings of Nobel Symposium 82 Stockholm, 4–8 August 1991.* Berlin: Mouton de Gruyter. 35–60.

Fillmore, C. J., P. Kay & M. C. O'Connor. 1988. "Regularity and idiomaticity in grammatical constructions: the case of *let alone.*" *Language* 64: 501–38.

Firth, J.R. 1957. "Modes of meaning." In J. R. Firth (ed.). *Papers in Linguistics 1934–1951.* London: Oxford University Press. 190–215.

Firth, J. R. 1968. "A synopsis of linguistic theory, 1930–55." In Palmer, F. R. (ed.). *Selected Papers of J. R. Firth 1952–1959.* London: Longman. 168–205.

Foolen, A. 2011. *Emotive Intensifiers in Dutch.* Shanghai: The 7th National Cognitive Linguistics Conference.

Foolen A. & Van der Wouden. 2013. *Dutch between English and German.* KU Leuven: A Comparative Linguistic Conference.

Frijda, N. H. 1986. *The Emotions.* Cambridge: Cambridge University Press.

Gadamer, H. G. 1999. *Hermeneutics, Religion and Ethics.* Trans. by J Weinsheimer. New Haven, CT: Yale University Press.

Gadamer, H. G. 2004. *Truth and Method.* Trans. by J. Weinsheimer & D. G. Marshall, New York: Crossroad.

Geeraerts, D. 2010. *Theories of Lexical Semantics.* Oxford: Oxford University Press.

Gibbs, R. W. 1999. *The Poetics of Mind: Figurative Thought, Language and Understanding.* Cambridge: Cambridge University Press.

Goldberg, A. E. 1991. "It can't go up the Chimney Down: Paths and the English Resultative." *BLS* 17, 368–378.

Goldberg, A. E. 1995. *Constructions: A Construction Grammar Approach to Argument Structure.* Chicago: University of Chicago Press.

Goldberg, A. E. 2003. "Constructions: A new theoretical approach to language." *Journal of Foreign Language.* (3):1–11.

Goldberg, A. E. 2006. *Constructions at Work.* Oxford: Oxford University Press.

Goossens, L.1990. "Metaphtonymy: The interaction of metaphor and metonymy in expressions for linguistic actions." *Cognitive Linguistics* (3): 323–340.

Grady, J. 1999. "A typology of motivation for conceptual metaphor: correlation vs. resemblance." In Gibbs, R. W. Jr., W. Jr. Raymond & S. Gerard (eds.).

Metaphor in Cognitive Linguistics. Amsterdam & Philadelphia: John Benjamins. 79–100.

Granger, S. 1998. "The computer learner corpus: A versatile new source of data for SLA research." In S. Granger (ed.). *Learner English on Computer*. London: Longman. 3–18.

Greenbaum, S. 1974. "Some verb-intensifier collocations in American and British English." *American Speech* (49): 79–89.

Greenbaum, S. 1996. *Comparing English Worldwide: The International Corpus of English*. Oxford: Clarendon Press.

Harris, R. & Taylor, T. J. 1997. *Landmarks in Linguistic Thought: The Western Tradition from Socrates to Saussure*. London: Routledge.

Hauser, M., N. Chomsky & W. Fitch. 2002. "The faculty of language: What is it, who has it, and how did it evolve." *Cognition*(198):1569–1579.

Heine, B., U. Claudi & F. Hunnemeyer. 1991. *Grammaticalization — A Conceptual Framework*. Chicago and London: University of Chicago Press.

Hengeveld, K. 1992. *Non-verbal Predication: Theory, Typology, Diachrony*. Berlin: Mouton de Gruyer.

Hoey, M. 1997. "From Concordance to Text Structure: New Uses for Computer Corpora." In Melia J. & Lewandoska B. (eds.). Proceedings of the Practical Application of Linguistic Corpora Conference. Poland: University of Lodz.

Hoey, M. 2005. *Lexical Priming: A New Theory of Words and Language*. New York: Routledg.

Hopper, P. J. 1991. "On Some Principles of Grammaticization." In E. C. Traugott & B. Heine (eds.). *In Approaches to Grammaticalization*. Amsterdam: John Benjamins. 17–35.

Hopper, P. J. & E. C. Traugott. 1993. *Grammaticalization*. Cambridge: Cambridge University Press.

Hopper, P. J. & E. C Traugott. 2003. *Grammaticalization*. 2nd ed. Cambridge: Cambridge University Press.

Huddleston, R. & G. K. Pullum. 2002. *The Cambridge Grammar of the English Language*. Cambridge: Cambridge University.

Hunston, S. 2002. *Corpora in Applied Linguistics*. Cambridge: Cambridge

University Press.

Hunston, S. 2004. "Counting the uncountable: problems of identifying evaluation in a text and in a corpus." In A. Partington, J. Morley & L. Haarman (eds.). *Corpora and Discourse*. Bern: Peter Lang:157–188.

Hunston, S. 2007. "Semantic prosody revisited." *International Journal of Corpus Linguistics* 12(2) : 249–268.

Ito, R. & S. Tagliamote. 2003. "Well weird, right dodgy, very strange, really cool: Layering and recycling in English intensifiers." *Language in Society* (32): 257–79.

Jakendoff, R. 1991. "Parts and boundaries." *Cognition* (41): 9–45.

Jackendoff, R. 2002. *Foundations of Language*. Oxford: Oxford University Press.

Kay, P. 2004. "Pragmatic Aspects of Grammatical Constructions." In L Horn & G. Ward (eds.). *Handbook of Pragmatics*. Blackwell.

Kay, P. & C. J. Fillmore, 1999. "Grammatical Constructions and Linguistic Generalizations: the What's X doing Y? Construction." *Language* 75(1):1–33.

Kelly, M. H. 2000. "Naming on the Bright Side of Life." *Names* (48): 3–26.

Kennedy, C. 2003. "Amplifier collocations in the British National Corpus: Implications for English language teaching." *TESOL Quarterly* (37): 467–487.

Kennedy, C. & L. McNally. 2005. "Scale structure, degree modification, and the semantics of gradable predicates." *Language* (81): 345–381.

Klein, H. 1998. *Adverbs of Degree in Dutch and Related Languages*. Amsterdam/Philadelphia: John Benjamins Publishing Company.

Koch, P. 1999. "Frame and contiguity." In Klaus-Uwe Panther & Günter Radden, (eds.). *Metonymy in Language and Thought*. Amsterdam/Philadelphia: John Benjamins Publishing Company. 139–167.

Kövecses, Z. 1986. *Metaphors of anger, pride and love: a lexical approach to the structure of concepts*. Amsterdam & Philadelphia: John Benjamins.

Kövecses, Z. 1990. *Emotion Concepts.* New York: Springer.

Kövecses Z. 1995. "Anger: its language, conceptualisation, and physiology." In Taylor, J.& R. MacLaury (eds.). *Language and cognitive construal of the world.* Mouton de Gruyter. 181–196.

Kövecses, Z. 2000. *Metaphor and Emotion: Language, Culture, and Body in*

Human Feeling. Cambridge: Cambridge University Press.

Kövecses, Z. 2002. *Metaphor: A Practical Introduction.* Oxford: Oxford University Press.

Kövecses, Z. 2005. *Metaphor in Culture: Universality and Variation.* Cambridge: Cambridge University Press.

Kövecses, Z. 2006. *Language, Mind and Culture: A Practical Introduction.* Oxford: Oxford University Press.

Kövecses, Z. 2008. "The Conceptual Structure of Happiness." *Studies Across Disciplines in the Humanities & Social Sciences* (3):131–143.

Kövecses, Z. 2010. "Are there any emotion-specific metaphors?" In Athanasiadou, A. & E. Tabakowska (eds.), *Speaking of Emotions*. 127–151.

Kövecses, Z. & G. Radden. 1998. "Metonymy: Developing a cognitive linguistic view." *Cognitive Linguistics* 9 (1): 37–77.

Lakoff, G. 1987/2003. *Women, Fire, and Dangerous Things.* Chicago: Chicago University Press.

Lakoff, G. & M. Johnson. 1980. *Metaphors we Live by.* Chicago: Chicago University Press.

Lakoff, G. & M. Johnson. 1999. *Philosophy in the Flesh: The Embodied Mind and Its Challenge to Western Thought.* New York: Basic Books.

Lakoff, G. & Z. Kövecses. 1987. "The cognitive model of anger inherent in American English." In D. Holland & N. Quinn (eds.). *Cultural Models in Language & Thought.* Cambridge: Cambridge University Press. 195–223.

Langacker, R. W. 1987. *Foundations of Cognitive Grammar: Theoretical Prerequisites (1).* Stanford: Stanford University Press.

Langacker, R. W. 1990. "Subjectification." *Cognitive Linguistics* (1): 5–38.

Langacker, R. W. 1993. "Reference-point constructions." *Cognitive Linguistics* (1): 1–38.

Langacker, R. W. 1997. "Consciousness, construal, and subjectivity." In M. Stamenov (ed.). *Language, Structures, Discourse and the Access to Consciousness.* Amsterdam and Philadelphia: John Benjamins. 49–75.

Langacker, R. W. 1999. *Grammar and Conceptualization.* Berlin / New York: Walter De Gruyter.

Langacker, R. W. 2008. *Cognitive Grammar: A Basic Introduction.* Oxford: Oxford University Press.

Lauwers, P & D. Willems. 2011. "Coercion: Definition and challenges, current approaches, and new trends." *Linguistics* 49 (6): 1219–1235.

Levenson, R. W., P. Ekman & W. V. Friesen. 1990. "Voluntary facial action generates emotion-specific autonomic nervous system activity." *Psychophysiology* (27): 363–384.

Levenson, R. W., L. L. Carstensen, W. V. Friesen & P. Ekman. 1991. "Emotion, physiology, and expression in old age." *Psychology and Aging* (6): 28–35.

Levin, B. 1993. *English Verb Classes and Alternations: A Preliminary Investigation.* Chicago & London: The University of Chicago Press.

Littlemore, J. 2015. *Metonymy: Hidden Shortcuts in Language, Thought, and Communication.* Cambridge: Cambridge University Press.

Littlemore, J., T. Krennmayr, J. Turner & S. Turner. 2011. *Investigating Figurative Proficiency at Different Levels of Second Language Writing.* Cambridge ESOL Final Project Report.

Lorenz, G. 1998. "Overstatement in advanced learners' writing: Stylistic aspects of adjective intensification." In S. Granger (eds.). *Learner English on Computer.* London: Addison Wesley Longman. 53–66.

Lorenz, G. 1999. *Adjective Intensification-Learners versus Native Speakers: A Corpus Study of Argumentative Writing.* Amsterdam: Rodopi.

Lorenz, G. 2002. "Really worthwhile or not really significant? A corpus-based approach to the delexicalization and grammaticalization of intensifiers in Modern English." In I. Wischer & G. Diewald (eds.). *New Reflections on Grammaticalization.* Amsterdam /Philadelphia: John Benjamins. 143–162.

Louw, B. 1993. "Irony in the text or insincerity in the writer? The diagnostic potential of semantic prosodies." In M. Baker, G. Francis & E. Tognini-Bonelli (eds.). *Text and Technology.* Philadelphia: Benjamins. 157–76.

Lutz, C. A. 1988. *Unnatural Emotions: Everyday Sentiments on a Macronesian Atoll and Their Challenge to Western Theory.* Chicago: The University of Chicago Press.

Lyons, J. 1977. *Semantics.* Cambridge: Cambridge University Press.

Macaulay, R. 2002. "Extremely interesting, very interesting, or only quite interesting? Adverbs and social class." *Journal of Sociolinguistics* (6): 398–417.

Matsuki, K. 1995. "Metaphors of anger in Japanese." In Taylor J. & R. MacLaury (eds.). *Language and Cognitive Construal of the World*. Berlin: Mout on de G ruyter.

Méndez-Naya, B. 2003. "On Intensifiers and Grammaticalization: The Case of SWIPE." *English Studies*(4):372–391

Méndez-Naya, B. 2007. "He nas nat right fat: on the origin and development of the intensifier right." In G.Mazzon (ed.). *Studies in Middle English Forms and Meanings*. Bern: Peter Lang. 191–207.

Méndez-Naya B. 2008a. "Special issue on English intensifiers: Introduction." *English Language and Linguistics* 12(2): 213–219.

Méndez-Naya B. 2008b. "On the history of downright." *English Language and Linguistics* (12): 267–287.

Méndez-Naya, B. & P. Pahta. 2010. "Intensifiers in competition: The picture from early English medical writing." In I. Taavitsainen & P. Pahta (eds). *Early Modern English Medical Texts*. Amsterdam & Philadelphia : John Benjamins. 191–213.

Michaelis, L. A. 2002. "Headless constructions and coercion by construction." In Elaine J. Francis & Laura A. Michaelis (Eds.). *Mismatch: Form-Function Incongruity and the Architecture of Grammar*. Standford: CSLI Publications: 259–310.

Michaelis, L. A. 2004. "Type shifting in construction grammar: An integrated approach to aspectual coercion." *Cognitive Linguistics*15(1): 1–67.

Michaelis, L. A. 2006. "Construction Grammar." In K. Brown (ed.), *The Encyclopedia of Language and Linguistics*, Oxford: Elsevier:73–84.

Mindt, D. 1991. "Syntactic evidence for semantic distinctions in English." In: Karin Aijmer & Bengt Altenberg (eds). *English Corpus Linguistics*. London: Routledge. 182–196.

Mitchell, T. F. 1975. *Principles of Firthian Linguistics*. London: Longman.

Moens M. & M. Steedman. 1988. "Temporal Ontology and Temporal Reference." *Computational Linguistics*14 (2): 15–28.

Moradi, M. R. 2014. "Anger Conceptualization in Persian and English." *International Journal on Studies in English Language and Literature* 2 (11): 105–111.

Nami, A. 2009. "On Markedness and Emphasizers: Semantic Shifts from Negativity." 東洋大学人間科学総合研究所紀要 (10): 1–10.

Nasoz. F., K. Alvarez, C. L. Lisetti & N. Finkelstein. 2004. "Emotion recognition from physiological signals for presence technologies." *Cognition, technology and work* 6 (1):4–14.

Nevalainen, T. 1997. "Recycling inversion: The case of initial adverbs and negators in Early Modern English." *Studia Anglica Posnaniensia (*31): 203–214.

Nevalainen, T. 2004. "Three perspectives on grammaticalization: Lexico-grammar, corpora and historical sociolinguistics." In H. Lindqvist & C. Mair (eds.). *Corpus approaches to grammaticalization in English. Studies in Corpus Linguistics (Vol. 13)*. Amsterdam: John Benjamins. 1–31.

Nevalainen, T. 2008. "Social variation in intensifier use: Constraint on –ly adverbialization in the past?" *English Language and Linguistics* 12 (2): 289–315.

Nevalainen, T. & M. Rissanen. 2002. "Fairly pretty or pretty fair? On the development and gramrnaticalization of English downtoners." *Language Sciences* (24): 359–380.

Newman, J. 2004. "Motivating the uses of basic verbs: Linguistic and extralinguistic considerations." In Radden G. & K. U.Panther (eds.). *Motivation in Grammar [Cognitive Linguistics Research 28]*. Berlin / New York: Mouton de Gruyter. 193–218.

Niedenthal, P. M., P. Winkielman, L. Mondillon & N. Vermeulen. 2009. "Embodiment of Emotion Concepts." *Journal of Personality and Social Psychology* 96(6): 1120–1136.

Ortony, A., G. Clore & A. Collins. 1988. *The Cognitive Structure of Emotions*. Cambridge: Cambridge University Press.

Oster, U. 2010. "Using corpus methodology for semantic and pragmatic analyses: What can corpora tell us about the linguistic expression of emotions?"

Cognitive Linguistics 21 (4): 727–763.

Ostman, J. 2005. "Construction discourse: A prolegomenon." In Ostman, J. & M. Fried (eds.). *Construction Grammars: Cognitive Grounding and Theoretical Extensions*. Amsterdam: John Benjamins.

Palmer, F. R. 1971. *Grammar*. Middlesex: Penguin Books Ltd.

Palmquist, S. R. 2000. *Kant's System of Perspectives*. Aldershot: Ashgate Publishing Limited.

Panther, K.-U. & L. Thornburg. 1999. "The Potentiality for Actuality Metonymy in English and Hungarian." In K.-U. Panther & G. Radden (eds.). *Metonymy in Language and Thought*. Amsterdam / Philadelphia: Johns Benjamins. 333–357.

Panther, K.-U. & G. Radden. 1999. "Introduction." In K.-U. Panther & G. Radden (eds.). *Metonymy in Language and Thought*. Amsterdam / Philadelphia: John Benjamins Publishing Company. 1–14

Panther, K.-U. & L. Thornburg. 2005. "Inference in the construction of meaning: The role of conceptual metonymy." In E. Górska & G. Radden (eds.). *Metonymy–Metaphor Collage*. Warsaw: Warsaw University Press. 37–57.

Panther, K.-U. & L. Thornburg. 2007. "Metonymy." In D. Geeraerts & H. Cuyckens (eds.). *The Oxford Handbook of Cognitive Linguistics*. 236–263. Oxford / New York: Oxford University Press.

Paradis, C. 1997. *Degree Modifiers of Adjectives in Spoken British English*. Lund: Lund University Press.

Paradis, C. 2000. "Reinforcing Adjectives: A Cognitive Semantic Perspective on Grammaticalization." In Ricardo Bermudez-Otero, D. Denison, R. M. Hogg & C. B. McCully (eds.). *Generative Theory and Corpus Studies*. Berlin: Mouton de Gruyter. 233–258.

Paradis, C. 2001. "Adjectives and boundedness." *Cognitive Linguistics* (12): 47–65.

Paradis, C. 2003. "Between epistemic modality and degree: The case of really." In R. Facchinetti, M. Krug & F. Palmer (eds.). *Modality in Contemporary English*. Berlin: Morton de Gruyter. 191–220.

Paradis, C. 2004. "Where does metonymy stop? Senses, facets and active zones."

Metaphor and Symbol 19 (4): 245–64.

Paradis, C. 2005. "Ontologies and construals in lexical semantics." *Axiomathes* (15): 541–73.

Paradis, C. 2008. "Configurations, construals and change: Expressions of degree." *English Language and Linguistics* (12): 317–343.

Paradis, C. 2011. "Metonymization. A key mechanism in semantic change." In R. Benczes, A. Barcelona & F. J. Ruíz de Mendoza Ibáñez (eds.). *Defining Metonymy in Cognitive Linguistics: Towards a consensus view.* Amsterdam: John Benjamins. 61–88.

Paradis, C, 2013. "Touchdowns in wine speak: Ontologies and construals in use and meaning-making." In G. R. Margarita & P. L. Alfredo (eds.). *Proceedings of the First International Workshop on Linguistic Approaches to Food and Wine Description.* Editorial UNED. 57–72.

Parrott W. G. 2001. *Emotions in social psychology: Essential Readings.* Philadelphia: Philadelphia Psychology Press.

Partington, A. 1993. "Corpus evidence of language change: the case of the intensifiers." In M. Baker, G. Francis & E. Tognini Bonelli (eds.). *Text and Technology: In Honour of John Sinclair.* Amsterdam: John Benjamins.

Partington, A. 2004. "Utterly content in each other's company: Semantic prosody and semantic preference." *International Journal of Corpus Linguistics* (1) : 131–156.

Peters, H. 1994. "Degree Adverbs in Early Modern English." In D. Kastovsky (ed.). *Studies in Early Modern English.* Berlin: Mouton de Gruyter. 269–288.

Picard, R. W., E. Vyzas & J. Healey. 2001. "Toward Machine Emotional Intelligence: Analysis of Affective Physiological State." *IEEE Transactions Pattern Analysis and Machine Intelligence* 23 (10): 1175–1191.

Plutchik, R. 2001. "The Nature of Emotion." *American Scientist* (89): 344–350.

Poldauf, I. 1959. "Further comments on Gustav Kirchner's gradadverbien." *Philologica Pragensia* (2): 1–6.

Poli, R. 2002. "Ontological methodology." *International Journal of Human-Computer Studies* (56): 639–664.

Pustejovsky, J. 1991, "The Generative Lexicon." *Computational Linguistics* (4):

409–441.

Pustejovsky, J. 1995. *The Generative Lexicon*. Cambridge & MA: MIT Press.

Pustejovsky, J. 2011. "Coercion in a general theory of argument selection." *Linguistics* 49 (6): 1401–1431.

Quirk, R., S. Greenbaum, G. Leech & J. Svartvik. 1985. *A Comprehensive Grammar of the English Language.* London and New York: Longman.

Radden, G. 2000. "How metonymic are metaphors?" In A. Barcelona (ed.). *Metaphor and Metonymy at the Crossroads*. Berlin and New York: Mouton de Gruyter. 93–108.

Radden, G. & R. Dirven. 2007. *Cognitive English Grammar.* Amsterdam/Philadelphia: John Benjamins Publishing Company.

Radden, G. & Z. Kövecses. 1999. "Towards a theory of metonymy." In K. Panther & G. Radden (eds.). *Metonymy in Language and Thought*. Amsterdam: John Benjamins. 17–60.

Ramat, P. & D. Ricca. 1994. "Prototypical adverbs: On the scalarity / radiality of the notion ADVERB." *Revista di Linguistica* (6): 289–326.

Rissanen, M. 2008. "From 'quickly' to 'fairly': on the History of Rather." *English Language and Linguistics* 12 (2): 345–359.

Rosch, E. 1978. "Principles of categorization." In Rosch, E. & Barbara B. Lloyd (eds.) *Cognition and Categorization.* Hillsdale: Laurence Erlbaum. 27–48.

Romero, S. 2012. *This's So Cool! A Comparative Corpus Study of Intensifiers in British and American English*. University of Tampere.

Rossette, F. 2014. " 'Insanely great': Exploring the Expression of High Degree in a Corpus of Oral English." *Journée d'étude "L'expression du degré" Agrégation d'Anglais* (1) : 1–28.

Rozin P. & B. R. Edward. 2001. "Negativity Bias, Negativity Dominance, and Contagion." *Personality and Social Psychology Review* 5(4): 296–320.

Russell, J. A. 1980. "A circumplex model of affect." *Journal of Personality and Social Psychology* 39 (6): 1161–1178.

Russell, J. A. 1991. "In defense of a prototype approach to emotion concepts." *Journal of Personality and Social Psychology* 60 (1):37–47.

Schmid, H.-J. 2000. *English abstract nouns as conceptual shells from corpus to cognition*. Berlin & New York: Mouton de Gruyter.

Shaver, P., S. Wu & J. C. Schwartz. 1992. "Cross-cultural similarities and differences in emotion and its representation." In Margaret S. Clark (ed.). *Emotion*. Newbury Park: Sage Publications, Inc.175–212.

Shi Yong. 2014. "A New Perspective on the Relation between Construction and its Slot Filler: Construction and Lexicon Interactive Coercion Model." *International Journal of Academic Research in Business and Social Sciences*(4): 115–126.

Sinclair, J. 1991. *Corpus, Concordance, Collocation*. Oxford University Press: Oxford.

Sinclair, J. 1996. "The search for units of meaning." *Textus* (9) : 75–106.

Sinclair, J. 2000. "Geolinguistic region as global space: The case of Latin America." In G. Wang, J. Servaes & A. Goonasekera (eds.). *The New Communications Landscape-Demyestifying Media Globalization*. London and New York: Routledge.

Sinclair, J. 2003. *Reading Concordances: An Introduction*. London: Longman.

Stearns, P. N. 1994. *American Cool: Constructing a Twentieth-Century Emotional Style*. New York: New York University Press.

Stewart, D. 2010. *Semantic Prosody: A Critical Evaluation*. New York/ London: Routledge.

Stoffel, C. 1901. *Intensives and Down-toners*. Heidelberg: Carl Winter.

Strawson, P. F. 1952. *An introduction to Logic Theory*. Oxford: Oxford University Press.

Stubbs, M. 1995. "Collocations and semantic profiles: On the cause of the trouble with quantitative methods." *Function of Language* (1): 1–33.

Stubbs, M. 2001. *Words and Phrases: Corpus Studies and Lexical Semantics*. Oxford: Blackwell.

Stubbs, M. 2002. "Whorf's children: Critical comments on critical discourse analysis." In M. Toolan (ed.). *Critical Discourse Analysis (Vol. III)*. London & New York: Routledge. 202–218.

Suttle, L. & A. Goldberg. 2011. "The partial productivity of constructions as induction." *Linguistics* (6): 1237–1269.

Sweetser, E. E. 1988. "Grammaticalization and semantic bleaching." *Berkeley Linguistics Society* (14): 389–405.

Sweetser, E. E. 1990. *From Etymology to Pragmatics: Metaphorical and Cultural Aspects of Semantic Structure*. Cambridge: Cambridge University Press.

Tagliamonte, S. A. 2008. "So different and pretty cool! Recycling intensifiers in Canadian English." *English Language and Linguistics* (12): 361–394.

Tagliamonte, S. A. & C. Roberts. 2005. "So Weird; so cool; so innovative: the use of intensifiers in the television series *Friends*." *American Speech* 80(3): 280–300.

Talmy, L. 2000. *Toward a Cognitive Semantics.* vol. I & II. Cambridge, MA: MIT Press.

Tarnas, R. 1991. *The Passion of the Western Mind: Understanding the Ideas that Have Shaped Our World View*. Labuan: Ballanting Publishing.

Taylor, J. 1995. *Linguistic Categorization: Prototypes in Linguistic Theory.* 2nd ed. Oxford: Clarendon Press.

Tognini-Bonelli, E. 2001. *Corpus Linguistics at Work*. Amsterdam and Philadelphia: John Benjamins.

Traugott, E. C. 1988. "Pragmatic strengthening and grammaticalization." In Axmaker S. & A. Jaisser & H. Singmaster (eds.). *Berkeley Linguistics Society 14.* 406–416.

Traugott, E. C. 1995/2005. "Subjectification in Grammaticalization." In Stein D. & S. Wright. *Subjectivity and Subjectivisation.* Cambridge: Cambridge University Press. 31–54.

Traugott, E. C. 1999. "The rhetoric of counter-expectation in semantic change: A study in subjectification." In: A. Blank & P. Koch (Eds.). *Historical semantics and cognition (CLR13)*. Berlin and New York: Mouton de Gruyter. 177–196.

Traugott, E. C. 2006. "The semantic development of scalar focus modifiers." In Van Kemenade A. & B. Los, (eds.). *The Handbook of the History of English.* Oxford / Malden: Blackwell. 335–359.

Traugott, E. C. 2007. "The concepts of constructional mismatch and type-shifting from the perspective of grammaticalization." *Cognitive Linguistics* 18 (4): 523–557.

Traugott, E. C. & R. B. Dasher. 2002. *Regularity in Semantic Change*. Cambridge: Cambridge University Press.

Ungerer, F. & H. J. Schmid. 1996. *An Introduction to Cognitive Linguistics*. London: Longman.

Vaish, A. , T. Grossmann & A. Woodward. 2008. "Not all emotions are created equal: The negativity bias in social-emotional development." *Psychological Bulletin* 134(3):383–403.

Van Goozen, S. & N. H. Frijda. 1993. "Emotion words used in six European countries." *European Journal of Social Psychology* (23): 89–95.

Vermeire, A. R. 1979. *Intensifying adverbs: A Syntactic, Semantic and Lexical Study of Fifteen Degree Intensifiers, Based on an Analysis of Two Computer Corpuses of Modern English*. PhD Thesis in the Department of Linguistics and Modern English Language. Lancaster: University of Lancaster.

Vrticka, P. 2014. "Human Amygdala Response to Dynamic Facial Expressions of Positive and Negative Surprise." *Emotion* 14(1): 161–169.

Wierzbicka, A. 1990. "The semantics of emotions: Fear and its relatives in English." *Australian journal of linguistics* 10(2): 359–375.

Wierzbicka, A. 1992. "Talking about emotions: Semantics, culture, and cognition." *Cognition and Emotion* 6(34): 285–319.

Wouden T. V. & A. Foolen. 2013. "A most serious and extraordinary problem: intensification of adjectives in Dutch, German, and English." Paper delivered at A Germanic Sandwich 2013. *Dutch between English and German, a Comparative Linguistic Conference*. Leuven (Belgium): January 11–12.

Wu, P. F. 2013. "In search of negativity bias: An empirical study of perceived helpfulness of online reviews." *Psychology & Marketing* 30 (11): 971–984.

Xiao, R. & H. Tao. 2007. "A corpus-based sociolinguistic study of amplifiers in British English." *Sociolinguistics Studies* (2): 241–273.

Yu, N. 1995. "Metaphorical expressions of anger and happiness in Chinese and English." *Metaphor and Symbol Activity* 10 (2): 59–92.

Yu, N. 1998. *The Contemporary Theory of Metaphor: A Perspective from Chinese*. Amsterdam: John Benjamins.

Zhuo Jing-Schmidt. 2007. Negativity bias in language: A cognitive-affective model of emotive intensifiers. *Cognitive Linguistics* (3): 417–443.

白解红，2009，《当代英汉词语的认知语义研究》，北京：外语教学与研究出版社。

白解红、石毓智，2006，《从认知心理学的角度看语义和语法的关系》，《湖南师范大学社会科学学报》（5）：99-104。

鲍志坤，2003，《情感的英汉语言表达对比研究》，复旦大学博士学位论文。

蔡　冰，2010，《新兴程度副词"狂"的语法化程度》，《语言科学》（6）：599-606。

陈　侃，2012，《现代汉语高量级程度表达研究》，浙江大学博士学位论文。

陈家旭，2007，《英汉语"喜悦"情感隐喻认知对比分析》，《外语与外语教学》（7）：36-37。

陈家旭，2008，《英汉语"恐惧"情感隐喻认知对比》，《四川外国语学院学报》（1）：66-68。

陈　群，2006，《近代汉语程度副词研究》，成都：四川出版集团。

陈　颖，2012，《语义韵视角下虚化程度副词研究》，《外国语文》（6）：80-83。

储泽祥、刘街生，1997，《"细节显现"与"副+名"》，《语文建设》（6）：15-19。

储泽祥、肖扬、曾庆香，1999，《通比性的"很"字结构》，《外世界汉语教学》（1）：36-44。

邓慧爱、罗主宾，2013，《程度副词修饰名词成因的跨语言考察》，《古汉语研究》（2）：37-42。

邓云华，2011，《英汉特殊被动句的整合方式》，《外语教学与研究》（2）：183-196。

邓云华、石毓智，2007，《论构式语法理论的进步与局限》，《外语教学与研究》（5）：323-331。

丁容容、何福胜，2006，《中国学习者英语口语中强势语的用法研究》，《外语教学》（5）：32-36。

高育花，2001，《中古汉语副词语义指向》，《古代汉语研究》（2）：41-45。

郭熙煌，2005，《情感隐喻的动力图式解释》，《天津外国语学院学报》（2）：36-40。

洪堡特，1997，《论人类语言结构的差异及其对人类精神发展的影响》，姚小平译，北京：商务印书馆。
侯国金，2015，《语用制约/压制假说》，《外语教学与研究》（3）：345-354。
胡丽珍，2008，《再论三个程度副词"巨"、"狂"、"奇"》，《修辞学习》（3）：79-80。
胡明扬，1992，《"很激情"、"很青春"等》，《语言建设》（4）：35。
胡裕树，1981，《现代汉语》（增订二版），上海：上海教育出版社。
黄伯荣、廖序东，1997，《现代汉语》（增订二版），北京：高等教育出版社。
黄瑞红，2007，《中国英语学习者形容词增强语的语义韵研究》，《外语教学》（4）：57-60.
黄瑞红，2008，《英语程度副词的等级数量含意》，《外语教学与研究》（2）：121-129。
黄振定，2007，《翻译学的语言哲学基础》，上海：上海交通大学出版社。
黄振定，2009，《析伽达默尔的语言理解论》，《外国语》（2）：21-26。
季薇，2011，《现代汉语程度副词研究》，北京：光明日报出版社。
伽达默尔，1999，《真理与方法》，洪汉鼎译，上海：上海译文出版社。
金晶银，2012，《汉韩情感概念隐喻对比研究——以喜、怒、哀、惧为语料》，中央民族大学博士学位论文。
李福印，2008，《认知语言学概论》，北京：北京大学出版社。
李福印、张炜炜，2007，《隐喻、转喻及体验哲学：挑战认知语义学介绍》，《外语教学与研究》（5）：392-395。
李洪儒，2005，《试论语词层级上的说话人形象——语言哲学系列探索之一》，《外语学刊》（5）：45-50。
李晋霞，2005，《"好"的语法化与主观性》，《世界汉语教学》（1）：44-49。
李泽厚，2018，《美的历程》，北京：三联出版社。
林书武，1998，《"愤怒"的概念隐喻》，《外语与外语教学》（2）：9-13。
李克、李淑康，2011，《体验哲学——转喻研究的哲学视角》，《天津外国语大学学报》（2）：24-29。

李勇忠，2005，《语言结构的转喻认知理据》，《外国语》（6）：40-46。

李文浩、齐沪扬，2012，《突显、激活与转喻的实现》，《外语教学》（4）：23-26。

李晓红、卫乃兴，2012a，《汉英对应词语单位的语义趋向及语义韵对比研究》，《外语教学与研究》（1）：20-32。

李晓红、卫乃兴，2012b，《双语视角下词语内涵义与语义韵探究》，《现代外语》（1）：30-38。

李宇明，2000，《汉语量范畴研究》，武汉：华中师范大学出版社。

刘丹青，2001，《语法化中的更新、强化与叠加》，《语言研究》（2）：71-81。

刘芬，2012，《英汉非原型被动句的生成方式》，《外语研究》（6）：17-22。

刘芬，2013，《语言意义的本体识解研究》，《外语教学》34（5）：32-35。

刘芬，2016，《英语情感强化副词的认知语义研究》，湖南师范大学博士学位论文。

刘芬，2018，《基于语料库的 terribly 和 awfully 的语义韵考察》，《长沙大学学报》（6）：97-101。

刘芬，2019a，《语义压制的表现形式及其运作——兼论"情感强化副词+X"的语义解读，《中南大学学报（社会科学版）》（2）：171-179。

刘芬，2019b，《"情感强化副词+X"构式研究》，《外国语言与文化》（4）：103-112。

刘芬、白解红，2019，英语"情感强化副词+形容词"构式的语义压制，《外语教学与研究》（5）：665-676。

刘宏丽，2008，《程度副词"怪"用法再探》，《汉语学习》（2）：72-74。

刘佳、王军，2017，《构式语法视角下的汉语逆向性搭配研究》，《外语教学》（3）：40-44。

刘剑辉、刘芬，2017，《英汉情感强化副词研究现状与分析》，《上海师范大学学报》（6）：121-128。

刘晋，2014，《英汉形容词的概念化及其对句法的影响》，湖南师范大学博士学位论文。

刘伟乾,2009,《现代汉语程度副词的范围界定状况考察》,《现代语文》(3):26-30。

刘玉梅,2013,《论构式压制的多重互动关系》,《山东外语教学》(3):17-21。

刘正光,2001,《〈体验哲学——体验心智及其对西方思想的挑战〉述介》,《外语教学与研究》(6):465-469。

刘正光,2002,《论转喻与隐喻的连续体关系》,《现代外语》(1):61-70。

刘正光,2003,《认知语言学的哲学观——认知无意识、体验心智与隐喻思维》,《湖南大学学报》(3):75-80。

刘正光、刘润清,2003,《Vi+NP 的非范畴化解释》,《外语教学与研究》(4):243-250。

刘正光、崔刚,2005,《非范畴化与"副词+名词"结构》,《外国语》(2):37-44。

卢惠惠,2009,《近代汉语程度副词"老"的语法化》,《语言研究》(4):97-101。

陆俭明,2005,《词语句法、语义的多功能性——对"构式语法"理论的解释》,《外国语》(4):15-20。

吕叔湘、朱德熙,1979,《语法修辞讲话》,北京:中国青年出版社。

吕叔湘,1999,《现代汉语八百词(增订本)》,北京:商务印书馆。

马建忠,1983,《马氏文通》,北京:商务印书馆。

马庆株,1992,《汉语动词和动词结构》,北京:北京语言学院出版社。

马 真,1991,《普通话里的程度副词"很、挺、怪、老"》,《汉语学习》(2):8-13。

毛宗武,2004,《瑶族勉语方言研究》,北京:民族出版社。

彭懿、白解红,2007,《汉英"愤怒"情感新词的认知对比研究》,《外国语》(6):32-38。

彭懿、白解红,2010,《形容词多义问题的识解差异探究》,《外语与外语研究》(3):12-15。

齐晓健,2006,《中国英语学习者强化词使用的语料库调查》,《西安外国语学院学报》(4):48-51。

曲占祥，2008a，《汉英"愤怒"情感隐喻认知的异同》，《广东外语外贸大学学报》（6）：48-49。

曲占祥，2008b，《英汉"喜悦"情感概念隐喻认知对比研究》，《西安外国语大学学报》（4）：14-17。

漆昌柱、梁承谋，2001，《论心理唤醒概念的强度——方向模型》，《体育科学研究》（2）：19-22。

沈家煊，1995，《"有界"和"无界"》，《中国语文》（5）：367-380。

沈家煊，2001，《语言的"主观性"和"主观化"》，《外语教学与研究》（4）：268-275。

沈　园，2011，《语境决定论挑战下的形式语义学研究——问题与应对》，《现代外语》（4）：413-419。

施春宏，2001，《名词的描述行语义特征与副名组合的可能性》，《中国语文》（3）：212-224。

施春宏，2012，《从构式压制看语法和修辞的互动关系》，《当代修辞学》（1）：1-17。

石毓智，2006，《语法的概念基础》，上海：上海外语教育出版社。

石毓智，2015，《汉语语法》，北京：商务印书馆。

石毓智，2016，《汉语语法演化史》，南昌：江西教育出版社。

史金生，2002，《现代汉语副词的语义功能研究》，南开大学博士学位论文。

束定芳，2000，《现代语义学》，上海：上海外语教育出版社。

束定芳，2004，《隐喻学研究》，上海：上海外语教育出版社。

束定芳，2008，《认知语义学》，上海：上海外语教育出版社。

束定芳，2013，《从隐喻研究看认知语言学、修辞学和语用学之间的相互关系及启发》，《福建师范大学学报》（5）：43-50。

束定芳、庄智象，1996，《现代外语教学：理论，实践与方法》，上海外语教育出版社。

宋作艳，2016，《从构式强迫看新"各种X"》，《语言教学与研究》（1）：57-66。

索绪尔，1980，《普通语言学教程》，高名凯译，北京：商务印书馆。

孙　毅，2010，《英汉情感隐喻视阈中体验哲学与文化特异性的理据探微》，《外语教学》（1）：45-49。

王海华、陈国华，2007，《中国学习者使用英语强势词搭配的发展特点》，《外国语》（1）：52-58。

王　力，1985，《中国现代语法》，北京：商务印书馆。

王　寅，2002，《认知语言学的哲学基础：体验哲学》，《外语教学与研究》（2）：82-90。

王　寅，2005，《认知语言学探索》，重庆：重庆出版社。

王　寅，2006，《认知语法概论》，上海：上海外语教育出版社。

王　寅，2009，《构式压制、词汇压制和惯性压制》，《外语与外语教学》（12）：5-9。

王　寅，2011，《"新被字构式"的词汇压制解析——对"被自愿"一类新表达的认知构式语法研究》，《外国语》（3）：13-20。

王泽鹏、张燕春，2005，《语义韵律理论》，《同济大学学报》（4）：86-93。

魏在江，2011，《语用预设主观性的认知识解》，《解放军外国语学院学报》（5）：13-16。

温万惠，2010，《基于生理信号的情感识别方法研究》，西南大学博士学位论文。

温振兴，2009，《程度副词"好"及其相关句式的历史考察》，《山西大学学报》（5）：61-65。

文　旭，2007，《语义、认知与识解》，《外语学刊》（6）：35-39。

文旭、叶狂，2006，《转喻的类型及其认知理据》，《解放军外国语学院学报》（6）：1-7。

吴福祥，1996，《敦煌变文语法研究》，长沙：岳麓书社。

吴立红，2006，《现代汉语程度副词组合研究》，暨南大学博士论文。

谢地坤，2008，《走向精神科学之路——狄尔泰哲学思想研究》，南京：江苏人民出版社。

谢　萌，2015，《语言意义的生成与存在机制探索》，黑龙江大学博士论文。

邢福义，1995，《南味"好"字句》，《华中师范大学学报》（1）：78-85。

邢福义，1997，《汉语语法学》，长春：东北师范大学出版社。

邢福义，2001，《邢福义选集》，长春：东北师范大学出版社。

熊学亮，2009，《增效构式与非增效构式——从Goldberg的两个定义说起》，外语教学与研究（5）：323-328。

熊学亮，2017，《基本动结式的"内容进—形式出"分析》，《现代外语》（2）：147-156。

徐盛桓，2016，《镜像神经元与身体－情感转喻解读》，《外语教学与研究》（1）：3-16。

杨波、张辉，2008，《隐喻与转喻的相互作用：模式、分析与应用》，《外语研究》（5）：1-9。

杨荣祥，1999，《近代汉语否定副词及相关语法现象略论》，《语言研究》（1）：20-27。

杨荣祥，2005，《近代汉语副词研究》，北京：商务印书馆。

杨信彰，2003，《话语中的识解因素与语境》，《外语教学与研究》（2）：97-101。

叶南，2007，《程度副词作状语和补语的不对称性》，《西南民族大学学报》（5）：210-214。

叶奕乾、何存道、梁宁建，2004，《普通心理学》，上海：华东师范大学出版社。

袁红梅，2013，《具身认知和体验哲学视阈下英汉核心情感隐喻的认知共性阐释》，《语文学刊》（9）：40-42。

袁毓林，1995，《词类范畴的家族相似性》，《中国社会科学》（1）：154-170。

袁毓林，2014，《"怀疑"的意义引申机制和语义识解策略》，《语言研究》（3）：1-12。

余芳，2008，《"好"的语义研究》，南京师范大学硕士学位论文。

赵军，2010，《现代汉语程度量及表达形式研究》，华东师范大学。

赵元任，1979，《汉语口语语法》，吕叔湘译，北京：商务印书馆。

詹全旺，2009，《英语增强词 terribly 的主观化———项基于语料库的研究》，《外国语》（5）：38-46。

张桂宾，1997，《相对程度副词与绝对程度副词》，《华东师范大学学报》（2）：92-96。

张积家，2004，《普通心理学》，广州：广东高等教育出版社。

张建理，2007，《英语形名结构的动态识解研究》，《外语教学与研究》（2）：97-103。

张金泉、柴艳，2005，《英语中的反义同形现象》，《华中科技大学学报》（6）：94-97。

张　辉，2000，《汉英情感概念形成和表达的对比研究》，《外国语》（5）：39-45。

张谊生，1996，《名词的语义基础及功能转化与副词修饰名词》，《语言教学与研究》（4）：57-75。

张谊生，1997，《名词的语义基础及功能转化与副词修饰名词》，《语言教学与研究》（1）：135-142。

张谊生，2000，《现代汉语副词研究》，上海：学林出版社。

张谊生，2001，《论现代汉语的范围》，《上海师范大学学报》（1）：107-113。

张谊生，2006，《试论主观量标记"没""不""好"》，《中国语文》（2）：127-134。

张谊生，2010，《现代汉语副词分析》，上海：上海三联书店。

周　红，2001，《英汉情感隐喻共性分析》，《四川外语学院学报》（3）：90-92。

周小兵，1995，《论现代汉语的程度副词》，《中国语文》（2）：100-104。

朱德熙，1982，《语法讲义》，北京：商务印书馆。

参考词典和网站使用说明

［1］ *Oxford English Dictionary*（《牛津英语大辞典》）的在线版本网址为：http://www.oed.com.

［2］ 皮尔索尔（Pearsall, J.）.新牛津英汉双解大词典（*The New Oxford English-Chinese Dictionary*）［Z］.上海：上海外语教育出版社，2007.

［3］《古代汉语词典》编写组.古代汉语词典［Z］.北京：商务印书馆，2010.

［4］ 中国社科院语言研究所词典编辑室.现代汉语词典［Z］.5版.北京：商务印书馆，2005.

［5］ 张斌.现代汉语虚词词典［Z］.北京：商务印书馆，2013.

［6］ 英国柯林斯出版公司.柯林斯COBUILD高阶英汉双解学习词典［Z］.北京：外语教学与研究出版社，2011.

［7］ Corpus of Contemporary American English (COCA) 网址为：https://www.english-corpora.org/，COCA中英语情感强化副词相关语料的采集时间为2014年10月25日到2015年5月20日。

［8］ The British National Corpus 网址为 http://www.natcorp.ox.ac.uk/.

［9］ Center for Chinese Linguistic PKU（CCL）网址为：http://ccl.pku.edu.cn:8080/ccl_corpus/，CCL中汉语情感强化副词相关语料的采集时间为2017年5月16日到2017年10月22日。

［10］"语料库在线"网址为 http://corpus.zhonghuayuwen.org/，汉语情感强化副词相关语料的采集参考了"语料库在线"，时间为2017年5月16日到2017年10月22日。

［11］ 英语词源词典的网址为：http://www.etymonline.com/，使用时间是2015年5月26日。

后 记

我是个做事很慢的人，三十几岁才读硕士，比我的同学大了整整十岁。2016年博士毕业，孩子也快上大学了。本部专著从选题到付梓，花了十个年头。或许慢也有慢的好处，过往的事件有足够的时间沉淀下来，今日还历历在目。虽然华发鬓上，我仍可以随时随忆，回到从前的哪个地方都不会迷路。如果再重来一次，我肯定还会选择走那条我曾走过的路。

记得小时候，父亲总是批评我人情味太浓。我时常把人情味和情感联系在一起，觉得这种东西让人温暖，似乎自己与它们有不解之缘。记得2011年跟随我的博士生导师白解红教授去上海参加认知语言学年会，在与荷兰学者佛伦（A. Foolen）的交流中，对他谈到的"情感强化副词"（Emotive Intensifier）这类词特别感兴趣。他列举了 surprisingly、desperately、"死"等词，探讨这些词语语义由具体到抽象的演变。我当时就想，为什么喜、怒、哀、乐不同的情感域中，都有词语衍生出高程度语义？情感概念具有什么样的本质特点？人类不同类型的情感具有什么样的相通之处？我们能从情感概念的语言表征中获得什么样的启示？这些问题深深地吸引着我。

在导师的认同和鼓励下，我着手收集资料。研读文献的过程中，发现这一领域还有很多亟待探讨的有意思、有意义的话题。2012年以"英语情感强化副词的认知语义研究"为题的博士学位论文开题，经过一年多的思考和前期研究，2013年我第一次申报国家社科基金项目并获得立项，项目在开题的基础上推进一步，做了英汉语言的比较研究。2014年依托国家社科基金项目获得国家留学基金委的资助，2015年带领团队成员三人前往英国剑桥的安格利亚·鲁斯金大学（Anglia Ruskin University）访学。我有幸在剑桥大学图书馆六楼，完成博士学位论文初稿的撰写以及国家社科基金项目的部分研究。访学期间，2016年元月，我受邀到剑桥大学国王学院（King's College）讲学，与那里的学者分享"英汉情感强化副词的认知研究"，引起了他们的关注。

本书的撰写，首先要感谢恩师"国家教学名师"湖南师范大学白解红教授。"做人、读书、写文章"，您将读书人的秘笈馈赠给我们，并言传身教。您谦虚谨慎，怀瑾握瑜，德才兼备，既是严师，更如慈母。您说国家培养一个博士不容易，教导我无论是科研、教学，还是管理，要在工作岗位上好好发挥自己的聪明才智，服务社会，回报国家。您的大局意识和奉献精神深深地感召着我，是我人生的楷模和精神的皈依。感谢我的博士同门，如陈敏哲教授、曾永红教授、陈忠平博士、王勇教授等，这样的团队让我充满自信和力量。

感谢我的硕士生导师邓云华教授。读硕期间您带着我参加各类学术会议，近距离接触在教科书上认识的学者，备受学术熏陶和鼓励，从而激发我读博的勇气和决心。感谢湖南大学的刘正光教授、国防科技大学的梁晓波教授、湖南师范大学的秦裕祥教授，感谢你们在"麓山语言与文化论坛"上，在我博士学位论文开题和答辩会上富有启发性的学术洞见。感谢北京外国语大学的王克非教授、上海外国语大学的束定芳教授、南京师范大学的张辉教授、新加坡国立大学的石毓智教授，感谢你们的学术引领和支持。

我还要感谢长沙学院外国语学院的雷志敏教授、李海军教授、王飞博士、李炎燕博士、尹铂淳博士，作为学术团队成员，帮忙对本书语料进行整理和人工标注，同时参与有关理论和疑点问题的探讨。感谢我的硕士研究生阳娜同学对全书进行细致的校对。

还要感谢我的家人。感谢父母给我善良而坚韧的品质，这是我最为宝贵的资源，善良让我能拥有世界上最温暖的关爱，坚韧让我在遇到困难时能心平气和，不急不躁。感谢我的兄弟姐妹，即使没能尽到做大姐的责任，你们对我的尊重、信任和支持丝毫不减。感谢我的儿子，没有太多的时间和你在一起，为你操心，听你分享，感谢你的理解！

本书有幸能在商务印书馆出版，校稿过程中，我被编辑们专业而细致的审定而感动，感谢你们的辛勤付出。还有许多帮助过我的老师、同学、同事和朋友，在此一并表示感谢！

刘 芬
2020 年 12 月 6 日